Government and Politics in Hungary

헝가리 현대정치론

전환기의 동유럽 정치

언드라시 꾀뢰시니 지음
김 대 순 옮김

신광문화사

역자 서문

본서는 "Government and Politics in Hungary"라는 제목으로 출간된 헝가리 정치학 교재를 역자가 일부 수정·보완한 번역서이다. 본서를 최초로 접하게 된 시기는 2000년 가을이었는데 당시 역자는 헝가리 데브레첸 대학(Debrecen University)에서 어학연수 중이었다. 무수한 헝가리 정치학 교재 가운데 본서는 헝가리 소재 국공립대학에서 기본서로 널리 활용되고 있었으며, 교재로서의 타당성은 헝가리 정치학회의 승인으로 인정받았다. 기본서로서 갖춘 학문적 탁월성 이외에 역자가 본 저서를 번역하게 된 직·간접적 계기는 다음과 같다.

첫째, 우리말로 옮겨진 헝가리 정치학 기본서가 절대적으로 필요하다. 1995년 역자가 한국외국어대학교 헝가리학과에 입학한 이래 헝가리 정치·경제론은 정규 교과 과정에서 다루었던 필수과목 중 하나이었다. 당시에는 한글로 된 문헌이 부재하였고 일부 헝가리어와 영어로 집필된 서적으로 해당과목을 처음 접하게 되었는데, 우리말로 옮겨지지 않은 서적으로 헝가리정치 전개과정을 심도있게 이해하는 데는 한계가 있었다. 이후 저자가 영국 글라스고 대학(Glasgow University) 중·동부 유럽학과에서 헝가리 정치학으로 석·박사 학위 과정을 이수하는 과정 중, 본서를 다시 접하게 되었으며, 본 계기가 역자로 하여금 관련 서적을 번역하도록 결심을 굳히게 하였다.

둘째, 본서는 비단 헝가리학과에서 활용할 수 있는 기본서로서 뿐만 아니라 일반 독자를 대상으로 헝가리 정치와 중·동부 유럽 정치학에 관심이 있는 지성인에게 중요한 배경지식을 전달할 수 있다.

본서는 헝가리의 주요 정치행위자, 정당체제, 그리고 정치문화를 중점적으로 다루었지만, 이외에도 다른 주변국들과의 비교를 통하여 현 헝가리 정치가 어디에 소재해 있는지 가늠해 볼 수 있는 시각을 제공한다. 이러한 관점에서 헝가리 정치체제의 변화를 역사학적 기술방식으로 접근한 비허리 미하이(Bihari Mihály)의 "헝가리 정치서 1944-2004"(*Magyar Politika 1944-2004*)를 상충적으로 보완해 줄 수 있는 기본서라고 판단된다. 단 본서가 1999년 부다페스트 소재 중부유럽 대학(Central European University) 출판사에서 출간된 이래로, 이후의 헝가리 정치상황과 맞물린 전개 과정을 갱신하지 않았음은 본서가 지닌 단점이라 할 수 있다. 이와 관련된 사항은 꾀뢰시니가 "헝가리 정치체제"(*A Magyar Politikai*

Rendszer)서에서 추가적으로 갱신한 정보로 보완서를 출간한 사실을 감안하여, 추후 개정판으로 보완하고자 한다.

역자는 본 저자의 의도와 내용을 그대로 전달하고자 가능한 원내용을 충실하게 옮겨 번역하였다. 그러나 일부문장에 있어서 영어식 표현으로 문자 그대로 우리말로 옮겨옴은 문맥상 타당하지 않거나 오해의 여지가 있었다. 이런 경우에는 역자가 이해하고 해석한대로 의역을 하였다. 또한 추가적으로 설명이 필요한 경우 역자는 각주에서 관련된 정보를 제공하였다. 초벌번역이라는 관점에서 본서의 일부내용 표현이 어색할 수 있다. 이러한 문제에 관해서는 독자의 지적과 의견을 기대하며 방대한 분량에도 불구하고 출판을 가능하게 해주신 출판부와 담당자분께 감사드린다. 또한 역서윤독 및 교정 그리고 의견을 제시해주신 김지영교수님과 특히, 박정원교수님께 깊은 감사를 드린다. 박정원 교수님은 방학내내 원고 윤독에 많은 시간을 할애해주셨으며, 아낌없는 의견과 조언을 주셨다. 끝으로 대학이수 과정부터 현재까지 끊임없는 관심과 사랑으로 역자를 뒷받침해주신 부모님과 동생, 그리고 아내에게 깊은 감사를 표명하며 본 역서를 바친다.

서울

옮긴이 김 대 순

저자 서문

한국의 독자에게 본인의 책을 소개하게 되어서 무척 기쁩니다. 저자에게 있어서 본인의 책이 다른 언어로 번역되어 간행된다는 것만큼 큰 기쁨은 없습니다. 특히 이는 헝가리에서 멀리 떨어진 다른 대륙에서 해당 언어로 번역될 때 더욱 그러합니다.

본서의 역사에 대해서 간단히 언급하고자 합니다.

본서는 원래 헝가리 독자를 대상으로 "헝가리 정치체제"(*A Magyar Politikai Rendszer*)라는 제목으로 1998년 부다페스트 오시리시 출판사(Osiris Kiadó)에서 헝가리어로 간행 되었습니다. 그러나 최근 십년간 탈 사회주의 중·동부 유럽국가 중 가장 성공적인 민주 체제전환을 이루어 낸 헝가리에 대한 관심도가 국제적으로 증가하였고, 이러한 관심은 영어로 작성된 본서 출판에 대한 필요성을 제기하게 되었습니다. 이러한 국제적 관심과 수요에 대한 반응으로 "헝가리 정치체제" 본서의 축약본이 영어로 번역되었고, 이는 국제적 독자를 대상으로 1999년 중부유럽대학 출판사와 오시리시 출판사에서 동시에 "헝가리 행정부와 정치"(Government and Politics in Hungary)라는 제목으로 간행되었습니다.

본서가 영어로 번역되어 출간된 이래로 헝가리 정치는 많은 사건이 발생하였습니다. 책이 간행된 시점과 현시점을 비교해 볼 때 헝가리 정치문화의 주요특성과 제도적 골자는 그대로 유지되어 왔다고 볼 수 있으나, 몇 가지 아주 중요한 사건들이 발생하였습니다. 이러한 정치적 전개는 크게 세 가지 경향으로 구분할 수 있는데, 이는 다음과 같습니다.

첫째, 두 가지 관점에서 바라볼 때 헝가리의 국제적 위상은 변모하였습니다. 1999년 헝가리는 북대서양조약기구에 가입하였고, 2004에는 유럽연합에 가입하였습니다. 그러나 이러한 유럽통합이라는 역사적 과업을 성취함에도 불구하고, 헝가리 시민들 대다수는 유럽연합에 대하여 회의적인 태도를 지니고 있습니다. 헝가리는 1989-1990년 민주 체제전환 시기에 앞서 주도하였던 헝가리 방식의 정치·경제적 발전이 뒤쳐지게 되었습니다. 지난 10년간 헝가리는 외채의 누적과 함께 심각한 예산안 부족을 겪고 있으며, 이러한 경제적 난국을 타개하기 위하여 헝가리 행정부는 2008년, 그리고 그 이후로도 강도 높은 긴축안을 도입하였습니다.

둘째, 헝가리 국내정치에서 새로운 추세가 등장하기 시작하였습니다. 첫 특징은 헝가리 정치와 정당체제가 대립의 구도로 나아가고 있다는 것입니다. 1990년대 헝가리 민주주의는 민주적 공고화의 방향으로 나아가는 듯하였으나, 이는 사실이 아닌 것으로 드러났습니다. 2002-2010년에 정권을 장악한 헝가리사회당과 자유민주연합 연립행정부 경제정책은 실패하였고, 이는 당시 야권세력과의 정치적 대립을 더욱 분명하게 조성하였습니다. 결국 좌우 진영의 정치·이념적 대립은 정당체제 또한 변화시켰습니다. 의회정당의 수가 감소하였고, 좀 더 집중화되고 대립된 양당제 체제가 등장하였습니다. 헝가리사회당과 자유민주연합은 신자유주의 이념을 신봉한 좌파 진영을 구성한 반면, 보수적 우파 진영에서는 청년민주연합 및 시민정당이 그 입지를 구성하였고, 이후 그러한 입지를 더욱 강화하였습니다. 반면 1990년대 헝가리 의회정당으로 등장하였던 기타 군소정당의 입지는 약화되었거나 정치에서 소멸하였습니다. 정치는 이념적으로 분열된 양상을 나타내었고, 정치영역에서 중간적 입지를 구성했던 헝가리민주포럼은 소멸하게 되었습니다. 2002년 총선이래로 헝가리 정치는 좌·우 진영으로 확고히 구분되었습니다. 헝가리사회당·자유민주연합은 2002년과 2006년 총선에서 승리할 수 있었고, 그 결과 그들의 정권장악은 헝가리 정치에서 지속적이면서도 지대한 영향을 미쳤습니다. 2008년 정치·경제적 난국에 직면하여 헝가리사회당과 자유민주연합의 연립정부는 붕괴하였으나, 헝가리사회당이 주축이 된 행정부는 2010년 새총선이 치러질 때까지 생존할 수 있었습니다.

헝가리 정치에서 등장한 또 다른 특징은 국내정치가 지극히 인격화(personalisation)되고 있다는 점입니다. 이러한 특징은 2004년 이래로 등장하였는데 당시 오르반 빅토르와 규르차니 페렌츠의 경쟁구도가 바로 그러합니다. 청년민주연합 및 시민정당을 이끈 카리스마 리더 빅토르 오르반은 지금까지 20년간 중도우파 진영을 이끌어 오고 있습니다. 그는 1998-2002년 수상이었으나, 2002년과 2006년 총선에서는 패배하였습니다. 2010년 총선에서 오르반은 청년민주연합 및 시민정당이 압승을 거두는데 주도적인 역할을 하였으며, 그의 정당은 의회 내 2/3 이상의 다수를 확보하였습니다. 반면 좌파 진영은 오르반과 견줄만한 그러한 강한 리더를 1989-1990년 체제전환 이래로 보유하지 못하였습니다. 예외는 헝가리사회당을 이끈 규르차니 페렌츠이었는데, 그는 2000년이래로 매우 빠른 속도로 정치에서 두각을 나타내기 시작하였습니다. 규르차니는 2004년 중반기에 수상이 되었고, 2006년 헝가리사회당과 자유민주연합 연립행정부의 총선을 승리로 이끌었으며, 이후 수상을 다시 역임하였습니다. 그러나 그의 승리는 무책임한 행정부의 과도한 재정지출과 국민에게 지킬 수 없는 약속을 천명함으로써 가능한 것이었으며, 따라서 애초부터 한계성을 지니고 있었습니다. 2010년 총선에서 규르차니의 헝가리사회당은 큰 패배를 하였고, 그와 함께 헝가리사회당의 인기와 신뢰도는 전례 없을 정도로 곤두박질쳤습니다.

헝가리 정치에서 부각된 다른 특징은 1990년대 중반이래로 행정부체제가 점차적으로 중앙집권화 되고 있다는 점입니다. 이러한 추세는 2011-2012년 개헌으로 그 정점을 이루게 되었습니다. 이러한 개헌은 분명 정치적인 성격을 띤 개헌이었습니다. 어떠한 정치적 배경 하에 이러한 개헌이 이루어졌는지 설명하기 위하여 2010년 총선을 잠시 이야기 하겠습니다. 2010년 총선은 중도우파 노선을 지향했던 청년민주연합 및 시민정당의 압도적 승리를 가져왔고, 그 결과 지금껏 지속되어왔던 양당제 체제에 큰 여파를 미치게 되었습니다. 헝가리사회당은 크게 패배하였고 자유민주연합은 원내정당 진입 자체에 실패하였습니다. 반면 좌파진영에서 녹색정당 노선을 추구한 '다른정치를위한연합'(Politics can be Different)이 의회진출에 성공하였습니다. 이외에 우파진영에서 신생 극우정당인 '더나은헝가리를위한연합'(The Movement for a Better Hungary)이 세 번째로 많은 표를 유권자로부터 확보하여 원내진출에 성공하였습니다. 그 결과 집권당인 청년민주연합 및 시민정당은 좌·우 진영 모두에서 야당세력과 대치하는 구도를 맞게 되었습니다. 집권당인 청년민주연합 및 시민정당은 2010년 총선에서 전례없는 승리를 거두게 되었는데, 당시 정당은 유권자 표의 50% 이상을 확보하였고, 그 결과 의회에서 압도적 다수를 차지하게 되었습니다.

오르반 빅토르가 이끄는 청년민주연합 및 시민정당은 기존의 행정부 구조를 변화시킬 수 있는 조직적인 개혁을 단행하였고, 몇가지 정책 개혁안을 도입하였습니다. 청년민주연합 및 시민정당이 확보한 압도적 다수로 2011년 헝가리의회는 신헌법을 통과시켰고, 이후 2012년 선거법을 개정하였습니다. 신헌법은 2012년 1월 1일부로 발효되었습니다. 이러한 현정치를 바라보며 유수한 정치평론가와 헌법변호사 그리고 정치학자들이 공통으로 지적하길, 헝가리 정치에서 20년간 지속되었던 기존의 정치 형태는 종결되었으며, 새로운 정치가 들어서고 있다고 간주하고 있습니다. 앞으로 간행될 서적에서는 이러한 내용을 다루게 될 것입니다. 그러나 우리는 발생하지 않는 미래를 현 시점에서 다룰 필요는 없습니다.

이러한 관점에서 현 헝가리 정치를 바라볼 수 있는 기본서를 한국어로 번역하는데 많은 노고를 들인 김대순박사에게 감사하며, 한국의 독자들도 첫 헝가리 정치학 번역서를 읽으면서 즐길 수 있기를 희망합니다.

부다페스트

언드라시 꾀뢰시니

추천사

이 책은 국내에 최초로 소개되는 정통 헝가리 정치학개론서이다. 이 책의 저자인 꾀뢰시 니는 체제전환 이후 볼모지대였던 헝가리 정치학을 하나의 학문적 단위로 끌어올린 분이다.

주지하다시피 과거 사회주의를 경험했던 국가들에서는 '정치학'이라는 학문은 금기의 영역이었다. 소련을 위시한 사회주의권 국가들은 오로지 당의 명령에 의해 통치되는 당-국가 통치구조를 갖고 있었다. 따라서 정치학의 근본이 되는 정당, 선거, 여론 등에 대한 연구를 할 필요가 없었던 것이다. 사회주의 국가들에서는 오로지 마크스 레닌주의에 입각한 공산당의 통치만이 존재했을 뿐이고, 다양한 다른 의견들은 존재할 수 없었다. 이러한 정치적 구조는 1989년의 체제전환과 더불어 일대 전환기를 맞이하게 된다. 체제전환은 단순히 하나의 체제가 다른 체제로 전환된다는 뜻이 아니다. 정치체제의 전환과 더불어 그에 수반되는 수없이 많은 정치적, 사회적 구조들이 동시에 변환되는 것이며, 그러한 과정은 체제전환이 시작된 지 20여년이 지난 아직까지도 현재 진행형이다.

과거 동유럽이라 불렀던 국가들 중 가장 성공적으로 체제전환을 이루어낸 세 나라가 헝가리, 폴란드, 체코이다. 그 중에서도 헝가리는 가장 안정적이고, 효과적인 체제전환을 이루어낸 나라로 평가 받는다. 체제전환 이후 급격한 사회변동의 격랑 속에서 한 두 번의 위기가 존재하기는 했지만, 헝가리의 정치는 이런 어려움을 모두 극복하고 현재의 안정적인 상황을 일구어 냈다. 이는 헝가리 정치지도자들의 역량에 기인한 바도 크지만, 높은 민도를 바탕으로 민주주의적 헌정질서에 빠르게 적응해 간 헝가리 국민의 위대한 성취이기도하다.

아시아의 내륙지역에서 유래하여 유럽에 자리 잡은 인구 천만의 중유럽 속의 작은 나라인 헝가리는 오스트리아-헝가리 제국의 경험, 사회주의의 실험, 그리고 다시 자본주의 국가로 회기 하는 독특한 역사적 경험을 갖고 있다. 따라서 급변하는 국제정세, 요동치는 국내정치적 상황을 슬기롭게 헤쳐 나갔던 그들의 지혜와 경험은 우리에게 많은 시사점을 준다. 특히 과거 공산주의 헝가리와 유사한 사회구조를 갖고 있는 세계에서 가장 폐쇄적인 국가인 북한을 이웃에 두고 있는 우리로서는, 앞으로 다가올 통을 준비하는 차원에서도 헝가리의 경험은 소중할 수밖에 없다. 헝가리가 1989년부터 지금까지 겪고 있는 체제전환기의 문제점들은 통일 후 우리가 경험하게 될 문제들의 모의고사인 셈이다. 따라서 헝가리가 체제전환 이후 조우하였던 문제들과 그 해결과정을 살펴보는 것은 우리에게 타산지석 이상의 의미가 있을 것이다. 이 책은 그러한 발걸음을 띄게 해주는 입문서이다. 정치학자는 물론이고, 통일문제를 다루는 관료, 전문가, 연구자, 학생들도 꼭 필독해야 하는 귀중한 책이다.

영어와 헝가리어를 자유롭게 구사하는 이 책의 번역자가 동유럽 연구에 있어 세계 최고 수준의 신진학자라는 점은 외국에서 먼저 알려져 있다. 영어로 씌여진 그의 박사 논문은 헝가리어로 번역되어 단행본으로 출판되었고, 얼마 전 세계적인 출판사인 러트러지 출판사에 의해 뉴욕과 런던에서 단행본으로 출간되었다. 콜롬비아대학교와 공동으로 편집되어 출간된 그의 저서는 한국인이 펴낸 최초의 동유럽 정치학저서라는 점에서 그 의미가 남다르다 하겠다.

저자와 번역자가 끊임없이 소통하며 이 번역본을 완성해가는 과정을 지켜본 필자는 독자들에게 이 책을 권함에 있어 한없는 자부심을 느낀다. 그런 훌륭한 제자를 둔 스승으로서 말이다. 일독을 권한다.

김 지 영

약어 정리

정당

- Alliance of Free Democrats (자유민주연합)
- *Alliance of Young Democrats and Civic Party
  (청년민주연합 및 시민정당)
- Christian Democratic People's Party (기독교민주시민당)
- Hungarian Christian Democratic Alliance (헝가리기독교민주연합)
- Hungarian Communist Party (헝가리공산당)
- Hungarian Democratic Forum (헝가리민주포럼)
- Hungarian Democratic People's Party (헝가리민주시민당)
- Hungarian Life and Justice Party (헝가리인의 삶과 정의당)
- Hungarian People's Party (헝가리시민당)
- Hungarian Socialist Party (헝가리사회당)
- Hungarian Socialist Workers' Party (헝가리 사회주의노동당)
- Independent Smallholders' Party (독립소지주당)
- National Peasant Party (농민당)
- United Smallholders' Party (통합소지주당)
- Workers' Party (노동당)

기타

- Hungarian Economic Chamber (헝가리 경제 상공회의소)
- Hungarian Employers' Association (헝가리 고용주 연합)
- Hungarian News Agency (헝가리 뉴스청, 기존의 명칭은 헝가리 전보청이었음)
- Interest Reconciliation Council (이익조정위원회)
- Office of the Prime Minister (수상청)
- Opposition Roundtable (야권연대 원탁협상)
- National Association of Hungarian Trade Unions (전국 헝가리 노동조합 연맹)
- National Bank of Hungary (국립 헝가리은행)
- National Council of Trade Unions (전국노동조합협의회)
- National Radio and Television Commission (국영 텔레비전 및 라디오 위원회)

* 1993년 이래로 청년민주연합은 기존에 당이 추구하였던 정치노선을 중도 좌파에서 중도우파로 선회하였다. 이러한 당의 정치노선 변화는 1995년 전당대회에서 기존의 명칭을 청년민주연합 및 시민정당으로 개칭하여 선포되었다.

▌목차

역자 서문 • 3
저자 서문 • 5
추천사 • 9
약어 정리 • 11

서 론 **정치적 전통 • 21**

제 1 장 **정치문화 • 33**

1. 역사적 유산 34
   공산주의 유산 35
   주관적 역량, 정치적 냉소주의 37
   19세기와 20세기 초의 유산 38
2. 정치문화의 요소 40
   레짐 지지 41
   개별 공공기관에 대한 신뢰와 행정부 성과에 대한 평가 43
   정치참여 44
3. 정치문화와 민주주의 안정 48

제 2 장 **헝가리의 정당 • 51**

1. 정당침투성의 정도 52
2. 정당의 기능 54
3. 세 가지 정치진영 57

4. 신생정당의 기원과 성립 ······ 58
5. 정당의 특징 ······ 61
헝가리민주포럼 ······ 61
헝가리인의 삶과 정의당 ······ 65
자유민주연합 ······ 66
청년민주연합 및 시민정당 ······ 70
독립소지주당 ······ 72
기독교민주시민당 ······ 74
헝가리사회당 ······ 75

제 3 장 정당체제 • 79

1. 헝가리 정치에 있어서 좌·우 개념 ······ 80
2. 정당 영역의 구조 : 정치·문화와 경제 축 ······ 82
3. 이념과 정치 안건 ······ 84

제 4 장 정치균열구조 • 89

1. 균열 ······ 90
2. 헝가리 정치의 세 가지 균열구조 ······ 93
종교/세속 균열 ······ 93
정치계급균열 ······ 95
도·농 균열 ······ 97
경제계급 균열의 부재 ······ 98

3. 균열과 정당체제 ······ 99

제 5 장 정치엘리트 • 103

1. 노멘클라투라와 체제전환 ······ 105
2. 정치엘리트 집단 ······ 110
3. 정치계급 : 체제전환 이전과 이후의 국회의원 ······ 113
4. 신흥 정치계급 : 국회의원 출신, 사회·문화적 구성, 정치사회화와 이력 115
   신흥 사회당 엘리트 ······ 116
   기독교·시민당 엘리트 ······ 118
   자유노선 성향의 정당엘리트 ······ 122
5. 정당엘리트의 이념적 특징과 세계관 ······ 122
6. 엘리트 충원과 그들의 이력 ······ 123
7. 정치엘리트 집단내 제도적·기능적 집단 : 하위엘리트의 정치적 영향력 126
8. 경제엘리트와 정치엘리트의 연계 ······ 133
9. 소결론 ······ 134

제 6 장 유권자 행동 • 137

1. 정치시장의 개방성 : 정당 선호도의 불안정성 ······ 138
2. 정당의 선거기반 ······ 140
3. 정치진영 ······ 149
   개념간의 연계 : 의미 ······ 150
   현안으로 바라 본 유권자의 정치적 성향 ······ 151

제 7 장 선거체제와 선거 • 155

1. 선거제도의 역학 ······ 156
2. 선거와 투표의 배분 ······ 159
3. 선거의 세 가지 경로와 2차경선, 그리고 의석배분 ······ 161
   소선거구 ······ 163
   지역명부 의석 ······ 167
   전국구명단 의석 ······ 170
4. 선거제도가 정치체제에 미치는 영향 ······ 170

제 8 장 이익집단과 이익조정 • 173

1. 노동조합 ······ 174
2. 이득에 관한 경제적 갈등 ······ 178
3. 거시적 차원에서의 이해조정 ······ 180
4. 로비 ······ 182
5. 변화의 방향 : 다원주의로부터 조합주의로 ······ 183

제 9 장 헌정과 행정부 체제 • 187

1. 헌정과 행정부 전통 ······ 188
2. 유럽에서 의원내각제의 발달 ······ 190
3. 국가와 사회 그리고 행정부와의 관계에 대한 정치적 사고 ······ 194
4. 민주 헌정 및 행정부 체제의 출현과 체제전환의 본질 ······ 201

5. 헝가리 헌법의 주요 특징들 ······ 206
6. 권력의 정치적 균형추와 권력분배 ······ 211
7. 요약 : '균등화된 공화국' ······ 213

제10장 행정부 • 215

1. 법적인 관점에서 바라 본 행정부의 내부구조 ······ 216
수상의 원칙 : 행정부 수장의 수위성 ······ 217
집합체로서의 행정부 ······ 218
각료의 독립성 : 부서원칙 ······ 220
2. 정당체제와 연립정부의 영향 ······ 221
행정부 형성 ······ 221
장관의 충원, 선택 그리고 정치 이력 ······ 222
수상, 당 의장, 의회집단 리더 ······ 223
수상 권력의 원천으로서 정당과 한계 ······ 226
연립정부 ······ 231
연립행정부내 보직의 분배 ······ 234
정당간의 배분 ······ 234
장관 부서에 관한 선호도 ······ 234
행정부 임원의 선택 ······ 235
개개 부서들 : 단일정당 혹은 구분화된 통제 ······ 236
3. 수상 권력의 원천과 행정부의 정치적 통합 ······ 237
수상의 후견권 ······ 237
행정부 구조와 크기의 결정 및 책임 분배 ······ 238
수상의 보좌진과 자문단 ······ 239

법적·정치적 여건과 수상의 역할 ······ 240
4. 수상과 행정부의 입지 : 국제적 비교 ······ 243

제11장 행정부 의사결정과 행정통제 • 249

1 헝가리 행정의 정치적 조직과 통제 ······ 250
행정의 관리·집행 기관들 ······ 252
2. 행정과 정치의 고전적 분리 ······ 253
3. 행정에 관한 행정부의 통제 : 법적, 행정적, 그리고 인사적 도구들 ······ 254
법령 포고에 따른 행정통제 ······ 255
정치지도부의 권한과 지시에 따른 행정통제 ······ 256
개인 인사관리를 통한 행정통제 : 행정부내 인사권 ······ 256
4. 행정부 의사결정의 과정과 행정부 조직 ······ 259
조정의 정치·행정기관들 ······ 260

제12장 의회 • 267

1. 권력 기관의 분리와 두 가지 이상적 의회 형태 ······ 268
2. 헝가리 의회 ······ 270
의회의 대표 기능과 정통성 ······ 271
입법 기관으로서의 의회 : 행정부 혹은 의회의 지배? ······ 271
노동의 조직과 분업 ······ 272

3. 법안과 결의안 통과 ······ 273
4. 제도적 행위자들 : 행정부, 국회의장, 총회 그리고 위원회들 ······ 275
행정부 법안 ······ 276
안건설정 ······ 277
총회 ······ 278
상임위원회 ······ 279
5. 정치행위자들 : 행정부와 야당 ······ 282
의원 ······ 282
그들 자신의 역할에 대한 의원들의 이해 ······ 283
국회의원의 의회활동 ······ 285
정당집단과 기능 ······ 287
행정부와 행정부정당간의 관계 ······ 289
행정부와 행정부의 연립파트너 ······ 291
야당 ······ 292
행정부 다수와 야당의 이원성 ······ 295
6. 의회에 대한 행정부의 책임:신임안과 불신임안 투표 ······ 296
7. 의회가 행정부를 상대로 통제할 수 있는 비 제재적 도구들 ······ 297
정치적 홍보 ······ 297
행정감독을 위한 기관들 ······ 299
의회에게 보고서를 제출해야 하는 의무 ······ 299
조사위원회들 ······ 300
인사정책의 감독 ······ 302
8. 소결론 ······ 303

제13장 헌법재판소 • 305

1. 헌법재판소의 권한과 정치적 역할 ······ 306
헌법재판소의 권한 ······ 307
헌법재판소 절차를 개시할 수 있는 권한 ······ 309
헌법재판소 판사의 선출 ······ 310
헌법재판소 판사의 이력 ······ 311
그들 자신의 역할에 대한 판사의 견해 ······ 312
헌법재판소 활동의 한계와 정치 평형추 ······ 313
2. 헌법재판소 활동성의 여파 : 정치의 사법화 ······ 314
3. 소결론 ······ 315

제14장 대통령 • 317

1. 체제전환과 대통령직 ······ 318
2. 대통령의 권한 ······ 319
헌법상의 권한 ······ 320
선출과 정통성 ······ 321
이력, 충원, 정당 연계성 ······ 322
대통령 자신의 역할과 헌법에 대한 해석 ······ 324
3. 헌법재판소와 대통령 ······ 325

결 론 헝가리 민주주의 • 327

1. 다수제 민주주의와 합의제 민주주의 ······ 328

2. 헝가리 민주주의의 특징 ······ 330
헌법 ······ 330
중앙행정부의 권력: 헌정상의 권한과 정치통합의 문제 ······ 331
입법부와 행정부의 관계 : 헝가리의 이원성 ······ 332
입법부의 구조 ······ 333
국가의 구조 ······ 333
대의민주주의와 직접민주주의 ······ 333
선거체제 ······ 334
정당체제 ······ 334
정치문화 ······ 334
3. 헝가리 민주주의는 합의제인가? 엘리트 전략의 역할 ······ 336
4. 엘리트 전략 : 경쟁과 비 동원적 전략의 조합 ······ 338

참고문헌 • 341
찾아보기 • 344

서론

정치적 전통

1989-1990년 민주 체제전환 이후로, 동·서유럽 정치학자들은 다음과 같은 질문에 직면하게 되었다: 헝가리와 다른 중·동부유럽 국가에서 형성되고 있는 신생 민주주의가 어느 정도까지 구현 가능할 것인가? 신생 민주주의 안정화에 영향을 미치는 요소는 일차원적인 요소가 아닌 다차원적인 요소가 복합적으로 상호 작용하는데, 이는 헝가리와 같은 기존의 국가사회주의 계획경제체제에서 시장경제체제로의 전환에 소요되는 사회적 비용뿐만 아니라, 각 나라의 정치문화와 민주적 전통의 결여 또한 고려의 대상이라 할 수 있다. 본장에서는 헝가리 역사적 전통 중 어떠한 요소가 체제전환 후 정치적 발전에 영향을 행사하였는지 알아보고자 한다. 본장에서는 장기간, 그리고 중도 기간에 걸쳐 잔재해 있는 헝가리의 정치적 전통을 살펴보고, 최근 수십 년간의 헝가리 정치적 전통과 영향을 함께 고찰하여 과거에서 현재로의 조사를 수행하고자 한다.

1

다각도의 관점에서 바라볼 때, 헝가리의 정치적 전통에 가장 중요한 두 가지 결정적인 요소는 서구와 동구 사이에 놓여 있는 헝가리의 지정학적인 위치, 그리고 이러한 지정학적 위치에서 국가의 독립과 주권을 쟁취하기 위한 투쟁을 들 수 있다. 국가의 지배적인 정치문화는 항상 서구 지향적인 문화를 추구하였으나, 헝가리인들은 헝가리가 서구의 주변국에 위치하고 있다고 여겨왔다. 이러한 정서는 20세기에 종종 등장하였던 '나 홀로 남겨진 투쟁'이라는 국민적 정서로 반영되었는데, 이는 곧 헝가리 국가의 무 방비성 혹은 연약함을 의미하였다. 이러한 입장은 헝가리인이 지니고 있는 독특한 정체성과도 연관되어 있는데 예뇌 수츠(Jenő Szűcs)와 이후 이스트반 비보(István Bibó)의 에세이 "유럽의 세 가지 역사적 지역: 개요"에서 잘 드러나 있다.

주권국가로서 헝가리 국가성의 역사는 1100년에 걸친 오랜 역사를 보유하고 있으나, 역사의 대부분은 국가의 연약함을 나타내었다. 특히 1526년 터키 제국의 침입에 대항한 모하츠 전투(Mohács Battle) 패전이래로, 주권과 독립성 문제는 헝가리인의 정치문화에 항상 내재되어 있었다. 실제로 수세기에 걸쳐서 헝가리 국내정치를 구분하는 가장 중요한 균열점은 헝가리 왕조를 지배했던 합스부르크 세력과의 관계 정립이었는데, 1848-1849년에 걸쳐서 발생하였던 반 오스트리아 독립 투쟁이 중요한 사건이었다. 당시 헝가리 왕조를 지배했던 정치 세력은 반(anti), 혹은 친(pro) 오스트리아 세력으로 구분되어 정치적 갈등을 빚고 있었다. 이러한 갈등은 오늘날 헝가리 정치문화의 일부로 남아있으며, 이와 관련된 역사에 대한 적절한 이해 없이는 1990년도의 정치적 전개와 상황을 이해할 수 없다. 종교개혁 이후부터 헝가리 국가의 독립성 문제는 17-18세기에 헝가리 귀족들 간의 종교적 갈등으로도 표출되었는데, 이는 카톨릭 합스부르크 왕조를 반대하는 귀족세력과 합스부르크 왕조에 충성하고자하는 카톨릭 귀족세력 간의 갈등이 대표적이었다. 헝가리 국가의 독립성 전통은 종교개혁의 영향으로 구교에서 신교로 개종했던 칼뱅교 귀족중심 문화의 특징이었다.

2

1867년 오스트리아·헝가리 이중왕국 구성의 대타협(the Austro- Hungarian Compromise)과 1948-1949년 공산당 권력의 공고화 시점에 발생하였던 헝가리의 정치적 전개는 그 기반이 근본적으로 취약한 민주적 전통의 특징을 나타내고 있으나, 동시에 건실한 의회주의 문화라고 요약할 수 있다. 해당시기에는 세 번에 걸쳐 단명한 방해 기간이 있었으나,[1] 당시에는 합법적인 야당세력과 의회에서 대다수를 구성하고 있는 행정부가 줄곧 존재하였다. 그러나 이러한 여·야의 존재가 오늘날 우리가 말하는 진정한 의미에서의 의회주의인지에 대해서는 논쟁의 여지가 있다.

앞서 언급한 시기는 다시 크게 세 가지로 구분할 수 있는데 첫 번째는 1867년부터 제1차 세계대전 종결까지의 기간이고(1867-1919), 두 번째는 양차세계 대전에서 존재했던 호르티 시대(1919-1944), 그리고 마지막으로 제2차 세계대전 종결 직후부터 1948-1949년에 존재했던 단명한 '제한적 민주주의 시기'(limited democratic interlude) 이다(1945-1948).[2] 이 기간에 대한 정치적 전통을 순서대로 다루고자 한다.

---

1) 1905년 헌정위기, 제1차 세계대전 패전 후 1918-1919년 시민혁명, 그리고 1944-1945년의 나치 독일 점령 시기를 의미한다.

2) 1948-1949년에 걸쳐서 헝가리공산당은 권력을 공고히하였고, 공산법을 제정하여 헝가리 인민민주공화국을 선포하였다.

다른 유수한 유럽국가처럼 헝가리의 근대적 시민국가 형성의 시기는 19세기 중반이었는데, 이는 구체적으로 1848-1949년을 의미하였다. 바로 이 시기에 주권과 국가의 독립성, 그리고 정치·경제 체제의 근대화 문제가 연계되기 시작했으며, 이로부터 줄곧 의회주의 정부 구성안이 헌법상, 그리고 정치논쟁의 핵심 의제로 등장하기 시작하였다. 종교개혁 이후부터 제1차 세계대전 발생까지 거의 일세기에 해당하는 시기는 헝가리 역사에 있어서 '민족적 자유주의'(national liberalism) 시대이었다. 1867년 대타협으로 구성된 입헌군주제는 국민대표 원칙에 입각한 의회민주주의 발전의 가능성을 열어주었다. 그 결과 1867년부터 1918년까지 헝가리 정치체제의 면모는 당시 유럽대륙에서 등장하였던 보편적 개념과는 먼 형태인 '자유 의회주의'(liberal parliamentarianism) 특징을 나타내는 등 발전적 모습이 표출되었다.

그러나 당시 현존했던 문제가 있었는데 이는 다음과 같았다. 첫째 해당시기 정치체제에서는 줄곧 의회 야당세력이 정치체제의 합법적이고 통합적인 형태로 존재하고 있음에도 불구하고, 지배적인 집권당이 항상 권력의 영속을 추구할 수 있는 집권적 정치체제가 존재하였다는 점이다. 둘째 참정권은 제한적으로만 부여되었다. 19세기 중반까지 헝가리는 대다수의 유럽 국가와 조화를 이루며 참정권 문제를 다루었으나, 1866-1900년에 헝가리는 다른 유럽국가에 비하여 참정권 연장의 문제에서 뒤쳐지게 되었다. 참정권 연장 문제에 대한 근본적 변화는 제1차 세계대전 이후에야 비로소 가능하게 되었다. 그 결과 1851-1875년에 헝가리 경제와 사회는 정치적 동원과 대중정치 시대의 문을 열수 있었던 근본적 기반을 갖추고 있음에도 불구하고, 사실상 대중동원(mass mobilisation)의 정도는 제한적인 범주내에 머물게 되었다.

보통투표권은 1920-1944년에 존재했던 호르티(Horthy) 섭정 시대에 일반 헝가리 시민을 대상으로 부여되었다. 그러나 이러한 긍정적 변화에도 불구하고 의회내 합법적인 세력으로 존재했던 야당은 실질적인 정치행위자로서의 역할을 하지 못했고, 그 결과 당시 정치체제는 비민주적인 형태에 머물러 있었는데 이러한 결과에 영향을 미치는 요인은 다음과 같았다.

첫째, 1920년과 1930년 선거를 제외하고서는 비밀투표권이 큰 도시에서만 보장되었고 다른 지역에서는 공개투표가 실시되었는데, 이는 당시에 행정 관료로 하여금 투표 감독과 권력남용이라는 명목 하에, 선거를 집권당에 유리하도록 조성하는 병폐를 초래하였다. 이러한 병폐는 새로 참정권이 주어진 수백만 시민의 정치적 동원과 통합을 빈약한 상태에서 머물게 하였다. 정치경쟁 또한 제한적으로만 행하여졌는데, 이는 야당세력의 무력화로 가능하였다. 예컨대 1920년대에 큰 야당세력으로 존재했던 독립소지주당은 집권당에 흡수되었고, 극좌당(공산당)과 극우당(십자활당, the Arrow Cross Party)은 정치경쟁에서 제외되었다. 이러한 제한적 조치는 유수의 부정적 결과를 초래하였는데, 그 핵심은 지배 정당체제의 영속을 가능하게 하였다. 실제로 1920-1944년 발생하였던 정권교체는 총선결과로 이루어지지 않았다. 이는 다시 말하자면 의회내에서 권력 균형 변화는 선거결과에 따라서 발생한 것이 아니라, 의회내 파벌간의, 혹은 신생정당 성립 등에 대한 국회의원 간의 정치적 계산, 그리고 그러한 행동에서만 가능함을 의미하였다. 그 결과 총선은 행정부 교체에 직접적인 영향력을 행사할 수 없었고, 심지어 좋지 못한 선거결과가 발생하더라도 집권당내 지배 정치엘리트는 정치경쟁에서 우위를 확보하고, 행정부 정책 형성에 그들의 영향력을 확보할 수 있었다.

둘째, 호르티 시대에 정당발달은 제한적인 범위내에서만 발생하였다. 이는 앞서 전술한대로 양차 세계대전 시기에 지배정당은 체제의 영속을 가능하게 하였던 다양한 수단을 동원할 수 있었기 때문이었다. 그 결과 집권세력은 현상유지 태도로 다른 정치 행위자와의 정치경쟁을 제한할 수 있었는데, 이는 정당발달이라는 관점에서 볼 때 집권당 외 다른 정치행위자가 통합된 전국구 조직과 대중회원제를 기반으로, 근대 개념의 대중정당 발달로 산출될 수 있는 정치경쟁의 제한을 의미하였다. 실제로 독립소지주당과 사회민주당은 전국구 규모의 대중 정당 골자를 갖추기 위하여 시도하였으나 두 정당 모두 목적 달성에는 실패하였다. 독립소지주당은 집권당인 국민통합당에 흡수되었고, 사회민주당은 1921년 국민통합당 당수인 이슈트반 베트렌(István Betlen)과 사회민주당 당수인 카로이 페이어(Károly Peyer)간 체결된 이른바 '베트렌-페이어 조약'에 따라서 선거구 기반이 도시와 산업 지역에서만 제한적으로 성장할 수 있었다.

셋째, 호르티 시대 정치적 동원은 제한적인 범위내에서 머물러 있었다. 전술하였듯이 지배적 정당체제와 제도화된 정치경쟁 제한 장치는 각 계급의 이득을 대변할 수 없도록 하였고, 그 결과 당시 다른 유럽 국가와는 달리 헝가리의 정치적 동원은 낮은 상태에서 머물러 있었다. 적은 규모의 토지를 소유하고 있는 계층을 대변하는 독립소지주당이 집권당에 흡수되었음은 해당 계층의 이해관계를 정책적으로 일부 반영할 수 있음을 의미하였고, 이는 정치적 동원이라는 관점에서 바라 볼 때 해당 계층의 동원이 어느 정도는 가능했다고 해석할 수 있다. 그러나 헝가리인 대다수를 차지하는 백만에 육박한 비 토지 소유자인 가난한 농민들에게는 참정권이 부여되지 않았고, 이러한 불합리한 상황에서 그들의 이득을 대변할 수 있었던 정당의 부재는 헝가리인의 정치적 참여가 전반적으로 낮은 상태에서 머물렀음을 의미하였다.

넷째, 이러한 부정적인 결과에도 불구하고, 호르티 시대에서 행하여진 정치적 참여와 경쟁 제한은 집권 행정부체제의 안정화를 촉진하는데 기여했다고 요약할 수 있다. 당시 헝가리와 유사한 사회적 발전 수준을 보였던 국가에서는 예컨대－이탈리아, 스페인, 포르투갈, 오스트리아 그리고 독일－대중의 정치참여와 정치 정당간의 경쟁이 높은 상태에 머물러 있었다. 그러나 이 국가들은 정당간의 경쟁이 극심하여 사회적 분열을 촉진하는 등의 극단화된 결과를 초래하였고, 그 결과 일부 국가는 내전으로 치닫는 등 전반적으로 권위주의, 혹은 전체주의 체제 등장으로 행정부의 안정화를 가져올 수 없었다. 반면 1920-1944년 헝가리에서 발생하였던 이러한 정치적 분열 과정은 중단된 상태이었다. 권위주의 혹은 전체주의 체제가 헝가리에서도 일부 형성된 것은 사실이다. 이는 1920년에 체결된 트리아농 조약(the Treaty of Trianon)에 따라 본래 국토의 2/3를 상실한 헝가리가 조약에 대한 수정을 요구하며, 이른바 영토수복주의를 기치로 나치 독일과 동맹을 체결했다는 역사적 사실이 바로 그러하다. 그러나 이러한 사실에도 불구하고, 헝가리 행정부의 안정화는 19세기에 출현한 헌정주의(constitutionalism)와 당시 신생 의회주의(parliamentarianism) 체제를 보호하기 위하여 일부 권위주의 면모가 등장하였다는 사실에 주목해야 한다.[3)] 다시 말하자면 호르티 시대 정치적 참여와 경쟁 제한은 민주주의 원칙을 제한하는 부정적 결과를 초래하였으나, 이는 동시에 당시로서는 의회주의 근본적 기반이 취약한 상태에서 그 체제 붕괴 방지 차원이라는 긍정적인 효과를 가져왔다고 해석할

3) 저자는 당시 헝가리 레짐이 영토수복주의에 입각하여 당시 나치 독일에 협력한 것은 사실이나, 그보다는 19세기 당시에 출현했던 헝가리 의회주의 정치체제를 유지하는 목적에서 정치경쟁과 참정권 확대 제한 조치가 내려졌다고 간주한다.

수 있다. 그러나 이러한 체제의 안정화라는 긍정적 결과는 국민의 정치적 참여와 동원 제한이라는 큰 사회적 대가를 지불함으로써 가능한 것이었다. 그 결과 사회 구성원의 정치적 통합은 낮은 상태에 머물러 있었고, 이는 저명한 알몬드와 버바가 지적했듯이 헝가리 정치문화는 '향리·신민적 문화' 특징을 나타내었다고 요약할 수 있다. 이러한 경향은 1990년 체제전환 후 헝가리 민주 정치전개 과정에서 재차 등장하였다.

3

세 번째 본 장에서 다루고자 하는 역사적 시기는 1867년 대 타협부터 1948년 헝가리 공산당 권력 공고화까지의 기간이다. 이 시기 헝가리 정치문화 형성에 영향을 미친 세 가지 주요 사건이 있었는데 이는 전쟁, 나치독일의 헝가리 점령, 그리고 나치독일 축출 후 등장한 소련 점령을 들 수 있다. 제1차 세계대전과 마찬가지로 제2차 세계대전은 국가주도 방식의 헝가리 대중동원 현상을 초래하였다. 헝가리의 제1, 2차 세계대전 전쟁 참전과 패전이 헝가리인에게 미친 부정적인 심리적 영향은 막대하였는데, 이는 동시에 헝가리 정치문화의 변화도 의미하였다. 기존에 존재하였던 정당체제가 붕괴하였고 신생 정당체제가 성립되었으며, 이는 권력 관계의 근본적 재정립, 정치참여 조건의 변화, 그리고 대중정당 시대의 출현을 의미하였다. 결과적으로 전쟁은 대중의 정치참여 확장에 기여하였다.

그러나 제2차 세계대전 종결 즈음 등장한 나치독일의 헝가리 점령은 오히려 정치참여를 줄이는 효과를 야기하였는데, 이는 친 나치주의 성격의 전체주의가 강한 정치·군사 독재정권의 성립을 창출하였기 때문이었다.[4)] 이와는 대조로 나치 점령을 종결시키고 헝가리를 점령한 소련군은 오히려 대중의 정치참여 확장과 정치 다원주의 형성에 기여하였다. 1945년 소련군에 의하여 헝가리가 해방이 된 후 보통선거와 비밀투표제가 도입되었다. 비록 이러한 개혁 조치는 헝가리가 공산화된 1948년을 기점으로 단 삼년에 그치는 단명한 제한적 민주주의 형태로 남았으나, 1945-1947년 시기에 투표를 할 수 있었던 헝가리인의 정치참여도는 90%이상으로 크게 확장되었

4) 헝가리 십자활당 리더인 설라시 페렌츠(Szalási Ferenc) 레짐을 의미한다.

다. 그 결과 정당은 표심을 잡기 위하여 경쟁을 하였는데, 이는 특정 계층의 이득을 대변하는 정당들, 예컨대 독립소지주당(The Independent Smallholders' Party), 사회민주당, 헝가리공산당, 농민당, 그리고 종교적 신념에 표를 호소하는 민주 시민정당을 들 수 있다.

4

이러한 긍정적인 변화에도 불구하고 당시 삼년간 기능하였던 헝가리 의회주의와 민주주의는 항상 제한적인 범주에 남아있었다. 다양한 중산층의 이득을 대변했던 독립소지주당은 1945년 총선에서 57% 득표를 획득하여 압도적인 승리를 거두었다. 그러나 이러한 승리에도 불구하고 독립소지주당은 당시 점령 소련 당국으로부터 막대한 정치적, 재정적, 그리고 비밀정보 제공을 받고 있었던 헝가리 공산당과 기타 다른 좌파정당과 함께 연립행정부를 구성해야 했다. 그 결과 연립정부 구성 시기에는 다양한 계층의 이득을 대변할 수 있는 정권이 성립하였고, 국민의 민주적 정치참여 가능성은 임시적으로나마 확대될 수 있었다. 그러나 이는 동시에 선거결과와는 상관없이 집권세력의 권력 분리와 책임이 이미 결정되어 있음을 의미하였다. 의회 내에서 점령 소련 당국으로부터 막대한 후원을 받고 있었던 헝가리 공산당은 점차적으로 정국을 지배하기 시작하였는데, 이는 1947년 두 번째 총선이 치러진 후 기존에 존재하였던 다당제 민주주의 제도를 해체하여 가능하였다. 1948-1949년을 기점으로 헝가리 공산당은 전체주의 성격의 독재체재를 성립하기 시작하였다.

1867-1948년 시기에 존재했던 헝가리 의회주의 시기의 구분처럼 헝가리 공산주의 시기는 한 단위가 아닌 세 단위의 시계열로 봐야한다. 첫 번째는 1948년을 시작으로 전형적인 '전체주의 독재주의'(totalitarian dictatorship)성립의 시기이며, 두 번째는 1960-1970년대에 존재했던 '권위주의 독재주의'(authoritarian dictatorship) 시대, 그리고 마지막으로 헝가리 공산당 독재의 존재를 점차적으로 정당화시킬 수 없었던 1980년대이다. 1956년 헝가리 시민 혁명을 감안하지 않는다면 1940년대 말 후반기 성립된 헝가리 전체주의 독재는 1963년까지 대략 15년간 지속되었다. 비합법적인 수단을 동원하여 정권을 장악한 공산당은 의원내각제와 다당제 제도를 해체하였을 뿐만 아니라, 헝가리 역사에서 거의 일세기에 걸쳐 성립된 헌정제도, 법치주

의, 그리고 시민사회의 근본골격 또한 해체하였다. 결국 공산당은 모든 권력 핵심의 원천적 보유자가 되었는데 스스로를 모든 사회 구성원의 이득을 대변하는 '독점적 보유고'(exclusive repository)라고 칭하였다. 그 결과 헝가리공산당은 사회를 구성하는 개개인과 어느 특정 집단의 이득을 대변해야할 정당성을 느낄 필요가 없었고, 대신 헝가리공산당이 정의한 '일반적 사회이득'(general social interest)이라는 범주내에서 모든 문제를 다루었다.

정치체제는 공산당 이데올로기에 부합하게 성립하였는데, 그 존재의 당위성은 더 나은 미래를 위한 약속으로 정당화하였다. 정권은 전체주의 성격을 보여주었다: 개개의 특정 이익, 개개의 정치적 소망, 그리고 개개의 사회적 이익집단은 정치에서 배제되었고 그들의 조직 또한 해체되었는데, 이후에는 조직의 사회적 기반 또한 제거하려는 시도가 이루어졌다. 탄압과 억압의 기구를 통하여 예컨대, 정치 경찰의 통제로 야당세력의 정치활동 가능성 또한 종결시켰다. 공산당 레짐의 전체주의 성격은 당·국가의 영역을 넘어서 일상 삶의 모든 부분에 침투하였는데 경제, 문화, 그리고 학교와 청년의 사회화 과정을 포함하여 모든 영역에서 그 특징이 표출되었다. 해당 분야의 독립성이 상실되었고 대신 공산당 이데올로기에 적합한 형태로 사회의 전반적 형태가 변모하였다. 공산당과 그 부속 조직들(인민전선, 노동조합, 청년조직)은 인구전체를 통제하는 당의 기구로 전락하였고, 이들 조직체는 대중 회원제 가입과 수여로 사회의 다수 부분을 정치적으로 통합하고자 하였다. 다른 통제 수단은 인구 전체 혹은 특정 집단을 동원하는 형태를 취하였다. 이러한 캠페인은 공산주의체제에 통합하기 힘든, 혹은 그러한 시도가 불가능한 사회적 집단을 '계급의 적'(class enemy)으로 낙인하여 동원하는 방법을 사용하였다. 정치동원은 종종 높은 수준의 사회적 유동성과 동일선 상에 있는데 이러한 이유에서 공산당의 사회 통제 수단은 성공적인 것이었다. 사회가 공산당 이데올로기에 부합하게 통제됨에 따라 사회는 분열되었고, 그 기반을 상실했으며 이는 이후 헝가리 국민의 '비 정치화'(de-politicisation)라는 현상을 초래하였다. 그러나 국가 주도로 이루어진 강제적인 정치와 사회적 통합이 항상 성공한 것만은 아니었다. 오히려 강제적 통합은 부분적으로, 그리고 임시적인 효과만 발효할 수 있었는데, 이러한 제도적 효과의 분출은 1956년 시민혁명으로 표출되었다. 혁명 전개 당시 다양한 사회적 집단은 라코시 공산당 체제 거부와 전체주의 체제에 대한 반대를 대외적으로 표명하였다. 비록 혁명은 실패로 종결되었으나, 혁명은 이후 기존 통제 형태의 공산 레짐을 상대로 장기간에 걸친 변화를 가져오는 촉매제 구실을 하였다. 소련군의 후원으로 혁명이 진압된 후 군과 당의 질서와 안정화를 이루어낸(1957-1963) 카다르는 기존 라코시 체제와는 다른 다소 완화된 형태의 '권위주의적 독재정치'를 추구하였다.

1960-1970년대 권위주의적 독재주의, 이른바 카다르 레짐의 황금기에는 정치통제와 통합의 수단으로 사용했던 대중동원 전략을 최소화하였다. 그 결과 대중조직의 기능과 동원의 효과도 쇄하였다. 대중조직의 통제 기능은 지속되었으나, 그들의 영향력은 체제의 근간을 이루고 있는 계층으로 점차 좁혀졌다. 이들은 관료층과 조직화된 노동자 계급이었다. 1960-1970년대에 존재했던 체제 정당성의 확립은 두 가지 과정이 맞물려 가능하였다. 첫째, 카다르체제는 공산당 이데올로기의 정당성 확립을 요구하였는데 이는 앞서 언급하였듯이 정치동원 역할의 감소를 의미하였다. 개인영역에서부터 정치, 경제, 그리고 사회 영역까지 통제하려는 정치 통제성이 감소하였다. 둘째, 공산 이데올로기 정당성의 합법화는 점차적인 경제성장 후 삶의수준 향상과 맞물린 '물질적 합법화'(material legitimation)를 의미하였다. 헝가리 공산당 권력 독점과 공산당 일당제 체제 지도부는 체제 경제성장과 체제가 보증하는 헝가리인의 소비성 증가, 즉 말하자면 경제와 소비의 성장으로 체제의 합법성을 정당화시키려 하였다. 그 결과 물질적인 가치체제가 강화되었으며 실제로 카다르 레짐의 비공식적인 형태의 가치체제로 변모하였다. 생활수준 향상과 물질적 가치의 합리화에 대한 카다르 레짐의 강조는 국가 경제와 사회정책 성과에 대한 헝가리인의 기대 상승을 의미하는 것이었는데, 이러한 기대는 사실 1950년대에 존재했던 라코시 공산주의체제가 약속한 것과는 크게 다르지 않았다. 단 카다르 시대에는 비 정치화된 정책을 단행하였고 또한 정치 탄압에 대한 대가로 다른 동유럽 국가와 비교하여 상대적으로 높은 생활수준의 물질적 보상을 제공하였다. 1968년 후 헝가리는 계획경제의 일부를 자유화시키는 경제개혁을 단행하였는데 이는 이른바 '신 경제 메카니즘'(New economic mechanism)이라고 불리었고, 이러한 경제정책은 이후 '제2경제'(the second economy)라는 형태의 경제체제 또한 출범시켰다. 제2경제는

준 합법적인 경제영역이지만 국가 사회 경제체제와 연계되어 공생하는 체제를 의미하였다. 이후 1980년대 삶의 수준 향상이 더 이상 지속될 수 없게 되었을 때, 카다르의 제2경제 또한 퇴보하였고 체제 자체가 위기의 국면으로 진입하였다.

1980년대는 잔존했던 탈 스탈린주의 권위주의 체제(the post-Stalinist authoritarian system)의 특징이 영구히 사라지는 시기이었으며, 카다르가 강조하였던 물질적 가치에 근본을 둔 헝가리 방식의 공산주의 정통성도 점차적으로 쇄하는 시기이었다. 기존에는 사회를 분열시키는 조치로 인하여 사회 집단의 이해관계가 정책적으로 반영되는 것이 거부되었다면, 이 시기에는 이해관계의 갈등이 점차적으로 표출하였다. 비록 제한적인 범주내에서이지만 그러한 이해관계를 표출하고 또한 일부 경우는 그러한 이해관계를 제도화시킬 수 있었다(민주주의에서 말하는 완전한 의미의 자유는 부여되지 않았으나, 전체주의 시대처럼 공산주의 이데올로기 하에, 혹은 국가가 국민의 이득을 좀 더 효율적으로 반영할 수 있다는 구실로 사회 집단의 이해관계 표현을 금하지 않았다). 그러나 이러한 허용 조치에도 한계는 있었는데, 이는 다양한 이해관계의 조화 문제에 있어서 공산당이 특권을 지닌다는 사항이었다. 공산당이 권력을 독점한 이유가 일반 사회의 이득을 좀 더 잘 반영하기 위한 것이라고 그 정당성을 강조하였듯이, 당시 공산당은 다양한 이해관계의 정립과 조화 여부 또한 당만의 특권으로 남아있다고 강조하였다. 그러나 이러한 한계성에도 불구하고 당시 일부 단체의 이해관계를 표현할 수 있도록 허용한 조치는 이른바 '이해포섭 메카니즘'(interest-inclusion mechanism)을 형성하였고, 이는 이후 체제가 좀 더 효율적으로 운영될 수 있도록 하였다. 그 결과 의사결정 기관은 다양한 이익집단이 요구하는 사항에 대하여 좀 더 정확하고 효율적으로 대응할 수 있었다.

그러나 당시 레짐은 정치 자유화에 대한 표현을 허용하지 않았는데, 이는 그러한 관용 자체가 공산주의 정치체제의 근간을 의심하도록 하였기 때문이었다. 다시 말하자면 공산당이 아닌 다른 대안의 정치 조직 형성과 그러한 대안을 뒷받침하는 정치집단이 추가적으로 구성될 수 있었기 때문이었다. 요컨대 1980년대 권위주의체제로는 거의 완전한 탈 이데올로기화 과정이 지속된 상태에서 '세속적인'(secular)[5]

---

5) 전체주의 특징에 부합한 공산주의 이데올로기가 중심이 아닌 헝가리인이 일상생활에서 해결해야 하는 생계와 고충 해결이 우선이었음을 의미한다.

레짐의 특징을 나타내었다고 요약할 수 있다. 결과적으로 공산당이 추구하였던 이데올로기의 정당성이 점차로 사라지고 좀 더 완화된 형태의 독재체제가 출현하였다. 1970년대 말 후반기부터 10년 이상에 걸쳐 발생한 경제위기의 여파와 소비 위축은 카다르 레짐이 물질적 풍요 제공 방식으로(Goulash communism, 구야시 공산주의라고 일컬음) 체제를 유지하였던 본래의 정당성을 잃도록 하였다. 대신 레짐은 역사적인 과거에 호소하여 체제 유지의 정당성을 모색하였는데, 이는 헝가리의 지정학적인 위치로 볼 때 그 운명이 이미 정해진 상태이고, 그러한 상황에서 단일정당체제의 유지는 변화시킬 수 없는 역사적 특성이라고 강조하였다. 즉 라코시 전체주의 독재가 그 레짐의 정당성을 더 나은 미래에 대한 약속에서 모색하였듯이, 좀 더 완화된 형태의 카다르 독재는 그 정당성을 현재 시점에서 이루어낸 업적에서 모색하였고, 위기 당시 레짐은 주어진 과거에 호소하여(변화시킬 수 없는 당위성) 현존하는 권력 관계의 정당성을 스스로 찾고자 하였다. 전체주의 시대의 호전적인 공산 이데올로기는 좀 더 실용성이 강조된 국정 운영 중심의 이데올로기로 대치되었고, 레짐은 연속적인 개혁으로, 그리고 1970년대 말 이후에는 당시 겪고 있는 경제위기를 벗어날 수 있다는 약속으로 레짐 존재의 당위성을 스스로 정당화하였다 (Körösényi, 1988: 120-121; Szabó, 1989: 100).

제 1 장
정치문화

1. 역사적 유산
2. 정치문화의 요소
3. 정치문화와 민주주의 안정

정치문화는 다각도에서 접근할 수 있다. 한 방법론에 따르면 정치문화는 정치공동체의 집합 형태인 문화적 그리고 행동적 모델을 의미하는데, 이는 정치공동체가 공유하고 활용하는 집합적 문제와 갈등 해결 방식을 포함한다(Bibó, 1986: 90; Dahl, 1971; Kende, 1994). 우리의 정치사고 방식은 "절대로 우리가 직접 경험하거나 혹은 지식으로 습득하여 발생한 결과는 아니다." 오히려 우리의 정치 사고방식은 세대에서 세대로 걸쳐 축적되고 진화된 형태의 공유 산물이다. 이러한 과정에서 발견할 수 있는 사고방식과 태도는 항상 변화에 저항하는 경향을 보이며, 지식, 가치, 감정의 표현, 그리고 상징 등과 같은 집합적 단위를 보통 정치문화로 관련지어 부르는 것이 일반적이다(Gombár, 1989: 62).

두 번째 접근방법에 따르면 – 근대 여론조사 방법론의 특징 중 하나임 – 정치문화는 정치, 정치체제, 그리고 정치공동체에 대한 개개인의 태도, 경향, 가치체계, 선호도, 정보처리 능력을 포함한다고 정의한다. 여기서 정치공동체는 항상 다양한 정치 가치, 규범, 그리고 태도가 그 구성원 간에 어떻게 배분되는지의 여부에 따라서 표현된다.

1 역사적 유산

만일 정치문화가 정치공동체가 집단으로 보유하고 있는 역사적인 경험과 사회기관의 일상적인 운영방식에 의하여 형성된다면, 우리는 1990년대 헝가리에 어떠한 역사적 유산이 존재하였는지 알아야한다. 우선 체제전환 이전 1990년대 헝가리인의 일상적인 삶에 수십 년에 걸쳐 영향을 미치었던 50년 공산주의의 역사적 유산을 살펴볼 것이다. 이후 공산주의 이전에 존재했던 역사적 유산을 세기별로 조사해 볼 것이다.

▌공산주의 유산

다른 동유럽 국가와 마찬가지로 헝가리 공산주의는 전체주의 방식의 독재를 나타내었다: 공산주의 레짐은 권력을 독점했을 뿐만 아니라 거의 모든 사회기관의(결사단체, 이익집단, 종교와 청년조직) 독립성 또한 파괴하였다. 또한 교회, 학교, 민간경제단체, 시민 결사 단체, 그리고 사유재산에 근간을 둔 경제조직 또한 국유화하였다. 잔재해 있는 조직들과 대중의 삶도 국가의 간섭으로부터 자유로울 수는 없었는데, 이들은 공산당과 당 국가가 내세운 엄격한 정치·이데올로기적인 감시망에 놓이게 되었다. 공산주의를 믿지 않거나 당, 그리고 그 부속기관의 가입에 희망하지 않았던 사람들은 공공분야에서 일자리를 찾을 수 없었고, “개인의 삶이라는 철옹성”에 갇혀 있어야만 했다. 가족만이 당 그리고 국가의 간섭을 벗어나 자치적인 형태로 남아있을 수 있었던 유일한 공동체이었다. 1960년대 말에 등장하여 1980년 말 체제전환 이전까지 준 합법적인 형태로 남아있었던 ‘제2경제’ 또한 그 기반이 가족 단위에 바탕을 둔 준 국가경제의 형태이었다. 다른 사회 공동체는 해체되었고 사회는 분열되었다. 대다수 사람들은 대중 삶에 대하여 의심의 눈으로 바라보았고 공공분야에서 직업을 모색하는 행위는 기회주의로 여겨졌다. 정치적 정체성을 갖추고 있는 기관을 해체한 후 수 십년동안 정체성에 대한 중요성이 대중의 의식에서 바래기 시작하였고, 이후에는 완전히 소멸하였다. 아래의 표가 제시하듯 1970년대 말, 그리고 1980년대 초 즈음 헝가리 사회는 유럽에서 가장 개인화된 사회로 변모하였다.

1960년대 이후에는 정치의 간섭에서 벗어나 전문직을 추구할 수 있는 기회가 점차적으로 확대되었다. 공산당에 대한 충성을 맹세함으로써－최소한 표면적으로 레짐을 수용하겠다는 서약을 함으로써－개개인은 전문직에 대한 진로를 추구할 수 있게 되었다. 또한 경제와 사회에 대한 통제가 완화됨으로써 제2경제영역 또한 발달하게 되었다. 제2경제는 국가기관 체제와 동일선 상에서 비공식적으로 존재하는 경제영역이었는데, 이 경제영역내에서 개인 혹은 가족이 필요한 소비와 재산의 축적을 좀 더 나은 환경으로 꾸리는데 도움이 되었다. 이러한 조심스러운 경제 자율화 조치는 공산당 근간 이데올로기 핵심인 막시즘, 당의 결의안, 5개년 계획안, 혹은 지배적인 법률 제도를 수정하여 발생한 것이 아니라, 그것의 임시방편적인 회피

(tacit evasion)로 가능한 것이었다. 국가의 통제를 받지 않는 경제영역을 강화시키는 조치로 인하여 제2경제에 참여하는 사람들의 수는 점차로 증가하였고, 그 결과 '이중사회'(dual society)가 형성되었다(Hankiss, 1989: 134). 제2경제영역에서 사람들이 사용했던 언어와 행동학적 규정, 그리고 상호작용 방식 또한 당시 공생하고 있었던 공식적인 제1영역의 규범 체제와는 사뭇 다른 것이었다.

사회의 분열화, 정치적 수동성, 그리고 국가방식 주도의 경제·사회 체제 이외에도, 공산주의 지배 당시 수십 년 동안 가장 중요한 산물은 '이중적 가치체제'(the dual value system)의 성립이었는데, 이는 국가의 공식적인 규정을 준수하는 것이 중요한 것이 아니라, 오히려 그러한 규범을 위반하고 회피함이 이롭다는 의식이 사회 구성원에 내재함을 의미하였다. 또한 이러한 이중적 가치체제의 성립은 규범을 위반한 것뿐만 아니라 공공영역에 침투한 부패와 정치로부터의 대중 이질화, 그리고 냉소적 태도의 성립을 포함하였다. 이러한 유산은 1990년대 민주적 체제전환이 발생하였던 당시에도 헝가리 정치문화의 일부분으로서 줄 곧 잔재하였다.

표 1-1 **개인화 및 개인 삶의 영역으로 퇴보한 비율**(두 가지 질문에 대하여 응답을 준 대상에 대한 비율임)

	1 가족과 함께	2 아니요, 아무것도 없습니다
헝가리	83	78
스페인	53	38
덴마크	53	49
서독	52	53
벨기에	51	61
네덜란드	49	54
영국	48	60
프랑스	47	64
이탈리아	36	45

질문 : 1. 당신은 당신의 여가 시간에 누구와 함께 시간을 보내고 싶습니까? – 가족, 친구, 홀로 혹은 다른 사람들

2. 당신은 가족 이외에 당신의 삶을 희생하고 싶은 다른 가치적 존재가 있습니까?

자료제공 : (Bruszt and Simon, 1994: 780-781).

주관적 역량, 정치적 냉소주의

헝가리 카다르 체제하에서는 단지 극소수의 사람만이 그들의 이권을 지켜낼 수 있다고 믿었고(Hankiss, 1989: 84), 이러한 의식을 보유한 사람들의 수는 민주 체제 전환 후 임시적으로 증가하였다. 이러한 주관적 정치 역량의 수치는 1991-1992년에 걸쳐 9～10%에서 17%로 증가하였다. 그러나 1993년까지 이러한 경향은 줄어들었는데, 당시 10%를 간신히 초과하였다. 이와는 대조로 대다수의 서유럽국가에서는 그 수치가 20～40%에 머물러 있었다(Gabriel, 1994: 546). 알몬드와 버버의 정의에 따르면 헝가리 정치문화는 단순히 신민적 정치문화라고 보기에는 무리가 있는데, 이유는 국민들 대다수가 국가를 국민의 이득을 대변하고 실현해주는 국민주권 원칙에 입각한 대표기관이 아닌, 권력과 권위적 기관으로 바라보기 때문이다. 아마도 헝가리 정치문화의 특징은 총체적인 국가 체제로부터 높은 수준의 이질화로 요약할 수 있는데, 이러한 이질화는 국민의 정치적 의사를 반영하여 산출하는 기관으로부터의 이질화를 의미하였다. 헝가리 국민이 국가에 대하여 기대하는 역할과 그들이 보유하고 있는 존경심의 표현은 프랑스, 독일, 혹은 영국의 사례보다는 이탈리아 모델에 좀 더 가깝다고 말할 수 있다.

민주 체제전환 후 이른바 시민사회 영역에서의 급속한 시민문화의 재생에도 불구하고, 헝가리 사회는 정치공동체를 겨우 생성할 수 있었고, 개인의 정치참여와 통합의 수준 또한 저조한 상태에 머물러 있었다. 곧 우리가 살펴보듯이 정치공동체가 지닌 약한 유대감은 낮은 수준의 국민 자부심으로 표출되었다. 또한 헝가리 사회에 만연한 정치 냉소주의로 표현되었다: 국민들은 그들의 이해관계를 충족시킬 수 있다는 스스로의 능력에 대하여 회의적일 뿐만 아니라, 선출된 정치리더에 대한 역량에 대해서도 강한 회의적인 태도를 취하였다. 국민의 정치적 의사를 반영하는 대표기관에(의회, 정당, 노동조합)대한 신뢰는 가장 저조한 상태에 남아 있었다. 정당은 정치통합에 대한 주요 역할을 맡고 있으나 정당 정치인과 함께 정당에 대한 국민의 신뢰도는 저조하였다.

표 1-2가 제시하듯이 헝가리 국민의 정치적 이질화와 무관심은 높은 상태에 머물러 있었다. 유사한 질문을 다른 유럽연합 국가 국민에게 제시했을 때, 그들이 나타

내었던 냉소주의, 혹은 불만족 수준은 헝가리 국민에 비하여 평균적으로 10-20% 낮은 정도이었다. 좀 더 중요한 사실은 이러한 헝가리 국민의 정치 냉소주의와 이질화 정도는 민주적 체제전환 시기에 매우 높은 상태에 머물러 있었다는 사실이며, 1990년에 걸쳐 이러한 경향은 더욱 강화되었다는 점이다.

표 1-2 정치적 냉소주의(주어진 문장에 동의한 사람의 수치)

	1989	1990	1991	1992	1993
정치인은 전적으로 믿을 수 없다.	64	71	79	83	83
일반 시민들은 정치에서 항상 배제되었다.	77	72	75	83	81
정치인은 시민들이 국정의 일에 간섭하지 않을 때 기뻐한다.	60	61	72	78	72
정치인은 심각한 문제가 발생할 때만 국민의 의견을 경청한다.	66	68	70	72	67
현실적 상황의 진전이 잘 되는 이상 누가 정권을 장악하고 있는지는 중요하지 않다.	60	59	62	64	59
단지 정치인이 되고자 하는 사람만이 정치에 입문한다.	38	42	60	59	56
일반인은 정치에 입문하지 않는 편이 좋은데, 이유는 그로 인하여 곧 손해를 보고 후회하기 때문이다.	45	45	50	53	45
헝가리에서는 모두가 국정 운영에 의견을 표현할 수 있다.	34	35	28	24	23
정치인은 국민의 의견을 경청하고자 그들이 할 수 있는 일을 다한다.	34	21	26	22	25

자료제공: (Bruszt and Simon, 1994: 781).

19세기와 20세기 초의 유산

그러나 이렇게 헝가리 국민이 나타내었던 비관주의와 정치적 자아의식, 혹은 정치의지의 부족이 단순히 공산주의의 유산이라고 말할 수는 없다. 양차 세계대전 사이에 간행되었던 헝가리 국민성 특징 연구와 심지어 19세기에 간행되었던 수필에 따르면, 흥미롭게도 헝가리 국민성의 특징은 오늘날 사회학과 사회 심리학에서 종종 묘사하는 방식과 동일하게 설명하고 있다는 점이다. 예컨대 19세기 헝가리 지성인 세체니(Széchényi)와 섹퓨(Szekfű)는 고대 헝가리인의 나쁜 특성을 충동성, 환상성, 나태함, 그리고 당파성으로 표현하고 있다. 이와 유사하게 프로하스커(Prohászka)는 그의 에세이 '유랑민과 난민'에서 고대 헝가리인의 특성을 '유한주의'(finitism)로 표현하였는데, 그에 따르면 유한주의는 헝가리인의 은둔적 경향을 의미한다. 좀 더 구체적으로 말하자면 고대 헝가리인은 궁핍하지만 안전하고 지속적인 삶을 보존하는데 그 목적이 있었으며, 그러한 삶을 보전하기 위해서 투쟁을 하였다고 하였다. 또한 프로하스커는 은둔의 삶을 추구했던 헝가리인들의 게으름성과 피곤한 삶의 방식은 전쟁 혹은 전투와 같은 외부 요인의 돌연적 발발에 의해서만 중단되었다고 주장하였다. 한편 버비츠는(Babits) 프로하스커와는 달리 헝가리인의 국민성을 다른 각도에서 바라보았는데, 그에 따르면 헝가리인의 국민성을 나타내는 특성은 수동적이고 숙고적이며(아시아적 기원임), 불합리성과 국수주의를 부인하고 지혜와 현실적인 세계관을 지닌 것으로 묘사하고 있다(Lackó, 1988).

19세기 이래로 헝가리인의 비관적인 특성은 널리 알려지게 되었다. 이러한 특성은 특히 1945년 이래로 헝가리인의 사고방식에 관심 있었던 사고 분석가로부터 주목을 받았다. 헝가리인 사고방식 분석가들은 기존의 '사고의 역사'(the history of ideas) 학문 방식에서 추구하였던 국민성 특징 연구 방식에서 벗어나, 헝가리인 기질의 역사적 형성에 대하여 분석의 초점을 맞추어 논의와 연구를 수행하였다(Bibó, 1986-1990; Gombár, 1989). 또한 1980년부터는 근대 사회과학의 경험학 연구 방식을 동시에 활용하였다(Hankiss *et al.*, 1982). 이러한 연구 결과에 따르면 흥미롭게도 헝가리인의 사고방식 특성에 대한 결론은 유사하거나 동일하였음을 알 수 있다. 높은 수준의 사회 분열화, 개인화, 연대정신의 취약성, 정치공동체로부터의 이질감, 그리고 정치적 냉소주의와 같은 특성들은 사회학자에 의하여 공통으로 주목받았는데, 예컨대 헝가리 국민의 수동적인 정신상태는 한 세기 이상에 걸쳐 지속된 국민성으로 묘사되었다. 좀 더 구체적인 방면에서 헝가리인의 정치의지의 본질을 연구한 곰바르 처버(Gombár Csaba)는 헝가리인의 정치의지를 '유약한 소망', 그리고 '불완전한 의욕'으로 표현하고 있다(Gombár, 1989: 166). 또한 그의 연구결과에 따르면 헝가리인의 충동성, 환상성, 나태함, 그리고 유한성이 이미 50년 혹은 100년 이전에 형성되었다는 기존의 연구와 그 맥락을 함께하고 있다. 따라서 이러한 헝가리 국민성의 특징이 헝가리 정치문화에 지속적으로 남아있었음은 분명한 사실이다. 곧 우리가 살펴볼 듯이 실제로 이러한 특징은 1990년대 헝가리 정치문화의 일부로서 계속 잔재하였다.

헝가리 정치문화의 정치 사고방식에서 동일하게 다루고 있는 또 다른 주제는 국민통합과 분열의 문제이다. 세체니, 섹퓨, 프로하쉬커, 그리고 1990년대 신문 칼럼리스트와 여론조사에 따르면 헝가리인의 정치문화는 과거 파벌간의 끊임없는 투쟁, 실용성 없는 정당활동 등의 부정적 의미로 묘사되었다(정당 정치인들은 쓸모없는 입씨름을 하고 있다고 묘사됨). 실제로 정당이 대중의 정치통합을 위한 지속적인 역할을 하지 못했다는 점은 20세기 헝가리 정치 전개 과정의 특징이었다.

헝가리 정치문화에 또 다른 중요한 사실은 국가가 경제와 사회의 근대화에 중요한 역할을 하였다는 사실이다. 대중의 정치참여도가 저조하였기 때문에 국민이 국가에 대하여 갖는 태도는 전통적으로 이중적 형태의 모습으로 남아있었다. 이러한 태도는 국가의 역할에 대하여 국민이 기대했던 높은 기대 수치와 동시에 그러한 기대 수치 달성 실패로 인한 국가에 대한 국민의 낮은 신뢰를 의미하였다.

2 정치문화의 요소

정치문화의 중요한 특징 중 하나는 시민들이 주어진 정치체제와 정치공동체를 어느 정도까지 인지할 수 있는가에 대한 물음을 해소하는 것이다. 주어진 정치체제에 대한 일반적 지지와 정치공동체를 인지함은 행정부와 다른 기관의 성립과는 직접적인 연관성은 없다. 그러나 대중의 그러한 지지는 민주체제 확립과 체제 운영 관점에서 볼 때 체제 존재 합법성의 중요한 힘의 원천이다. 특히 국가가 심각한 경제 위기에 직면했을 때, 그리고 이와 연계하여 정치 갈등이 표출되었을 때, 국민의 인지와 지지도는 중요한 역할을 할 수 있다. 알몬드와 버버의 '시민문화'(civic culture)가 출간된 이후 수십 년 동안 시민의 정치체제 인지와 지지는 정치학의 기본 특성 중 하나로 인식되었는데, 이는 한편으로는 정치문화와 정권 합법성과의 관계 성립 물음을 해결하기 위함이었고, 다른 하나는 정치체제의 안정과 위기 시기에 생존할 수 있는 여력 관계에 대한 물음을 해결하기 위함이었다(Gabriel, 1994: 103). 이러한 일반적 물음을 공산주의가 붕괴된 중·동부 유럽 국가의 맥락에서 바라보았을 때, 헝가리와 이외 다른 국가의 정치학자들은 다음의 질문에 직면하게 되었다: 민주적 정치 전통의 부재, 혹은 연약함은 헝가리를 포함한 신생 민주주의 국가의 안정화를 약화시킬 것인가?

▌레짐 지지

1989년 체제전환 직후 다른 중·동부 유럽과 마찬가지로 헝가리인이 민주주의라는 추상적 개념과 가치, 그리고 기관과 관련하여 보낸 지지도는(국민주권, 법치주의, 자유선거, 다당제 등) 매우 높은 상태이었다. 예컨대 한 여론조사 결과에 따르면 헝가리인 응답자의 대다수는(85-90%) 민주주의 제도와 근간의 규정을 수긍하였다.

그러나 신생 헝가리 민주주의 제도 운영에 대한 시민의 만족도는 1989-1990년 체제전환 이후 꾸준한 하락세를 나타내었다.. 예컨대 1989-1990년 체제전환 직후 민주주의 발전에 대하여 세 명 중 한명의 헝가리 시민이 만족도를 보인 반면, 1993-1994년 당시에는 다섯 명 중 단지 한명만이 만족도를 나타내었다(표 1-3). 이러한 지지도는 동유럽 국가 중 가장 낮은 수치 중 하나이었으며(Vecernik, 1996: 27-28), 서유럽 국가의 평균치보다도 훨씬 저조한 수치이었다. 1970-1980년대 그러한 높은 수준의 불만족도를 나타낸 국가는 이탈리아가 유일하였는데(Gabriel, 1994: 549), 1990년대 초 당시 이탈리아의 정치엘리트는 심각한 위기를 겪고 있었다.

그러나 만족도를 해석하는 것이 항상 쉬운 일은 아닌데 이는 국민이 행정부 성과에 대하여 표현한 만족도와 전반적인 민주적 레짐의 성과에 대한 구별은 상이하기 때문이다. 이러한 문제를 해결할 수 있는 방식은 아마도 행정부 성과와 레짐과의 만족도를 조합한 표시로써 함께 나타내는 지지 지수를 고려해보는 일일 것이다. 이러한 방식이 좀 더 적합한 이유는 장기간에 걸쳐 두 형태의 만족도가 개념상으로 뿐만 아니라 내용적인 면에서도 점차로 함께 연관되기 때문이다. 실제로 서유럽 국가에서는 수십 년 동안 행정부 성과에 대한 만족도를 행정부가 이룩해낸 실질적인 경제성과를 측정하여 수행해왔으며, 동시에 민주주의에 대한 만족도와 비교 분석하여 측정해왔다. 연구결과에 따르면 경제 성과 하락은 중도 기간에 걸쳐 전반적인 지지도 확산에 부정적인 영향을 미치는 것으로 나타났다. 즉 행정부 성과와 레짐에 대한 지지도, 그리고 합법성과는 연관성 관계가 성립한다고 말할 수 있다(Gabriel, 1994: 103). 예컨대 서독의 정치체제에 대한 지지도는 애초에는 낮은 상태에 머물렀으나, '경제기적'이라는 생활수준의 향상으로 인하여 레짐의 합법성 정도를 크게 확장시키는데 기여하였다. 이와는 대조로 알몬드와 버버의 관점에서 바라볼 때 시민문화 모델의 전형으로 손꼽힌 영국은 1950년대에 높은 수준의 레짐 지지도를 나타내었으나, 1960-1970년 당시 국가가 경제 위기에 직면했을 때 영국 시민의 레짐에 대한 불만족도는 상승하였고 시위가 발생하였다.

표 1-3 민주주의 대한 만족도(%)

서독(1976-1992)	73.2	벨기에(1976-1992)	50.0
룩셈부르크(1976-1992)	69.3	프랑스(1976-1992)	45.5
덴마크(1976-1992)	68.3	이탈리아(1976-1992)	22.6
네덜란드(1976-1992)	61.9	체코(1992/1994)	38/44
포르투갈(1985-1992)	59.9	슬로바키아(1992/1994)	28/17
미국(1985)	59.0	폴란드(1992/1994)	19/23
영국(1976-1992)	55.1	헝가리(1991)	30.5
아일랜드(1976-1992)	55.0	헝가리(1992)	22.0
스페인(1985-1992)	54.1	헝가리(1993) 헝가리(1994)	20.3 23.0
그리스(1980-1992)	50.8	헝가리(1995)	20.0

자료제공: Eurobarometer averages for EU countries for the years 1976-1992; Gabriel and Brettschneider, 1994: 549; USA; Tóka, 1994: 248; Hungary, 1991-1993; Lengyel, Molnár and Tóth, 1994: 770; Hungary, 1994-1995, Czech Republic, Slovakia and Poland, 1994; Lengyel, Molnár and Tóth, 1996, 631; Czech Republic, Slovakia and Poland, 1992; Tóka, 1994: 248.

자료를 국가별로 비교해 볼 때 민주주의에 대하여 헝가리 시민이 보유한 만족도는 저조한 수준이었다. 또한 시계열 자료에 따르면 헝가리인의 민주주의 지지도는 계속 하락하고 있음을 알 수 있다. 예컨대 1995년에는 단지 헝가리인 25%만이 신생 민주주의 정부가 전 공산주의 정부보다 좋다고 평가하였으며, 반면 조사자 중 절반은 카다르 체제가 더 나았다고 평가하였다(Vecernik, 1996: 247; SOCO Survey, 1995). 이러한 현상이 발생한 이유 중 하나는 분명 대다수 헝가리 시민들은 민주주의를 복지 향상을 가져오는 체제로서 인지하고 있기 때문이다. 즉 그들 자신의 경제적 상황이 악화될 경우 이는 민주주의체제에 대한 실망으로 이어지고, 문자 그대로 체제에 대한 환멸로도 표현될 수 있다. 이러한 결과를 다른 국가와 비교해 보아도 민주주의체제가 곧 복지의 향상을 가져온다고 인식하는 것은 크게 다르지 않다. 실제로 오랜 전통을 지닌 민주주의 국가내에서도 이러한 특징은 발견된다(Simon, 1995: 57).

▮ 개별 공공기관에 대한 신뢰와 행정부 성과에 대한 평가

정치체제와 정치공동체라는 추상적 개념에 대한 대중지지와 인지는 사람들의 일상생활과는 직접적인 연관성은 없다. 그러나 개별 공공기관에 대한 사람들의 판단은 일상생활의 경험에 의하여 형성되며, 따라서 공공기관에 대한 신뢰도 또한 이와 연관되어 발달한다고 할 수 있다. 경제적 성과이외에도 해당 정권의 정치체제에 대한 성과 분석은 시민들이 공공기관에 대하여 평소에 지닌 신뢰도를 측정함으써 일부 판단이 가능한데, 그러한 기관은 총체적인 정치공동체를 위하여 국정에 관여하고 봉사하며, 또한 법을 집행한다. 예컨대 이러한 기관은 사법부와 경찰이 있다. 이러한 기관에 대하여 시민들이 보유하고 있는 신뢰도 측정은 시민들이 공공기관에 대하여 기대하고 있는 부패 방지 정도, 시민 의견과 요구에 반응하는 정도, 그리고 공직자들의 공정성에 대한 정도를 판단하여 가능하다.

헝가리의 경우 민주 체제전환 이후 공공기관에 대한 시민의 신뢰는 줄곧 하락하였다(표 1-4). 그러나 개별 공공기관에 대한 신뢰 정도와 변화는 매우 상이하다. 가장 두드러진 특징은 이러한 공공기관이 일상 정치에 좀 더 직접적으로 깊숙이 관여되면 관여될수록 사람들은 그 기관을 더욱 신뢰하지 않았으며, 이러한 신뢰 감소 추세는 1990년대에 더욱 그러하였다.

정치참여

만약 우리가 헝가리 정치문화를 경험학 연구의 관점에서 접근하다면-즉 개개인의 정치태도를 분석한다면-그것은 민주주의라는 추상적인 개념의 수용정도, 혹은 서유럽 또는 다른 중·동부 유럽국가의 정치문화 형태와는 상이한 어느 특정기관에 대한 시민의 신뢰도를 의미하는 것은 아니다(헝가리만의 특징이 아닌 보편적 형태임을 의미함). 표 1-4가 제시하듯이 헝가리 민주주의 성과에 대한 시민의 만족도와 신뢰는 줄 곧 하락하였는데, 무엇보다도 시민의 정치의지를 대표하는 기관에 대한

표 1-4 정치기관들에 대한 신뢰도(평가는 100점 기준으로 측정함)

	1991	1995	1996	변화, 1991-1996
대통령(직)	79	70	66	-13
헌법재판소	68	65*	60	-8
지역 평의회	61	56	45	-16
군대	66	56*	52	-14
경찰	64	55*	48	-16
법원	73	50*	51	-22
의회	57	39	30	-27
행정부	57	37	32	-25
노동조합	39	34	29	-10
정당	37	32	24	-13
언론, 라디오, 텔레비전	67	n.a.	52	-15
평균	60	49	44	-16

* 표시가 된 수치는 1995년 12월의 수치이다. 1995년 다른 수치는 그 해 평균 수치를 나타낸다. 1996년 수치는 1/4분기 자료의 평균이다.
자료제공: (Lázár, 1992: 597; Hann, 1996: 606-07; Marián, 1997: 551).

정치참여와 태도가 더욱 그러하였다. 이러한 정치의지를 대표하는 기관에 대한(정당, 노동조합, 의회) 시민 신뢰의 결핍은 시민의 참여가 최소한의 역할을 하는 형태인 헝가리 정치문화의 전통과 부합하다고 볼 수 있다(알몬드와 버버가 지적한 시민참여문화는 아니라는 의미임). 이는 민주주의가 헝가리 시민의 참여를 요구하는 형태의 정치체제라고 인지하는 정도 또한 하락하고 있는 사실에서도 알 수 있다(Simon, 1995: 48). 헝가리 시민 대다수는 민주주의 대표기관이 행정부 기관보다는 덜 중요하다고 간주한다(Lázár, 1992: 597).

헝가리에서 선거참여도는 대부분의 서유럽 국가와 비교해 볼 때 저조한 상태에 머물러 있었다. 또한 대다수의 신생 중·동부유럽 국가와 비교해 보아도 이러한 수치는 상대적으로 저조한 상태에 머물러있었다. 그러나 이러한 헝가리 시민의 저조한 정치적참여도는 선거참여도에만 제한된 현상이 아니었는데, 이는 다른 형태의 저조한 정치참여도에서 더욱 분명히 표출되었다(표 1-5; Angelusz and Tardos,

표 1-5 정치참여도

	보이콧	시위	집회	불법 파업	1차 총선	2차 총선	3차 총선
체코 공화국	10.6	34.1	52.8	17.1	96	86	76.4
헝가리	1.8	6.6	6.9	1.1	65.8	68.9	56.3
폴란드	5.9	8.8	11.6	8.3	68.8	43.9	67
슬로바키아	11.8	22.6	48.2	13.8	96	86	75.7
동독	4.8	43.4	66.7	2.3	-	-	-
서독	11.5	27.2	48.4	4.0	89.1*	84.3*	77.8*
네덜란드	15.5	30.5	37.1	4.2	87.0*	81.0*	85.8*
영국	9.2	13.8	37.1	9.8	72.7*	75.3*	-

* 표시로 된 선거참여도는 1981-1990년 10년의 기간에 걸쳐 진행된 선거들을 의미한다. 첫 네 칸은 해당 형태의 정치참여로 응답자들이 참여했던 비율을 의미하며, 나머지 세 칸은 전국구 단위 총선에 참여한 비율을 의미한다. 체코공화국과 슬로바키아의 경우 첫 두 선거는 두 나라가 체코슬로바키아 연방공화국이었을 당시의 자료를 사용하였다. 총선과 관련된 모든자료는 일차선거(the first round)결과 자료를 활용하였다. 자료 제공: (Vecernik, 1996: 36; Angelusz and Tardos, 1996: 13; Gabriel and Brettschneider, 1994: 587; Magyar Közlöny, 1998 no. 47: 3889).

1996). 예컨대 여론조사 결과에 따르면 헝가리 시민들은 비 전형적인 정치참여 형태와 시위에도 상당히 높은 정도에서의 관용성을 나타내고 있다(정치적 냉소를 의미함). 국제표준과 비교해 볼 때 헝가리 시민의 다양한 정치시위와 참여도의 수용정도, 그리고 그러한 잠재적인 정치참여도는 상당히 높은 정도이었다(Gerentsér and Tóth, 1996: 640-41). 그러나 이와는 대조로 다른 어느 국가와 비교를 해봐도 실제적인 정치참여도 수준은 저조한 상태에 머물러있었다(표 1-5). 만약 우리가 1989-1997년에 이루어진 국민투표 발의안을 고려해본다면 이러한 현상이 크게 다르지 않음을 알 수 있다.

헝가리 시민의 이러한 저조한 정치참여도를 나타내는 원인은 다음과 같다.

첫째, 정치에 대한 관심부족 자체가 저조한 수준의 정치참여도를 의미하지는 않는다. 헝가리에서 정치에 대한 관심의 정도는 중간정도 수치를 보이는데 응답자 중 정치에 관심을 보여준 사람의 수치는 40%에서 50%로, 이는 오랜 민주전통 국가의 상황과도 크게 다르지 않다(Hann, 1996: 604; Gabriel, 1994: 544). 정치에 대한 관심도를 나타내는 시민의 정치지식의 수준과 정치와 연관된 뉴스에 대한 헝가리 시민의 소비는(political news consumption) 제한적이지만 역시 다른 국가와 비교해도 크게 다르지 않다.

둘째, 시민참여가 중심이 된 정치문화의 저조함(바꾸어 말하면 신민·향리적 문화라는 의미)와 높은 수준의 정치적 냉소는(앞서 논의된 표 1-2와 같이) 아마도 헝가리 시민의 저조한 선거참여도를 나타내는 하나의 설명 변수일 것이다. 즉 국가의 역할에 대한 기대는 높으나, 동시에 이러한 높은 기대치가 달성되지 않을 것이라는 사람들의 보편적 믿음이 정치참여에 대한 냉소로 함께 표현되었다는 의미이다. 또한 행정부 역할로서의 국가에 대한 헝가리 시민의 충성도 또한 저조하였는데, 이러한 사실은 세금을 기피하려는 태도에서 알 수 있다(Varga, 1994).

셋째, 좀 더 일반적인 설명에 따르면 헝가리 시민의 저조한 정치참여의 원천은 헝가리 정권변화의 성격이 정치엘리트 주도하에 의해서 이루어졌다는 사실에 있다. 정권변화 당시 헝가리 시민들은 변화의 주역이 아닌 수동적인 관측자이었다. 폴란드, 동독, 체코슬로바키아, 불가리아, 그리고 루마니아의 공산주의 독재는 대중운동의 압력 하에 수백만, 혹은 수천만이 참여한 대중 시위의 압력으로 붕괴하였다. 그러나 헝가리는 일부 이러한 대중의 시위가 발생하였음에도 불구하고, 정권변화라는 관점에서 바라볼 때 그 역할이 미비하였다는 사실이다. 다시 말하자면 헝가리의 레짐변화는 체제 내부 부패의 산물이었는데, 공산당 내부 개혁파의 역할, 당시 출현한 정치 야당세력의 압력, 그리고 당시 개혁에 우호적인 국제정치 환경의 변화로 발생한 것이었다.

넷째, 저조한 정치참여도는 헝가리 시민이 지니고 있는 일반적인 '반 정당정서'(anti-party sentiment)에서도 원인을 찾을 수 있는데 이러한 태도는 저조한 수준의 정당 회원가입에서 알 수 있다. 한 가지 유의할 점은 유권자가 신생정당에 대하여 지니고 있는 불신도와 침묵은 단지 정당간에 실효성 없는 논쟁 때문이라고는 할 수 없는데, 이유는 이러한 태도 자체가 정당간에 논쟁이 발생하기 이전에 이미 형성되어 있었기 때문이다.

다섯째, 저조한 정치참여도는 아마도 헝가리 사회의 개인화와 분열화를 초래한 공산주의 유산에서 그 원인을 찾을 수 있을 것이다. 정권변화 당시 나타난 헝가리 시민의 정치적 수동성은 이전에 존재했던 레짐의 독특성을 따른 형태이었다. 다른 주변 이웃 국가와는 대조로 카다르정권의 관용성은 헝가리 시민들이 정치와는 무관한 민간영역에서(예컨대 가족단위 바탕하에 구성된 제2경제영역에서) 활동을 할 수 있도록 허용하였고, 그 결과 억압된 형태의 공산주의에서 벗어나 스스로의 삶의 공간을 구성할 수 있었다. 그 결과 사회는 개인화되고 분열되었으며(Hankiss, 1989: 55; Bruszt and Simon, 1994: 781) 사람들은 '정치적인 동물'(homo politicus)처럼 행동할 필요성을 느끼지 못하였다. 수백만의 헝가리 시민들은 당시 카다르정권에 대한 지성인의 투쟁에 대하여 공감도를 나타내었음에도 불구하고, 이른바 '개인 영역의 요새'에서 나오지 못한 채 정치참여의 필요성을 강하게 느끼지 못하였다. 정치엘리트 주도로 이루어진 '협상혁명'(negotiated revolution) – 평화적 체제전환은(the peaceful transition) – 피를 흘리지 않고 민주주의로의 전환을 이루어 낸 미덕이 있으나, 동시에 양면에는 저조한 대중의 정치참여도라는 부정적 결과를 초래하였다.

마지막으로, 헝가리 시민의 저조한 정치참여도는 헝가리 정치사에서 오랫동안 존재해왔던 '비동원의 유산'(the legacy of de-mobilisation)에서 그 원인을 찾을 수 있다. 앞서 서론에서 이미 논의했듯이 1867년부터 1939년까지 헝가리 의회주의 역사는 시민의 민주권리(보통 선거권과 비밀투표)와 경쟁을(시민의 정치참여)강하게 제한한 형태의 정치체제 특징을 나타내었다. 1918-1919년, 그리고 1956년 가을 자발적으로 발생한 일부 대중동원을 제외하고서는, 조직화된 대중시위는 제2차 세계대전이후 수 십년동안 20세기 헝가리 정치사에서 제한된 형태로 남아있었다. 제2차 세계대전 종결 후 바로 3년간의 한시적 민주주의 시기에 발생한 대중동원 자체도 국가주도로 이루어졌음에 주목해야 한다. 1948-1949년에 걸쳐 헝가리가 공산화된 후 대중동원은 라코시 전체주의 체제에 부합한 형태로 탈바꿈하였으며, 1956년 시민혁명이 진압된 후에는 30년 이상을 지배해왔던 카다르의 비동원과 비정치화(de-politicisation) 정치가 지속되었다.

3 정치문화와 민주주의 안정

근대화에 당위성을 두고 있는 공산주의체제는, 그리고 그 체제내에서 상대적인 물질적 풍요를 제공하겠다는 구실하에 체제의 정당성을 두었던 카다르정권은 이후 탈 공산주의체제에서 이른바 국가의 '물질적 합법성'(material legitimacy)이라는 원칙을 형성하였다(행정부를 경제적인 성과로 평가함을 의미함). 행정부에 대한 부정적 판단은 그 당시 존재한 행정부에 대한 시민의 만족도와 신뢰를 감소시킬 뿐만 아니라, 총제적인 민주주의체제에 대한 만족도를 격감시키는 역할을 한다. 그리고 이러한 체제에 대한 불만족은 종종 대중시위와 정치참여의 확산으로 이어지곤 하였다. 그러나 헝가리에서 정권에 대한 만족도와 신뢰의 하락은 시민의 정치시위, 혹은 정치참여의 상승으로 산출되지 않았다. 이러한 이유는 비록 저조한 헝가리 시민의 정치참여도가 헝가리 시민의 정치적 무관심을 나타내는 것이라고 말할 수는 없으나, 헝가리 '시민의 수동성'과 정치적 무관심은 체제의 안정화를 유지시키는데 있어서 중요한 역할을 하고 있다고 해석할 수 있기 때문이다.

아마도 체제전환의 모순적 성격 때문에(엘리트 주도의 평화적인 정권 교체이지만 시민의 정치참여를 약화시켰음을 의미), 그리고 성숙하지 못한 민주문화의 부재때문에, “헝가리 민주체제가 안정적이지 못하다”라고 결론을 내리는 것은 성급한 판단일 것이다. 이러한 견해는 시민의 공공정책 형성에 있어서 시민의 역할을 과대평가한데서 비롯된 것이며(Bruszt and Simon, 1992: 77), 임금하락 및 실업 등과 같은 경제 고충으로 인하여 발생할 수 있는 잠재적 시위와 대중동원의 역할을 과대평가하여 발생한 것이다. 또한 이를 역으로 말하자면 민주 행정부 구성과 운영에 있어서의 정치엘리트 역할과 자율성을 과소평가한 것이다. ‘합리주의-행동주의’의 정치문화 모델은 정권안정화 유지와 정치통합의 관점에서 바라볼 때 신민적 정치문화가 가져올 수 있는 긍정적 역할을 과소평가하는 경향이 있다. 시민 행동주의를 강조하는 견해는 동·서유럽에서 뿐만 아니라 헝가리에서도 대중의 지지를 받고 있는데, 이러한 특징은 알몬드와 버버의 개념에 입각한 시민문화라기보다는 ‘시민 도덕교육’(civic education) 교과서에 좀 더 가까운 특성이라고 말할 수 있다. 시민 도덕교육 교과서에서는 민주주의에 있어서 시민들이 행동해야 하는 방식을 제시하고 있고, 참여적 정치문화를 강조하며, 시민교육은 민주주의 체제운영에 있어서 하나의 중요한 선결조건으로서 다루고 있다. 합리주의-행동주의 정치문화 모델에 부합한 민주시민은 항상 정치적으로 활동적이며 정치 의식적이다. 시민의 정치관점은 합리적인데, 이는 감정에 이끌리지 않고 개개인의 이성적 마음가짐에 의해서 판단함을 의미한다. 따라서 시민의 정치적 선호도(예컨대 투표 결정권)는 개개인의 이득과 원칙을 고려하여 조심스럽게 판단한 형태이다. 이러한 특징들은 선진국 민주주의 정치문화의 형태로서 간주되며, 반면 이러한 특징의 빈약함, 혹은 부재는 개도국 정치문화의 형태로 간주된다.

그러나 알몬드와 버버가 그들의 논문에서 언급한 시민문화는 단지 시민의 참여만을 강조한 것은 아니다. 그들은 국가기관, 국가, 정치공동체에 대하여서도 시민들의 충성심과 존경심을 강조하고 있다. 즉 알몬드와 버버가 강조한 올바른 시민문화는 참여적인, 신민적인, 그리고 향리적인 문화 경향의 혼합체라고 할 수 있다. 이러한 혼재된 정치문화에서 좀 더 전통적이고 비 참여적인 경향의 문화일수록 정치에 대한 개개인의 헌신과 참여도는 좀 더 국한적이고 약한 형태를 구성한다고 할 수 있다. 혼합된 정치문화에서 신민적 정치문화는 정치엘리트의 의사결정과정에 필요한 독립성을 보장해주는 장점이 있는 반면, 참여적 정치문화는 정치엘리트가 그들의 사회에서 유권자가 요구하고 있는 정치선호도에 좀 더 민감하게 반응할 수 있도록 조성해 준다(Kavanagh, 1972: 14). 헝가리 정치문화는 바로 이러한 혼재된 형태의 문화를 갖추고 있으며 낮은 정치적 참여도를 감안한다면, 우리는 수동적 시민활동과 참여적 문화의 빈약성에 주목해야 할 것이다. 요컨대 이러한 형태의 헝가리 정치문화가 현 정치의 안정화를 가져오는 주요 설명변수라고 할 수 있다.

제 2 장

헝가리의 정당

1. 정당침투성의 정도
2. 정당의 기능
3. 세 가지 정치진영
4. 신생정당의 기원과 성립
5. 정당의 특징

민주 체제전환 당시 헝가리 정당은 결정적인 역할을 하였고 오늘날의 헝가리 정치에 있어서도 정당은 계속해서 중심적 역할을 하고 있다. 본장에서는 1990년대 헝가리 정치체제를 구성했던 다양한 요소에 대한 논의를 하기 이전에 정당 개요를 먼저 수행하고자 한다. 첫 두 장에서 우리는 헝가리 정치체제에 있어서 정당의 역할과 침투 정도를 고찰해 볼 것이다. 이후 각 정당의 기원과 정당이 내세운 주요 이데올로기를 살펴보고 분류하고자 한다. 마지막 장에서는 현재까지 탈 공산주의 헝가리 정치에서 중요한 역할을 하였던 각 정당의 역사와 특징을 살펴볼 것이다. 이러한 조사는 다음 장에서 다루게 될 정당체제의 의미에 대한 밑바탕 지식을 제공해 줄 것이다.

1 정당침투성의 정도

헝가리 정치에 있어서 정당은 주요 행위자이다. 그러나 국가, 준 국가(semi-state), 그리고 다른 공공기관에 대한 헝가리 정당의 침투성 정도는 제한적인 범주에 남아 있었는데, 그 정도는 오스트리아 혹은 독일과 비교해볼 때 그리 넓지않다. 헝가리의 제한적인 정당침투성을 설명해주는 변수는 여러 요인이 있으나 무엇보다도 이전 공산당 정치체제의 유산과 관련되어 있음에 주목해야 한다. 반세기에 걸쳐 존재해왔던 공산당 일당 독재체제는 정당에 대한 헝가리인의 부정적인 인식을 각인시켰고, 이러한 인식은 특히 반 정당정서(anti-party sentiment)를 보유한 세력, 예컨대 여론을 주도한 엘리트 계층, 그리고 인텔리겐찌아의 정치사고 문화에, 그리고 대중문화에 강하게 형성되어 있다. 이러한 반 정당정서는 기존 레짐의 체제를 거의 전적으로 답습한 신생 민주주의체제에도 고스란히 잔재하였고, 그 결과 정당침투도는 한정된 범위내에 머무를 수밖에 없었다. 정당침투의 한계성은 체제전환 후 새로 제정된 입법안에 의해서도 더욱 제약을 받게 되었다. 법안에 따르면 정당은 직장에서 정당활동을 못하도록 법적으로 금지함으로써 공공기관에 대한 정당침투성을 더욱 제한시키는 결과를 초래하였다. 이로 인한 긍정적인 결과도 있었는데 정당활동의 법적제한 조치는 공공 행정부 임원들이(아주 고위층을 제외한) 정당이라는 정치적 영향력에서 벗어나 자유롭게 활동할 수 있도록 여건을 조성해 주었다는 점이다. 저조한 수준의 정당침투도의 부분적 예외는 헝가리사회당이었는데, 이전 공산당을 계승한 헝가리사회당은 이전 당·국가 개념을 적용하여, 그리고 체제전환 이후에는 노멘클라투라 방식으로 개인적 유대감을 발전시켰고, 그 결과 헝가리사회당은 다른 정당에 비하여 정당침투도면에서 우위에 서 있을 수 있었다.

헝가리 정치체제에서 정당침투도의 한계를 설명하는 다른 요인은 아마도 대중의 정치동원을 조성할 수 있는 구조적 조건이 변화되었다는 사실에 있을 것이다. 20세기 상반기와 비교해 볼 때, 특히 1945년 이후 정당은 이전 방식과는 달리 전자 미디어와 언론 매체를 통하여 대중에게 좀 더 쉽게 도달할 수 있었다. 기존에 정당은 사회에 존재했던 다양한 집단을 정당과 직·간접적으로 연계시키기 위하여, 정치 조직기구를 활용했던 반면(예컨대 정당기구 혹은 그 위성기구), 기술 진보로 인한 정치동원의 구조적 변화는 정당으로 하여금 더 이상 이러한 정치기구 활용의 필요성을 유명무실하게 만들었다. 이러한 상황에서 헝가리 사회에 널리 만연되어 있는 반 정당 정치문화는 정당의 사회 침투도를 저 수준에 머물게하였다. 이러한 결과는 저 수준의 대중정당 회원가입과 지역단위에서 저조한 정당의 역할에서 찾을 수 있다. 예컨대 1990년 지방 선거에서 71%의 관직은 무소속 임원이 차지했던 반면, 정당출신이 차지한 관직은 단지 29%에 지나지 않았다. 1994년 지방선거에서는 이러한 추세가 더욱 분명히 표출하였는데, 무소속 출신으로 관직을 차지했던 임원은 81%이었던 반면, 정당출신 관료는 단지 19%에 지나지 않았다. 이러한 특징은 국제적 수준과 비교를 해봐도 헝가리의 정당침투도는 매우 저조한 상태에 있었음을 나타낸다(Horváth, 1993: 24, 30; Bőhm and Szoboszlai, 1996).

40년의 당·국가 정치체제에 대한 개혁을 시행하고자 1989-1990에 걸쳐 단행된 개헌은 정당의 잠재적인 역할조차도 제한시켰다. 헌법에 따르면 “정당은 직접적인 권력행사를 할 수 없으며 또한 국가기관을 지휘할 수 없다”고 명시되어 있다. 이러한 규정의 시행조치로 정당정치인은 다른 공직을 겸할 수 없게 되었다. 같은 이유에서, 공무원, 판사, 그리고 검사는 정당회원으로 가입할 수 없으며 이들의 정치활동 또한 금지되었다. 또한 저 수준의 정당침투도는 정치적인 영향력에서 자유롭게 벗어난 행정부를 구성해야한다는 사람들의 공통된 인식으로 더욱 강화되었다.

2 정당의 기능

헝가리 민주 체제전환에서 정당은 결정적인 역할을 하였다. 그러한 중요성은 이후에도 쇄하지 않았는데 이는 신 정치제도 체제를 운영하고 정치 행동모델의 발전을 가져오는 등에 있어서 정당의 지속적인 역할이 그러하였다. 정당은 신흥 정치기관의 리더와 요원을 공급해주고 언론 형성에 참여하며 투표를 구성하기도 한다. 정당대표는 국회에 참석하며 그 결과 정당은 행정부를 구성하고, 입법부의 안건을 상정하며 행정부를 감독하기도 한다. 본장에서는 근대 대표민주주의에서의 정당의 다양한 기능과 역할을 살펴보고, 특히 헝가리 민주주의에서 존재하는 정당의 독특한 특징이 무엇인지 살펴보고자 한다.

일반적으로 이익집단 조직은 정당과 직접적으로 연관되어있지 않다. 정당이 대중회원을 구성하고 있는 조직과 연계되어 있음은 사실이지만-예컨대 헝가리사회당의 경우 노동조합과 연계되어 있음-이러한 연계는 제도화된 형태를 가진 결합이라기보다는 좀 더 개인적 요인들에(네트워크 형성과 문화적 유대감 등) 의하여 연계된 것이다. 그 결과 1994년 집권한 헝가리사회당이 그러하였듯이 정당을 이끄는 지도부는 심지어 그들의 지지자에 직접적인 영향력을 행사할 수 있었으며, 개개의 정책형성 과정에 있어서도 상당한 수준의 자치성과 독립성을 유지하고 있다. 다른 민주주의 국가처럼 헝가리에서도 정당은 선거가 치러지기 이전에 대중동원의 구실을 한다. 그러나 현시대 대중동원에 있어서 헝가리 정당의 역할은 20세기 초 대중정당이 나타내었던 역할의 경우보다 좀 더 제한적인 범위에 남아있었다. 이러한 현상에는 다음의 두 가지 원인이 있다.

첫째, 20세기 말 헝가리 사회는 20세기 초의 사회와는 상이한 특징을 나타내고 있었다는 점이다. 20세기 말 헝가리 사회는 전통적인 공동체 개념에서 벗어난 좀 더 개인화된 사회구성원으로 이루어진 근대 개념의 동원화된 사회이었다(공동체 가치 중심에서 벗어나 헝가리 사회가 개인화됨에 따라서 정당이 대중동원을 이끄는 데는 한계성이 있을 수밖에 없음을 의미). 둘째, 전술하였듯이 기술의 진보로 인한 미디어의 발전은 기존에 정당 주도의 대중동원 구실을 쇄하게 하였다. 체제전환의 속도가 급속히 이루어진 상황에서 당시 헝가리 유권자 중 자신의 이권에 부합한 정당을 인지하여 스스로 연계할 수 있는 유권자는 극히 일부이었고(그 결과 정당간 경쟁에 의해서 쉽게 영향을 받을 수 있는 유동층 유권자는 높은 수준에 머물러 있었음), 이러한 상황에서 미디어는 여론형성, 정치 캠페인, 그리고 광고활동 등에 있어서 아주 강력한 역할을 행사할 수 있었다.

정당은 정치의 주요행위자로서 좀 더 큰 역할을 할 수 있는데, 이는 여론과 투표몰이에 영향을 미칠 수 있는 기능에서 그 증거를 찾을 수 있다. 물론 정당 홀로 여론형성에 영향을 행사한다는 말은 아니다: 정당은 정치미디어와 의견을 형성할 수 있는 리더에 휘둘리기 마련이다. 1950-1960년대 전자미디어의 보급은 20세기 전반기와 비교하여 언론의 역할을 더욱 부각시켰는데, 이는 예전에 정당이 여론형성을 정당회원제 수여와 위성조직 구성으로 실행했다면, 이제는 미디어를 통하여 대중에게 좀 더 효과적으로 접근할 수 있다는 점을 시사한다. 더구나 헝가리와 같이 엘리트 중심의 정치문화의 경우 여론 형성에 지대적인 영향력을 행사하는 인텔리겐찌아, 그리고 엘리트가 주도하는 미디어의 역할이 더욱 강조되었다는 사실은 미디어의 중요성을 재차 확인시켜준다고 할 수 있다.

반 정당 정치문화 성격 때문에 헝가리 정치체제에서 정당의 통합은 제한적인 범위에 남아있으나, 헝가리에서도 정당은 민주 정치체제내에 통합되어있다. 이는 특정 정당을 지지하는 유권자가 어느 정당에도 관심이 없는 유권자보다 민주주의 제도에 대하여 나타낸 그들의 신뢰 정도가 더 크다는 사실에서 알 수 있다. 대표기능이외에도 다른 의회주의 체제처럼(대통령제 국가와는 달리) 헝가리 정당은 행정부의 역할을 할 수 있다. 헝가리 정치문화에서 '비 당파적' 공무원(non-partisan civil servant),

전문가, 그리고 지성인은 정당정치인보다 더 큰 정도에서 대중의 신뢰를 받고 있다. 이러한 사실에도 불구하고 제10장에서 곧 우리가 살펴볼 듯이 헝가리 행정부의 대다수 임원은 해당 분야의 전문가나 공무원으로 구성되어있지 않음에 주목해야 한다. 그들 대다수는 의원내각제에 적합한 정당정치인으로 구성되었다.

총선후보자 선택부터, 행정부 멤버, 그리고 대통령 선출에 이르기까지 정치 리더의 선택은 정당의 주도로 이루어진다. 정치인 선출 또한 정당영역내에서 이루어진다. 체제전환 당시 그리고 직후 대다수의 정당은 오랜 역사에 그 뿌리를 두지 못한 채 짧은 역사를 지니고 있었고, 이로 인하여 정당지도부는 한계성을 지니고 있었다. 이러한 정당의 한계성을 극복하고자 당시 정치인은 비 정치인 인사를 주요 공직에 갑자기 임명하였는데, 이는 체제전환 당시 매우 흔한 현상이었다. 예컨대 1990-1991년 임명된 헝가리 중앙은행 총재, 공영 텔레비전과 라디오 방송국 국장 모두 이러한 방식으로 시민사회 영역에서 선출된 사람들로 구성되었다. 그러나 장관 등의 직접적인 정치 보직을 채운 사람들 대다수는 개인 정당기반을 구축하고자 노력하였고, 이른바 '중립적 보직'(neutral posts)을 채운 사람들 대다수는 정당정치의 갈등이 발생한 상황에서 스스로의 중립성을 지키지 못하였다. 실제로 1994-1998년에 성립된 제2기 의회주의 체제내에서는 행정부 주요직에 비 정당 정치인사들이 임명된 경우는 거의 없었으며, 심지어 좀 더 넓은 범위에서 행정부내의 후원세력을 조직하는 행위조차도 행정부 정당정치인 주도로 이루어졌다. 그 결과 정당연계의 역할과 정당 정치인으로서 직업을 모색하려는 사람이 증가하였다. 반면 비정치 전문가가 정치에 두각을 다시 나타낸 시기는 1998년으로 당시는 오르반(Orbán) 행정부가 성립하였다. 요컨대 행정부 임원의 선택과 정치지도부 구성에 있어서 정당은 행정부와 아울러 행정부 정책을 형성하는데 있어서 매우 중요한 역할을 한다고 할 수 있다.

3 세 가지 정치진영

1980년대 말 헝가리에서는 공산주의 레짐에 대항한 체코의 '시민 포럼'(civic forum)형태의 통합된 야당은 애초부터 존재하지 않았다. 공산주의 레짐에 저항한 야당세력은 문화적으로, 이념적으로, 그리고 개인적으로 분열되어있었다. 이러한 결과로 애초부터 강한 정당경쟁과 분열은 헝가리 다당제의 특징으로 변모하였다. 1990년대 초까지 헝가리 다당제체제는 크게 세 가지 정치진영으로 형성되었다: 자유, 민족보수·기독교, 그리고 사회주의 진영.

원내정당 모두 이 진영 중 하나에 귀속하였다. 사회당 진영은 헝가리사회당(Hungarian Socialist Party) 주도로 형성되었고, 자유진영은 자유민주연합(Alliance of Free Democrats)과 청년민주연합(Alliance of Young Democrats)에 의해서, 그리고 민족 보수·기독교 진영은 헝가리민주포럼(Hungarian Democratic Forum)과 독립소지주당(Independent Smallholders' Party), 그리고 기독교민주시민당(Christian Democratic People's Party)주도로 형성되었다. 1990년대 후반에는 이 구조에서 일부 변화가 발생하였는데, 이는 청년민주연합이 자유진영에서 민족 보수진영으로 정치노선을 선회함으로써 발생하였다. 이러한 일부 변화에도 불구하고 1990년대 주축을 이룬 세 정치진영은 헝가리 정당체제의 골자가 되었고, 원외정당과 큰 규모의 정당에서 분리된 대부분의 정당의 경우도 이 진영 중 하나와 연계되었다. 각 진영은 공동의 정치와 이데올로기적 경향뿐만 아니라 주요 정치엘리트 간의 사회·문화적 구성도 매우 유사하며, 공동의 정치관과 세계관을 공유하는 형태로 그 선거기반이 묶여있다. 헝가리 사회의 다양한 이권을 대표하는 정치균열구조 또한 세 진영을 구분하는 주요 갈등 축이다. 균열구조에 대한 자세한 사항은 제4장에서 다룰 것이며, 본 장에서는 세 진영의 주요 특징을 다음과 같이 요약하고자 한다.

◎ **표 2-1** 1990년대 전반기 주축을 구성한 세 가지 정치진영의 특징

	사회주의자 진영	자유주의자 진영	보수주의자 진영
정당	헝가리사회당	자유민주연합, 청년민주연합	헝가리민주포럼, 기독교민주당, 독립소지주당
이데올로기	좌익/사회민주주의	인권, 자유경제학	민족, 보수, 기독교
정당엘리트	노멘클라투라 엘리트	자유/급진 경향의 인텔리겐찌아	중산기독교 층의 인텔리겐찌아
사회엘리트	카다르 시대의 관료	인텔리겐찌아	기독교 중산층
사회기반 (선거구)	전 헝가리 공산당 당원	교회 혹은 공산주의체제에 통합되지 않은 사람들	교회를 다니는 기독교 신자들
균열구조	노멘클라투라	공산주의체제에 통합되지 않은 세속적 가치	종교

4 신생정당의 기원과 성립

1989년 초까지 헝가리의 민주 체제전환은 정당정치 형태로 변모하였다. 지난 40년간 지속되었던 공산당 단일 정당체제의 분열은 1980년 중반에 시작되었고, 1987-1988년부터는 당시 체제에 대해서 비판적인 목소리를 높인 다양한 야당 집단이 정치적으로 그 기반을 조직하기 시작하였다. 1990년대 총선까지는 초창기 형태의 정당체제가 출현하였는데, 이는 다른 반공산주의운동(anti-communist movements)이 폭넓게 이루어졌던 중·동부유럽의 정당체제와 비교해서 상대적으로 안정되고 발전된 모습이었다. 헝가리에서 공산주의체제에 저항한 야당세력은 임시방편으로 형성된 집단형태, 혹은 통합된 사회운동에 그 기반을 둔 형태도 아니었다. 오히려 야당세력은 애초부터 서로 상이한 정치성향, 이권, 그리고 전통으로 분열되어

있었다. 이러한 분열 기반에 근거하여 성립된 야당은 한시적 조직체가 아닌 지속적 형태의 조직체로 남아있었다. 1990년대 총선까지 이미 각 정당들은 당의 윤곽, 당 프로그램, 전국구 규모의 조직과 회원제를 갖추고 있었고, 이로서 헝가리 정당은 서유럽 민주주의에서 발견할 수 있는 대다수의 정당 형태와 흡사하게 변모하여 갔다. 동시에 헝가리 정당들은 서유럽과는 달리 '대중정당'(mass party)형성 단계를 거치지 않은 채 '선거정당'(electoral party)의 모습을 나타내고 있었다. 선거정당의 구조와 회원은 19세기 말과 20세기 초즈음 원외 밖에서 출현하였던 사회민주당 혹은 공산당 형태보다는 19세기 의회에서 발달한 중산층 계급의 정당과 좀 더 가까운 형태이었다. 이러한 선거정당은 제도화된 회원제가 아닌 단지 개개인 형태의 회원제를 갖추고 있었다. 1991년 말까지 합산된 모든 정당회원은 25만명에 지나지 않았는데, 이는 단지 유권자의 5%에 해당하는 수치이었다.

1980년대 후반기에 형성된 정당은 각 정당의 기원에 근거해 볼 때 크게 세 집단으로 구분할 수 있다. 첫 번째 집단은 역사적 정당들인데, 이는 독립소지주당(Independent Smallholders' Party), 기독교민주시민당(Christian Democratic People's Party), 헝가리사회민주당(Hungarian Social Democratic Party), 그리고 헝가리시민당(Hungarian People's Party)을 들 수 있다. 이 정당 가운데 첫 번째 두 정당만이 1990년, 그리고 1994년 의회에 진입하였고 1998년에는 단지 독립소지주당만이 의회내 원내정당으로 잔여할 수 있었다. 이 정당의 공통점은 그들 모두 역사적인 과거를 지니고 있다는 점이다. 1948-1949년 공산당 정권이 성립되기 전까지－시기적으로 볼 때는 양차대전 사이, 혹은 제2차 세계대전 이후 등장한 한시적이지만 경쟁적 민주주의시기에(1945-1948)－이 정당들은 정치적인 중요성을 간직한 원내정당이었다. 1990년 의회에서 이 역사적 정당들이 확보한 의회내 의석비율은 20%정도이었고, 1994년 그리고 1998년 의회에서는 그 비중이 감소하였는데, 대략 16%에 정도에 지나지 않았다.

두 번째 집단은 카다르 집권 말기에 등장한 반체제 인텔리겐찌아 집단으로 구성된 신생정당이다. 헝가리민주포럼(Hungarian Democratic Forum), 자유민주연합(Alliance of Free Democrats), 청년민주연합(Alliance of Young Democrats) 정당이 이 집단에 해당한다. 1990년 선거는 이 신생정당에게 성공적이었다: 정당명부로 당

선시킨 국회의원의 합산 비율은 거의 50%이상이었다. 이 정당들은 1994년과 1998년 총선에서 40%에 가까운 투표를 획득하기도 하였으나, 1998년까지 그 정치적 비중이 상대적으로 감소하였다. 반면 1998년까지 청년민주연합은 큰 정당으로 변모하였고 자유민주연합은 점차 그 비중이 감소하였는데, 1990년 총선의 승리자이자 집권당인 헝가리민주포럼은 실제로 그 비중이 크게 감소하였다.

세 번째 집단은 전 공산당 계승정당을 의미한다. 공산당은(공식적인 명칭은 헝가리사회주의자노동당, Hungarian Socialist Workers' Party) 1989년 10월 전당대회에서 두 정당으로 분리되었다. 전당대회에서 우위를 차지한 개혁공산주의자는 헝가리사회당(Hungarian Socialist Party)을 창당하였고, 반면 기존 헝가리사회주의자노동당 명칭하에 당을 운영하고자 했던 보수세력은 당의 이름을 단축시켜 노동당(Workers' Party)으로 명명하였다. 1990년 총선에서 헝가리사회당은 야당과의 경쟁에서 성공적으로 의회에 진입하였는데, 당시 투표의 11%를 확보하여 네 번째로 큰 원내정당이 되었고, 1994년 총선에는 승리하여 집권당이 되었다. 반면 노동당은 의회내 진입에 실패하였고 그 결과 권력의 중심에서 멀어지게 되었다. 이 세 집단 이외에도 다른 한 집단에 속한 정당이 있었는데 이 정당은 1990년과 1994년 총선의 결과로 의회 원내정당으로 자리 잡은 6개 정당에서 분리된 정당이었다. 통합소지주당(United Smallholders' Party), 헝가리인의 삶과 정의당(Hungarian Justice and Life Party), 그리고 헝가리민주시민당(Hungarian Democratic People's Party)을 들 수 있다. 1998년까지 통합소주지당은 정치에서 소멸하게 되었다. 헝가리인의 삶과 정의당은 1998년 총선에서 의회내 진입에 성공하였고, 반면 헝가리민주시민당은 의회진입에 실패했음에도 불구하고, 총선 후 오르반 행정부에 일부 보직을 확보할 수 있었다. 이상으로 헝가리 정당의 기원과 성립을 살펴보았다. 다음 장에서는 각 정당이 내세우는 정책, 지도부, 그리고 사회적 기반을 분석하여 각 정당의 특징을 고찰하고자 한다.

5 정당의 특징

헝가리 인텔리겐찌아의 전통적 분열은 헝가리 정치의 다원화와 1987-1990년 사이에 등장한 정치구조 형성에 지대한 영향을 미치었다. 20세기 전반기부터 이러한 분열은 줄곧 존재해왔는데, 공산당 집권 당시에는 잠재된 형태로 남아있었으며, 1970년과 1980년대에는 재차 등장하였다. 정치적으로 가장 크게 비판적인 인텔리겐찌아는 주로 도시지역에서 그 사회적 기반을 구성한 '도시성향의 인텔리겐찌아'(urbanist)와 민족적 경향을 지닌 '민족주의자'(national-populist) 집단으로 구분할 수 있으며, 이들의 구분은 그들이 보유한 상이한 이데올로기, 사고방식, 그리고 정치적 수완으로 나눌 수 있다. 1987-1988년 이 두 집단 인텔리겐찌아의 부속 정치문화는 개개 정치조직과 정당을 창출하였는데, 민족주의 성향의 인텔리겐찌아는 헝가리민주포럼을 창당하였고, 반면 도시주의 성향의 인텔리겐찌아는 자유민주연합을 창당하였다(Bozóki, 1990; Körösényi, 1989).

▌헝가리민주포럼

헝가리민주포럼은 1987년 가을 창당되었다. 창당부터 1989년 가을까지 초창기는 민족적인 그리고 국수적인 성향의 특징을 나타냈는데, 당시는 정당이라기보다는 사회운동에 가까운 형태이었다. 민족적인 성향은 헝가리 '민중 급진주의'(grassroot radicalism)와 민족적 전통에 입각한 민주 가치를 의미하였으며, 당의 미래관은 자본주의와 공산주의도 아닌 이른바 '제3의 길'(the third way)에 놓여있었다. 민족주의자 집단과 당시에 헝가리민주포럼 전체는 헝가리사회주의노동당내 개혁 세력의 중심에 있었던 임레 포즈거이(Imre Pozsgay)를 정치 파트너로서 간주하였다. 헝가리민주포럼은 급진 야당세력인 청년민주연합과 자유민주연합, 그리고 당시 집권당이었던 헝가리사회주의노동당과도 거리를 두면서 당의 정체성을 확립하고자 하였다.[6)]

1989년 후반기부터는 헝가리민주포럼의 지도부와 정책에 주요 변화가 발생하였다. 이러한 헝가리민주포럼의 정치적 변화는 지도부 변화에서 알 수 있다. 1989년 가을 개혁공산주의자 임레 포즈거이의 친구이자 그와 함께 개인적 정치연합을 구성했던 졸탄 비로(Zoltán Bíró) 당수는 요제프 언털(József Antall)로 교체되었다. 비로는 민족주의·국수주의 운동의 대표이자 민중에 근거한 직접민주주의와 제3의 길을 신봉하는 사람이었는데, 언털은 '민족적 자유주의'(national liberalism)와 '자유 보수주의'(liberal conservatism) 전통을 신봉하였다. 언털은 좀 더 넓은 범위에서 사회적인 그리고 정치적인 영역을 대표하였는데 이들은 주로 민족주의자와 기독교 중산계층이었다. 1945년 이후 한시적 민주주의체제가 성립되었을 때, 언털의 아버지는 당시 가장 큰 정당인 독립소지주당 당원이자 재건부 장관이었다. 이러한 아버지의 영향을 받은 언털은 1988-1989년 당시에 출현한 중도우파 성향의 큰 정당－헝가리민주연합, 독립소지주당, 그리고 기독교민주시민당－으로부터 의장직을 부여받았는데, 이는 각 정당이 그에 대하여 보여준 신뢰의 표현이었다. 1990년 봄 총선까지 헝가리민주포럼의 정치노선은 언털의 주도하에 점차적으로 변모하였다.

언털중심의 헝가리민주포럼은 중도우파 시민당, 혹은 그러한 '연합체'(omnibus party) 성격의 당으로 변모하였다. 헝가리민주포럼의 선거구를 바라보면 1990년 봄부터 헝가리민주포럼은 '포괄정당'(catch-all party)으로 간주할 수 있었다. 그러나 시민 혹은 포괄정당으로서 당의 입지는 다소 불투명한 정치적인 특징을 나타내었는데, 정당은 좀 더 구체적인 사항을 포함한 정책 프로그램 작성에 신경을 쓰기보다는 당의 상징과 가치를 강조하였다. 1990년 총선에서 승리한 후 헝가리민주포럼은 중도우파 연립정부를 구성하였고, 4년간의 연립정부를 지휘하는 주요정당이 되었다.

첫 총선 후 2년 동안 헝가리민주포럼의 특징은 두 가지 주요정책의 성향으로 표출되었다. 첫 번째 성향은 수상 언털이 주도한 '자유·보수 실용주의'(liberal-conservative, pragmatic)경향이었는데, 이러한 정치 사고는 헝가리 헌법과 다른 법적 전통에서 강하게 영향을 받은 것이었다. 서유럽의 보수 기독교민주당과 비교해 볼 때 언털은 헝가리 기독교 전통가치와 민족이라는 개념을 크게 강조하였는데, 이는

6) 헝가리민주포럼은 포즈거이 중심의 개혁공산당과 정치연합체를 구성하려고 시도했으나, 당시 집권 보수세력인 헝가리사회주의자노동당과는 거리를 두고자 했다.

그가 사용했던 정치 수사법에서 표출되었다. 언털이 헝가리 민족과 기독교 전통을 강조하는 이유는 헝가리민주포럼의 정치적 연속성, 그리고 정당의 정체성 확립을 위한 노력의 결과이었다(당의 짧은 역사를 극복하고 그 정당성을 찾기 위한 노력). 정당은 좀 더 이념적인 성향을 나타냈다면 다른 유럽정치의 경우처럼 언털의 행정부는 좀 더 실용적인 성향을 나타내었다. 예컨대 체제전환 초창기 윤곽을 구성하였던 주요 법안들은－예컨대 지역자치제법, 공무원법, 그리고 보상법 등－헝가리민주포럼이 주도한 행정부가 통과시킨 실용적인 법안들이었다.

언털의 실용·보수적인 정치성향과 아울러, 헝가리민주포럼내에서 상당한 정치적 영향력을 행사했던 집단은 '우익, 급진파'(the right-wing, popular radical wing)세력이었다. 이 집단은 당 회원들에게 있어서 매우 인기가 높았고 좌파 성향의 민족주의자와 제3의 길을 지지했던 정치인이 탈당한 후 그 영향력이 더욱 증대하였다. 이들은 반공산주의와 반자유주의 특징을 나타내었다. 당원들은 전 공산당 관료의 과거 청산이 필요하다고 보았는데, 이들은 전 공산당 당원을 국가 공직과 국가 산업영역에서 제거시킴으로서 과거사 정리가 가능하다고 믿었다. 또한 이들은 당시 '비 민족적인' 프로그램 형성을 추구했다고 일컬어진 국영 텔레비전과 라디오 국장을 파면해야 한다고 주장하였다. 이와 아울러 헝가리민주포럼내 우익 급진파는 자유민주연합을 그들의 정적으로서 간주하였는데, 그들을 '세계보편주의'(cosmopolitanism), '볼셰빅 자유주의'(liberal-bolshevik), 그리고 '유태인 당'(Jewish)으로 칭하였다. 이러한 이유는 자유민주연합 리더의 회원이 대개 유태인 출신이며, 그들이 바라보는 헝가리 민족문제와 급진 자유주의는 우익 급진파 입장에서 바라볼 때, 헝가리인의 사고방식과는 이질적인 것이었기 때문이었다. 헝가리민주포럼 당내 급진 민족주의자는 1992년부터 언털이 이끄는 실용·보수적인 노선의 행정부에 공개적으로 반대하기 시작하였고, 결국 1993년 헝가리민주포럼으로부터 탈당하였다. 탈당한 당원은 극우당을 창당하였는데 아래에서 따로 곧 다룰 듯이 대표적인 경우가 이스트반 추루카(István Csurka)가 이끄는 헝가리인의 삶과 정의당(the Hungarian Life and Justice Party)이었다. 헝가리민주포럼내 급진 민족주의자의 존재와 이후 극우파로서의 정치적 노선 선회는 실용·보수 정치노선을 대변하고자 했던 헝가리민주포럼의 권위를 크게 추락시켰고, 경쟁정당이(자유민주연합을 지칭) 대중여론에 미칠 수 있는 영향력을 크게 증가시켰다.

1993년 말 언털의 서거 후 1994년 총선에서 크게 패배한 헝가리민주포럼은 그 정치적 영향력이 점차로 쇄하였는데, 앞서 언급하였듯이 이러한 현상은 급진 보수주의자의 탈당에서 이미 시작되었고, 이후 당내 중도파와 민족 자유주의자의 연속적인 탈당으로 표출되었다. 정당지도부 문제를 두고서 당내 내부갈등은 좀 더 심각한 상태로 변모하였는데, 이는 샨도르 레작(Sándor Lezsák)과 피터 보로쉬(Péter Boross)가 주축을 이룬 보수 세력파와, 이반 서보(Iván Szabó)가 주축을 이룬 중도파간의 갈등으로 표면화되었다. 이러한 갈등은 1996년에 절정을 이루었는데 보수파의 승리로서 종결되었다. 레작은 당리더로 선출되었고 서보가 주축이 된 집단은 탈당하였다(이전 언털 집정시기에 거의 모든 주요 행정부와 의회내 주축적인 인물로 구성된 집단이었음). 이 집단은 신생정당을 창립하였는데 당 명칭을 헝가리민주시민당(the Hungarian Democratic People's Party)으로 칭하였다. 이러한 결과로 한 때 동일한 목표를 달성하기 위하여 넓은기반 위에서 성립되었던 헝가리민주포럼의 분열은 더욱 심화되었고, 그 결과 당의 붕괴 시점도 가까워졌다.

본래의 헝가리민주포럼을 계승한 세 정당 모두－헝가리민주시민당, 헝가리인의 삶과 정의당, 그리고 잔여 인원으로 구성된 헝가리민주포럼－1998년 총선에 참여하였다. 헝가리민주시민당은 단지 1.3%의 득표를 획득하였고, 그 결과 의회진입에 실패하였다. 잔여인원으로 구성된 헝가리민주포럼 또한 결과가 아주 좋지 않았는데, 단지 2.8%의 득표만을 획득하였다. 그러나 이러한 저조한 성과에도 불구하고 총선 이전 청년민주연합과 체결된 선거협약에 따라서, 청년민주연합과 헝가리민주포럼은 소선거구 지역에 75명의 공동후보자를 출마시켰고, 그 결과 헝가리민주포럼은 17명의 후보를 당선시켰다. 총선의 승리자인 청년민주연합은 헝가리민주포럼과 독립소지주당과 연립정부를 구성했으며, 헝가리민주시민당은 연립정부내 제한적이지만 일부 보직을 확보하였다. 본서가 집필되었을 때, 헝가리민주포럼과 헝가리민주시민당의 미래는 다소 불투명하였다. 청년민주연합, 헝가리민주포럼, 그리고 헝가리민주시민당 간의 협력관계는 증대하고 있었으나, 각 정당의 주요인물 주도로 가까운 미래에 당간의 정당연합체가 형성되거나, 혹은 하나의 정당으로 통합될 수 있는지에 대한 가능성이 풍문으로 돌고 있었다. 헝가리인의 삶과 정의당의 총선결과는 아래에서 다루고자 한다.

▌헝가리인의 삶과 정의당

헝가리인의 삶과 정의당은 1993년 헝가리민주포럼에서 축출되거나, 혹은 그 당을 자발적으로 떠난 의원들이 창당한 극우당이다. 이전에는 '헝가리인의 방식 동아리 운동'(Movement for Hungarian Way Circle)이라는 사회운동 형태로 그 원형이 남아있었는데, 당시에 언털 요제프가 이끄는 중도우파의 헝가리민주포럼 정책에 대항하여 중심에 서 있었던 헝가리민주포럼의 부의장 이슈트반 추르카(István Csurka)가 창당한 정당이다. 1993년 추르카가 헝가리민주포럼 의장직을 언털로부터 신임받지 못하고 당의 정치성향을 극우 방향으로 전향하는데 실패하자, 추르카와 그의 추종세력은 헝가리민주포럼을 탈당하였다. 대신 추르카와 함께 12명의 국회의원은 헝가리인의 삶과 정의당을 창당하였다.

헝가리민주포럼 당내 분열을 촉진시킨 요인은 언털행정부가 우크라이나와 함께 체결한 기본조약을 승인하는 투표과정에서 추르카와 그의 추종세력이 참여하지 않은 사건에서 비롯되었는데, 당시 추르카 세력은 양국 간 현재의 국경을 인정하는 사항에 반대하였다. 이러한 사실은 헝가리인의 삶과 정의당은 다른 헝가리내 원내정당과는 달리, 1920년 트리아농 조약으로 성립된 국경에 대한 수정을 요구했다는 점에서 알 수 있다. 정당의 급진적 민족성을 나타내는 특징은 국경문제에만 국한된 것은 아니다. 헝가리인의 삶과 정의당은 주변국에 거주하고 있는 헝가리 소수민족에 대한 당의 입장에서 뿐만 아니라(소수민족에 대한 지대한 관심), 반자본주의 정치성향에서도 급진성이 들어나는데, 특히 국제 은행업과 반유대주의는 당을 대표하는 정치이념이다. 헝가리인의 삶과 정의당은 헝가리인의 진정한 이권을 대변한다고 대외적으로 당의 명분을 내세우고 있는데, 이는 곧 그들의 입장에서 바라볼 때 외국인 이권을 대변하는 '자유-볼세비키주의자'(liberal-bolshevik)들에 대한 반대를 의미한다. 당의 정치적 목적은 미디어와 국가 공공 주요공직에 자리를 차지하고 있는 전 공산주의자 척결, 그리고 '비 헝가리적 요소'(non-Hungarian elements, 외국인을 의미)의 제거에 있었다. 또한 당은 진정한 체제변화를 요구하였는데, 이는 사유화와 보호주의의 사회

·경제정책에 대한 재정비를 의미하였다. 국제사회에서 헝가리인의 삶과 정의당에 가까운 관계에 있는 정당은 존-마리 레 펜(Jean-Marie Le Pen), 그리고 프랑스 민족전선이다(French National Front).

헝가리인의 삶과 정의당은 제3의 길을 모색했던 민족주의 운동내에서도 급진적인 반공산주의를 옹호하였는데, 전술하였듯이 제3의 길은 헝가리민주포럼 창당에 있어서 중요한 역할을 했던 운동이었다. 또한 당은 한 때 반 합스부르크 독립투쟁을 벌였던 쿠르츠(kuruc)에 그 전통을 두고 있으며, 칼빙 개신교도 당의 특징을 나타내었다. 1998년 의회에 진출한 14명의 당 임원들 대다수는 개신교 회원이었다. 헝가리인의 삶과 정의당은 헝가리 정치에서 극우세력을 대표하며, 다른 정당들은 헝가리인의 삶과 정의당과 직접적인 관계 형성을 거부하였다. 온건한 우파 정당과는 다소 양면적인 관계를 구성하였는데, 1993-1994년 헝가리민주포럼이 주도하는 연립정부 파트너가 아니었으며, 1998년 총선 이후에 성립된 청년민주연합 중도우파 연립정부의 파트너도 아니었다. 그러나 헝가리인의 삶과 정의당은 스스로를 청년민주연합 연립정부의 '외부 지지자'라고 주장하였다. 1994년 총선에서 헝가리인의 삶과 정의당의 득표율은 5% 하한선을 넘지 못하여 원내진출에 실패했다. 그러나 1998년에는 원내진출에 성공하였고, 그 결과 새 의회에서 독립적인 원내집단을 구성할 수 있었다.

▌자유민주연합

자유민주연합은 1988년 이른바 '민주야권'(the Democratic Opposition)이라고 불리는 정치조직 결성으로 시작하였다. 민주야권은 1977년 성립된 체코슬로바키아의 '77 인권헌장' 민주운동에 대한 헝가리인의 연대운동 형태로 70년대 말 성립되었다. 자유민주연합을 창당하였던 인텔리겐찌아는 주로 좌파계열의 지성인, 철학자, 사회학자, 그리고 경제학자로 구성되었는데, 그들 모두는 1970년 당시 공산주의 이데올로기였던 막시즘과의 단절을 꾀하였다. 상당수 회원은 유태인 출신이었으며 공산주의자 관료이기도 했다. 인권의 기치하에 모인 비판적인텔리겐찌아는 카다르체제에 반대하는 급진적인 정치성향을 나타내었다. 이러한 급진세력 중 하나는 1956년 헝가리시민혁명에 참여했던 베테랑으로 구성된 사람들이었는데, 그 중 몇명은 예컨대 임레 미치(Imre Mécs)와 아르파트 괸츠(Árpád Göncz)는 이후 자유민주연합 정치인이 되었다. 부분적으로는 필요에 따라 그리고 부분적으로는 선택으로, 반체제인사들은 공산당이 주도하였던 기관에 흡수되지 않은 채 외부자로서 남아있었다. 그들은 당시 불법이었던 사미져트(*Samizdat*)라는 정기간행물을 간행하였고, 체코슬로바키아와 폴란드 인권운동가와도 관계를 구축하였다. 반체제 인텔리겐찌아 집단은 수천명의 사람들로 구성되었는데, 그들은 주로 부다페스트에 거주하는 사회학자와 연구자이었다. 인텔리겐찌아내에서 이러한 집단을 연결시켜주는 고리는 언론이었는데, 1980년대 좀 더 자유로운 분위기에서 당시 언론은 공산당이 아닌 대안적 엘리트와 '정치화된' 인텔리겐찌아(politicised intelligentsia)의 정치사고 형성에 지대한 영향력을 행사하였다.

'자유 인권' 개념과 민주기관은 1980년대 민주야권의 정치사고에 핵심을 이루는 기조이었으며, 이는 자유민주연합을 이해하는 주요 특색이기도하다. 민족이 헝가리 민주포럼을 구성하는 '민족주의자 인텔리겐찌아' 집단의 사고에 핵심을 이루는 개념이라면, 민주야권의 사고에는 '보편적시민주의'(cosmopolitanism)가 중심을 이루었다. 보편적시민주의가 추구하는 목적은 국가의 독립이 아니라 국가의 통치로부터 벗어난 시민사회의 해방이다. 보편적시민주의는 보편적 인권의 중요성을 강조하였는데, 이는 민족이라는 개념을 당시 보수세력인 헝가리민주포럼과 급진 개혁세력인 자유민주연합이 어떻게 이해하고 접근하였는지 그들의 방식에서도 차이가 난다. 예컨대 주변국에 거주하고 있는 헝가리 소수민족 문제를 다루는데 있어서 헝가리민주포럼은 민족문제로 접근하고자 했다면, 자유민주연합은 보편적 인권 차원의 문제로 간주하였다. 자유민주연합은 보편적 인권 원칙에 근거하여 다양한 소수민족(종교적, 인종적, 그리고 문화적 차이로 인한 민족)의 이득을 대변하고자 하였고, 이러한 접근방식은 그들의 정책형성에 중요한 역할을 하였다. 그 결과 유대인, 집시, 그리고 비 순응주의자 교회계통인 예컨대 감리교와 믿음의 신도단(Congregation of Faith) 등 사회의 다양한 소수민족을 대표하는 사람들은 자유민주연합의 당원 및 리더로서 등장하였고 이후에는 대표 국회의원이 되었다.

1980-1990년대 자유민주연합 정치 이데올로기인 자유주의는 급진적인 성향이었

다. 즉 19세기 유럽대륙에서 두드러졌던 정치·사회 공동체의 가치에 그 근본을 둔 '민족적 자유주의'(national liberalism)개념이 아닌, 인권과 다문화주의에 바탕을 둔 동시대의 미국사회 자유주의 개념에 가까웠다. 1988-1989년 청년민주연합과 함께 자유민주연합은 급진적 레짐변화의 정당으로 변모하였다. 1989년 여름 원탁협상 진행 중, 헝가리민주포럼은 당시 임레 포즈거이가 주도했던 헝가리사회주의자노동당의 개혁파와 함께 민주 체제전환의 본질과 신 행정부체제의 근본적 원칙에 대하여 정치적 타협을 추구하였다. 그러나 청년민주연합과 함께 자유민주연합은 포즈거이와 연대를 반대하였고, 두 정당은 그들의 목표를 달성하고자 1989년 여름 국민투표를 개최하였다. 이러한 시도는 포즈거이와 야당 연대를 방지하는 성공적인 결과로 산출되었다. 당시 자유민주연합이 대표하였던 일관적인 레짐변화 요구 프로그램과 급진적 반공산주의 정치선전은 자유민주연합의 지지층을 확장하는데 상당한 효과를 거두었다. 그 결과 국민투표 캠페인을 벌일 당시, 자유민주연합의 인지도는 크게 확장되었는데, 그 정도는 당원수, 조직, 그리고 인기도 측면에서 바라볼 때, 1990년 봄 총선 당시까지 헝가리민주포럼을 견제할 수 있는 주요 경쟁자로 변모하는 정도이었다.

1990년 총선 후 자유민주연합은 헝가리민주포럼, 독립소지주당, 그리고 기독교민주시민당의 연립 중도우파 정부에 대항한 가장 큰 야당이었다. 선거가 종결된 후 1년간 자유민주연합은 중도우파 연립정부 정책에 대하여 호전적인 정치태도를 나타내었다. 언론의 대폭적인 지원하에 자유민주연합은 당시 응집력이 약한상태에서 점차로 당의 해체로 나아가고 있던 언털행정부에 지속적인 압력을 행사하였다. 그러나 1991-1992년에 걸쳐 자유민주연합의 정치노선은 조금씩 변모하기 시작하였다. 당은 여전히 중도우파 행정부와의 협력에 대한 가능성을 배제하였으나, 1990년 당시 자유민주연합의 주요 정적이었던 헝가리사회당과의 협력 가능성을 열기 시작하였다. 실제로 이러한 가능성은 협력의 결과로 산출되었는데, 이는 1994년 총선 후 성립된 헝가리사회당과 자유민주연합 간의 연립행정부 결성으로 이어졌다. 1990년 총선까지 자유민주연합은 헝가리사회당에 반대하는 급진적 반공산주의 캠페인을 벌였으나 선거가 종결된 후 얼마되지 않아, 특히 1990년 가을 즈음부터는 헝가리민주포럼이 주도하는 보수당 정부에 반하는 정치노선으로 탈바꿈하였다. 당시 중도우파 행정부와 당내 급진주의자 세력을 낙인시키기 위한 전략으로 자유민주연합은 이른바 '민주헌장'[7](Democratic Charter)이라는 반파시스트 연합 세력을 결성하였는데, 당시 언털이 이끄는 행정부 전체와 당내 이스트반 추르카가 주도했던 극우 세력을 '반동적'(reactionary), 극우(far-right), 혹은 파시스트당이라고 일컬으며 비판하였다. 이러한 정치 캠페인의 가장 중요한 원천은 자유민주연합과 가까운 관계를 구성했던 인텔리겐찌아 계층이었는데, 그들은 언론과 여론 형성에 지대한 영향력을 행사할 수 있는 도구를 활용하는데 중요한 역할을 하였다. 이러한 자유민주연합의 주요 후견인이 인텔리겐찌아라는 사실은 특히 좌익세력과 '자유로운 사고방식을 지닌 인텔리겐찌아'(liberal intelligentsia)이었는데, 이러한 사실은 1994년 총선에서 당이 전국구 단위 정당명부로 공청한 사람들의 명단에서 알 수 있다. 정당명부 공청 중 하위 명단의 대략 24명은 대중에게 잘 알려진 인텔리겐찌아이었다.

전술하였듯이 1994년 자유민주연합은 헝가리사회당과 연립정부 구성을 체결하였는데, 이러한 사실은 당이 기존에 추구했던 정책과 한때 헝가리 정당체제내에서 '자유진영'(liberal block)형성을 추구했던 정치노선을 버렸음을 의미하였다. 그러나 좀 더 넓은 범위에서의 정치관계 형성의 본질을 감안할 때, 이러한 연립정부 체결은 전혀 뜻밖의 일은 아니었다. 인텔리겐찌아 계층내 연립정부 구성이 필요하다고 주장하고 이를 준비해왔던 사람이 있었는데, 예컨대 콘라드 괴르기(Konrád György)는 1991-1992년에 민주헌장이라는 틀 안에서 이러한 연립공천의 가능성을 주도한 사람이었다. 자유민주연합의 정적인 예컨대 민족급진파 인텔리겐찌아인 이스트반 추르카(István Csurka) 또한 자유민주연합과 헝가리사회당의 연립정부 형성을 자연스러운 현상이라고 간주하였다.

연립정부 형성 체결로 자유민주연합은 기존에 추구하였던 정치노선인 예컨대 소수민족 보호와 자유 인권 옹호와 같은 기존의 정치성향을 상실하였다. 대신 당의 주

---

7) 자유민주연합 정치인과 인텔리겐찌아 지지층은 반정부(anti-government)형태의 좌익 정치진영을 형성하였는데, 이는 민주헌장이라고 불리는 시민 혹은 "민족전선"(popular front)이었다. 이스트반 추르카가 주도했던 "헝가리인의 방식운동"에(Hungarian Way of Movement) 반대적인 성격의 운동이었는데, 당시 헝가리인의 방식이라는 운동은 자유민주연합과 헝가리사회당의 정치집단 형성을 자유·볼셰빅 정치블록 형성이라고 비판하였다. 궁극적으로 민주헌장은 자유민주연합과 헝가리사회당의 화해를 이끌어내는데 중요한 역할을 하였다.

요 노선에는 '자유통화 경제정책'(liberal and monetarist economic policies)이 중심 이데올로기로서 자리 잡았는데, 이는 연립정부를 주도했던 사회당의 근대화된 정치 이념과 부합한 것이었다(Bozóki, 1996). 1994년 이래로 자유민주연합은 좀 더 실용적인 정치노선을 추구하는 정당으로 변모하였다. 이러한 사실은 정당의 창당에 주도적인 역할을 해왔던 이른바 창립공신 정치리더들이 지도부 보직에서 자진 사퇴하고, 좀 더 실용적인 노선을 추구했던 정치인들에게 정권을 이양한 사실로 알 수 있다. 1998년 총선에서 자유민주연합은 크게 패배하였다. 기존의 정당지지도가 거의 2/3이상 감소하였는데 1998년 총선에서는 단지 7.57% 득표를 확보하는데 그쳤고, 그 결과 의회내 의석수는 69석에서 24석으로 크게 감소하였다. 이러한 실패에는 여러 요인이 있었으나 사회당과 연립정부 구성 당시 행정부를 둘러싼 일련의 부패 정치 스캔들은 자유민주연합의 이미지에도 크게 해를 입혔으며, 그 결과 연립정부내에서 자유민주연합은 당만이 지니고 있었던 독특한 정치 윤곽도 상실하였다.

▌청년민주연합 및 시민정당

청년민주연합은 1988년 봄 청년 정치조직의 형태로 창당되었다. 정치적으로 자유주의 노선을 추구하는 것 이외에도 애초에 청년민주연합은 급진적 반공산주의와 당시 공산당이 주도하였던 청년문화에 대항하는 대안적 청년문화의 특징을 나타내었다. 1990년 총선에서 원내정당 진출에 성공한 이후로 청년민주연합이 기존에 추구했던 청년 주도의 운동과 같은 성격은 바래기 시작하였고, 이러한 특징은 이후 완전히 사라졌다. 1993년 당 회원에게 제한을 부여했던 연령제한 조치(35세 이상은 정당에 가입할 수 없음)를 폐지하였고, 이후 진지한 의회정당의 이미지를 입기 시작하였다.

청년민주연합 창립자는 주로 청년들로 구성되었는데 체제전환 당시 그들의 나이는 대개 20대이었으며 부다페스트내 명성이 있는 대학교 출신이었다. 공산주의체제 당시 '민주야권'이 출간한 지하간행물인 사미져트를 읽고 자랐으며, 그들은 자유주의 가치를 추구하였고 공산당 일당체제에 대하여 강력히 반대하였다. 청년민주연합을 창당하였던 정치리더 대다수는 1980년 초, 그리고 중반까지 부다페스트내 명성

있는 대학교를 졸업한 사람들이었다. 자유민주연합의 리더는 주로 인문학, 문학, 그리고 사회학을 공부하였던 반면, 청년민주연합 정치인들은 대개 법학을 공부한 변호사 출신이었고, 좀 더 실용적인 지식을 보유하고 있었다. 또한 청년민주연합 리더는 그들의 가족과 출신배경의 관점에서 바라볼 때도 자유민주연합 리더와는 상이하였다. 자유민주연합 리더는 대개 부다페스트 혹은 도시 출신이었던 반면, 청년민주연합은 지방의 중산층 출신이었으며, 그들은 종종 인텔리겐찌아의 첫 세대 사회구성원이었다(Tőkés, 1990: 37).

당의 이념·정책 성향을 바라볼 때 청년민주연합은 자유민주연합이 추구했던 정치노선과 점차적으로 거리를 두며 멀어져갔다. 청년민주연합은 좀 더 권위주의적 개념의 행정부를 지지하였는데, 실제로 1990년대 초 즈음 강한 행정부와 강한 행정부 관료의 지도부 필요성을 강조하였다. 청년민주연합이 추구하였던 '반국가주의'(anti-statism)는 비록 다른 특징을 나타내고 있었지만, 자유민주연합의 반국가주의보다는 좀 더 미약하였다. 또한 청년민주연합은 조직화된 이익집단 특히 노동조합과 거리감을 두었다. 청년민주연합은 보다 큰 중앙정부의 역할과 책임을 강조하였고, 예컨대 사회 안전보장 차원에서(좀 더 효율적인 공공서비스를 제공하기 위한) 기능지방자치제정부(functional self-government) 기구 창설에 반대하였다.[8] 기능지방자치제정부 기구는 언털행정부 당시 성립되었으나, 1998년 정권을 획득한 오르반정부는 이를 폐지하였다. 오르반정부가 채택한 첫 번째 법안이 바로 지방자치제정부 폐지에 관한 법안이었다. 경제정책 관점에서 바라볼 때 청년민주연합은 1990년 초까지만 해도 자유민주연합보다 좀 더 자유로운 경제정책을 선호한 정당이었다. 그러나 이러한 성향은 1990년 중반 서서히 국가의 사회적 책임을 강조하고, 중산층 지지를 위한 사회정책 필요성을 강조하는 보수방향으로 선회하였는데, 이러한 전환은 부분적으로는 1994-1998년에 집권한 헝가리사회당과 자유민주연합 정권이 채택한 긴축재정 정책에 대한 반대에서 비롯된 것이었고, 부분적으로는 당 자체의 보수이념으로의 노선선회 결과이었다.

---

8) 기능지방자치정부 기구란 사회안전 보장과 관련된 공공정책 추진 차원에서 주로 1970-1980s년대 독일, 오스트리아, 그리고 북유럽 국가에서 등장하였던 신 조합주의 개념의 기구를 지칭한다. 당시 기능자치정부 기구에 참여하였던 정부기관과 시민단체는 노동부, 노동조합, 연금공단 등이 있었는데, 헝가리는 주로 국민건강관리와 노동문제를 다루었다.

1994년 총선에서 패배한 후, 그리고 헝가리사회당과 자유민주연합 연립정부가 성립된 이후, 청년민주연합은 우파로의 선회를 위한 결단적 조치를 단행하였다. 여당에 대항할 수 있는 야권 세력을 규합하기 위하여 당시 두 경쟁 진영으로 분열된 야당을 하나로 통합하는 역할을 주도하였는데, 이는 '중도우파 시민연대'라는 조직 형성이 이를 말해준다. 그러나 이러한 시도는 실패하였고 당시 헝가리민주포럼과 기독교민주시민당의 당내 분열로, 우파진영에서 청년민주연합이 차지하는 비중은 더욱 강화되었다. 이러한 결과는 다른 정당에서 탈당하여 청년민주연합에 가입했던 국회의원 수가 증가하였던 의회정치 관점에서뿐만 아니라 투표함에서도 그러하였다. 이후 온건 야당세력을 하나의 정치진영에 규합하기위한 전략으로 청년민주연합은 당의 공식 명칭을 개칭하였는데, 당시 청년민주연합 및 시민정당(the Alliance of Young Democrats and Civic Party)으로 개칭하였다. 그 결과 당은 중도우파를 통합하는 정치세력이 되었고 이후 1998년 총선에서 승리하였다. 청년민주연합 및 시민정당은 헝가리민주포럼과 당시 점차적으로 과격한 모습으로 변모하고 있었던 기독교민주시민당으로부터 탈당한 일부 기독교민주시민당 의원과 연립정부를 구성하여 의회에 진출하였다. 통합을 위해서 청년민주연합 및 시민정당이 채택한 정치 조치가 새롭게 통합된 중도우파의 정치진영으로 성장할지는 좀 더 지켜볼 일이다.

독립소지주당

독립소지주당을 재건하기 위한 시도는 1988년에 이루어졌는데, 주로 1948년 이전 정당에서 활동하였던 베테랑이 주도적인 역할을 하였다. 양차 세계대전 사이에 독립소지주당은 적은 규모의 토지를 소유한 농민을 대표하는 정당이었는데, 당시 사회민주당과 함께 야권을 주도했던 정당 중 하나이었다. 1945년 총선에서 전체 우파를 대표하는 정당으로서 압승을 거두었는데, 당시 전체 투표에서 57%를 득표하였다. 한때는 큰 정당으로서 입지가 있었으나 1989년 공산주의체제가 붕괴된 후 독립소지주당은 결코 과거와 같은 입지를 회복하는 데는 성공하지 못하였다. 좀 더 민첩한 정치인들은 헝가리민주포럼, 혹은 자유민주연합에 모여들었고, 그 결과 독립소지주당은 시작부터 불리한 입지에 있었으며, 추후에도 과거의 위치를 회복하지 못하였다. 재창단된 독립소지주당은 역시 농촌 지역과 농민을 대표하는 정당이었는데, 특히 이전에 적은 혹은 중간 규모의 토지를 소유했던 농민층을 대변하기 위한 정당이었다. 급진 반공산주의 정당으로서 집단농장 폐지와 토지의 '재 사유화'(re-privatisation, 공산주의체제 당시 강제로 몰수하였던 토지를 본래 소유자에게 반환함을 의미) 정치캠페인을 벌였는데, 이는 개인소유 방식의 농업을 재창출하기 위한 시도이었다. 당 엘리트는 주로 농업출신 배경의 지방 중산층 회원으로 구성되었다. 체제전환 후 독립소지주당은 1990년과 1998년 중도우파 연립정부의 파트너이었다.

재창당 후 독립소지주당은 독립경제 행위자를 지지하는 사회·경제정책을 줄곧 지지하였는데 그들이 우호적으로 대하였던 경제행위자들은 토지를 소유한 농민, 적은 무역 규모를 운영하는 생산업자, 그리고 자영업자들이었다. 사유화과정 방식에서 바라볼 때 독립소지주당은 국가의 자산을 외국인에게 매각하는 형태의 방식에 반대하였으며, 대신 공산주의체제 당시 빼앗긴 토지를 본래의 소유자에게 보상과 복원을 해주어야 한다고 주장하였다. 그러나 독립소지주당이 주장한 재 사유화 방식은 언털행정부에서 기각되었고, 1992년 독립소지주당은 언털이 주도한 연립정부에서 탈당하였다. 요제프 토르쟌(József Torgyán)이 주도한 독립소지주당은 언털 연립정부에서 탈당한 후 중도우파 정부에 대항하는 우파계열의 야당을 구성하였고, 1994-1998년에 의회내 우파를 대표했던 야당의 역할을 계속 수행하였다. 정당민주주의에 대한 '민중영합주의'(populist) 성격의 이해방식은 다방면에서 그러한 모습이 표출하였는데, 예컨대 원내 국회의원 소환 허용지지, 헌법재판소 폐지, 대통령 직선제 도입 주장, 그리고 당 지도부의 반 엘리트적(anti-elite) 정치 스타일과 접근방식은 대다수의 정치·미디어 엘리트의 입장에서 바라볼 때 당시의 중도우파 언털 연립행정부의 성격과는 부합하지 않는 것이었다. 1994-1998년에 독립소지주당은 다른 우파정당과의 관계에서 바라볼 때도 급격히 분열된 상태이었다. 이러한 취약성은 당시 독립소지주당이 인텔리겐찌아, 혹은 미디어의 지지를 받지 못했던 유일한 원내 의회정당이었다는 사실에서도 알 수 있다. 또한 당의 취약성은 대외관계 형성에서 볼 때도 그러하였는데, 당시 독립소지주당은 1990년 전반기부터 '유럽민주연합'(European Democratic Union)과 '유럽보수기독교민주정당'(European Conservative Christian-Democratic Party)과의 연대에서도 제외되었다.

1998년 총선에서 독립소지주당은 비록 1994년 총선의 결과와 비교해 볼 때, 의회 내 의석수를 두 배로 늘리는 성과를 거두었으나, 이는 총선이 치러지기 일년전 여론조사에서 들어났던 당 지지도에 따른 의석수 확보 달성에는 미치지 못하는 결과이었다. 독립소지주당은 좀 더 온건한 우파성향의 당의 관점에서 바라볼 때 민중영합주의자로 비추어졌음에도 불구하고, 1998년 총선 후 청년민주연합이 이끄는 중도우파 연립정부의 파트너로 활동할 수 있었다. 그러나 독립소지주당이 가까운 미래에 다른 우파정당의 파트너가 될 수 있는 가능성은 매우 적은 듯하다.

기독교민주시민당

기독교민주시민당은 1989년 초 정식으로 창당되었다. 정당의 원형은 '아론 마르톤 소사이어티'(Áron Márton Society, 카톨릭 지성인 집단), 그리고 '대가족 국민연대'(the National Association of Large Families)이었다. 당을 재 창당한 주역들은 1945-1948년에 존재했던 민주시민당의 정치인들이었다. 기독교민주시민당은 기독교민주당(Christian-Democratic Party)보다는 기독교사회당(Christian-Social)에 가까운 형태로 출범하였다. 기독교민주시민당은 기독교의 도덕성(Christian morality) 교리 근본하에, 그리고 당시 존재했던 특정 종파를 넘어선 이념정당이라고 스스로를 정의한 유일한 원내정당이었다. 그러나 당의 역사와 창당 조건, 그리고 당내 주도 엘리트의 종파 관련성에서 볼 때, 카톨릭 정당에 가까웠고 이러한 특징은 당의 선거구 기반을 바라볼 때 더욱 그러하였다(Enyedi, 1997: 91, 126). 당은 점차로 카톨릭 교회와 연계되었고, 그 결과 카톨릭 부속문화가 정당문화에 깊숙이 자리 잡게 되었다(Enyedi, 1995, 1997: 131). 정당지도부는 카톨릭 정치 원로와 카톨릭 인텔리겐찌아 출신이었던 반면, 칼빙교 인텔리겐찌아 엘리트(Calvinist intelligentsia elite)는 헝가리민주포럼 창당 당시 참여한 대다수의 사람들이었다.

1990년 총선에서 기독교민주시민당은 투표의 단지 7% 획득에만 성공하였다. 이는 의석수로 환산할 때 21석이었고, 당시 의회내에서 가장 적은 규모의 정당이었다. 선거 후 개최된 정당대회에서는 기존에 존재하였던 이른바 '역사적' 창립공신 지도부를 축출하였다. 대신 '이중적'(double) 세대교체가 발생하였는데 당의 지도부는

40대 정치인에게 이양되었고, 이러한 결과는 라슬로 스루잔(László Surján)의 정당 의장직 선출로 이어졌다. 이후 정당조직 편성과정이 시작되었고, 그 결과 7배의 당원수 증대와 전국구 규모의 정당조직 발달을 가져왔다. 그러나 기독교민주시민당 정치인조차도 인정했듯이 당의 정책은 애매모호하였으며, 언털행정부가 이끄는 노선에 부합한 모습을 갖추어 갔다. 당의 독립적인 정책도 있었는데 이는 주로 교회와 종교교육에 대한 지원과 사회문제에 관련된 사항들이었다.

1990년 총선에 이어 1994년 총선에서 기독교민주시민당은 다 득표를 확보하는데 재차 실패하였고, 이는 당내 지도부 위기를 초래하였다. 수르잔이 이끄는 온건파와 1995년 당 의장으로 선출된 괴르기 집지(György Giczy)가 이끄는 급진파 사이의 권력투쟁은 당시 당내 정치 지도부가 타협안을 모색할 수 없었다는 사실을 말해주었다. 정당정치 관점에서 바라볼 때 당시 당내 문제가 되었던 사항은 기독교민주시민당의 정치노선을 대중융합적이고 급진 민족적인 성향을 나타낸 독립소지주당과 극우정당인 헝가리인의 삶과정의당 방향으로 전향을 할 것인지, 혹은 청년민주연합, 자유민주연합, 그리고 헝가리민주시민당이 주축을 이루는 중도우파 노선으로 전향할 것인지에 대한 문제이었다. 1997년 중반 이러한 논쟁은 결국 정당을 두 개로 분열시켰는데, 이는 온건파가 탈당하여 헝가리기독교민주연합(Hungarian Christian Democratic Alliance)이라는 신당의 창설로 이어졌다. 온건파 상당수 의원들은 1998년 총선에서 헝가리청년민주연합 및 시민정당의 기치하에 총선에 출마하였으며, 그 결과 의회와 행정부내 모두 진입할 수 있었다. 반면 급진파 계열의 잔여 임원으로 구성된 기독교민주시민당은 의회내 진입에 필요한 최소한의 5% 투표율을 획득하는데 실패하였다. 이러한 결과는 기존 당의 지지층이 우파내 다른 정당으로 이전했음을 의미하였다.

▮ 헝가리사회당

헝가리사회당은 1989년 10월 공산당이 분열되었을 때 창당되었다. 헝가리사회당은 구 헝가리사회주의자노동당(Hungarian Socialist Workers' Party)내에 존재하였던 개혁 및 온건파가 주축이 되어 창당하였다. 비록 당내 개혁파들은 당시 야권세력과 어떻게 민주 체제전환을 이끌것인가에 대해서는 전적으로 다른 견해를 보였으나, 평화적인 체제전환을 가져오는데 중요한 역할을 하였다는 사실은 분명하다. 몇몇 주요정당 인물은 대중에게 매우 인기가 높았으나, 이러한 인지도는 1990년 총선에서 정당의 득표로 산출되지는 않았다. 헝가리사회당은 투표의 단지 11%, 즉 의석수로는 의회내 33석을 확보하는데 그쳤다. 1989-1992년에 구 공산당 정권을 계승했던 헝가리사회당은 정치의 중심에서 점점 멀어져 갔다.

헝가리사회주의자노동당에서 사회당으로의 전환은 신속하게 이루어지지 않았다. 헝가리사회주의자노동당 당원이 신생정당인 헝가리사회당으로 자동전환된 것은 아니었다. 1989년 헝가리사회주의자노동당 당원 수는 700,000명이었으나 헝가리사회당이 창당된 한 달 후 당원 수는 급격히 감소하였는데, 당시 단지 30,000명에 그치었다. 정치적인 갱신의 노력에도 불구하고 곧 5장에서 살펴볼 듯이 헝가리사회당 정치엘리트는 주로 기존 공산당시대 출신인 구 공산당 관료, 청년조직, 노동조합, 지역의회, 행정관료, 그리고 기업경영자들이었다. 심지어 1994년 총선에서 압승으로 집권한 헝가리사회당은 다른 어떤 직업을 지녔던 사람들보다도 그 득표의 대다수가 고위층, 그리고 중간층의 지도부 출신이라는 사실을 바라볼 때도, 당의 지지기반이 구레짐의 관료와 엘리트 출신이라는 점을 알 수 있다.

1990년 전당대회 이래로 헝가리사회당의 정치·이데올로기 경향은 공식적으로 좌파, 그리고 사회민주주의이었다. 민주주의를 수용하면서도 사회민주주의 실현을 중요한 목표로 설정하였다. 1989년 초 헝가리사회당은 국제사회 민주주의 정당의 공식 조직인 사회주의 인터내셔널(Socialist International) 가입을 요청하였다. 1993년 관측자 지위를 부여받았고, 1996년 이래 국제적으로 인정받는 정식 회원이 되었다. 헝가리사회당의 이데올로기적 특징, 그리고 인기도는 전당대회에서, 그리고 정당 프로그램에서 제시한 '사회민주주의' 성향에서 유래한 것이 아니라, 1980년대 시작되었던 당의 '탈 이데올로기적'(de-ideologisation) 과정의 유산에서 발생한 것이었다. 즉 1980년대 말부터 헝가리사회주의자노동당은 기존의 막시즘·레닌니즘 주의(Marxism-Leninism)에 입각한 이데올로기에서 벗어나 실용주의 노선과 전문성, 그리고 근대화를 기치로 내걸었으며, 이러한 전략은 1994년 총선에서 체제전환 후 신흥엘리트 정치에 실망한 사람들에게 좀 더 매력적인 기조로 다가왔다. 또한 자유주의, 보수주의, 그리고 기독교민주주의라는 이념하에 성립된 신생정당의 정치적 수사법보다, 헝가리사회주의자노동당이 제시한 실용주의 노선은 역시 신흥엘리트 정치에 대하여 실망했던 사람들에게 좀 더 매력적으로 다가왔다. 당의 이념이 부재한 실용주의는 이른바 '근대화의 이데올로기'(ideology of modernisation)와 전문가의 지식 발전을 가져왔으며, 이는 추후 헝가리사회당과 자유민주연합 연립정부의 중심 이데올로기로서 역할을 하였다.

헝가리사회당이 주변정치로부터 중심 정치세력으로 부상하게 된 계기는 자유민주연합과의 협력으로 가능하였는데, 이러한 과정은 1991년부터 서서히 시작되었다. 기존 반공산주의 노선을 추구했던 자유민주연합 지도부에게 있어서 헝가리사회당은 주요 정적이었으나, 헝가리민주포럼과 우파 전체가 자유민주연합의 정적으로 전환됨에 따라 헝가리사회당과의 협력 가능성이 조금씩 열리기 시작하였다. 이러한 사고는 자유민주연합내 전 좌파 계열의 인텔리겐찌아에게 작용하였으며, 실제로 그들은 당내 '사회·자유주의'(social-liberal), 그리고 '사회·민주주의'(social-democratic) 입지를 결성하였다. 이후 자유민주연합은 '자유 인터내셔날'(Liberal International) 방향만이 아닌 헝가리사회당처럼 사회주의자인터내셔널의 방향으로도 움직이기 시작하였다. 또한 헝가리사회당과 자유민주연합의 정치적 화해는 자유민주연합 지도부들의 변화된 인식때문에 가능하였는데, 그들에게 있어서 언털이 주도했던 보수 연립정부는 자유민주연합이 추구했던 이념과 정치문화에서 볼 때 주 사회적 배경이 국가 관료출신인 헝가리사회당보다도 부합하지 않았기 때문이었다. 따라서 이러한 정치적화해는 정당·정치적 요소가 작용하여 가능한 것이었으나, 두 정당내 동일한 개혁적인 경제정책 성향을 공유한 경제전문가에 의해서도 영향을 받은 사실에 주목해야 한다.

1994년 총선은 권력의 균형적 관점에서 바라볼 때, 사회주의자에게 유리한 근본적인 변화를 초래하였다. 체제전환에 따른 경제적 성과에 실망한 유권자는 기존 집권당뿐만 아니라 체제전환에 주도적인 역할을 하였던 다른 정당들에 대해서도 심판하고자 하였고, 그 결과 1970-1980년대 사회안정을 상징했던 '카다리즘'(Kádárism)을 대표한 헝가리사회당에 지지를 보내었다. 아마도 헝가리사회당 총선의 승리를 가져온 가장 주요한 원인은 체제전환 이전 동유럽 국가와 비교해 볼 때 헝가리 시민들이 누릴 수 있었던 상대적으로 높은 수준의 복지와 안정에 대한 향수이었을 것이다. 이는 역으로 말하자면 체제전환 후 헝가리의 경제상황과 중산층의 입지가 악화되었음을 의미하였다. 실제로 헝가리 인구의 대략 25%가 매우 어려운 재정 상황에 놓여 있었으며, 인구의 2/3는 실제 수입의 감소를 경험하였다. 단지 인구의 20%만이 실제소득의 상승을 누릴 수 있었다. 헝가리사회당은 이른바 '노멘클라투라'(nomenklatura) 엘리트 정당이었고, 스스로를 상층부 그리고 지도층 위치에 있다고 판단하는 사람들의 지지가 절반을 차지하고 있었다. 1.5-2백만에 해당하는 유권자는 1994년 총선에서 헝가리사회당의 압도적 승리를 가져오는데 기여한 주요 지지층이었다.

1994-1998년 정권을 획득하였을 당시 연립정부를 함께 구성했던 자유민주연합과는 달리 헝가리사회당의 인기는 크게 감소하지 않았는데, 이는 1998년 총선에서 승리한 청년민주연합 및 시민정당보다 사회당의 인기가 크게 뒤쳐지지 않은 사실에서 알 수 있다. 이념 및 선거구 기반에서 바라볼 때 헝가리사회당은 상위층 성격을 나타내고 있다. 헝가리사회당은 사회구성원 관점에서 볼 때 스스로를 상위층이라고 간주하는 사람들과 스스로를 노동자층에 귀속한다고 하는 사람들 양자 모두에게 가장 인기있는 정당이다. 헝가리사회당의 지지기반은 중산층보다는 이 두 집단에 더 강하게 형성되어 있다(Gazsó and Stumpf, 1997: 516). 흥미로운 사실은 이러한 대조적인 사회적 기반에 지지층을 두고 있는 헝가리사회당이 지지층에 따른 당내 분열이 심하게 이루어지지 않았다는 점이다. 수상인 호른 귤러(Horn Gyula)와 그의 행정부는 1994-1998년에 일부 당내 분열을 경험하였으나, 시장자본주의 중심의 엘리트, 전 노멘클라투라의 경제적 이권, 그리고 평범한 사람에 대한 정치적 표현의 필요성 모두에서 적절히 균형을 맞추어 국정을 운영해 나갈 수 있었다.

제 3 장

정당체제

1. 헝가리 정치에 있어서 좌·우 개념
2. 정당 영역의 구조 : 정치·문화와 경제 축
3. 이념과 정치 안건

본 장에서 우리가 의미하는 정당체제는 정당의 배열, 구조, 그리고 정당간 경쟁의 역동성을 의미한다. 이는 정당간의 상호작용 체제를 포함하는데, 즉 말하자면 개개 정당이 정치영역에서 어떻게 자신의 입지를 구성하며, 어떠한 방식으로 당간의 경쟁이 발생하고, 이념의 역할은 무엇이며, 특정 정당이 다른 정당에 어느 정도의 영향을 받으며, 어떻게 경쟁정당이 정치영역내 움직임에 대하여 반응하는지를 다루고자 한다. 우선 헝가리와 다른 곳에서도 그러하듯이 주요 정당경쟁을 좌·우 개념으로 구분하여 구성해보고, 둘째 정치문화와 경제정책, 그리고 마지막으로 헝가리의 주요 정치적 문제를 살펴보고자 한다.

1 헝가리 정치에 있어서 좌·우 개념

1990년 총선 후 헝가리에 재등장한 경쟁적 다당제체제는 일반적 유럽 전통인 좌·우 이분법에 어느 정도는 부합한다. 정치경쟁과 정당정치로 인하여, 그리고 아마도 신생정당을 창당하는데 있어서 이념 지향적인 인텔리겐찌아의 주요 역할때문에, 헝가리 정치인들은 정치갈등의 대부분을 이념적인 차원에서 이해한다. 헝가리 정치가 다원화된 이후 좌·우 개념은 정치에서 가장 중요한 참조점과 정당간 경쟁의 주요 골자가 되었다.

헝가리 정치의 이데올로기적 특성은 다음의 세 가지로 요약할 수 있다.

첫째, 1990년대 전반기 헝가리 정치에서 나타난 특이한 사실은 다른 서유럽 국가와는 달리 좌·우 개념은 단지 '이념과 문화적 차원'(ideological-cultural dimension)에서 구분된다는 점이다. 제2차 세계대전이 종결된 후 수 십년간 서유럽에서는 '경제·분배적 차원'(economic-distributive dimension)이 좌·우를 구분하는 주요 축이었던 반면, 헝가리에서는 이 경제적 차원의 개념은 단지 이차적인 중요성을 의미할 뿐이었다. 또한 헝가리 정치체제에서 나타난 특이한 사실은 경제·분배적 차원도 서로 교차작용을 한다는 점이다. 헝가리 정당들은 이념·문화적 차원의 관점에서 정당체제내 자신들의 입지를 비교적 빠르게 구성할 수 있었음에도 불구하고, 경제·분배적 차원의 관점에서 바라볼 때는 흐릿하고 혼동된 형태에 머물러 있었다.

둘째, 헝가리에 출현한 다당제 정치체제에서 발견할 수 있는 특이한 점은 첫 번째 사항과 연관되어 있다. 헝가리 정치체제에서는 서유럽의 경제계급 갈등구조에 바탕을 둔 사회민주주의 개념은 존재하지 않는다는 사실이다. 이러한 이유 중 하나는 경제문제가 중요한 정치문제로 간주되지 않았기 때문인데, 1990년 중반까지 특히 1990년 첫 총선 이전에 경제문제의 중요성은 매우 저조하였다. 경제문제는 정당을 분열시키지 않았으며, 그 결과 헝가리 정치체제에서는 경제정책 선호도에 따른 좌·우 구분이 발달하지 않았다. 정치는 노동자를 대표하는 좌파와 중산층과 기업경영자를 대표하는 우파로 구분되지 않았다. 1990년 총선 당시 주요 정당의 경제 프로그램에는 근본적인 차이가 없었으며, 그들 모두는 사유화, 비규제화, 그리고 자유화에 우선권을 두었다. 경제정책에 대한 갈등이 의회에서 발생했을 경우 조차도 정당들은 국가 개입의 정도를 증가시키거나 혹은 줄이거나 하는 등의 대안에 대해서는 관심이 없었고, 단지 사유화 방식과 속도의 문제에만 몰두하였다. 즉 말하자면 모든 정당이 우파계열의 경제정책 프로그램을 수용했다는 사실이다. 정당이 경제·사회정책에 대하여 처음으로 깊은 분열을 보였던 계기는 1995년 이른바 '보크로시 패키지'(Bokros package)라는 긴축재정 정책이 받아들여진 이후이었다.[9] 당시 사회당 정부가 도입한 긴축재정안의 목적은 정부의 부족한 예산안을 확충하고 사회 재분배 정책으로 소비되는 정부예산안을 삭감하기 위한 것이었는데, 당시 좌파 개념의 경제정책 관점에서 바라볼 때, 다른 서유럽 국가에서 발견할 수 있는 사회당 정책과는 부합하지 않았으며, 그러한 정책은 당시 야당으로부터 심각하게 비판받았다. 그러나 당시 긴축안에 대한 정당분열은 이념·문화적 차원에서의 좌·우 구분을 재배열할 수 있는 근본적인 변화는 수반하지 않았는데, 이러한 사실은 정당 스스로가 정의한 개념, 당에 대한 유권자의 인식, 그리고 전문가의 평가를 볼 때 모두 그러하였다.

셋째, 헝가리 정치에서 가장 중요한 특징은 경제적 차원에서 좌·우 구분은 보크로시 패키지가 수용된 후 서서히 출현하였던 반면, 정치·이념적 차원에서의 좌·우

9) 당시 재정부 장관인 보크로시 러이요시(Bokros Lajos)의 이름을 따서 채택한 긴축정책안이다.

구분은 처음부터 매우 현저했다는 점이다. 좌·우 축의 연관성 시험을 측정할 수 있는 가장 좋은 방법은 정치행위자들이 정권을 획득하기 위하여 좌·우 개념을 어느 정도까지 참조점으로 활용하고 있는지를 살펴보는 것이다. 헝가리 정치에서는 좌·우 개념이 분명 참조점으로 활용되었다. 좌·우 개념은 연립정부를 구성할 수 있는 토대가 되었다. 1990년에는 헝가리민주포럼, 독립소지주당, 그리고 기독교민주시민당을 포함한 중도우파 연립정부가 구성되었던 반면, 자유민주연합, 청년민주연합, 그리고 사회당은 좌파를 구성하는 야당이었다. 1994년에는 헝가리사회당과 자유민주연합의 중도좌파 연립정부가 구성되었으며 우파 야당이 출현하였다. 1998년에는 청년민주연합 및 시민정당, 독립소지주당, 그리고 헝가리민주포럼으로 구성된 중도우파 연립정부가 성립하였으며, 자유민주연합과 헝가리사회당은 좌파 야당세력을 결성하였다.

2 정당 영역의 구조 : 정치·문화와 경제 축

정당간 상호관계는 단순히 좌·우 개념으로 구분할 수 있고, 이러한 구분법은 1990년 총선 경쟁을 치른 헝가리 정치에도 드러났다. 좌·우는 두 가지 의미를 지니고 있는데 하나는 '이념적·문화적' 측면, 그리고 다른 하나는 경제와 관련된 측면이며 이 둘은 상호 분리되어 있다. 이념·문화적 축은 '진보주의자'와 '전통주의자', 혹은 '자유주의자'와 '권위주의자'로 이분화 할 수 있다. 반면 경제축은 '공평한 수익의 재분배'와 '반 국가개입'에 근거한 시장지향적인 성향으로 이분화 할 수 있다. 역사적으로 볼 때 경제적 축은 전통적인 자유·보수의 대립과 함께 출현하였는데, 좀 더 공평한 국가 수입의 재분배를 추구함은 사회민주주의와 기독교사회주의에서 강조되었다. 경제 재분배의 문제는 점차적으로 각광을 받기 시작하였고, 제2차 세계대전 이래로 유럽정치에서 핵심 주제이었다. 그러나 이와는 대조로 헝가리와 같은 신생민주주의 동유럽 국가에서는 이념·문화적 차원의 갈등이 체제전환 후 첫 5년의 헝가리 정당정치에서 중심 갈등 축이었다. 경제문제와 관련된 사회·경제적 차원의 갈등 축과 정당간 경쟁은 1990년 중반 이래로 그 중요성이 점차로 증가하였으며, 헝가리의 경우는 1995년 보크로쉬 패키지 채택 이후에 등장하였다.

그림 3-1은 지금껏 논의하였던 이차원적 구분법에 따른 정치영역내 헝가리 정당들의 입지를 나타낸다(Bozóki, 1996; Körösényi, 1993a; 1993b). 아래의 좌 사분면은 이념·문화적 차원에서 진보, 그리고 경제정책 선호도에서 좌파 성향을 나타내는데, 유럽정치에서 이는 사회민주주의에 해당하며 헝가리사회당이 여기에 해당한다. 아래의 우 사분면은 이념적으로 진보, 경제적으로는 우익의 입지를 함께 나타내는 자유진영을 의미한다. 헝가리 정당 중 자유민주연합이 여기에 해당하며, 1994년 이전 당의 노선을 보수로 전환하기 이전의 청년민주연합도 이에 해당한다(당시 청년민주연합은 자유민주연합보다도 항상 좀 더 진보적인 성향을 나타내었다). 1994년부터 청년민주연합은 전통적인 정치성향의 방향으로 움직였다. 위의 좌 사분면은 문화·이념적 차원에서 전통주의와 경제적 차원에서 온건 좌파 성향을 조합한 정치진영이다. 이는 기독교사회주의 사분면에 해당하며 헝가리의 경우는 기독교민주시민당 및 독립소지주당, 그리고 헝가리인의 삶과 정의당이 이에 해당한다. 위의 우 사분면은 문화적으로 보수주의, 경제적으로는 우파 보수(기독교·민주) 진영을 의미한다. 헝가리민주포럼, 1996년 민주포럼을 탈당한 의원이 창당한 헝가리민주시민당, 그리고 1994년 이후 청년민주연합 및 시민정당이 이에 해당한다.

요컨대 서유럽의 경우 한 세기를 걸쳐서 정치·문화 좌파는 경제 좌파, 그리고 정치·문화 우파는 경제 우파 성향에 가까운 형태로 함께 정치체제가 묶여왔다고 할 수 있다. 그러나 헝가리를 포함한 동유럽의 경우 공산주의가 붕괴된 이래로 이 두 개념은 서로 상호교차하였다. 그 결과 헝가리 정당체제를 분석할 때 우리는 정치·경제 좌파와 정치·경제 우파 사이에 일관성이 없음을 알 수 있다. 경제 우파는 청년민주연합과 자유민주연합이 제시하듯이, 문화적 우파 혹은 문화적 좌파와도 연관될 수 있다. 이와 유사하게 기독교·사회주의자 정당인 기독교민주시민당, 농민 및 사회보호주의자(social-protectionist) 정당인 독립소지주당, 그리고 헝가리인의 삶과 정의당이 나타내었듯이, 경제적 좌파는 문화적 우파 혹은 문화적 좌파와도 연관될 수 있다. 이러한 모호성에도 불구하고, 자유민주연합은 우파 정당이 아니며 독립소지주당, 기독교민주시민당, 그리고 헝가리인의 삶과 정의당은 좌파 정당이 아니다. 이러한 사실은 헝가리 정치내 좌·우 개념은 이념·문화적 차원에서 바라볼 때 진보주의자와 전통주의자의 이분법과 관련하여 설명할 수 있다는 점을 제시한다. 헝가리 정치체제에서 경제적 차원의 구분법은 단지 이차적인 중요성을 의미할 뿐이다.

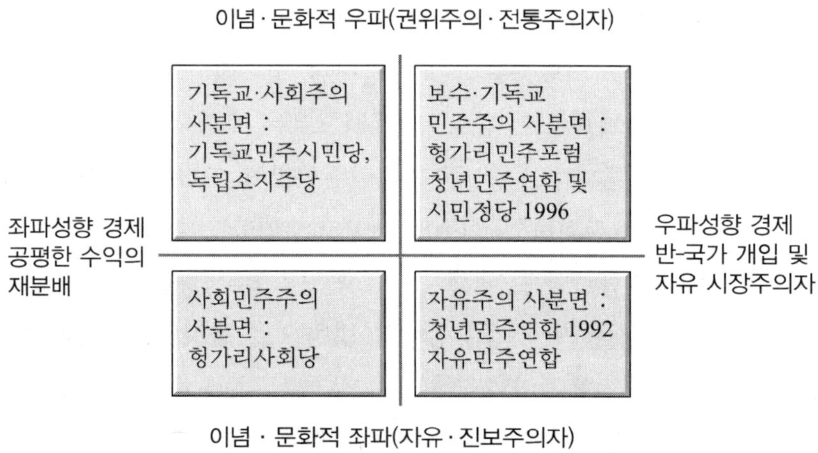

그림 3-1 이차원적 정치영역내에서의 헝가리 정당들

3 이념과 정치 안건

정당엘리트의 사회·문화적 특징처럼 정당엘리트의 이념적 특징은 유권자의 정치성향 정립에 영향을 줄 수 있다. 정당의 이념적 특징은 유권자로 하여금 특정 정당의 방향을 이해하는데 도움을 주며, 아울러 당의 정체성 확립에도 영향을 준다. 이외에도 정당의 전략은 정당의 이념적 메시지를 유권자에 전달하려는 목적으로 정당엘리트가 의도적으로 활용할 수 있다. 정치영역을 형성하는 세 번째 요인은 정치균열로

설명이 가능한데, 이는 정치행위자간 표출된 갈등과 토론 과정에서 표출된 정치적 문제를 의미한다. 헝가리 정당의 이념적 특징을 분석해 보면 정당이 창당된 직후부터 정당은 확고한 이념적 이미지를 지니고 있음을 알 수 있다. 또한 첫 의회주의 회기에서 발생한 정치 갈등은 주로 이념적 문제와 관련된 안건에 대하여 논쟁이 발생하였는데, 이는 동시대의 서유럽 정치와 비교해 볼 때도 이례적인 현상이었다(Ágh, 1993; Fricz, 1991; Körösényi, 1993, 1993c; Schöpflin, 1990). 이는 당의 이념과 정치적 안건이 헝가리 정치진영과 정치균열구조를 형성하는데 큰 영향을 주었다는 뜻이며, 그 결과 정당간 갈등의 정치화(politicisation)를 초래하였다. 1990년대 초 헝가리 정당체제와 관련된 문헌에서 학자들이 동의한 또 하나의 사실은 헝가리 정당체제는 크게 세가지 진영으로 구분할 수 있다는 점이다. 사회민주주의 성향의 헝가리사회당, 자유민주주의 성향의 자유민주연합과 청년민주연합, 그리고 기독교·민족주의 및 보수당을 대표하는 헝가리민주포럼, 기독교민주시민당, 그리고 독립소지주당이 그러하다(그림 3-2 참조). 이 삼각형 모양의 이념적 축은 정당 프로그램과 정당간의 관계를 설명해주는 분석틀로서 뿐만 아니라, 정치엘리트와 유권자가 유권자 스스로 자신들의 이념에 부합한 정당체제를 구성할 수 있도록 도와주는 역할을 한다.

좌·우 개념을 하나의 개념적 분석틀로 활용함에 따라서 자유주의자는 좌파계열의 사회주의자와 우파계열의 기독교민주시민당, 그리고 보수 정당간 사이 중간에 놓여있는 중도파로 분리하였다.

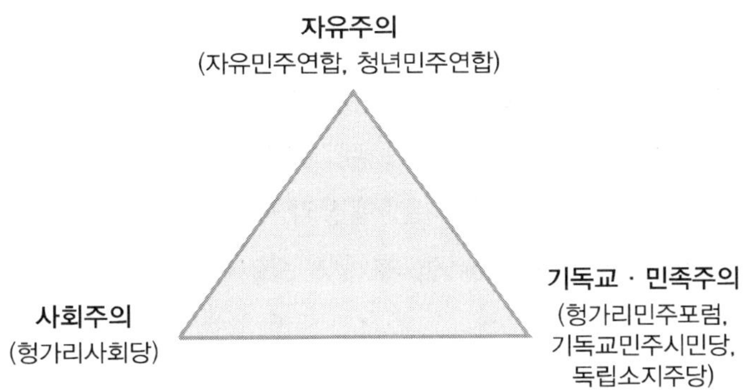

그림 3-2 헝가리 정당체제의 이념적 삼각 축

그렇다면 헝가리 의회민주주의가 시행된 첫 회기에 등장하였던 핵심 정치논쟁의 문제들과 주제 그리고 안건들은 무엇이었는가? 민주 체제전환이 시작된 이후 첫 의회주의 회기에 등장한 정당 정치갈등의 주요 안건과 법안은 주로 사회 문제들이었는데, 이는 당시 정당체제의 축을 이루는 세 가지 주요 균열구조에 따라서 그 갈등이 표출되었다(정치균열구조는 이후 다음 장에서 다룸). 예컨대, 공산주의자 대 반 공산주의자의(Communist and anti-Communist) 균열구조 관점에서 바라볼 때, 공산주의자 노멘클라투라에 영향을 주었던 문제는 기존 공산주의체제에서 잔재하였던 정치와 대중조직을 해체하는 문제, 공산주의체제 당시 발생하였던 범죄에 대한 정의구현, 그리고 공산주의 상징을 더 이상 공공장소에서 사용 못하도록 금지하는 등의 문제와 관련된 사항이었다. 종교·세속의(religious-secular) 균열구조 관점에서 바라볼 때 정당갈등은 공산주의 시대에 교회가 상실하였던 교회 자산에 대한 배상과 종교교육, 낙태, 교회 학교의 재정지원 그리고 교회와 국가 간의 관계와 관련된 사항들이 주요 현안이었다. 도·농간의(rural/urban) 균열구조 관점에서 볼 때 정당갈등은 토지 문제에 관련하여 표출하였는데, 이는 공산주의 시대 당시 강제적으로 몰수하였던 농토를 본래의 소유자에게 반환하거나(re-privatisation을 의미), 혹은 본래의 소유자에게 물질적 배상을 제공해야 하는지의 문제에 대한 결정이 주요 정치현안이었다.

이러한 안건들은 정치진영을 형성시키고 정치집단과 당의 정체성을 강화시키는 역할을 하였다. 이념적 갈등 이외에도 자유진영 정당(자유민주연합과 청년민주연합), 사회주의자 진영과(헝가리사회당) 기독교·민족주의자 진영(헝가리민주포럼, 기독교민주시민당, 독립소지주당)간 논쟁되었던 정치안건들은 헝가리 정당체제를 형성시키는데 상당히 중요한 역할을 하였다. 예컨대 정당은 국가, 역사의 상징, 그리고 정치·역사적 전통을 평가하는 등의 문제에 있어서 분열된 모습을 나타내었는데, 1956년 헝가리 시민혁명 주요 인물의 재매장과 양차 세계대전 사이에 섭정을 하였던 호르티 미클로쉬(Horthy Miklós)의 재매장 사건이 그러하였다. 또한 정당분열은 헌법상의 원리를 해석하는 문제에 관해서도 동일하게 갈등을 표출하였는데, 예컨대 권력분리 및 균형과 관련된 문제, 행정부 중심의 의회주의 체제에서 대통령의 역할, 그리고 공공 미디어의 독립성 문제를 들 수 있다. 표 3-1은 이러한 다양한 정치현안에 대하여 좌·우 진영 관점에서 바라본 당시 정당들의 입장을 요약한 것이다.

◎ **표 3-1** 주요 정치현안에 관한 좌·우 관계

현안들	문화·이데올로기적 관점에서 좌익경향	문화·이데올로기적 관점에서 우익경향
공산주의 체제에 대한 태도		
보상	반대 또는 분열	찬성
공산당 리더에 대한 재판	반대	찬성
전 공산당 간부 제거	반대	찬성 또는 분열
역사적 전통		
역사적 주안점	과거와 단절을 꾀하는 혁명	천년에 걸친 헝가리 국가성의 연속성
군대 의복에서 휘장사용 논쟁	코슈스 휘장 선호	이스트반 왕관 휘장선호
국가 기념일 행사	1848년 3월 15일 시민혁명 에 주안점	8월 20일 헝가리왕국 건설에 주안점
민족 문제	약함	강함
주변국에 거주하는 헝가리 소수민족	보편적 인권문제로 다룸	집합적 권리를 보장해야하는 민족 문제로 다룸
교회-국가 간의 관계	반 성직자	성직자
학교에서 선택적 종교교육 여부	반대	찬성
교회 학교에 대한 태도	부정적	긍정적
도덕적 문제들		
낙태	찬성	반대 혹은 일부 찬성
사형선고	반대	찬성/반대(분열됨)
인권 대 국가 권위		
경찰력	야당은 경찰력 제한 선호, 여당은 경찰력 확대 선호	확대 선호
이탈 집단에 대한 국가의 행동	유동적임, 좀 더 관용적임	좀 더 완강함
국방 정책	북대서양조약기구 가입찬성	북대서양조약기구 가입찬성
경제 정책		
사회 정책	복지국가 제한	복지국가 유지
농토 및 전략적 분야	외국인에게 매매가능	헝가리인 소유에 머물러야함

* 극좌정당인 노동당과 극우당인 헝가리인의 삶과정의당은 북대서양조약기구 가입에 모두 반대하였다.

제 4 장

정치균열구조

1. 균열
2. 헝가리 정치의 세 가지 균열구조
3. 균열과 정당체제

1980년대 말 그리고 1990년 초 40년간에 걸친 공산주의 독재와 균일화된 사회주의 정책 관점에서 볼 때, 많은 사람들은 헝가리 사회가 미분화(diffuse)되었고 획일적이며, 이러한 상황에서 갑자기 투표권을 부여받은 헝가리 유권자의 대다수는 정치적 정체성과 같은 정치적 감각은 갖추지 못했을 것이라고 간주하였다. 그러나 사실 헝가리 정치는 체제전환 이후부터 줄곧 깊은 정치균열을 나타내었는데, 이러한 균열은 정치엘리트뿐만 아니라 유권자 또한 구분할 수 있는 주요 축이었다.

본 장에서는, 그리고 후속하는 다음 두 장에서는 정치균열과 정당체제내 균열이 어떠한 효과가 있는지 살펴보기로 한다. 공산주의 40년에 걸쳐 사회와 정치 동질화 정책이 시행되었음에도 불구하고, 체제전환 이후 정치균열이 어떻게 헝가리내 재생성(regenerated)되었으며 출현하였는지를 고찰해 보고자 한다. 후속하는 다음 두 장에서는 정치엘리트와 유권자를 중점적으로 다룬다. 다른 관점보다도 정치엘리트의 사회적 배경, 이념적 특징, 그리고 지지기반 관점에서 볼 때 정당이 어떻게 서로 상이한지 살펴본다. 전체적으로 3장은 헝가리 정치에서 균열이 얼마나 중요한지, 그리고 그러한 균열이 어떻게 정치에서 중심을 이루고 있는지 살펴보고자 한다.

1 균열

대부분의 서유럽 국가에서 가장 중요한 두 가지 정치균열은 조직도 차원에서 표출하였는데, 하나는 교회 참석여부, 그리고 다른 하나는 노동조합 회원 여부에 따라서 그러한 균열이 표출하였다. 이러한 관점에서 독일은 하나의 좋은 사례를 제시해준다: 독일 국민 중 교회를 다니는 사람들 대다수는 기독교·민주주의, 기독교·사회주의 정치진영에 속하는 한편, 대부분의 노동조합 회원들은 사회·민주주의 진영에 속한다. 이러한 조직적 연계는 정치진영에 귀속한 회원과 밀접한 관계를 구성하고 있는데, 이는 직업 혹은 사회적 위치에 의한 연계보다도 좀 더 가까운 관계를 나타낸다.

유럽전통에 비추어 볼 때 헝가리의 경우 정치균열은 단지 일부만이 부합한다. 가장 큰 차이점은 근본적으로 상이한 계급 구분이다. 공산주의체제 당시 시행하였던 사회·경제 프로그램으로 인하여 정치계급 균열(political class division)이 경제균열을 대신하여 형성되었다. 또한 이는 헝가리에서 체제전환이 시작된 후 출현한 정당체제의 형성에도 영향을 미친 요인이었다. 세 가지 형태의 균열구조가 헝가리 정치에서 발견되는데, 두 가지는 다른 하나보다도 상대적으로 좀 더 강한 모습을 나타내었다. 이러한 균열구조는 정치엘리트와 유권자, 조직적 수준, 그리고 정치문화와 이데올로기 영역내에서도 표출하였다. 두 가지 형태의 좀 더 강한 균열구조는 종교와 노멘클라투라(공산주의체제의 정치계급)와 연관된 것이며, 다른 하나는 전통적인 균열구조인 도·농(산업/농촌)간의 갈등과 관련된 것이다.

체제전환 후 헝가리 정치체제에서 정치균열이 급속하게 표출하였던 원인은 공산주의체제 당시 공산당이 추구했던 이른바 '사회의 정치적 단일화'(the political homogenisation of society) 정책이 단지 일부만 성공하였고 피상적이었다는 사실을 말해주는 것이다. 초창기 헝가리 정당체제에 등장한 균열구조는 제도적, 조직적, 그리고 정치적인 연계성에서 취약성을 나타냈지만, 이러한 균열구조는 공산주의체제 당시에 시행된 사회의 단일화 정책에도 불구하고 사라지지 않은 채 헝가리인의 태도, 가치체계, 그리고 정치 부속문화에 줄 곧 잔재하였다. 그 결과 체제전환 후 정치연계의 가능성이 열리자 사회 구성원 중 상당수가 이전에 존재하였던 균열구조에 부합하게 동원하기 시작하였다. 정치균열, 혹은 차별화 형성에 영향을 준 다른 요소는 정치행위자의 역할에 있다. 우리가 살고 있는 사회에는 사전적(pre-existing)의미의 정치 차별화는 없다. 인구통계학 및 계층에 바탕을 둔 통계학적 혹은 사회학적 방식으로 바라본 정치 차별화는 사전적의미의 차별화를 뜻하지 않는다. 정치 차별화는 단지 정치행위자의 활동에 의해서 추후에 형성될 뿐이다(Sartori, 1969). 사회내 집단별 갈등과 일부 사회·문화 집단의 구분은 정치엘리트의 이데올로기, 정당의 대중동원 정책, 그리고 조직 활동에 의하여 선별된 것이며, 이는 추후 정치영역을 형성하는 조직화된 그리고 제도화된 형태의 항구적 균열구조로 변화하기 마련이다. 이러한 과정은 20세기 전환기 유럽에서 발생하였으며, 민주 체제전환 이후 일반적으로 중·동부 유럽과 헝가리에서도 정당엘리트의 주도적인 역할로 형성되었다. 즉 정당과 정치엘리트는 균열구조에 바탕을 둔 대중의 정치동원에 결정적인 역할을 한다고 말할 수 있다. 정당엘리트의 활동 여부에 따라서 사회내 일부 집단 갈등이 정치화되고, 이후 깊은 정치균열로 변화할 수 있다. 탈 공산주의 헝가리 사회에서 정치엘리트의 역할은 20세기 전환기 서유럽 국가에서보다도 좀 더 중요하였는데 이는 정당의 형성, 정치의 다원화, 그리고 엘리트 정치의 차별화 조치에서 바라볼 때, 이익집단과 사회 구성원내 대중 주도로 형성되는 과정보다 정당엘리트가 주도적인 역할을 할 때 그 과정 자체가 좀 더 신속하게 이루어졌다는 사실에서 알 수 있다.

다음 장(정치엘리트)에서 우리가 곧 살펴보듯이 정당엘리트(의회 원내 정당집단을 의미)간 사회·문화적 배경에는 큰 차이가 있다. 아래의 표는 헝가리 의회내 정당엘리트를 크게 세 가지 형태로 구분할 수 있음을 나타낸다. 헝가리사회당 의원은 전 공산당 체제 노멘클라투라 엘리트 출신이며, 헝가리민주포럼, 기독교민주시민당, 그리고 독립소지주당 의원은 기독교 중산층 출신이며, 자유민주연합과 청년민주연합 의원은 대개 세속적이고 부르주아 계층인 인텔리겐찌아 출신이다. 독립소지주당 의원이 헝가리민주연합과 기독교민주시민당 의원과 갖는 차이점은 그들 대다수가 농촌·농업의 저 사회 출신 배경이라는 사실에서 그 차이점이 들어난다.

표 4-1 원내 정당엘리트의 사회·문화적 특징들

	헝가리 민주연합	기독교 민주시민당	독립 소지주당	자유 민주연합	청년 민주연합	헝가리 사회당
노멘틀라투라	-	-	-	-	-	+
종교	+	+	+	(-)	-	-
농촌		-	+	-	-	
교육	+	+	-	+	+	+
연령		+	+	-	-	

본 표는 정치엘리트 장에서 다루었던 자료에 근거하여 작성한 것임(5장).
+ 표시는 의회정당집단의 특징과 주어진 사회 · 문화적 요소 간 긍정적 상관관계를 나타내며, – 표시는 부정적 상관관계를 나타낸다.

2 헝가리 정치의 세 가지 균열구조

종교/세속 균열

유럽의 다른 기독교 국가와 혼합 종교의 국가처럼, 종교·세속 균열은 헝가리 정치를 구분하는 주요 균열점이다. 기독교의 도덕성과 이와 관련된 정책은 보수당 정당출신의 정치엘리트가 대표하였으며, 이는 특히 강한 카톨릭 배경 출신의 기독교민주시민당 엘리트에 의해서 대표되었다. 사회학적 관점에서 바라볼 때도 종교는 유권자 행동에 영향을 주는 가장 중요한 요소 중 하나이다. 종교적인 특히 정규적으로 교회를 다니는 사람들은 무엇보다도 기독교민주시민당, 독립소지주당, 그리고 헝가리민주포럼의 유권자들이다. 교회는 이러한 연대를 구성할 수 있도록 조직적이고 제도적인 배경을 제시하였는데, 그들의 조직 연속성은 심지어 공산주의체제 당시에도 분열되지 않았다. 성직 대 반·성직자 갈등은 1990년대 정당과 정당간 문화갈등의 가장 중요한 요소 중 하나이었다. 1990년대 초에 반 성직자 층은 주로 좌파와 자유진영에 형성되었는데(예컨대 헝가리사회당, 자유민주연합, 그리고 청년민주연합), 그들은 세속적인 이데올로기, 정당엘리트, 그리고 유권자 층을 확보하고 있었다. 1990년대 청년민주연합은 우파로 당의 노선을 전향하면서 점차적으로 종교 진영으로 그 방향을 선회하였는데, 이러한 변화는 당시 청년민주연합을 후원했던 잠재적 유권자 층의 교회 참석여부와 종교관에서 일부 감지할 수 있었다.

개인 선호도 관점에서 종교·세속 균열을 측정할 수 있는 지표는 교회 참석여부와 신앙도를 측정하여 가능한데, 이에 따르면 유권자를 크게 세 집단으로 나눌 수 있다. 좀 더 신앙적이고 교회를 자주 다니는 사람들은 중도우파 정당에 대한 강한 선호도를 나타내었다. 교회를 다니는 횟수가 적을수록(신앙도가 낮을수록) 자유성향의 정당과 사회당 정부에 대한 지지가 더욱 컸다. 예컨대 1992년 신앙도를 측정하는 주관적 자기진단(subjective self-placement scale) 조사결과에 따르면, 자유진영 정당에 귀속한 정당을 지지하는 사람들은 가장 종교적인 집단에 속한 사람들보다도 두 배 정도 세속적인 경향을 나타낸 반면, 사회당을 지지하는 사람들은 세 배 정도의 차이를 나타내었다. 이와는 대조로 헝가리민주연합 지지자는 세속 진영 집단에 속한 사람들보다도 네 배정도 강한 종교적 신념을 나타내었으며, 독립소지주당 지지자의 경우 이 차이는 5배, 그리고 기독교민주시민당 지지자의 경우 차이는 9배이었다(Gazsó and Gazsó, 1993: 123). 1997년 후반 실시된 여론조사에 따르면, 기독교민주시민당의 지표에서 알 수 있듯이 당을 지지하는 층은 정규적으로 교회를 다니는 사람들이 교회를 다니지 않는 사람들보다도 16점정도 더 높은 강한 상관관계를 나타내었다. 동일 지표를 다른 당과 비교해 보면 이러한 상관관계가 더욱 분명히 드러나는데 교회를 다니는 사람들이 헝가리민주포럼을 지지하는 수치는 교회를 다니지 않는 사람들보다도 12점이 더 높았으며, 독립소주지당의 경우 9점, 헝가리민주시민당의 경우 8점, 그리고 청년민주연합과 헝가리인 삶과 정의당의 경우 4점 정도가 더 높았다. 자유민주연합의 경우 2% 더 낮은 정도의 수치를 나타내었다. 1991년 가을 실시된 또 하나의 여론조사에 따르면 정규적으로 교회를 다니는 사람의 75%는 기독교민주시민당, 독립소주지당, 그리고 헝가리민주연합 진영에 투표를 하였으며, 25%는 자유민주연합 혹은 청년민주연합에 지지를 보냈고, 반면 헝가리사회당에는 아무도 지지를 보내지 않았음을 알 수 있다(표 4-2). 이러한 사실은 유권자 또한 정당엘리트처럼 그들의 신앙도에 따라 집단이 크게 세 단위로 구분할 수 있음을 의미한다. 1990년 후반기 청년민주연합이 점진적으로 우파로의 정치노선을 전환함에 따라서, 유권자 층은 서서히 변모하였고, 그 결과 교회를 다니는 사람들 수는 당내 지지세력내에 증가하였다.

표 4-2 교회참석 빈도에 따른 정당 선호도 분배, 1991년 10월(%)

교회 참석 빈도	독립소지주당-기독교민주시민당-헝가리민주연합	청년민주연합-자유민주연합	헝가리 사회당
최소 한달에 한번	73	26	1
1년에 몇 차례	42	49	9
거의 참석하지 않거나 절대로 안함	28	63	10

정치계급 균열

종교와 아울러 계급분열은 유럽정치에 있어서 가장 중요한 균열구조이다. 헝가리에서는 고전적인 노동자 대 자본주의자의 이분법에 근거한 균열과 노동자와 중산층계급의 갈등 분열은 1940년대 말, 공산주의 레짐이 사유재산과 자본주의를 해체하면서 소멸하였다. 대신 경제계급 분열은 공산주의체제 당시 시행된 정치·행정상의 조치로 인하여 독특한 사회구조의 형성을 초래하였다. 당의 간부로 구성된 노멘클라투라 계급의 가장 중요한 제도적 도구는 공산당이었는데, 공산당은 당의 폭넓은 지지자와 혜택자로 구성된 사회 계층이었다(Gazsó, 1990; Szakadát, 1992: 113). 당·국가는 폐쇄된 이데올로기를 보유하였고, 사회학적으로 제한된 집단의 토대 하에 그 기반을 구성하였다. 당·국가는 정치계급과 지지자를 단일 조직체로 구성하여 조직하였는데, 당의 위성조직들 예컨대 노동조합, 인민전선(Popular Front), 그리고 노동자수호대(Workers' Guard) 등이 그러하다.

이러한 상황을 고려할 때 체제전환 후 헝가리 정치의 두 번째 주요 균열구조를 공산주의·사회주의 국가 체제와 분리, 혹은 통합을 추구하는 집단으로 구분할 수 있다는 사실은 우연히 아니다. 분리 혹은 통합을 추구하자는 논쟁은 선거와 의회정당 정치, 그리고 정치 논쟁에서 등장한 새로운 이데올로기의 일부이었다. 공산당 계승정당인 헝가리사회당은 "간부정당"(cadre party)이었는데, 헝가리사회당은 전 공산주의체제의 정치계급 정당 형태를 유지하였다. 헝가리사회당 정치엘리트는 전 노멘클라투라 출신이었고, 핵심 유권자 대부분은 전 공산당 당원들이었다. 당의 이념은 여전히 형성되는 과정에 있었지만 전형적인 사회주의 대신 좌익 개념의 '재분배 민중영합주의'(redistributive populism)와 테크노크라쉬(technocracy) 특징을 조합한 형태이었다. 공산주의자 대 반 공산주의자의 관점에서 바라볼 때, 또 하나 주목할 만한 특징은 공산주의체제에 통합되지 않은 계급이 있었다는 사실이었는데, 그들은 전 공산주의자 엘리트(pre-communist elites)와 중산층이었으며 일부는 체제전환 후 등장한 신 엘리트 집단이었다.

전형적인 계급 균열 구조인 노동자 대 자본주의자 균열은 탈 공산주의 헝가리 유권자에게는 존재하지 않는다: '계급투표 지표'(the class voting index)로 볼 때 매우 저조하다(Bruszt and Simon, 1994a: 75; Gazsó and Gazsó, 1993: 123-125). 그러나 공산주의체제 당시 형성된 정치계급 균열(the political class division)은 정치엘리트뿐만 아니라 헝가리 사회도 강하게 분열시켰다. 이러한 균열은 공산주의체제에 정치적 통합, 혹은 비 통합 형태와 밀접하게 연관되어 결성되었으며, 이러한 특징을 나타내는 가장 중요한 조직 지표는 공산당회원 가입여부이다. 예컨대 유권자 정당 선호도 분석에 따르면 1989년 후 전 공산당 계승정당인 헝가리사회당을 일관적으로 지지했던 사람들 대다수는 전 헝가리사회주의자노동당 회원이었으며(Angelusz and Tardos, 1991, 1995; Bruszt and Simon, 1994a; Tóka, 1996), 그들은 일반적 유권자에 비하여 13%에서 28%정도 더 높은 지지도를 나타내었다(표 4-3). 개개 정당의 유권자 층 관점에서 바라볼 때 전 공산당 당원의 비율이 헝가리사회당 유권자 층에서 훨씬 높았으며, 이는 전체 유권자보다도 높은 수치이었고(표 4-3번), 다른 의회정당보다도 7배 높은 수치이었다. 예컨대 1997년 초 전 헝가리 사회주의노동당 회원은 헝가리사회당을 지지하는 잠재적 유권자 층의 40%를 차지하였던 반면, 같은 회원이 타 정당을 지지하는 비율은 이보다 훨씬 저조하였는데 헝가리민주연합의 경우 단지 3%, 청년민주연합의 경우 4%, 자유민주연합과 독립소지주당의 경우 6%, 그리고 기독교민주시민당의 경우 13%에 해당하였다(HVG, 8th March 1997: 113).

표 4-3 전 헝가리사회주의자노동당 회원과 헝가리사회당 지지와의 관계(%)

	1990년 5월	1991년 10월	1992년 9월	1993년 1월	1993년 12월	1994년 4월
헝가리사회당 지지자: 모든 유권자내의 비율	8	8	14	14	34	35
헝가리사회당 지지자: 전 공산당 당원 간의 비율	21	30	34	40	62	57
전 공산당 당원: 모든 유권자내의 비율	18	15	16	13	18	17
전 공산당 당원: 헝가리사회당내의 비율	50	55	39	36	33	28

자료제공: (Tóka, 1996: 표 3; 1990년도 수치는 Tárkai centre에서 가져옴).

1994년 총선 일차 투표 결과에 따르면 유권자가 헝가리사회당을 지지하는 가능성이 증대하였는데, 이러한 결과는 기존 공산주의체제에 통합된 가족의 통합정도가 증대하였음을 의미하였다. 가족 중 배우자 모두가 공산당 당원이 아니었던 경우 헝가리사회당을 지지한 비율은 26%이었다. 반면 배우자 한명이 공산당 당원이었던 비율이 49%이었던 경우 헝가리사회당을 지지한 비율은 54%이었다. 배우자 모두가 공산당 당원이었던 경우 73%가 헝가리사회당에 지지도를 보내었다(Angelusz and Tardos, 1995).

도·농 균열

세 번째 헝가리 정치의 균열점이자 특히 20세기 전반기 많은 유럽국가의 특징이기도 한 균열은 이른바 도시 대 농촌(urban/rural), 혹은 산업 대 농업(industrial/agrarian)의 갈등이다. 이러한 균열은 독립소지주당에 의하여 대표되었는데 다른 유럽국가의 경우처럼, 독립소지주당은 일관적인 이데올로기를 보유한 정당이라기보다는 어느 특정 사회 구성원(sectoral party)를 대표하는 정당이다. 주로 토지를 소유한 농민들과 공산주의시대 당시 그들의 사회적 지위가 좌천되었다고 여겼던 전 중산층 농민을 대표하는 당이 독립소지주당이다. 독립소지주당이외에도 이러한 계층을 대표하는 이익집단은 '농민연대'(Peasant Alliance)와 '개미'(Hangya)라는 사회조직이 존재하였다. 독립소지주당은 이념적으로 '농민민중영합주의'(Agrarian populism), '급진민족주의'(national radicalism), 그리고 '반공산주의'(anti-Communism)를 추구한다. 유권자 층에서 바라보면 도시 대 농촌, 혹은 산업지대와 농촌간의 균열은 독립소지주당을 다른 정당과 더욱 분명하게 구분해준다. 노인과 농촌지역 거주자, 그리고 교육을 덜 받은 유권자들은 농민과 동일한 수준의 높은 지지도를 독립소지주당과 기독교민주시민당에 보내었다(Angelusz and Tardos, 1991; Závecz, 1995). 독립소지주당 유권자의 절반이상은 시골지역에 거주하는 사람과 농민들이었으며, 기독교민주시민당의 경우 비율은 50%이었다. 이와는 대조로 다른 정당의 경우 지지도는 24%에서 40%내에 있었다(제6장 유권자 행동에서 표 6-2 참고). 지금껏 세 번의 총선에서 독립소지주당은 대다수의 표를 남쪽의 농촌지역과 동쪽, 특히 신교 중심의 동쪽지역에서 획득하였다. 1990년 그리고 1998년 총선에서 독립소지주당은 수도인 부다페스트에서보다 남쪽의 농촌지역과 신교 중심의 동쪽지역에서 10%정도 더 많은 득표를 하였으며, 1994년 총선에서는 같은 지역에서 5%정도 더 많이 득표하였다(Körösényi, 1991; Bíró, 1994; *Magyar Hírlap*, 11th May 1998: 6). 따라서 독립소지주당 유권자층은 그들의 사회적 위치, 거주지, 그리고 지역에 따라서 강하게 영향을 받는다고 할 수 있다.

▌경제계급 균열의 부재

전술하였듯이 사회 계층화는 단지 헝가리 정치 선호도를 설명하는 이차적인 요소이며, 전형적인 경제균열은 헝가리 정치균열 구조에서 존재하지 않는다. 즉 노동자와 사무실 근로자를 구분하는 등의 경제계급 분열은 헝가리 정치균열 구조에서 존재하지 않는다. 대신 그들은 통합된 정치진영으로 나누어 편성되어 있는데, 이러한 진영은 전 공산주의체제를 대표하는 헝가리사회당, 종교성을 대표하는 기독교민주시민당, 독립소지주당, 헝가리민주포럼, 그리고 마지막으로 이 두 가지 진영에 속하기를 거부하는 자유민주연합과 청년민주연합이 있다. 이 진영 각자는 '계급 이상의 특징'을 나타내고 있다. 사회적 위치에 따른 구분은 단지 우파진영에서만 나타난다: 여기서 사회적 위치를 측정하는 방법은 교육수준정도, 직업, 수입, 또는 계급 위치를 나타내는 주관적 자기진단 지표 활용으로 가늠이 가능한데, 헝가리민주포럼 유권자는 독립소지주당 혹은 기독교민주시민당의 유권자보다도 좀 더 높은 수준의 사회적 위치에 있었다. 1990년과 1994년 총선에서 기독교민주시민당과 특히 독립소지주당을 지지했던 유권자는 노동자 출신이 대부분이었으며, 그들은 당시 헝가리사회당보다도 더 높은 지지도를 나타내었다. 한편 청년민주연합, 자유민주연합, 그리고 헝가리민주포럼은 노동자와 사무실 근로자로부터 동일한 지지를 획득하였다(Gazsó and Stumpf, 1995: 9-11; 제 6장 유권자 행동 표 4 참조). 그러나 이러한 결과에도 불구하고 독립소지주당과 기독교민주시민당을 노동자 정당이라고 보기에는 어려우며, 나머지 정당들은 분명 계급위의 정당(above class party)이라고 간주할 수 있다. 유권자층 관점에서 볼 때, 헝가리민주포럼과 자유민주연합, 그리고 좀 더 미약한 정도에서 청년민주연합은 중산층과 중·상위층 계급의 특징을 나타낸다고 할 수 있으며, 헝가리사회당의 경우 1990년 총선에는 단지 노멘클라투라만을 대표하였고, 1994년 총선 후에는 노멘클라투라와 노동자 층 양자 모두를 대표하였다. 만일 우리가 직업과 교육수준을 나타내는 지표만으로 판단하는 것보다 계급을 함께 표시하는 자기진단 지표를 살펴본다면, 헝가리사회당을 지지하는 노동자층의 역할이 상위층, 혹은 중·상위층의 계급의 역할보다도 더 크다는 사실을 알 수 있다. 이러한 사실은 헝가리사회당이 전 공산당 중심의 조직화된 노동자 계층 기반과 이념적 특징을 지니는데 성공하였다는 사실을 부분적으로 입증해 주는 것이다. 사회·문화적 배경의 관점에서 볼 때 헝가리 사회에는 세 가지 형태의 중산계급이 있다. 하나는 '기독교·부르주아' 중산계급(Christian-bourgeois middle class), 다른 하나는 '세속화된 부르주아 중산계급'(Secularised bourgeois middle class), 그리고 마지막으로 공산주의체제 당시 등장한 '노멘클라투라 중산계급'(Nomenklatura middle class)이다.

표 4-4 균열구조와 전형적 계급 구분

	노멘클라투라	자유진영	종교 농촌
중산 층/계급	헝가리사회당	자유민주연합 청년민주연합	헝가리민주포럼
저하 층	헝가리사회당	자유민주연합 청년민주연합	독립소지주당 기독교민주시민당

3 균열과 정당체제

정당체제의 발달은 거시적 차원에서의 사회적 요소와 사회내 사회·문화적 갈등 요소들과 연관되어 있는데, 이러한 균열은 특히 정치엘리트 주도로 정치동원 과정에서 형성되며, 이후 정치균열구조로 성립되기 마련이다. 즉 정치균열은 사회학적으로 이미 결정된 것이 아니라 정치엘리트에 의하여 형성되는 것이다. 정당체제 형태는 정치행위자가 어떠한 동원 전략을 활용하는가에 따라서 경쟁적 정당체제 형태로 성립되며, 분명하지 않은 사회·문화적 균열은 정치동원이라는 도구를 통하여 정치균열구조로 형성되기 마련이다. 이러한 사실을 우리는 이미 앞서 헝가리 정치엘리트가 당시 존재하는 사회·문화적 갈등 요소를 당의 도구, 정책, 이념, 그리고 조직을 활용하여 어떻게 정치균열 구조로 형성시키는지 살펴보았다. 정치엘리트는 이렇게 형성된 정치균열 구조를 활용하여 정치적으로 주요 사회집단을 동원한다.

아래의 모델은 어떻게 정치균열구조가 정당체제의 구조를 성립시키는지 제시해 주고 있다. 종교 대 세속 균열, 그리고 정치계급 균열은 헝가리 정당체제에서 세 가지 형태의 진영을 형성시켰다. 이러한 진영은 다음과 같다: 정치적으로 전 공산주의 체제에 통합된 사람들(헝가리사회주의자노동당 당원)은 헝가리사회당의 유권자이다(진영 1번); 신앙심이 깊은 종교적인 사람들은 헝가리민주포럼, 기독교민주시민당, 그리고 독립소지주당으로 구성된 중도우파의 유권자들이다(진영 2). 이 중 농민·농촌지역 집단은 독립소지주당을 지지한다; 마지막으로, 이 양 진영에 속하지 않은 사람들은 통합되지 않은 집단으로서 진영 3번에 속한다. 3번 진영에 귀속한 사람들은 교회, 전 공산주의체제의 정치계급, 농업사회에도 통합되지 않은 사람들이다. 이 사람들은 헝가리 사회에서 최소 반 이상을 구성하는 큰 집단이다. 정치균열구조 관점에서 바라볼 때 이 집단 대다수는 정치진영에 분명하게 귀속하지 않으며, 그들 대부분은 어느 특정 정당에 대한 지속적인 선호도 또한 부족한 유동적인 유권자들이다. 그러나 이러한 불분명성에도 불구하고 자유 정치노선을 지향하는 정당인 자유민주연합과 청년민주연합이 바로 이 진영의 주요 정당들이다.

정당들의 이념과 세계관은 그들 유권자의 사회·문화적 특징과 일치한다. 전 공산주의체제의 정치계급을 대표하는 헝가리사회당은 좌파적이고 근대화된 테크노크라쉬의 이념적 특징을 지니고 있다. 종교적인 특징을 나타내는 중도우파 정당의 이념은 기독교적이고 보수적이다. 공산주의체제 당시 '집합적사회화'(collective socialisation)과정에 통합되지 않은 사람들로 구성된 자유민주연합과 청년민주연합은 개인적이고 자유로운 정치이념을 지니고 있다.

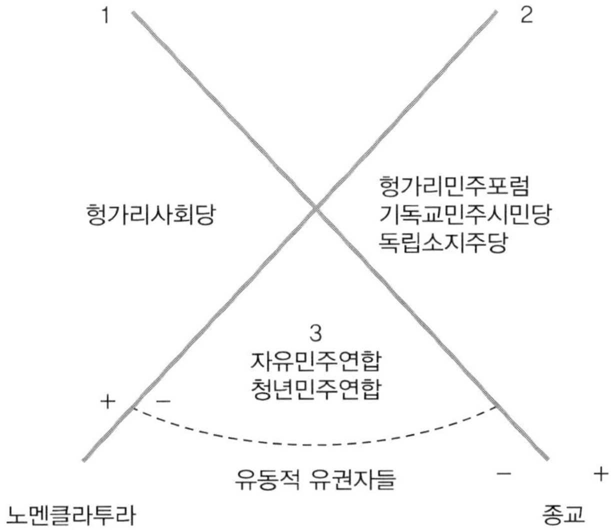

그림 4-1 균열과 정당체제

만약 우리가 3번 진영에 속한 유권자 집단의 정치적 정체성을 부정적으로 정의한다면, 즉 이 유권자들은 사회적으로 통합된 사람들이 아니라고 가정한다면(비종교적이고, 공산주의체제에 통합되지 않았고, 비 농촌지역 출신을 의미), 자유민주연합과 청년민주연합이 가장 시장 지향적인 성향을 추구하는 정당임을 알 수 있다. 이러한 해석은 청년민주연합 사례를 볼 때 더욱 설득력을 받는다. 사회 통합적인 관점에서 볼 때, 청년민주연합은 그 통합정도가 가장 저조한 의회정당이다. 그러나 만일 우리가 이렇게 자유노선을 추구하는 정당의 사회·문화적 통합도의 부정성을 역으로 바라본다면, 즉 비종교적이고, 공산주의 체제와 농촌지역에 통합되지 않은 사회구성원들은 동시에 세속적이고, 교양있으며 도시적인 인텔리겐찌아 중산층을 대표하는 사회구성원임을 알 수 있다. 실제로 유럽에서는 정치적으로 자유노선을 지향하는 정당을 지지하는 유권자가 바로 이 집단이다. 같은 경향이 헝가리에서도 1989년 이래로 발생하고 있는 듯하다. 이러한 해석은 여론조사 결과로 뒷받침되는데 이 결과에 따르면, 자유민주연합 유권자들은 주로 상당한 문화·경제적인 능력이 뒷받침된 사람들이었다(Angelusz and Tardos, 1991: 648-649). 또한 1990년과 1994년 총선 당시 실시된 여론조사에 따르면 자유민주연합은 어느 다른 정당보다도 대학교육을 받고, 지적인 일에 종사하며, 고수익을 창출하는 사람들로부터 높은 지지를 받았음을 알 수 있다(Angelusz and Tardos, 1990; Körösényi, 1990: 50-51; Gazsó and Stumpf, 1995). 이러한 사실을 바라볼 때, 1990년 이래 자유노선을 추구하는 정당을 지지하는 유권자들은 – 최소한 자유민주연합을 지지하는 고정적 유권자들은 – 세속화되었고, 도시적이며 교양있는 인텔리겐찌아 중산층임을 알 수 있다.

전장에서 우리는 정당들이 정치동원 전략으로 정당의 조직을 활용하기보다는 주로 시장 지향적 중심의 전략을 활용하였다고 논의하였다. 이러한 결과로 헝가리에서는 대중정당이 발달하지 않았으며, 조직적이고 제도화된 관점에서 바라볼 때 정당의 사회적 통합성 또한 상대적으로 저조함을 알 수 있다(제2장 참고). 이와는 대조로 본장에서 우리가 살펴보았듯이 이념 및 사회·문화적인 관점에서 바라볼 때, 정당체제를 구성하는 정치균열 구조는 분명하게 나타났음을 알 수 있다.

제 5 장

정치엘리트

1. 노멘클라투라와 체제전환
2. 정치엘리트 집단
3. 정치계급 : 체제전환 이전과 이후의 국회의원
4. 신흥 정치계급 : 국회의원 출신, 사회·문화적 구성, 정치사회화와 이력
5. 정당엘리트의 이념적 특징과 세계관
6. 엘리트 충원과 그들의 이력
7. 정치엘리트 집단내 제도적·기능적 집단 : 하위엘리트의 정치적 영향력
8. 경제엘리트와 정치엘리트의 연계
9. 소결론

고전적 엘리트 이론에 따르면 우리의 일상생활에 있어서 권력 분배는 공평하게 이루어 지지 않는다는 점을 강조하고 있다. 모든 정치공동체와 정치체제에서는 다른 사람들보다 상대적으로 좀 더 큰 정치적 영향력을 보유한 개개인과 집단들이 있다. 그들은 이른바 정치엘리트를 구성한다. 정치엘리트를 구성하는 개인들과 집단들은 공직을 차지하며, 자신들이 차지한 공직을 활용하여 직접적인 정치력을 행사하거나, 간접적으로 정치 의사결정자에게 영향력을 미치기도 한다.

그렇다면 누가 정치엘리트에 해당하는가? 정치엘리트는 정치 지도부와 다른 분야에서 종사하는 일원으로 구성되는데 예컨대 공공기관, 이익집단, 대기업 및 여론 형성에 있어서 정치적인 의사결정에 영향을 줄 수 있는 사람들이다. 정치엘리트는 비록 중첩되는 측면이 있지만, 직업 정치인과는 동일하지 않다. 직업정치인은 정치계급을 구성한다(Von Beyme, 1993). 정치계급의 한 일부분인 정당리더, 장관, 의회집단 지도부와 의회위원회, 그리고 자문위원들은 정치엘리트에 해당한다. 직업정치인 중 더 큰 집단으로 구성된 의회평의원, 당 관료와 관료들은 정치 의사결정에 진정한 영향력을 행사하는데, 그들의 영향력은 정치리더들의 권력을 훨씬 넘어서 비즈니스 리더, 이익집단, 교회, 그리고 여론을 주도하는 리더들에게까지도 널리 영향력을 행사할 수 있다. 비즈니스리더, 이익집단, 교회, 그리고 여론을 주도하는 리더들은 정치엘리트에 속하는 한편, 평의원은 정치엘리트에 속하지 않는다.

개개 정치체제의 특징 중 하나는 누가 정치계급과 정치엘리트에 속하는가의 문제이다. 혁명, 전쟁으로 인한 패배 혹은 제도개혁으로 인한 정치체제의 급속한 변화는 일반적으로 정치엘리트의 실패를 수반하며, 따라서 총체적인 혹은 부분적인 엘리트 변화를 초래하기 마련이다. 반면 경제와 사회구조의 변화는 장기간에 걸쳐서 발생하며, 이러한 과정은 정치엘리트 구성에 영향을 주기 마련이다.

본장에서는 헝가리 정치엘리트의 역사적 측면을 살펴볼 것인데 특히 공산주의체제 당시 존재했던 이른바 노멘클라투라 엘리트를 살펴볼 것이며, 체제전환 이후 그들이 어떻게 자신의 입지를 유지해 왔는지 그들의 역량을 고찰해 볼 것이다. 그 다음 우리는 누가 1990년대 헝가리 정치엘리트를 구성하였는지 살펴볼 것이며, 이는 엘리트 충원의 특징, 정치엘리트 경력, 엘리트내 분열의 특징을 포함한다. 이 과제를 수행하기 위하여 본 장을 세 부분으로 구성한다. 첫째 우리는 정치엘리트를 그들의 출신배경에 따라 어떻게 구분할 수 있는지 살펴본다. 이후 체제전환 당시, 그리고 이후 집권 정치영역내에서 발생한 특징을 사회학적인 그리고 문화적인 관점에서 살펴보고자 하는데, 이는 국회의원의 세계관, 이데올로기, 그리고 그들의 전형적인 경력 추구의 특징을 포함한다. 마지막으로 우리는 다양한 사회 엘리트 집단의 정치적인 역할을 고려하여 좀 더 넓은 범위에서 정치엘리트를 다루고자 한다.

1 노멘클라투라와 체제전환

1867년 오·헝 제국과 1989-1990년 체제전환 시기에 존재했던 헝가리 정치엘리트 역사는 크게 두 부분으로 구분할 수 있는데, 그 중 1944-1948년에 발생하였던 정치 변화는 이 두 장기간의 시간을 구분하여 준다. 첫 번째 시기에(1867-1944) 정치엘리트는 주로 역사적인 지배계층으로부터 충원되었던 반면, 두 번째 시기에는(1948-1989) 전 공산주의자 노멘클라투라 당원으로부터 충원되었다. 1944년 이전에는 정치적 위기, 참정권 연장, 그리고 다른 요인들이 지배 정치계층의 인사 변동에 영향을 주었고, 이로 인하여 정치구조내 재편성이 발생하였으나, 정치계급의 충원 기반은 근본적으로 변하지 않았다. 그러나 1944-1949년 헝가리의 제2차 세계대전 패전 전·후 정권을 계승한 신흥 정치 레짐은 급속한 엘리트 변화를 경험하였다. 이러한 변화는 단지 인사변동 관점에서뿐만 아니라 지배계층 사회구성원의 완전한 변화를 의미하였는데, 이는 엘리트 충원 방식에서도 동일하게 발생하였다. 행정엘리트 또한 교체되었고 일부 사회엘리트는 완전히 소멸하였다. 1945-1948년 신흥 정치엘리트는 기존의 구 정치엘리트를 교체하였다. 이러한 변화는 폭 넓은 사회기반으로부터 신흥엘리트를 충원하도록 조성하였는데, 사회적으로는 좀 더 개방적이고 다원적인 특징을 나타내었던 반면, 추후 공산주의체제가 자리를 잡으면서 이러한 긍정적 변화는 동시에 빠르게 소멸하였다. 일당 공산주의 독재 체제가 자리를 잡으면서

엘리트 충원방식은 엄격히 통제되고 감독되었다. 정치에서 그리고 다른 분야에서 리더들을 충원하는 고도의 중앙집권화된 통제방식은 공산주의체제 독재 권력의 하나의 중요한 요소가 되었다.

당·국가에 대한 이념적 헌신과 공산주의체제와 지도부에 대한 정치적 충성도는 공산당 당원 가입여부에서 알 수 있다. 공산당 당원 가입은 정치경력 추구에 있어서 필수적인 요소이었다. 공산당은 행정, 교육, 경제, 그리고 문화영역 등을 정치적 영향 하에 두었고, 이 때문에 전체적으로 정치·사회 엘리트는 지배 정치계급인 공산당 통제 하에 놓이게 되었다. 그 결과 외부에서 지배 정치계급에 영향을 줄 수 있었던 독립적인 사회엘리트는 사라지게 되었다. 대신 통합된 정치엘리트 이른바 노멘클라투라가 생성되기 시작하였다. 노멘클라투라 체제는 주요 보직을 충원하고 통제하는 가장 중요한 수단으로서 변모하였다. 노멘클라투라 체제에서 정치경력을 쌓기 위한 가장 중요한 단계는 다음과 같았다: 청년공산주의자운동, 혹은 노동조합과 같은 대중조직에서 봉사여부; 공산당 당원여부; 일련의 당 국가 보직에서의 봉사여부. 이러한 메카니즘은 공산주의체제 당시에 지속되었고 공산주의체제가 종결하는 시점인 1980년에 다소 완화되었다.

노멘클라투라는 두 가지 주요 의미가 있다. 첫째 노멘클라투라는 무엇보다도 권력의 요직과 주요 정당 기관을 통하여 그러한 요직에 임명될 수 있는 체제를 의미한다. 공산당중앙위원회, 정치위원회, 그리고 정치국에는 수천 개의 요직이 있으며, 1960-1970년대 지역단위와 중간 행정단위에서 전체적으로 300,000-400,000개의 정당 보직이 존재하였다. 이 요직의 수치는 정치적 통제력이 작용하였던 수치이었다 (Szakadát, 1992). 즉 노멘클라투라체제는 정치, 경제, 문화, 그리고 다른 분야에서 요직을 충원하기 위한 제도화되고, 정치적으로는 통제된 형태의 메카니즘을 의미하였다.

두 번째 의미에서 노멘클라투라는 앞서 언급한대로 공산당체제 당시 수십 년 동안 운용되어왔던 충원방식을 통하여 존재한 사회적 형성(societal formation)을 의미한다. 즉 사회학적 의미에서 노멘클라투라는 지배 사회계층, 혹은 계급을 의미한다 (Szalai, 1994; Szelényi, 1995; Szelényi, Ezal, and Townsely, 1996). 본 장에서 우리는 두 번째 의미를 따르고자 한다. 따라서 우리가 바라보는 노멘클라투라는 공산주의체제의 정치와 지배 사회계층의 형성을 의미한다. 노멘클라투라는 정치적으로 형성된 사회적 창조물이며, 자본주의 체제하의 계급분열과는 달리 공산주의체제에서 사회 통치의 원천으로서 정치적인 성격을 나타낸다. 공산주의체제에서 경제계급분열은 노멘클라투라 체제로 창조된 정치·행정적 사회체제로 대체되었다. 따라서 경제계급분열의 자리에 노멘클라투라 통치는 정치 계급분열을 가져왔다. 또한 이러한 정치기반 하에 바탕을 둔 노멘클라투라 통치의 가장 중요한 정치기구는 공산당이었는데, 공산당은 노멘클라투라 요직을 차지하는 것 이외에도, 사회의 1/5 혹은 1/6 범주에서(만일 공산당 가족들을 포함한다면) 그들의 지지자를 확보하였다. 공산당 당원 여부는 당·국가의 이념적 헌신의 표현이었고, 공산주의체제와 리더들에 대한 정치적 충성도를 의미하였다. 따라서 공산당 가입여부는 정치경력 추구와 정치지도부에 도달하기 위한 필수 불가결한 조건이었다. 그러나 공산당의 지배체제를 단지 지배층(up)과 피 지배층(down)의 이분법으로 구분할 수 없다. 공산주의 체제의 특권 정치계급과 넓은 범위의 사회계층을 말하자면 권력의 정점에 있는 정치지도부부터 작업장에서 근무하는 정당의 관료에 이르기까지, 그들은 그들 나름대로의 수직적 분열을 사회내에서 형성시킨다. 전자의 경우(권력의 정점에 있는 정치지도부) 노멘클라투라 요직이 뒷받침하며, 후자의 경우는(작업장에 종사하는 정당관료) 공산당 대중조직과 노동조합, 청년조직 등과 같은 좀 더 넓은 범위에서의 사회조직이 그들을 뒷받침한다. 즉 노동의 분열이 어느 단계에서 발생하더라도 공산당 당원은 정치적으로 사회내 다른 구성원과 확연히 구분되며, 어느 관점에서는 특권 계층을 형성한다고 말할 수 있다.

1990년대 정치엘리트를 살펴보면 우리는 이전 공산당 당원여부가 노멘클라투라 일원이라는 지표와의 관계가 근접하게 성립한다는 사실을 알 수 있다. 이러한 관계 성립을 나타내는 지표는 공산주의체제 당시 공산당 당원이 주요직을 차지하였는지를 살펴보면 알 수 있다. 1970-1980년대 다양한 사회 하위엘리트가 정치에 진입할 수 있는 기회가 점차적으로 열렸음에도 불구하고, 노멘클라투라 체제는 1980년대 말까지 지속되었다. 1980년대에는 정치적 충성도 이외에도 어느 분야에 대한 자격성과 전문성이 정치 관료로서 선택될 수 있는 여건으로서 그 가능성이 증가하였으나, 여전히 노멘클라투라체제만이 정치관료 충원이 발생할 수 있는 유일한 경로이었다(Gazsó, 1990).

체제전환 당시 노멘클라투라와 공산당은 해체되었다. 그러나 반세기에 걸쳐 정치에서 지배적인 사회 행위자로서 존재하였던 노멘클라투라는 중세 체제가 해체되었을 때 당시 귀족이 사라지지 않은 것처럼 그들도 소멸되지는 않았다. 노멘클라투라는 공산당에서 습득한 사회화 과정, 행동 형태, 그리고 공동의 경험으로 결속되었고, 정치, 사회, 그리고 경제적 체제전환 과정 중 발생한 갈등 해소를 위하여 그들만의 공동 관심사를 공유하였다. 또한 노멘클라투라는 개개인의 유대관계 결속 형태로 서로 강하게 결부되어 있었다. 국가와 사회와의 관계, 그리고 공산주의체제의 정통성에 대해서 말하자면 변화는 우선 전체주의 체제로부터 가부장적 체제로(paternalism), 그리고 이후 권위주의적 체제 방향으로 나아가고 있음을 알 수 있다. 그러나 정치엘리트 선택의 방법과 주요 사회계층은 근본적으로 변화하지 않았다. 이러한 관점에서 헝가리의 민주 체제전환은 넓은 범위에서의 정치·사회 엘리트 변화 문제와도 밀접하게 연관되어 있다고 말할 수 있다. 공산주의 붕괴는 정치엘리트 변화에 대하여 상당한 기대를 불러 일으켰고, 체제전환은 우선 이러한 기대에 부응하는 듯하였다.

엘리트 변화와 민주 체제전환에 대해서는 두 가지 가정이 있다. 엘리트순환 이론에 따르면 신흥엘리트는 노멘클라투라 엘리트를 대체하였거나, 혹은 이전에 존재하였던 공산주의자 엘리트가 다시 일선에 등장할 것이라고 가정하였다. 일부는 심지어 체제전환이 발생한 당시에도 노멘클라투라가 자신의 입지를 보유할 수 있을 것이라는 개연성을 강조하였다. 엘리트 재생산 이론에 따르면 1989년 공산주의 체제가 붕괴된 후 체제전환은 정치와 사회엘리트 구성에 근본적인 변화를 가져오지 않았다는 사실을 강조하였다. 즉 노멘클라투라 엘리트 당원은 엘리트 계층내 그들의 입지를 보유하였거나, 혹은 새로운 위치로 전환할 수 있었다. 기업경영인과 기업인들 간에, 그리고 기업경영인과 정당관료 계층 간의 연대가 출현하였다(Hankiss, 1989: 310). 민주 체제전환이 발생한지 5년이 지난 시점에서, 최소한 두 번째 총선이 치러진 현 시점에서 바라볼 때 분명한 점은 정치와 사회엘리트의 변화는 단지 일부만이 발생하였으며, 전 노멘클라투라 엘리트는 엘리트 재생산 관점에서 볼 때 기존의 권력을 상당히 보유했다는 점이다. 비록 노멘클라투라 엘리트는 독점적 권력을 상실하였으나 헝가리사회당의 정당엘리트로서 잔여하게 되었으며, 정치에 등장한 신흥 정치엘리트 집단과 아울러 중요한 역할을 할 수 있었다. 이러한 정치엘리트 집단은 전 노멘클라투라 출신이며, 체제전환 후 엘리트충원 기반을 구성하였다.

정치계층내에서 노멘클라투라의 입지는 헝가리사회당이 총선에서 얼마나 좋은 성과를 산출하는가에 따라서 그 결과가 달라질 수 있다. 1990년 총선에서는 좋지 않은 성과로 인하여 의회내 전 공산당 당원의 비율은 13.5%로 감소하였으나, 1994년 총선에서는 사회당의 승리로 공산당 당원의 비율은 44.2%로 증가하였다(표 5-1).

표 5-1 1990년 그리고 1994년 의회내 전 노멘클라투라 엘리트의 비율

	1985*	1990	1994
전체 의회에서 헝가리사회당의 비율	-	8.5	54.1
헝가리사회당내에서 전 헝가리사회주의자노동당 당원의 비율	-	88.6	76.7
전체 의회에서 전 헝가리사회주의자노동당 당원의 비율	75.1	13.5	44.2

* 표시는 마지막 공산주의 일당 체제하의 의회를 의미한다.
자료제공: 1985년 자료는(Tőkés, 1990; 1990년과 1994년 자료는 Körösényi, 1996b: 90) 자료를 참조할 것.

체제전환 결과로 인하여 정치에서, 그리고 정치체제내에서 변화가 발생하였듯이 제도적인, 조직적인, 그리고 인사변화가 행정, 경제, 그리고 문화영역에서도 발생하였다. 그러나 1945년과 1948-1949년에 발생하였던 체제전환과는 달리 제도화된 엘리트 변화는 없었다. 정치계급을 비교해 볼 때 노멘클라투라의 연속성은 강하였는데, 이는 다음의 두 가지 경향을 의미하였다. 엘리트 입지내에서 변화의 폭은 컸으나 엘리트 변화는 훨씬 적은 변화를 의미하였다. 즉 개인적 차원에서 발생한 엘리트 변동은 사회적 의미에서의 총체적 엘리트 변화를 의미하지 않는다. 엘리트내 변동의 폭은 컸던 반면－예컨대 한 여론조사에 따르면 1991-1993년에 새로이 임명된 경제리더는 79%이었다－매 두 번째 서열에 임명된 경제리더들은 전 공산당 당원이었다(Lengyel, 1995 318). 전 노멘클라투라 대표의 비율은 전반적으로 25%까지 감소하였으나(표 5-2) 변동의 폭은 각 영역마다 상이하였다. 엘리트 변화는 정치영역

에서 가장 크게 발생하였고, 공공행정 영역에서는 좀 더 제한적이었으며, 경제영역에서는 가장 적은 변화를 경험하였다.

표 5-2 엘리트 중 분야별로 바라본 전 공산당 당원들, 1990년과 1993년 (%)

	1990	1993
각료	81	43
의회	n.a.	26
은행	64	44
국영 회사	74	70
개인 회사	n.a.	66
합산된 경제 엘리트	74	56

자료제공: (Lengyel, 1995: 315).

2 정치엘리트 집단

본 장에서는 1990년대 헝가리 정치엘리트를 좀 더 체계적으로 분석하고자 한다. 엘리트 일원을 그들의 상이한 출신배경에 따라서 살펴보고 이후 그들을 구분하고자 한다.

신생정당을 창당하고 민주 체제전환을 진두지휘한 정치엘리트는 처음부터 상당히 분열되어 있었다. 역사적 정당인 독립소지주당 그리고 기독교민주시민당은 1945-1948년에 존재했던 '한시적민주주의'에 그 뿌리를 두고 있으며, 헝가리사회당은 공산주의 일당체제의 계승정당이었다. 신생정당인 헝가리민주포럼, 자유민주연합, 그리고 청년민주연합은 1980년대 반체제 지성인 집단으로 구성된 인사들로 결성되었다. 이 세 집단을 각각 살펴보고자 한다.

1. 부분적으로 헝가리공산당은 수많은 경제개혁 계획안과 관련하여, 부분적으로는 1985년 이후 줄곧 전개된 지도부와 계승 위기와 관련하여 분열되어 있었다. 특히 헝가리공산당 지도부 위기는 경제개혁과 연관된 정치의 자유화, 혹은 민주화와 상응하여 발생한 사건이었다. 결국 공산당내 보수파를 제치고 개혁파와 실용주의 노선을 추구하는 공산당이 승리하였는데, 이는 1989년 민주 체제전환 과정 발생으로 가능한 것이었다. 1989년 가을 헝가리사회주의자노동당의 분열은 한 때 노동당을 창당하였던 보수주의자들을 정치의 중심에서 주변으로 밀어내었다. 노멘클라투라 엘리트 가운데 테크노크라트와 개혁파들은 헝가리사회당을 창당하였는데, 그들은 헝가리사회주의자노동당이 소유하고 있던 재산들과 강점들을 지켜낼 수 있었다. 헝가리사회당은 1990년 의회 원내 진출에 성공하였고, 1994년 총선에서 승리하였다.

   1989년 헝가리사회주의자노동당과 사회당내 정치엘리트는 다른 모든 정당이 그러하였듯이 통합되지 않은 채 경쟁 집단으로 분열되어 있었고 경쟁적 정치 성향을 나타내었다(Bihari, 1996: 85-95; Gazsó, 1996). 그러나 1989년 말 창당되어 다당제 경쟁과 정치동원에 성공한 헝가리사회당은 통합된 정치행위자이었다. 탈당한 몇 명의 정치인을 제외하고서－예컨대 1980년대 주 개혁공산주의자인 임레 포즈거이(Imre Pozsgay)－대다수의 당 임원은 공산당 계승전당에 대하여 정치적인 충성도를 유지하였다. 이러한 사실은 그들을 함께 엮어주는 사회적 유대감이 있어서 가능하였는데, 이를테면 개인적 관계, 서로 공유했던 사회화과정, 정치스타일, 세계관, 그리고 다른 정치행위자와의 거리(신생정당을 의미) 등이 정당내 개인적인 그리고 정치적인 갈등보다도 훨씬 더 강하게 작용하였기 때문이었다. 그 결과 헝가리사회당은 단일 정치진영을 구성할 수 있었다. 물론 반세기 이상 정치를 지배해왔던 공산당체제 내의 가치체계, 상징, 행동형태, 상호작용, 그리고 언어 등을 고려해볼 때 이는 놀라운 사실이 아니다. 헝가리사회당 엘리트는 노멘클라투라로부터 충원되었으며 다음 장에서 곧 우리가 살펴볼 듯이 그들은 유권자 층의 핵심을 구성한다.

2. 카다르 시대에 존재했던 야권 엘리트는 이른바 '민족주의자 대 도시주의자'(the populist-urbanist) 집단으로 구분할 수 있다. 공산주의체제에 저항한 급진 야권

세력은 이른바 '도시 성향의 인텔리겐찌아'[10](urban intelligentsia) 이었으며, 그들은 자유민주연합을 창당하였다. 본 정당은 급진적인 자유주의를 신봉하는 엘리트 정당이었다. 야권 청년조직에 그 바탕을 두었던 청년민주연합도 자유노선을 추구하는 정당이었다. 좀 더 온건한 야당세력인 이른바 '민족주의자 운동'(népi-nemzeti movement)을 주도했던 사람들은 주로 작가, 그리고 인문학 전공 출신인 인텔리겐찌아로 구성되었으며 그들은 헝가리민주포럼을 창당하였다. 1989-1990년 요제프 언털이 주도한 '자유-보수 실용주의자'(the liberal-conservative pragmatists)들은 점차적으로 헝가리민주포럼내에서 두각을 나타내기 시작하였으며, 1989년 가을에는 정당 지도부에 자리 잡을 수 있었다. 정당내 보수주의자와 반공산주의를 외치는 '민족 급진'(national-radical) 세력 간의 갈등은 결국 1993년 언털의 주도하에 놓여있던 보수 온건파의 승리로 종결되었으나, 동시에 이스트반 추르카가 이끄는 민족 급진주의자 집단의 탈당을 초래하였다. 추르카가 이끄는 세력은 여러 개의 신생정당을 창당하였는데, 그 중 헝가리인의 삶과 정의당이 가장 두드러진다.

3. 다원주의자 정치엘리트 부활의 원천은 주로 역사적 정당을 창당한 사람들로 구성되는데 이들은 이전에는 카톨릭시민정당(Catholic People's Party), 이후에는 기독교민주시민당, 그리고 독립소지주당의 창설자이다. 역사적 연속성은 기독교민주시민당의 특징인데 비록 젊은 층 상당수가 당의 지도부에 등장하였으나, 정당엘리트의 특징은 크게 변하지 않았다. 반면 1993-1994년 독립소지주당 지도부의 부활은 당내 상당한 정도의 정책 분열을 초래하였는데, 결국 당을 창당한 지도부는 정치의 중심에서 비 중심세력으로 밀려나게 되었다. 당의 새 리더인 요제프 또르쟌(József Torgyán)은 '민중영합주의적'(populist)이고 '반체제주의'(anti-establishment)적인 방향으로 정당을 이끌고 있다.

---

10) 문자 그대로 해석하자면 도시주의자 혹은 도시 성향의 인텔리겐찌아이다. 의미는 그들의 출생과 사회화 과정의 관점에서 바라볼 때 농촌 지역보다는 부다페스트를 중심으로 한 도시에서 성장한 집단을 의미한다. 그러나 이보다는 그들의 정치적 성향을 바라볼 때 민족주의를 지향하는 성격이 아니라, 보편적 시민주의와 인권을 옹호했고, 이러한 관점에서 민족주의자 성향의 인텔리겐찌아와는 대조되는 개념으로 해석할 수 있다.

3 정치계급 : 체제전환 이전과 이후의 국회의원

본 장에서는 정치계급을 고려하여 1990년대 엘리트의 두 번째 주요요소 즉, 국회의원을 살펴보고자 한다. 민주 체제전환은 정치엘리트의 변화를 초래하였다. 그러나 이러한 변화는 가장 좁은 범위내에서의 정치계급 변화가 가장 크게 발생했다는 사실에 주목해야 한다. 이 집단을 대표하는 정치계급이 바로 국회의원이다. 첫 번째 우리는 1985년 선출된 마지막 공산당 일당체제 하의 국회와 첫 두 민주 총선결과로 성립된 1990년과 1994년 국회의 구성을 함께 비교해 볼 것이다. 이러한 비교로 우리는 엘리트 변화에 대한 결론을 내릴 수 있을 것이다. 이후 1990년과 1994년 국회의원의 배경조사를 토대로 다양한 정당집단의 사회·문화적 특징을 살펴볼 것이다. 이는 이들의 가족 배경, 종교도, 거주지, 교육 수준, 직업, 공산주의체제 통합여부의 문제를 포함한다.

일당제 공산주의체제 하에 성립되었던 1985년 마지막 의회와 1990년 첫 민주 총선 결과로 성립된 의회를 비교해 보면 급진적 변화가 국회의원에게 발생하였음을 알 수 있다. 첫 자유총선 결과로 95%의 국회의원이 교체되었다(Loewenberg, 1993; Tóth, 1992: 81). 이러한 변화는 단지 개인적 차원에서의 국회의원 변화를 의미하는 것이 아니라 엘리트 자체 변화를 의미하였는데, 즉 신흥 엘리트는 이전과는 상이한 자격과 직업을 지닌 사회·문화적 배경 출신이었고, 이러한 차이점을 지닌 국회의원으로의 교체는 의회내 정치적 특징 자체의 변화를 의미하였다. 의회내 정치적 특징 변화의 정도는 1985년과 1990년 의회내 의원 수 변화를 살펴보면 알 수 있는데, 1985년 의회내 헝가리사회주의자노동당 의원수는 75.1%이었던 반면(Tőkés, 1990: 1), 1990년 의회에서는 기존의 수치가 13.5%까지 하락하였다(표 5-1 참고). 또한 1985년 의회에서 15% 의석수를 차지한 공산당 서기와 정당, 그리고 지역 평의회 관료는 1990년 총선 이후 의회에서 완전히 사라졌다.

의회엘리트의 교육수준과 직업구성도 변화하였다. 자유총선으로 선출된 국회의원들은 그들의 전임자보다도 더 나은 자격을 보유한 사람들이었는데, 고등교육을 받은 전임자의 국회의원 수치는 59.3%이었던 반면, 신흥 의회엘리트의 수치는 88.9%이었다(Tóth, 1992: 82). 그 결과 헝가리 의회에서는 고등교육을 받은 사람들이 과도하게 증가하였다. 또한 의회엘리트가 보유한 학위의 특징도 상당히 변화하였다. 농업과 기술직 학위를 보유한 의원의 수치는 53%에서 18%로 감소한 반면, 법 또는 인문학 학위를 보유한 의원 수치는 23%에서 51%로 증가하였다(Tóth, 1992: 82).

마지막으로 공산당 일당제 체제의 의회와 첫 다당제 체제의 의회를 직업구성으로 살펴볼 때 주목해야할 점은, 공산주의 시대에는 인구의 모든 사회계층을 전반적으로 대표하기 위하여 국회의원의 사회·직업적 구성도가 조작되었다는 점이다. 공산주의 이데올로기와 이른바 '과학적 사회주의'(scientific socialism) 원칙에 따라 노동자, 농민, 그리고 인텔리겐찌아의 사회계층은 인구수에 비례하여 의회에서 대표되었다. 이러한 인위적인 대표구성은 1990년 자유총선 후 헝가리 의회에서 사라졌다. 1985년 의회와 비교해 볼 때 1990년 의회에서는 산업과 농업에 종사하는 노동자의 비율이 21.7%에서 3.7%로 감소하였다(표 5-3).

표 5-3 1985년 그리고 1990년 직업별로 바라본 국회의원의 비율(%)

	1985	1990
노동자 출신	21.7	3.7
산업과 농업 관리자 출신	32.3	11.1
당 비서, 당 그리고 지역 평의회 관료 출신	15.0	0.0
노동조합과 이익집단 관료 출신	5.9	2.6
공무원, 군인, 경찰 출신	3.3	3.9
교사, 의사, 수의사 출신	12.1	18.1
인텔리겐찌아 출신	8.8	40.1
무직 혹은 자료 없음	0.7	20.7

자료제공: (Lowenberg, 1993: 442).

의회 구성의 인위적 조작 종결은 동시에 의회내 여성대표 비율의 동반 하락을 의미하였는데, 그 수치는 21%에서 7.3%까지 감소하였다(Tóth, 1992: 82). 의회내 공산당 관료의 완전한 축출 이외에도 카다르체제 하 경제엘리트를 구성한 산업과 농업 관리자의 대표는 2/3까지 감소하였는데, 이를 수치로 보면 32.3%에서 11.1%까지의 감소이었다. 카다르 시대 존재했던 정치와 경제 엘리트의 축출과는 대조로 인텔리겐찌아가 의회에서 차지하는 의석수는 8.8%에서 40.1%까지 5배 상승하였다. 이러한 비대칭적 상승은 직업적 관점에서 볼 때 체제전환이 초래한 지배적 사회집단이 주로 인텔리겐찌아라는 사실을 말해준다. 그러나 신흥 인텔리겐찌아 정치엘리트는 주로 변호사, 대학교수, 과학자, 작가, 신문 컬럼니스트, 그리고 기타 자유직을 보유한 독립적 사회구성원으로 구성되었다(Loewenberg, 1993; Sugatagi, 1994).

4 신흥 정치계급 : 국회의원 출신, 사회·문화적 구성, 정치사회화와 이력

체제전환 후 첫 의회회기에서(1990-1994) 그리고 두 번째 의회회기에서(1994-1998) 정당의 사회·문화적 특징은 거의 변하지 않았다. 사회·문화적 특징을 바라볼 때 정당엘리트는 크게 세 집단으로 구분할 수 있다. 첫 번째는 전 노멘클라투라 엘리트를 대표하는 헝가리사회당이다. 두 번째 집단은 헝가리민주포럼, 기독교민주시민당, 그리고 독립소지주당으로 구성된 의회집단인데, 그들의 주 사회·문화적 배경은 기독교 중산층 인텔리겐찌아이다. 세 번째는 자유민주연합과 청년민주연합으로 구성된 집단인데, 그들은 좀 더 세속적인 시민 중산층 출신의 인텔리겐찌아이다.

기존 정치계급을 구분하는 균열점은 공산당 당원 혹은 비당원 여부이었는데, 공산당 계승정당인 헝가리사회당은 다른 정당과 구분되는 주요 정치 균열점이다. 공산당 당원 여부는 사회내 존재하였던 집단이 공산당체제에 사회적으로 통합되었는지를 구분해주는 가장 좋은 지표이다. 곧 우리가 살펴볼 듯이 공산당 당원 여부는 다른 모든 요소들과 연관되어 있었는데, 이를테면 사회·문화적 통합도, 출신, 진로, 그리고 직업의 보직이 있다.

▌신흥 사회당 엘리트

신흥 사회당 엘리트는 전 공산당 체제인 노멘클라투라 정치계급 출신이다. 신흥 사회당 엘리트의 압도적인 대다수가 공산당 당원이었으며(1990년에 88.6% 그리고 1994년에는 76.7%이었음), 공산주의시대 그들은 요직을 차지하였다(1990년 당시 78.8% 이었음). 이러한 사실은 헝가리사회당 엘리트를 다른 정당의 엘리트와 분명하게 구분해 주는 것이다(표 5-4). 예컨대 1990년 원내 의회 진입에 성공한 33명의 사회당 국회의원 중 5명은 전 공산당 당원이었으며, 8명은 당의 주요직을 차지하였는데 이를테면 장관, 차관, 또는 기타 주요 기관 보직을 차지한 사람들이었고, 2명은 노동조합 관료이었다(Kiss, 1993: 601). 1994년 총선에서 소선거구로 출마한 176명의 헝가리사회당 후보 중 91명은 체제전환 이전 한 자리, 혹은 그 이상의 주요 정치 보직을 차지한 사람이었다. 또한 이들 가운데 34명은 정당 관료, 20명은 노동조합 관료, 37명은 지역평의회 관료, 27명은 공산당 청년연맹의 당원이었으며 6명은 이전에 국회의원이었다(Beszélő, 5 May 1994: 12). 따라서 헝가리사회당은 단지 정치적인 관점에서 공산당 계승정당이었을 뿐만 아니라, 사회적 관점에서 바라보아도 전 노멘클라투라를 대표하였다.

표 5-4 1990년 그리고 1994년 의회내 정당집단으로 바라본 정치통합, 혹은 비 통합 지표(%)

		헝가리 민주포럼	자유 민주연합	독립 소지주당	헝가리 사회당	청년 민주연합	기독교 민주시민당
전 사회주의자노동당 당원	1990	6.5	4.0	0.0	88.6	0.0	0.0
	1994	7.9	7.1	0.0	76.7	10.0	0.0
공산주의체제 당시 주요 보직을 차지한 자	1990	31.1	24.2	38.6	78.8	0.0	0.0
박해의 피해자	1990	36.1	45.5	59.6	22.7	22.7	63.6
	1994	31.6	31.4	46.2	3.3	20.0	50.0
과거 야권활동 여부	1990	31.7	26.3	43.2	6.0	9.1	28.6

Note: 이 수치는 국회의원 자신 스스로의 기술을 토대로 작성된 것이며, 따라서 단지 경향만을 의미한다. 자료제공: (Körösényi, 1996b: 90).

헝가리사회당 엘리트는 대개 공산당 시대 당시 사회계층내에서 밑에서부터 올라온 노멘클라투라와 관료층 출신이다. 노동자 계급 혹은 농민 사회적 배경 출신의 사람들이 사회당 국회의원 가운데 가장 많은 집단을 구성하였던 반면, 소규모의 토지를 보유한 사람들과 중산층 출신은 헝가리사회당내에서 가장 적었다(표 5-6). 헝가리사회당내 이러한 엘리트의 사회적 상승을 나타내는 또 다른 지표는 그들의 높은 교육수준이었는데, 사회적 하층계급 출신이었음에도 불구하고 1990년 정당내 대학 학위를 보유한 사람의 수치는 72.7%이었다. 반면 사회당 국회의원의 종교도는 매우 낮은 수치이었는데, 1990년에는 4.5% 그리고 1994년에는 2.4%이었다. 이 낮은 수치의 종교도는 사회당을 기독교·보수 정당집단뿐만 아니라 자유노선을 추구하는 정당집단과도 차별해 주는 기준점이었다(표 5-5). 사회당 국회의원 일부는 자수성가한 사람들이지만, 젊은 층 국회의원의 경우 대개 그들은 그들의 부모의 덕을 본 사람들이며, 그들의 부모는 사회 하위계층에서 상승한 사람들이다. 젊은 층 사회당 국회의원은 그들 부모가 관료출신이며, 전 공산주의자 '간부세대'(cadre generation)를 구성한다(표 5-6).

사회당 의원이 정치적 진로를 추구했던 주요 특징을 살펴보면 그들은 공산주의체제에 정치적으로 통합된 사람들이었다는 사실을 알 수 있는데, 이러한 점은 그들이 공산당 당원이었다는 점과 공산당시대 주요 요직을 맡았다는 사실에서 알 수 있다. 반면 공산당 외 다른 정당 임원이 추구한 정치적 진로는 공산주의체제에 통합되지 않은 특징을 나타내는데, 이러한 사실은 공산당 당원의 비 가입, 박해, 진로의 단절, 그리고 '야권활동 과거'(oppositional past)로 알 수 있다(표 5-4).

표 5-5 1990년과 1994년 그들 스스로 정의한 국회의원의 종교도(%)

		헝가리 민주포럼	자유 민주연합	독립 소지주당	헝가리 사회당	청년 민주연합	기독교 민주시민당
종교적인 가정 배경	1990	84.7	56.8	97.7	51.5	45.3	100.0
국회의원 스스로의 종교도	1990	35.5	28.3	63.8	4.5	22.7	95.5
	1994	39.5	20.0	42.3	2.4	15.0	68.2

자료제공: (Körösényi, 1996b: 89).

▌기독교·시민당 엘리트

압도적으로 비종교적인 사회당의원 이외에도 의회내 정당에서 종교도 비율이 저조한 정당은 자유진영에 귀속한 정당들인데, 이들의 종교도는 15-30% 정도에 해당한다. 종교도는 헝가리민주포럼 의원에게 좀 더 높게 나타나며, 기독교민주시민당과 독립소지주당의 경우는 한층 더 높다(표 5-5). 따라서 종교도는 기독교민주시민당과 독립소지주당 의회집단을 헝가리사회당, 청년민주연합, 그리고 자유민주연합 집단과 구별해준다고 할 수 있다. 기독교민주시민당은 단지 종교적일뿐만 아니라 1990년 전반기에는 최소한 교회와도 밀접한 연관성이 있었다(Enyedi, 1995).

기독교민주시민당과 헝가리민주포럼 의원 대다수의 가족배경은 기독교 중산층 출신인 반면, 독립소지주당 의원은 농민 층, 혹은 저 중산층 출신이었다(표 5-6). 이러한 배경에는 공산주의 체제에 정치적으로 잘 통합되지 않은 사실과도 관련성이 있는데, 이러한 사실은 기독교민주시민당과 헝가리민주포럼의 의원이 비 공산당 일원이었다는 점과 높은 수준에서의 정치적 박해를 받은 사실로도 알 수 있다(표 5-4).

표 5-6 1990년, 1994년 정당집단으로 바라본 국회의원의 사회적 배경(%)

		헝가리 민주포럼	자유 민주연합	독립 소지주당	헝가리 사회당	청년 민주연합	기독교 민주시민당
중산 층	1990	40.2	47.5	25.5	25.0	59.1	50.0
	1994	47.4	47.1	19.2	19.0	35.0	45.5
저 중산 층	1990	21.9	18.2	14.9	18.2	18.2	27.3
	1994	15.8	12.9	19.2	17.1	15.0	18.2
농업	1990	11.2	6.1	34.0	9.1	4.5	9.1
	1994	5.3	4.3	38.5	7.1	0.0	9.1
근로자 층	1990	24.3	20.2	21.3	34.1	13.6	13.6
	1994	18.4	20.2	19.2	40.5	25.0	9.1
간부	1990	1.2	5.7	0.0	2.9	0.0	0.0
	1994	2.6	4.0	4.3	0.0	4.5	0.0
기타	1990	1.2	4.0	4.3	0.0	4.5	0.0
	1994	10.5	10.0	3.8	13.3	25.0	18.2

Note: 위의 수치는 국회의원 자신 스스로의 기술을 토대로 작성된 것이며, 따라서 경향만 나타낸다. 자료제공: (Körösényi, 1996b: 88).

고령의 사람들로 구성된 역사적정당 중 높은 수준의 종교도를 나타낸 정당은 기독교민주시민당이었다(표 5-5). 기독교민주시민당 엘리트의 사회적 기반은 부분적으로는 중산층, 소부르주아, 또는 농민출신이었으며, 부분적으로는 카톨릭 부속문화에 강한 뿌리를 두고 있었다(Enyedi, 1995; Körösényi, 1993a, 1993b).

독립소지주당은 모든 다른 기타 정당과 차별이 되는 특징이 있다: 독립소지주당은 농업적 특징이 있다. 독립소지주당 의원의 1/3은 농업과 토지를 소유한 가족 배경의 출신이다(1990년 비율은 34%이었고 1994년에는 38.5%이었다). 1948년 공산당이 농업의 집산화를 단행한 이후 수십 년 간 독립소지주당은 종종 '부농'(Kulaks)으로 분류되었고, 공산당의 중상모략과 차별조치를 받았다. 그러나 이러한 사실과 대조로 다른 비 사회주의자 정당과 비교해 보면 중산층 출신의 독립소지주당 국회의원의 비율은 상당히 저조하였는데, 1990년에는 25.5%이었고 1994년에는 단지 19.2%이었다(표 5-6). 독립소지주당 의원집단은 다른 요소로도 타 정당과 구분된다. 1990년 독립소지주당 국회의원의 거의 절반, 그리고 1994년 국회의원 집단의 1/3은 도시가 아닌 시골지역에서 태어났다(표 5-7). 또한 독립소지주당 의원들은 고등교육을 그리 널리 받지 못하였다: 1990년에 고등교육을 받은 의원의 수치는 56.8%이었던 반면, 1994년 대학학위를 받은 수여자의 수치는 단지 50%에 지나지 않았다. 대다수 의원들은 농민이거나 자영업자이었고, 공산주의 시대에 그들의 사회적 위치가 강등된 사람들이 대부분이었다: 그들은 공산주의체제에 통합되지 않았으며 사회계층에 있어서 바닥에 있었다. 표 5-4가 제시하듯이 독립소지주당 의원들은 공산당 당원이 아니었으며, 공산주의 시대 당시 그들은 종종 박해를 받았다고 주장하였고, 야권활동을 한 과거가 있었다. 공산당 체제 하 독립소지주당 엘리트는 정치엘리트 영역에서 뿐만아니라 사회적, 문화적, 그리고 경제적 엘리트 영역 밖에서 남아 있음을 강요받았다. 체제전환으로 후 그들은 정치엘리트의 주변부에서 중심부로 이동하였다.

표 5-7 (a) 1990년, 그리고 1994년 정당집단으로 바라본 국회의원 출생지 (%)

출생지	헝가리 민주포럼	자유 민주연합	독립 소지주당	헝가리 사회당	청년 민주연합	기독교 민주시민당
1990						
부다페스트	25.6	31.6	4.5	36.4	36.4	28.6
다른 도시	41.4	45.3	43.2	27.3	54.5	38.1
적은 규모의 공동체 군/마을	29.9	17.9	47.7	36.4	9.1	23.8
기타(n.a./해외)	3.0	5.3	4.5	-	-	9.5
1994년						
부다페스트	44.7	32.9	15.4	23.0	25.0	27.3
다른 도시	28.9	50.0	46.1	48.8	55.0	40.9
적은 규모의 공동체 군/마을	21.1	14.3	30.8	26.3	20.0	27.3
기타(n.a./해외)	5.3	2.8	7.7	1.9	-	4.5

자료제공: (Tóth, 1992: 86; Kiss, 1996: 742)에 근거함.

(b) 1990년, 그리고 1994년 정당집단으로 바라 본 국회의원 거주지 (%)

거주지	헝가리 민주포럼	자유 민주연합	독립 소지주당	헝가리 사회당	청년 민주연합	기독교 민주시민당
1990						
부다페스트	31.7	37.9	22.7	69.7	77.3	61.9
다른 도시	47.6	49.5	47.7	24.2	22.7	28.6
적은 규모의 공동체 군/마을	20.7	11.6	29.5	6.1	0.0	9.5
기타(n.a./해외)	-	1.1	-	-	-	-
1994년						
부다페스트	65.8	45.7	30.8	26.8	40.0	54.5
다른 도시	26.3	47.2	38.4	62.2	60.0	41.0
적은 규모의 공동체 군/마을	7.9	7.1	30.8	11.0	-	4.5
기타(n.a./해외)	-	-	-	-	-	-

자료제공: (Tóth, 1992: 86; Kiss, 1996: 742).

표 5-8 (a) 1990년 국회의원 아버지 세대의 교육수준: 정당집단으로 분류할 때 교육을 가장 적게 받은자와 가장 많이 받은자의 비율 (%)

아버지의 고등 교육 수준	헝가리 민주포럼	자유 민주연합	독립 소지주당	헝가리 사회당	청년 민주연합	기독교 민주시민당
초등교육(8년)	26.6	11.6	59.1	36.4	13.6	23.8
대학	38.4	44.2	20.4	36.4	63.6	42.2

자료제공: (Tóth, 1992: 87)에 근거함.

(b) 국회의원의 교육도: 1990년, 그리고 1994년 정당집단으로 분류할 때 교육을 가장 적게 받은자와 가장 많이 받은자의 비율 (%)

국회의원 고등교육 수준	헝가리 민주포럼	자유 민주연합	독립 소지주당	헝가리 사회당	청년 민주연합	기독교 민주시민당
1990						
초등교육(8년)	0.0	0.0	0.0	0.0	0.0	0.0
대학	72.6	80.8	56.8	72.7	63.3*	85.7
1994년						
초등교육(8년)	0.0	0.0	0.0	0.0	0.0	0.0
대학	86.8	80.0	50.0	60.8	75.0	77.3

*표시로 된 수치는 현재 대학생을 포함하지 않음을 의미한다.
자료제공: (Tóth, 1992: 84; Kiss, 1996: 743)에 근거함.

앞서 살펴보았듯이 기독교민주시민당과 독립소지주당 국회의원 집단은 매우 구체적인 특징을 나타내는 반면, 세 번째 종교적 정당엘리트인 헝가리민주포럼 국회의원 집단은 훨씬 더 이질적인 특징을 지니고 있었다. 헝가리민주포럼 정당엘리트는 대개 종교적인 중산층 출신이며(표 5-5, 표 5-6), 공산주의체제에 잘 통합되지 않았다(표 5-4). 독립소지주당과 비교하여 헝가리민주포럼은 공산당으로부터 덜 박해를 받았으며, 민주포럼 엘리트는 주로 1970-1980년대 비 노멘클라투라 중산층 출신으로 구성되었다. 또한 헝가리민주포럼은 독립소지주당처럼 부농집단, 기독교민주시민당처럼 교회참석 집단, 그리고 자유민주연합처럼 반 체제인사 집단에 귀속하지 않았다. 공산주의 시대에 가장 많은 박해를 받은 집단은 기독교민주시민당과 반 체제인사 집단인 자유민주연합이었다. 1990년 헝가리민주포럼 국회의원의 거의 절반은 교사, 대학 교수, 혹은 의사 출신이었는데, 그들은 단일 소선거구를 통하여 의회에 진출한 지역 사회 엘리트이었다.

▌자유노선 성향의 정당엘리트

자유민주연합과 청년민주연합 두 자유진영에 속한 정당의 국회의원들은 헝가리사회당 의원들과 차별화 할 수 있는데, 이는 두 정당의 엘리트가 전 공산주의체제에 정치적으로 통합되지 않은 사실과, 그들의 야권활동 과거, 그리고 이로 인하여 종종 정치적인 박해를 받은 사실로 구별할 수 있다(표 5-4 참고). 이 두 정당의 엘리트는 헝가리민주포럼, 독립소지주당, 그리고 기독교민주시민당 국회의원과도 차별화될 수 있는데, 이러한 사실은 무엇보다도 그들의 낮은 종교도로 구분할 수 있다. 또한 이 두 정당의 엘리트는 시골지역 출신이 가장 적었으며, 교양있는 도시 중산층 인텔리겐찌아이다(표 5-7, 표 5-8 참고). 대학 학위를 보유한 사람들의 비율도 매우 높은 편이며, 국회의원들은 가장 교양있는 가정 출신이다(표 5-8 참고). 거주지와 관련하여 살펴보면 시골지역에 거주하고 있는 의원이 가장 적으며, 헝가리사회당을 제외하면 도시에 가장 많이 거주하고 있는 정당이다(표 5-7 참고). 이러한 점은 농업 혹은 부농 출신의 대표 비율이 가장 적은 사실에서도 알 수 있다(표 5-6참고). 무엇보다도 두 자유노선 정당의 엘리트는 세속화된 인텔리겐찌아이며 중산층 출신이다.

5 정당엘리트의 이념적 특징과 세계관

정당엘리트 간 이념적 성향과 세계관에는 현저한 차이가 있다. 헝가리민주포럼, 기독교민주시민당, 그리고 독립소지주당 의원들은 그들 스스로 헝가리를 사랑하는 '민족주의자'이며 기독교를 신봉한다고 주장한다. 반면, 자유민주연합과 청년민주연합 의원들은 그들 스스로를 '자유주의자'라고 칭한다(표 5-9 참고). 한편 헝가리사회당 의원들은 좌익, 그리고 '사회민주주의자'라는 호칭을 어느 다른 정당보다도 더 많이 사용한다. 그러나 '폐괄식 질문지'(closed ended questions) 조사를 해보았을 때 이러한 구분은 그들이 주장하는 것처럼 현저한 차이점이 들어나지 않음을 알 수 있는데, 이는 그들이 다른 정당집단이 속한 범주도 종종 선택한 사실에서 알 수 있다.

표 5-9 1990년 정당별로 바라본 국회의원 세계관의 특징 (%)

	헝가리 민주포럼	자유 민주연합	독립 소지주당	헝가리 사회당	청년 민주연합	기독교 민주시민당
헝가리/민족주의	92.1	2.1	65.9	3.0	4.5	36.4
기독교/종교성	56.7	16.8	68.2	0.0	40.9	100.0
자유주의	24.4	72.6	2.3	6.1	100.0	0.0
좌파	1.8	4.2	2.3	60.6	4.5	0.0
사회민주주의	0.0	4.2	0.0	51.5	18.2	0.0
급진주의	3.7	9.5	2.3	3.0	27.3	0.0

Note: 민주주의라는 호칭은 모든 정당이 100% 선택하였기에, 본 표에서는 따로 표시하지 않는다.
자료제공: (Tóth, 1992: 89).

6 엘리트 충원과 그들의 이력

민주 체제전환은 엘리트 충원 방식과 그러한 기반 모두를 변화시켰다. 전장에서 이미 우리가 살펴보았듯이 민주 체제전환은 정치 계급의 충원 기반을 확장시켰으며, 정치와 문화·사회적 측면에서 바라 볼 때도 좀 더 다원주의적으로 변모하였다. 즉 이는 이전 공산주의 시대에 정치 계층에서 배제되었던 중산층 출신의 종교적인 사람들과 당시 체제에 정치적으로 통합되지 않은 사람들에게 있어서 그들도 정치계층으로 친출할수 있는 문이 열려 있음을 의미하였다. 동시에 공산주의 시대의 '인위적인 대표의회'(the artificially representative parliament)와 비교해 볼 때, 교육의 역할이 상당히 증가했음을 알 수 있는데 1985년 의회내 국회의원 중 고등교육 자격증을 보유한 사람은 59.3%이었던 반면, 1990년 의회내 고등교육 자격증을 보유한 국회의원의 수치는 88.9%이었다(Tóth, 1992: 82). 1985년 헝가리사회주의자노동당 가운데 고등교육을 이수한 자는 66.4%이었고 1989년에는 84.9%이었다. 1990년대 의회에서 교육을 잘 받지 못한 사람들 중 정치에 입문할 수 있는 가능성은 단지 독립소지주당에서만 열려있었다(표 5-8 참고).

정당엘리트의 이력을 살펴볼 때 그들이 추구했던 직업상의 진로는 크게 다섯개의 특징으로 요약할 수 있다. 첫째, 체제전환 후 첫 총선 당시 가장 중요한 직업상의 진로는 이른바 '정치적 자본'(political capital)에 근거하여 진로를 추구하는 것이었는데, 이러한 정치적 자본은 정당을 창당할 때, 혹은 그 이전에 획득할 수 있다(Pokol, 1993a; Róna-Tas, 1991; Sugatagi, 1994). 정치적 자본을 획득할 수 있는 경로는 무수하지만 모든 정당에서 공통적으로 발견할 수 있는 경로는 정당을 창당하거나, 혹은 재정립할 때 주도적인 역할을 맡는 것이다. 또 다른 경로는 헝가리사회당을 포함하여 기존의 이른바 역사적 정당의 당원이었는가의 여부이다. 예컨대 이른바 '정치 베테랑'(political veterans)은 1956년 시민혁명에 참여한 사람들과 반체제 인사운동가를 포함하여 구성되었는데, 이들은 신생정당 창당에 중요한 역할을 하였고, 그로 인하여 정치적 자본을 획득할 수 있었다. 마지막 공산주의 의회에서 헝가리사회주의자노동당과 단절을 꾀하고 다당제 의회정당에 무소속으로 출마한 사람들, 혹은 신생정당 후보자로 출마한 사람들은 극소수이었다.

둘째, 정치인으로서 진로를 추구할 수 있는 방법은 전문 지식을 갖추는 것이다. 몇몇 전문가들은 1989년 이른바 원탁협상의 참석자이었으며, 추후 그들은 정치인으로서 그들의 진로를 추구할 수 있었다. 또한 의회위원회(parliamentary committee)와 행정부에서 전문 지식을 보유한 사람들은 정당 전문가로서 진로를 추구할 수 있다.

셋째, 두 번째 방법과 유사하지만 그렇게 자주 추구되지 않았던 정치인으로서의 진로는 이익집단 대표직을 맡는 것인데, 이들은 종종 의회내 의석수 확보에 성공하였다. 예컨대 1990년 '레츠크연합'(the Recsk Alliance) 리더, '팔리페집시연합'(the Phralipe Gypsy Alliance) 리더, 그리고 '전국기업인연합회'(the National Association of Entrepreneurs) 리더들은 각자 자유민주연합과 헝가리민주포럼의 기치 하에 의회내 진입할 수 있었다. 이러한 방식으로 이익집단과 리더들은 좀 더 큰 홍보효과와 정치적 영향력을 행사할 수 있었으며, 정당은 그들의 이미지 향상과 지지기반을 확충할 수 있었다.

넷째, 정치인으로서 진로를 추구할 수 있는 방법은 지역공동체내에서 인지도를 구성하고 입지를 구축하는 것이다. 헝가리선거법에 따르면, 386명의 국회의원 의석 중 176석은 단일 소선거구제 방식으로 채워진다. 우리는 앞서 헝가리 국회의 인텔리겐찌아적 특징(특히 첫 의회주의 시기)을 강조하였다. 정당명부 방식으로 의회 원내 진입에 성공한 사람들은 주로 인문학과 사회과학에서 종사했던 지성인이었는데, 그들은 이미 당내에서 정치적 자본을 획득하였고 그 결과 정당엘리트 계층의 진입에 성공하였다. 반면 단일 소선거구 출신 대표는 주로 지역엘리트 출신이며 그들은 지역내 높은 명성과 권위를 구축한 사람들이었는데, 주로 의사, 수의사, 약사, 교사와 승려 출신이었다(Sugatagi, 1994: 49). 정당은 선거에서 승리할 가능성이 높은 지역 인사를 찾고자 열정적으로 모색한다. 헝가리사회당 지역 후보를 제외하고서는 다른 정당 소선거구 후보로 출마한 지역 인사들은 사전에 그들에게 정치적 자본을 부여할 수 있었던 정치활동에는 참여하지 않았다. 그들은 당의 지역 조직을 성립한 이후에야 비로소 정치에 입문할 수 있었다. 헝가리사회당의 단일 소선거구 대표는 다른 정당과는 다소 다른 특징을 나타내고 있다: 대다수는 전 노멘클라투라 출신인데 이들은 농업 협동조합 의장을 비롯하여, 농업학자, 그리고 시장이 되었던 지역 평의원 의장을 포함한다.

다섯 째, 정치인으로서 진로를 추구할 수 있는 방법과 형태는 두 번째 자유총선이 치러진 시점에 출현하였다: 이는 정당조직내에서 정당회원과 활동에 근거하여 정치적 진로를 추구함을 의미한다. 말하자면 '내부에서 정당인으로서의 진로'(internal party career) 추구를 의미한다. 첫 총선이 치러질 당시 이러한 진로 추구는 주로 헝가리사회당내에서만 가능하였는데, 그 이유는 다른 신생정당 혹은 재정비된 정당은 헝가리사회당처럼 직접적인 정당조직이 사전에 부재하였기 때문이었다. 신생정당이 창당된 후 한시적으로는 정당 모두가 새로운 이미지를 부각시키는 것이 중요하다고 여겼지만, 시간이 지나면서 정당 조직의 중요성을 점차적으로 인식하였고, 1994년 총선까지 이러한 조직의 역할 중요성은 눈에 띄게 증가하였다. 정당이 창당된 후 정당에 입문한 사람들은(창당의 역할을 맡지 못했고, 그 결과 정치적 자본이 부재한 상태에서) 정당내에서 그들이 기여할 수 있는 그들 나름대로의 역할을 모색하는 것이 추후 의회 진출과 정치인으로서 입문할 수 있는 선결조건이었다.

7 정치엘리트 집단내 제도적·기능적 집단: 하위엘리트의 정치적 영향력

지금껏 우리는 직업 정치인을 구성하는 정치계급 중 국회의원의 사회·문화적 배경, 구성, 그리고 그들의 정치적 성쇠를 다루었다. 본장에서는 주 정치계층 밖에 존재하는 헝가리 정치엘리트 일원이 어떻게 충원될 수 있는지 살펴보고자 한다.

우리가 다양한 '제도적 엘리트'의 정치적 영향력을 살펴볼 때, 일반적으로 유럽에서는 공무원의 역할이 중요하다고 간주한다는 사실에 주목할 필요가 있다. 다른 국가의 민주 정치체제처럼 헝가리의 공무원은 정치 의사결정 과정에 직접적으로 참여한다. 많은 공무원은 국회의원이 되었고 그들의 역할과 영향력은 행정부내에서보다 직접적으로 크게 작용하였다. 행정부내 정치인으로서 활동을 하는 것 이외에도 의사결정을 하는 각료 또한 대개 공무원 출신의 임원이었다. 다른 유럽의 체제전환과는 달리 헝가리 공무원들이 체제전환 이후에도 그들의 입지를 보유할 수 있었던 이유는 헝가리의 체제전환은 공무원의 대규모 숙청, 혹은 그들의 영향력 감소를 수반하지 않았기 때문이었다. 오히려 고위 공무원의 정치적 영향력은 체제전환 당시 더욱 증대하였는데, 이는 체제전환 후 권력의 공백과 1990년 행정부에 입문한 정치리더들의 무 행정적 경험의 결과로 인하여 상대적으로 경험이 풍부한 공무원의 정치

경험이 더 중요하게 작용하였기 때문이었다.

중앙행정부의 주요 공무원과는 대조로 1990년 성립된 지방행정부 리더와 지방행정부 공무원이 국가 정치에 관여할 수 있는 영향력은 그리 크지 않았다. 앞서 국회의원의 충원방식에서 이미 살펴보았듯이, 지역사회에서 공무원이 맡을 수 있는 역할은 그 지역사회의 주민들로부터 명성을 획득하고 인지도를 증가시킴으로써 추후 그들이 정치인으로서 진로를 추구할 경우, 그들의 경력은 하나의 중요한 시발점으로 작용할 수 있다는 점이다(단일 소선거구로 출마). 이러한 가능성은 1994년에 더욱 활짝 열렸는데 이른바 '비호환성 규칙의 폐지'(the repeal of incompatibility rules, 공무원은 국가정치에 관여하지 않음을 골자로 함)는 지역정치인이 국가정치를 염두에 두고서 그들 스스로 경력을 쌓을 수 있는 기반을 조성해 주었다.

유럽의 민주주의체제와 마찬가지로 헝가리에서 군대와 경찰의 정치적 영향력은 최소한에 머물러 있었다. 양차 세계대전 시대와는 대조로 공산주의 시대에 군인의 영향력은 헝가리 정치에서 경시할만한 정도이었다. 이는 제2차 세계대전 패전 후 군사엘리트가 공산당 엘리트로의 완전한 정권이양을 함으로써 발생한 결과이었으며, 국제적으로 헝가리의 군사력이 그리 중요하지 않았기 때문이었다. 경찰과 군사엘리트는 민주 체제전환 당시 그리 중요한 역할을 하지 않았으며, 그 결과 그들의 사회적 명성, 의사결정 능력, 그리고 정치적 영향력은 미약한 형태로 남아있었다. 그러나 그들의 정치적 비중의 부재가 정당정치에 있어서 중립을 의미하지는 않는다. 체제전환 이전 군대와 경찰 장교 대다수는 공산당 당원이었고, 그들 대부분은 체제전환 이후에도 헝가리사회당을 지지하였다(Mészáros and Szakadát, 1995: 50-53).

정치권력에서 보다 큰 영향력을 행사할 수 있었던 기관은 사법제도 리더들과 법률가 출신의 엘리트들이었다. 이러한 이유는 헌법에 근거한 법치국가와 법적제도의 성립과 밀접하게 연관성이 있으며, 좀 더 넓은 의미에서 볼 때 체제전환 과정을 결정했던 신흥 정치엘리트 계층 중 법률가 출신의 엘리트가 중요한 역할을 하였음을 의미하였다. 지식인 엘리트의 이러한 역할은 개헌과 법치국가의 원리 창조 과정에서 유래하였으며, 법치국가 원리의 창조는 전통적으로 자영업자 변호사에게 좀 더 유리한 진로의 기회가 확대되었음을 의미하였다. 실제로 일부는 자영업자 변호사 집단에서, 그리고 일부는 대학 엘리트로부터 법치국가의 강화를 상징하는 새롭고 강력한 헌법재판소의 판사들이 바로 이 집단에서 임명되었다.

정치적 체제전환과 동시에 발생한 시장경제로의 체제전환으로 경제학자 엘리트와 재정전문가의 정치적 영향력은 증대하였는데, 경제적 체제전환이 정치적 체제전환보다 장기간에 걸쳐서 진행됨에 따라서, 경제엘리트의 영향력은 정치엘리트보다 더 크게 작용하였다. 경제학의 '재정과 통화주의자 접근방법'(the financial and monetarist approach)은 1980년대 이미 헝가리에서 등장하였는데 이는 당시 지배적인 계획경제체제를 실물경제에 기반을 둔 시장경제 접근법과 경쟁하기 위하여 도입한 것이었다. 그러나 재정적 접근법 도입은 당시 계획경제체제 하에서 발생하였던 경제위기를 극복하기 위해서 시행한 것이었다(근본적으로 시장경제체제의 이점을 분석하고 도입하기 위한 것이 아니라, 위기를 극복하기 위한 미봉책이었다는 것을 의미함). 계획경제가 붕괴하고 사유화 과정이 시작됨에 따라서 내·외부 부채 위기가 발생하였고, 국제 재정 금융기관은 1980년대 말과 1990년대 초 헝가리 경제 엘리트의 완전한 구조조정을 요구하였다. 신자유 재정·경제 이념을 신봉하는 사람들이 여론을 주도하는 지성인과 아울러 경제정책의 밀사(éminences grises)가운데 지배적이었다. 생산과 교통 분야에 비해서 은행과 재정분야는 행정부에 대하여 중앙은행이 간직한 제도·정책적인 독립성을 증대할 수 있었고, 중앙은행은 재정과 경제정책을 다룸에 있어서 그 자체적으로 영향력을 행사할 수 있었다. 재정영역을 우호적으로 뒷받침하기 위해서는 중앙행정과 행정부내 임원을 재구성하여 가능한데, 이는 다른 분야의 각료부서 대신 재정부를 강화시킨 사실에서 알 수 있다. 그 결과 1990년 이래로 헝가리 정부 정책을 형성하는데 있어서 재정부 장관보다도 더 중요한 정치적인 역할을 행사할 수 있었던 사람은 단지 수상뿐이었다. 또한 재정과 은행 리더들의 정치적 영향력은 좀 더 강화되었는데, 이는 정부 예산안을 제외하고서는 그들이 부의 분배를 집행할 수 있는 재정적 원천이 있었기 때문이었다. 많은 국내 투자가와 외국인 기업가를 제외하고서는 정당과 관련된 언론, 재단, 그리고 기관에 자금을 공급하였던 기관은 주로 은행이었는데, 실제로 은행은 1990년대 당시 선거 캠페인 목적으로 자금을 공급하였다.

체제전환 초창기에는 단지 이익집단 리더, 혹은 정당과 연관성이 있는 소수의 회사 운영자와 소유자만이 정치적 영향력을 행사할 수 있었다. 그러나 사유화가 진행됨에 따라서 헝가리내 사업을 운영하는 다국적 기업들, 재정적 투자가들, 그리고 국내 사업가 집단의 역할이 증대하였다. 국회의원 출신배경을 조사한 여론조사에 따르면 헝가리 정치에서 '문화 인텔리겐찌아'(the cultural intelligentsia)의 입지는 지대함을 알 수 있다. 1990년 총선에서 의회에 선출된 국회의원 중 대학학위를 보유한 비율은 90%에 육박할 정도로 매우 높았다(Tóth, 1992: 82). 여기서 문화 인텔리겐찌아의 개념은 협범위에서의 집단을 의미하는데, 이들은 이념과 상징을 창출하고, 문화와 여론을 주도하는 사회적 집단을 지칭한다. 문화 인텔리겐찌아와 자유직내에서(within the liberal professions) 문화 인텔리겐찌아 직종에 종사하는 사람들로 채워진 국회의원의 비율은 40%이었는데(표 5-3 참조), 이는 국제적 수준과 비교해봐도 의례적으로 매우 높은 수치이었다. 이러한 신흥 인텔리겐찌아 정치엘리트는 자유직내 주로 변호사, 대학교수, 과학자, 작가, 컬럼니스트, 그리고 기타 지성인으로 구성된 사람들이었다(Loewenberg, 1993; Sugatagi, 1994).

헝가리 엘리트를 조사한 다양한 연구결과에 따르면 인텔리겐찌아는 단지 신흥 정치계급의 충원 기반으로서가 아니라, 그 자체가 정치적인 역할과 영향력을 행사할 수 있음을 알 수 있다(Bozóki, 1997; Konrád and Szelényi, 1992; Pokol 1993a; Szalai, 1994, n.d.; Szelényi, 1995; Szelényi et al., 1996). 민주 체제전환 시기에 그리고 이후 5년 동안 인텔리겐찌아는 헝가리 정치엘리트에서 가장 중요한 집단으로 변모하였는데, 이러한 사실은 분명 유럽국가의 표준과 비교해 볼 때 상당히 높은 수치이었다. 이러한 요인 중 하나는 법률과 경제 인텔리겐찌아와 아울러 문화 인텔리겐찌아의 상당수가 신생정당과 국회에서 큰 영향력을 구성하고 있기 때문이다. 또한 경우에 따라서 일부 인텔리겐찌아 집단은 직접적인 정치행위자로서 그리고 압력집단으로 변모하였다. 이러한 특징은 정당을 넘어서 사회운동과 시위를 조직하는 행동에서 알 수 있는데, 예컨대 선언문 발간, 서명 모으기 운동, 출판 보이콧 등의 운동은 국민의, 혹은 사회의, 혹은 언론의 자유와 민주주의 수호라는 기치 하에 단행되었다.

인텔리겐찌아의 증가하는 정치적 영향력을 설명해주는 또 하나의 변수는 문화엘리트는 지배적인 여론을 창출할 수 있는 엘리트로서의 역할을 할 수 있다는 점인데, 이는 이른바 '미디어 인텔리겐찌아'와 '미디어 엘리트'가 문화엘리트 출신이며, 그들끼리는 서로 상호 연관되어 있다는 사실에서 알 수 있다. 미디어 엘리트는 문화 인텔리겐찌아내 하나의 중요한 집단이며, 중요한 제도적 입지를 지니고 있다. 특히 미디어 엘리트의 역할은 체제전환 당시에 더욱 중요하였는데, 그들은 언론으로 체제전환의 장면을 구성하였다. 1980년대 중반부터 언론은 개혁 공산주의자 인텔리겐찌아의 출구로서 중요한 역할을 하였고, 1980년대 후반부터는 반체제 지성인이 그들의 목소리를 드높일 수 있도록 해주었다. 체제전환 시기에 인텔리겐찌아가 정치적인 영향력을 행사할 수 있었던 요소는 그들이 민주 체제전환의 언어와 안건, 그리고 정치적 담화를 결정하고 형성할 수 있었다는 사실에서 알 수 있다(Konrád and Szelényi, 1992; Pokol, 1993).

여러 가지 요소가 언론의 역할을 증가시켰는데, 그 결과 미디어 엘리트의 정치적 영향력도 증대하였다(또한 그 결과 문화엘리트의 정치적 영향력도 증가하였다).

1. 체제전환 시기에 미디어엘리트 역할 증대는 당시 정치엘리트가 미디어를 활용하여 정당의 정체성을 강화시키려 했던 사실에서 알 수 있다. 당시 정당의 정체성이 취약한 상태에서 여론의 형성에 지대한 영향을 미칠 수 있었던 미디어는 중요한 역할을 할 수 있었고, 이러한 관점에서 정당의 미디어 사용은 증가하였다.
2. 그러나 헝가리 언론은 정치행위자의 단순한 도구 이상이었다. 언론은 독립적인 정치적 역할을 수행할 수 있다. 언론은 단순히 정치인과 다른 정치행위자의 메시지를 전달하는 것이 아니라, 언론 스스로의 역할에 대한 신념 때문에 여론 자체를 형성하기도 한다.
3. 미디어엘리트 대다수는 자신의 역할을 단순히 언론인으로 이해하지 않았으며, 인텔리겐찌아로 해석한다. 상당수 언론인은 자신들의 역할을 신문에 무수한 일인치 칼럼을 구성하는 미디어인텔리겐찌아의 역할과 유사하다고 바라본다. 그들은 뉴스거리가 될 만한 기사를 선택하는 것이 아니라, 그들 개개인의 세계관과 가치체계, 그리고 정치성향에 따라서 기사를 선택한다. 헝가리의 미디어 엘리트는 비록 단일화된 형태는 아니지만 대개 정치행위자이며, 미디어의 영향력을 활용하여 정치엘리트의 일부를 구성한다. 미디어엘리트 대다수는 좌파

이거나 자유진영에 가까운 정치적 경향을 보이는 반면, 우파 혹은 민족지향주의적이거나 보수적 성향은 소수를 구성한다.

4. 미디어엘리트의 정치적 영향력을 증가시키는 또 다른 요소는 정당, 정당 주변에 있는 지식인, 그리고 행정부 자체도 미디어에 그들의 영향력을 증가시키고자 한다는 사실에 있으며, 그들은 신문, 라디오 방송국, 그리고 텔레비전 채널도 거의 동등하게 나누고자 한다.

1990년대 전반기 미디어의 영향력 문제를 두고서 정당의 일부 지성인과 미디어엘리트 간 논쟁이 있었고 이는 이른바 '미디어 전쟁'(Media War)을 야기하였다.[11] 미디어 전쟁 시기에 공영 방송 라디오와 텔레비전 프로그램은(정치 뉴스 프로그램을 포함하여) 다양한 경쟁 정치집단과 그들의 정치적 성향에 부합하게 분할되었다. 이는 이른바 '국영 라디오와 텔레비전 위원회'(National Committee of Radio and Television)를 성립하여 가능하였는데, 원내정당은 그들이 확보한 공영미디어의 정치적 통제력을 제도화시켰다(당시 위원회 구성은 정당의 임원으로 구성되었다). 그러나 1997년 신 미디어법 채택과 두개의 전국적인 민영방송 설립은 미디어내 좀 더 균형 있는 영향력을 행사하는데 도움이 되었다.

1989-1992년 체제전환 시기에 노동조합과 노동조합 엘리트의 정치적 영향력은 상당히 감소하였다. 신흥 노동조합 리더들은 그들의 정당과 정치적 연계를 구성하여 두각을 나타낼 수 있었던 반면, 구 공산주의 노동조합을 계승한 리더들은 정치의 주변부로 밀려나가기 시작하였다. 의회와 정치를 지배했던 신흥정당과 여론형성 리더들, 그리고 미디어 모두는 구 노동조합보다 신흥 노동조합을 선호하였다.

그러나 신흥 노동조합은 그들의 조직과 회원의 발전이라는 관점에서 볼 때, 단지 한시적이고 부분적인 성공만을 거둘 수 있었다. 1993년 시작된 헝가리사회당의 정치적 입지 강화와 이른바 1993년 '노동조합 선거'(trade union elections)에서 구 노동조합을

---

11) 공영미디어를 두고서 당시 언털행정부는 친 정부적인 방영 프로그램을 구성하기 위하여 친 정부 인사를 단행하였고, 이에 대통령 괸츠와 시민단체가 정부의 조치에 강하게 저항하면서 언털행정부 집정기 내내 미디어 통제는 가장 큰 논란이 되었다. 당시 헌법재판소는 이와 관련하여 두 번이나 판결을 하는 등 정치행위자 간의 갈등을 완화시키기 위해서 개입하였으나, 본 문제는 당시 국영 텔레비전과 라디오 국장이 스스로 사임하기 전까지 해결되지 않았다.

계승한 노동조합의 승리는 구 노동조합 엘리트의 정치적 영향력을 강화시켰다. 정치적 체제전환 시기에, 그리고 이후 전 공산주의자 노동조합 내부의 조직 변화는 있었으나 회원들은 그대로 유지되었다. 공산주의자 노동조합을 계승하는 노동조합의 지도부에는 일부 변화가 있었으나, 엘리트 전환은 발생하지 않았다: 전 노멘클라투라 계층에 속한 노동조합 리더들은 그들의 입지를 지킬 수 있었다. 구 노동조합 엘리트와 헝가리 사회당 엘리트 간의 연계는 정치적 차원에서 재구성 되었는데, 이러한 사실은 1994년 대다수의 노동조합 리더들이 헝가리사회당의 기치 하에 원내 의회와 행정부에 입문했던 사실로 알 수 있다. 또한 노동조합의 정치적 영향력 상승은 조합의 제도화된 권력의 요직을 차지함으로써 가능하였는데, 이는 부분적으로는 제도화된 '이익조정위원회'(Interest Reconciliation Council)를 통하여, 그리고 부분적으로는 이른바 '사회안전자치정부'(Social-Security Self-Governments)에 대한 통제로 가능하였다.

체제전환이 가져온 변화 중 하나는 공산주의 시대에는 거의 중요성이 부재하였던 교회리더들이 체제전환 이후에는 그들의 영향력이 상승했다는 점이다. 이는 공산주의 레짐이 교회와 종교적인 믿음에 대하여 부과했던 행정·정치적인 제한조치 등이 제거됨으로써 가능하였으나, 다른 이유에서도 기인한다. 1990-1994년에 존재했던 보수 행정부의 정책; 공산주의 시대에 초래한 교회가 상실하였던 자산에 대한 배상; 학교에서 선택적인 종교교육 강화, 그리고 특히 '기독교-사회 정치전통'(Christian-Social Political Traditions)을 토대로 성립된 기독교민주시민당의 등장을 들 수 있다. 이러한 사실에도 불구하고 전반적으로 1990년대 교회리더와 기독교, 개신교 지성인, 그리고 사회 엘리트는 기독교민주시민당 혹은 보수 행정부와 완전하게 연관되지 않았으며, 그들의 영향력은 중간 정도에서 남아있었다.

8 경제엘리트와 정치엘리트의 연계

모든 현대의 혼합 경제체제에서 정치와 경제엘리트 간의 혼합은 어느 정도 범위 내에서 발생한다. 그러한 혼합은 국내총생산에서 국가의 부를 40-60%까지 차지하는 경제 입안자와 로비스트, 그리고 이익집단 대표들과 같은 경제행위자의 활동으로 증대하였다. 혼합은 또한 국가경제 부분에 대한 행정부의 후원과 예컨대 선거의 재정적 원천을 목적으로 한 정당의 요구로 더욱 증대하였다.

대다수의 중·동부 유럽국가와 마찬가지로 헝가리에서도 정치·경제의 혼합을 촉진시키는 요소들은 많다. 이러한 혼합이 형성된 이유는 부분적으로는 헝가리가 공산주의체제로부터 물려받은 상황과 연관되어 있으며(정치적 체제전환 당시 국영경제 분야는 여전히 지배적이었다), 부분적으로는 경제적 체제전환과 관련있다(자본주의 시장경제로의 체제전환은 국가로 하여금 더 큰 책임을 부여하였는데, 이를 테면 사유화 과정은 국가의 주도로 이루어졌기 때문이었다). 정치와 경제엘리트의 연계를 증가시킨 또 다른 원인은 공산주의체제의 독특성과 관련있다: 공산주의체제 당시 경제와 정치엘리트는 제도적으로 서로 상호 연관되어 있었다. 비록 민주적 체제전환 후 공산당은 더 이상 권력의 독점을 유지할 수 없었으며, 이로 인하여 한시적으로는 정치의 주변부로 밀려나갔으나, 그들은 신 정치체제내에서도 요직을 보유할 수 있었다. 이러한 사실은 급격하게 발전하고 있는 민간경제 분야에서 기존의 당 원이 과도하게 차지하고 있는 사실로 알 수 있는데, 예컨대 대기업 사장의 2/3는 전 공산당 당원이었다(표 5-2 참고). 다른 연구결과에 따르면 신 정치체제내에서 요직을 차지할 수 있었던 전 공산당의 입지는 대기업에만 국한된 것이 아니라, 소규모와 중간규모의 민영기업 요직에도 과도하게 차지하고 있다는 점을 강조한다(Kovách, 1994; Róna-Tas, 1994). 결국 이러한 사실 모두는 이른바 '자본전환 가정'(capital transformation hypothesis)을 강조하는데, 본 가정에 따르면 노멘클라투라 엘리트는 공산주의 시대에 확보하였던 정치적 자본을 경제적 자본으로 전환시킬 수 있다고 간주하였다(Szelényi and Szelényi, 1991).

정치계급과 경제엘리트의 혼합을 나타내는 하나의 지표는 회사내 요직을 차지하고 있는 국회의원 수를 측정해 보는 것이다. 물론 이러한 방법은 그러한 혼합이 발생할 수 있는 여러 개의 경로 가운데 하나이지만 여기서 우리는 현재 사용 가능한 자료에 만족해야 한다. 1994-1996년 386명 의원 가운데 회사내 총 251개의 요직 중 143석은 국회의원이 차지하고 있었는데, 그들은 회사내 관리직, 혹은 이사회 임원, 혹은 감독의원 임원이었다. 절대적인 그리고 상대적인 관점에서 바라볼 때 요직을 차지하고 있는 엘리트 대다수는 헝가리사회당 출신으로 그들은 전 노멘클라투라 엘리트이었다: 헝가리사회당 국회의원 중 43%가 주요 회사의 요직을 차지하고 있었다. 전반적으로 국회내에서 국회의원의 1/3이상이(37%) 회사내 그러한 요직을 차지하고 있었으며, 독립소지주당이 그러한 기능을 행사할 수 있었다는 사실은 매우 특이할 만한 점이었다.

9 소결론

1990년대 정치엘리트의 사회·문화적 그리고 정치적 구성을 살펴보았기에 일부 결론을 도출하고자 한다. 이러한 결론의 일부는 헝가리 정치학 논문에서 종종 등장한 내용을 문제로 삼는 것인데, 한편으로는 정치리더와 정치엘리트간의 큰 균열의 존재, 다른 한편으로는 정치엘리트와 사회의 큰 균열의 존재를 지칭하며, 이러한 균열의 존재는 궁극적으로 정당이 사회 위에서 표류함(float over society)을 의미한다.

1. 1990-1997년 헝가리 지배 정치계층의 충원과 사회·문화적 배경구성은 다원적이었다: 정당엘리트는 서로 상이한 특징을 지니고 있었고, 상이한 사회적 집단을 대표하였다. 다음 장에서 곧 우리가 살펴볼 듯이 유권자행동에 관한한 정당의 유권자는 그들의 구성에서 서로 상이하였으며, 이러한 상이점은 정당엘리트

의 차이점에서도 일부 반영되었다.

2. 오랜 전통으로 성립된 유럽 민주주의 국가와 비교해서도 헝가리 정치계급 집단의 사회·문화적 특징(종교도, 전 공산당 당원여부, 가정배경 등)과 정당정치의 연계성은 강한 상관관계에 있음을 알 수 있다. 따라서 헝가리는 획일화된 '기능엘리트'(functional elite)로 구성되어있다고 볼 수 없으며, 이는 전반적으로 고등교육을 받았던 헝가리 인들과 상이한 점이었다(Herzog, 1975. 1982). 오히려 헝가리 정치엘리트는 19세기 후반과 20세기 초 유럽의 민주화과정 시기에 다양한 사회집단을 대표하였던 '대표엘리트'(representative elite)와의 비교가 좀 더 적절한 듯하다(Putnam, 1976). 이러한 사실 모두는 체제전환 당시 헝가리 정치계급에서 발생하였던 변화와 정치인의 '전문화'(professionalisation)과정 초창기에서 발생하였던 변화와도 연관성이 있음을 제시해주는 것이다(Sugatagi, 1994).
3. 정치엘리트는 구성적인 관점에서 바라볼 때 다원적이었으며, 다양한 사회영역내에서 정도의 차이는 있었으나, 어느 정도의 정치적 영향력을 보유하고 있었다.
4. 정치계급과 정치엘리트, 그리고 사회가 따로따로 분리되어 있다는 개념은 사실이 아닌 것으로 판단되는데, 이는 1990년대 초창기 정치·경제적 체제전환 당시 정치계급과 정치엘리트로의 진로를 추구하는 사람들의 범위가 사회내 다양한 집단으로 확대되었고, 그러한 또한 기회가 증가했다는 사실에서 알 수 있다. 따라서 헝가리 엘리트 변화와 엘리트 재생산은 동시에 발생한다.

헝가리 지배 정치계층과 정치엘리트는 넓은 범위에서의 사회 전문직과 직업군을 대표하고, 그 집단내에서 충원된다. 일부 엘리트 비평가의 견해와는 달리, 헝가리 정치엘리트는 사회의 전문직 집단과 독립된 '권력엘리트'(power elite) 형태로 분리되어 있지 않다. 전통적으로 국가와 정치기관에 대하여(예컨대 정당, 의회, 그리고 행정부) 양면적인 태도를 나타낸 헝가리 정치문화가 이러한 기관에 종사하는 사람들에 대하여 부정적인 영향을 미칠 수 있는가는 별개의 문제이다. 이는 체제전환으로 인하여 정치에 입문한 정치엘리트가 기존의 태도를 향상시킬 수 있는가의 여부에 따라서 그러한 판단이 달려있는 듯하다.

제 6 장

유권자 행동

1. 정치시장의 개방성 : 정당 선호도의 불안정성
2. 정당의 선거기반
3. 정치진영

본장에서는 미시 차원에서의, 즉 개개 유권자 관점에서의 유권자 행동을 살펴볼 것이다. 첫째 우리는 유권자 정당 선호도의 유동성 정도를 살펴볼 것이다. 이후 유권자 정당 선호도의 유동성에도 불구하고 유권자가 나타내는 유형의 정도를 측정해 볼 것인데, 정당 선호도의 정도는 인구통계학적 변수, 사회학적 변수, 그리고 기타 변수와 연계하여 그 정도를 측정해 볼 것이다. 이후 유권자의 가치체계와 정치 태도를 살펴보고 이 두 변수간의 관계와 정당 선호도와의 관계도 함께 고찰해 볼 것이다. 마지막으로 다음 장에서 우리는 선거 연구를 거시적 차원의 관점에서 분석해볼 것인데, 이는 선거 결과와 정당간의 전반적인 지지의 분배 정도를 의미한다.

1 정치시장의 개방성 : 정당 선호도의 불안정성

정치시장의 상태를 나타내는 지표 중 하나는 정당 선호도의 안정성 혹은 불안정성 정도를 살펴보는 것이다. 헝가리 정치시장의 주요 특징 중 하나는 잠재적 유권자 가운데, 정당인기도가 거의 믿을 수 없는 정도로 짧은 시기에 변화할 수 있다는 점이다. 1990년대 총선과 이후 총선 간에 시행된 여론조사 결과에 따르면 정당 상호간 표류하는 유동층 유권자의 비율은 매우 높다. 예컨대 우리는 선거 유동성을 측정하는 '피더슨 지표'(Pedersen's index)를 활용하여 연속적인 총선 간에 발생한 투표의 변화를 측정해 보았다. 그 결과 1990년과 1994년 총선 사이에 발생한 선거 유동성은 28.3%를 나타내었는데, 이 수치는 1980년대 8%에 해당하였던 서유럽 국가의 평균보다도 3배 이상 더 높은 수치이었다(Tóka, 1994: 461; 1995: 3-4). 또한 본 수치는 1945년 전후 13%에서 20% 사이에 머물렀던 남유럽과 서유럽에서 성립된 신생 정당 체제에서의 첫 선거 순환 수치보다도 높은 수치이었다. 1994년과 1998년 사이 헝가리 유권자의 선거 유동성은 33.6% 정도까지 증가하였다(Tóka, 1998: 2).

이러한 높은 유동성에도 불구하고 1994년까지 유권자 정당의 선택은 4년 전과 비교해 볼 때 안정화되었다. 1990년에는 유권자의 단지 27%만이 선거 두 달 이전 어느 정당에 투표할 것인지 결정했던 반면, 본 수치는 1994년에는 51%까지 상승하였다. 1998년에 실시된 여론조사에 따르면 응답자의 58%가 선거 개최 훨씬 이전에 어느 정당에 투표할지 이미 결정하였다고 대답하였다(표 6-1).

표 6-1 당신은 언제 어느 정당에 투표할지 결정하였습니까? (%)

	1990	1994		1998
선거 치르기 두달보다 훨씬 이전에	27	51	선거 치르기 훨씬 이전에	58
선거 치르기 한두달 이전에	23	16	선거 치르기 한 달 이전에	16
선거 치르기 3-4주 이전에	13	9		
선거 치르기 1-2주 이전에	18	10	선거 치르기 일주일 전에	7
선거 치르기 몇일 이전에	12	8	선거 치르기 몇일 이전에	10
선거 당일 날에	4	2	선거 당일 날에	5
기표소에서	3	4	모름/말하기 꺼려함	4

출처 : 1994년 자료는 Szonda-Iposos; 1990년 자료는 헝가리 여론조사 연구소 참조; (1994년 6월 1일 *Népszabadság*); 1998년 자료는 (*Századvég Politikai Elemzések Központja*) 그리고 (1998년 6월 *Politikai Barométer*)참조.

정당선호도 이외에도 헝가리 정당과 유권자의 연계성 정도를 나타내는 지표는 정당이 어느 정도까지 유권자를 성공적으로 동원시킬 수 있는지를 측정해 보는 것인데, 이는 '선거 참여자수'(electoral turnout)가 어느 정도까지 높은지를 측정해 보는 것이다. 여론조사에 따르면 유권자 가운데 그들의 정당 선호도가 불확실한 사람이 유권자 대비, 비 유권자 가운데 비율이 상대적으로 높았는데, 여기서 비 유권자는 그들의 정당 선택이 불확실하여 정당간 유동적으로 왕래하는 사람들을 지칭한다. 이들은 더 이상 그들이 이전에 선택했던 정당에 투표를 하지는 않지만, 어느 정당에 투표하고자 하는지는 아직 결정하지 않은 사람들이다(Fábián, 1996). 1990년대 헝가리 총선의 실제 선거 참여자수는 45%에서 69% 사이에서 동요하였다. 이 수치는 앞서 언급하였듯이 단지 서유럽과 비교해서뿐만 아니라, 다른 구 공산주의 국가와 비교해서도 저조한 수치이었다(Angelusz and Tardos, 1996).

정당선호도가 확연히 구분되지 않는 정당선호도의 불안정성에도 불구하고 헝가리 유권자의 낮은 선거참여도를 설명해 주는 두 번째 요인은 체제전환 당시 헝가리에서는 정치동원이 다른 구 공산주의 국가와 비교하여 상대적으로 무척 저조한 상태에 머물러 있었다는 사실에 있다: 체제전환 당시 대다수 헝가리 시민들은 줄 곧 수동적인 상태로 남아 있었다. 헝가리의 체제전환은 공산주의체제의 내부분열, 헝가리 사회주의자노동당내 개혁공산주의자의 역할, 그리고 당시 출현했던 정치 야권 세력이 행사한 압력의 산물이다.

2 정당의 선거기반

"신생정당과 사회 간의 연계, 즉 정당과 유권자간의 연계는 매우 약한 상태에 머물러 있다"는 관점은 1990년대 전반기 헝가리 정치 분석가들이 표명한 거의 만장일치의 관점이었다. 즉 정당은 사회 위에서 유동적으로 표류하고 있다고 간주하였다. 그러나 정당선호도 불안정성의 증거에도 불구하고, 우리는 유동성 혹은 표류성의 가정에 동의하지 않는다. 우리가 분석한 자료에 따르면 1990년 초창기 헝가리 유권자 투표의 표류 개념은 당시 출현하는 정당과 유권자와의 관계를 설명하는데 부적절하였다. 정치 선호도의 분배는 모든 정당간 동일하지 않았으며 심지어 선호도 첫 연구결과에 따르면 유권자의 정치 선호도는 사회·문화적 배경과 연관되어 있음을 알 수 있다. 비록 헝가리 사회의 한 일부는 정치 차별화의 부족함을 나타내었지만 (명확한 선거 선호도가 결여되었음을 의미), 다른 한 일부는 이미 그들의 정치노선을 스스로 확보했다는 것이다. 즉 만일 우리가 큰 유동층 유권자를 무시한다면 각 정당은 정당을 나타내는 특징적인 핵심 선거 기반을 확보하고 있음을 알 수 있다. 또한 우리가 정당이 아닌 정치진영과 유권자와의 상호관계를 살펴본다면, 이러한 연계가 더욱 두드러지게 나타남을 알 수 있다. 정치진영은 그들의 사회·문화적 배경 구성에서 뿐만 아니라 그들의 유권자 가치체계, 정치태도, 그리고 스스로의 이념 배열에서도 차이가 있다. 본 장에서 우리는 정당 선호도와 인구 통계학적 변수(연령, 거주지), 사회학적 변수(직업, 수입, 계급 위치), 그리고 조직(전 헝가리 사회주의자 노동당 회원여부, 교회 참석여부)등 변수들 간의 관계를 조사해 볼 것이며, 정당 선호도와 특정적인 정치 질문에 대한 정치태도와의 관계도 함께 살펴볼 것이다.

독립소지주당, 기독교민주시민당, 그리고 헝가리사회당은 1990년대 초 가장 분명한 유권자를 확보하고 있었다. 이와는 대조로 세 신생정당(자유민주연합, 청년민주연합, 그리고 헝가리민주포럼)의 유권자는 그들의 사회학적 특징에서 바라볼 때 덜 분명하였다. 물론 다양한 정당의 인기도 변화는 그들 유권자와 잠재적 유권자에게 모두 영향을 주기 마련이다. 예컨대 정당 인기도가 최고 절정에 도달하였을 때 헝가리민주포럼의 경우 1990년, 헝가리사회당은 1994년, 그리고 청년민주연합의 경우는 1998년에 그 인기도가 최고 절정에 도달하였는데, 해당시기에 모든 정당은 다른 시기보다도 더 넓은 범위에서 유권자를 확보할 수 있었으며, 이는 '포괄정당'(catch-all party)과 유사한 특성이었다. 또한 정당 유권자 크기의 변화는 다른 정당 유권자의 구성에도 영향을 주었다. 이러한 변화에도 불구하고 다양한 정당의 지속적인 지지기반의 특징을 요약하면 표 6-2～표 6-6과 같이 요약할 수 있다.

표 6-2 거주지에 따른 정당 유권자 (%)

	헝가리 민주포럼	자유 민주연합	독립 소지주당	헝가리 사회당	청년 민주연합	기독교 민주시민당	헝가리인의 삶과 정의당
부다페스트							
1990	26	32	12	31	22	13	-
1994	20	25	9	22	19	20	n.a.
1998	n.a.	28	14	20	19	n.a.	26
다른 도시							
1990	40	43	31	40	44	36	-
1994	44	49	38	46	45	36	n.a.
1998	n.a.	46	39	47	49	n.a.	40
소규모 공동체							
1990	34	25	57	29	34	51	-
1994	36	26	53	32	36	45	n.a.
1998	n.a.	26	47	33	32	n.a.	34

출처 : (Závecz, 1994: 453); (*Századvég Politikai Elemzések Központja*); (*Politikai Barométer*, May 1998).

표 6-3 종교도에 따른 정당 유권자 (%)

	헝가리 민주포럼	자유 민주연합	독립 소지주당	헝가리 사회당	청년 민주연합	기독교 민주시민당
종교적임, 교회의 가르침을 따르는자						
1990	15	13	33	9	10	61
1993	23	10	28	4	10	55
종교적임, 자신의 방법으로 종교적임						
1990	56	52	52	40	44	35
1993	51	42	61	49	50	39
비종교적임, 혹은 알지 못함						
1990	29	34	15	51	45	4
1993	26	48	11	47	60	6

출처 : 1990년 자료는 (Tomka, 1991: 49; 1993년 자료는 Stumpf, 1994a: 161).

표 6-4 1994년 직업에 따른 정당 유권자 (%)

	헝가리 민주포럼	자유 민주연합	독립 소지주당	헝가리 사회당	청년 민주연합	기독교 민주시민당
관리자/고위급	5	8	2	7	5	4
전문인/사무직	16	24	9	19	22	12
노동자	19	30	27	28	32	14
농장 근로자	3	3	8	3	3	3
실업자	6	7	8	6	9	4
비 활동자	51	29	47	37	29	63

출처 : (Tóka, 1994: 486)에 근거함.

표 6-5 연령별로 바라 본 정당 유권자 (%)

1990	헝가리 민주포럼	자유 민주연합	독립 소지주당	헝가리 사회당	청년 민주연합	기독교 민주시민당	
18-33	21	28	15	10	56	7	
34-49	38	40	27	37	30	21	
50-65	27	12	36	30	10	33	
65-	17	10	22	23	4	39	

◎ **표 6-5** 계속

1998	헝가리 민주포럼	자유 민주연합	독립 소지주당	헝가리 사회당	청년 민주연합	기독교 민주시민당	헝가리인의 삶과 정의당
18-24	n.a.	10	9	8	18	n.a.	15
25-34	n.a.	26	14	14	23	n.a.	21
35-44	n.a.	24	18	16	21	n.a.	18
45-60	n.a.	27	31	34	24	n.a.	28
60세 이상	n.a.	13	28	28	14	n.a.	18

출처 : (Závecz, 1994: 453); (*Századvég Politikai Elemzések Központja*); (*Politikai Barométer*, May 1998).

◎ **표 6-6** 교육으로 바라 본 정당 유권자 (%)

1990	헝가리 민주포럼	자유 민주연합	독립 소지주당	헝가리 사회당	청년 민주연합	기독교 민주시민당	헝가리인의 삶과 정의당
8년까지의 초등교육							
1990	34	30	58	43	30	56	-
1994	38	19	51	32	30	50	n.a.
1998	n.a.	28	58	44	31	n.a.	34
직업 교육							
1990	17	20	17	15	20	18	-
1994	19	23	27	29	31	20	n.a.
1998	n.a.	19	24	16	22	n.a.	20
중·고등 교육							
1990	31	35	20	20	35	18	-
1994	23	38	17	30	29	20	n.a.
1998	n.a.	31	15	26	32	n.a.	31
고등 교육							
1990	18	15	5	22	15	8	-
1994	20	20	5	9	10	10	n.a.
]1998	n.a.	22	3	14	15	n.a.	15

출처 : (Závecz, 1994: 452); (*Századvég Politikai Elemzések Központja*); (*Politikai Barométer*, May 1998).

1990년 헝가리민주포럼의 성공 비결은 1990년 총선 당시까지 포괄정당으로서 변모하는데 성공했다는 사실에 있다. 이러한 포괄정당의 특징은 사회학적인·정치적인 측면에서 모두 드러났다. 첫째, 당시에 헝가리민주포럼은 모든 사회집단으로부터 거의 동등한 비율의 득표를 확보하는데 성공하였다. 당 지지 유권자는 교육 수준, 거주지, 직업, 그리고 연령별로 바라볼 때 모두 동등하게 분포되어 있었다. 총선의 승리는 단지 부다페스트 변두리 지역에서만 성공한 것이 아니라 시골과 농촌 지역에서 전통적으로 강세를 보였던 독립소지주당, 그리고 주로 부다페스트에서 강세를 보였던 자유민주연합 또한 패배시켰다. 헝가리민주포럼은 종교적인·비종교적인 집단으로부터 모두 지지를 확보하였다. 그러나 1994년 헝가리민주포럼은 1990년 유권자의 단지 극소수만을 확보하는데 만족해야했고, 1998년에는 당 지지 유권자가 거의 없을 정도로 급락하였다. 1994년 헝가리민주포럼에 충실한 세력으로 남아있던 핵심 유권자 층 기반의 구성을 바라보면, 그 기반이 1990년과 비교하여 훨씬 더 좁은 범위로 변모하였음을 알 수 있다: 노년층, 종교집단, 교양있는 식자 층, 그리고 중·상위층의 지지가 이전보다도 훨씬 더 높았다. 1998년 즈음 헝가리민주포럼을 지지하는 유권자는 아주 적은 소규모로 감소되었고, 그 결과 유권자 구성을 측정함이 어렵게 되었다.

자유민주연합은 1990년 총선과 1994년 총선에서 두 번째로 큰 정당이었다. 특히 부다페스트와 북·서 지역구에서 강세를 보였다. 무엇보다도 유권자는 주로 교양있는 식자층, 젊은층, 그리고 중년층과 도시 출신이었다. 자유민주연합 유권자의 비율은 특히 부다페스트 거주자로부터 높게 나타났는데, 그들은 중·고등 교육과 고등교육을 받은 자, 그리고 고 소득자 집단 가운데에서 더욱 그러하였다. 부다페스트에 거주하는 인텔리겐찌아가 자유민주연합을 창당하였고, 이후 엘리트 정당으로 변모하였다. 자유민주연합은 저·중산층으로부터 지지를 확보하는데는 그리 성공하지 못하였다. 1990년 자유민주연합 유권자의 선거기반이 나타낸 특이한 점은 독립소지주당과 청년민주연합처럼 당의 지지층이 엘리트 집단 가운데, 특히 중산층으로부터 저조하였으나, 가장 빈곤한 사람들로부터는 지지를 확보하는 데 성공했다는 점이다. 이러한 사실은 1990년 부다페스트 소선거구에서 당이 확보한 지지도를 보면 알 수 있는데, 당시 자유민주연합은 주로 부유층 엘리트가 살고 있는 부다 언덕(hills of

Buda) 구역과, 물질적으로 그리고 사회적으로 가장 궁핍한 지역인 체펠(Csepel), 언결드(Angyalföld), 그리고 페렌츠바로시(Ferencváros)에서 조차도 동일한 지지를 확보하는데 성공하였다. 반면 도시 중산층 지역구와 다른 부다페스트 외부 변두리 지역에서는 그리 좋은 지지를 확보하지 못하였는데, 당시 자유민주연합은 헝가리민주포럼에게 패배하였다. 고소득자 층과 주요직을 차지한 인텔리겐찌아 엘리트 계층은 자유민주연합으로 모여들었는데, 그들은 자유민주연합이 약속한 급진적 체제전환 방식과 당의 두드러진 서구적 경향에 이끌렸다. 반면 사회내 저 수입원 계층인 비핵심적 집단(marginalised groups)으로부터 지지를 확보할 수 있었던 비결은 자유민주연합이 내세운 급진적인 반공산주의이념 때문이었다. 그러나 이후 자유민주연합은 사회내 노동자층과 저 수입원 집단으로부터 지지를 크게 상실하였다. 공산주의 체제에 정치적으로 통합되지 않은 세속화된 중산층이 자유민주연합의 주요 선거기반이었다. 1998년까지 유권자 지지도는 본래 기준으로 1/3, 그리고 이후에는 절반까지 감소하였고, 그 중 도시에 거주하는 자와 식자층의 비율이 더욱 증가하였다. 또한 중년 지지층 비율의 증대로 당의 지지층 기반도 기존보다 노령화되었다. 지역적으로 볼 때 1990년과 1994년 모두 부다페스트와 가장 발전되고 서구화된 서쪽 지역이 핵심 유권자의 지지층 기반이었다. 그러나 1998년 가장 발전되고 서구화된 서쪽 지역의 유권자층은 청년민주연합으로 흡수되었고, 그 결과 부다페스트만이 자유민주연합의 주요 지지기반으로 남게되었다.

독립소지주당의 경우 유권자층의 사회 구성적 관점에서 볼 때 정당은 시골 중심의 정당으로 변모하였다. 당의 선거기반은 주로 비 식자층, 노인층, 저 사회계층 중심의 종교적인 시골 거주자이다. 독립소지주당 지지도는 경영자, 인텔리겐찌아, 그리고 사무직 노동자에서 가장 저조한 반면, 노동자 층 즉, 저수입층 사람들에게는 가장 지지도가 높다(Gazsó and Stumpf, 1995: 11). 헝가리 남부와 동부 농촌지역의 정당 지지도는 다른 어느 지역보다도 훨씬 높다. 이 지역은 1948년 헝가리가 공산화되기 이전에 독립소지주당의 정치적 전통이 강하게 남아있던 곳으로, 농업인구 비율도 동일하게 높은 상태에 머물러있었다. 따라서 1990년대 독립소지주당의 유권자 지지도는 주로 당의 정치적 전통과 농업 문제에 관한 정당의 입장으로도 설명할 수 있다. 앞서 논의한 거주지로 바라 본 표가 제시하길 독립소지주당 정당의 선거기반은 수적으로 상당히 강한 정당의 정체성을 보유한 사회집단으로 구성되어 있음을 알 수 있는데, 이들은 주로 공산주의 시대 공산당의 농업 집산화 정책에 직접적으로 영향을 받은 사람들이었다. 그러나 이러한 사회기반은 폐쇄된 형태이었고, 정당은 단지 단기간에만 농업문제와 관련된 이익집단의 지지도를 이끌어 낼 수 있었다.

1990년 헝가리사회당은 부다페스트 거주자 가운데 대학학위를 보유한 자와 주요 경제직 혹은 행정직을 차지한 유권자로부터 평균수치보다 더 높은 지지를 확보하였다. 당시에 헝가리사회당은 당이 내세운 사회민주주의 기치에도 불구하고, 노동자 지지를 얻어낼 수 없었고 큰 도시보다는 작은 지역사회에서 당의 지지도가 더욱 미약하였다. 1990년 선거에서 헝가리사회당은 무엇보다도 공산주의체제 당시 지배 엘리트 계층이었던 노멘클라투라 정당이었고, 유권자 대다수도 노멘클라투라 일원이었는데, 그들은 헝가리사회주의자노동당 당원과 공산주의 당시 요직을 차지한 사람들이었다.

1994년 총선에서 헝가리사회당은 1990년 총선에 비하여 대략 세 배 많은 득표를 확보하였고, 그 결과 첫 총선에서 정당이 보유하였던 인구통계학적인, 그리고 사회·문화적인 관점에서 바라본 정당의 특정 선거기반이 2차 총선 당시까지 희석되기 시작하였다: 1994년 헝가리사회당은 사회내 모든 직업별, 거주별, 교육별, 그리고 연령별 집단으로부터 거의 동등한 지지를 확보하였다. 그러나 전반적인 유권자 지지율을 비교해보면 시골지역에 거주하는 사람의 지지율이 도시지역에 거주하는 유권자보다 저조하였으며, 헝가리사회당에 지지를 보낸 사람들 가운데 중년층과 노년층의 지지가 다소 높았다. 한편 1994년까지 직업별로 측정한 노동자의 비율 혹은 스스로를 자기가 노동자라고 정의한 노동자의 헝가리사회당 지지율은 증가하였다 (Gazsó and Stumpf, 1995: 9-10). 헝가리사회당은 다른 어느 정당보다도 전 사회주의자노동당 당원으로부터 여전히 큰 지지를 얻고 있었지만, 교회를 다니는 종교적인 집단으로부터는 지지를 거의 확보하지 못하였다. 전 공산당 당원여부는 사회당을 지지하는 유권자를 다른 원내정당과 구분해주는 균열점이며, 또한 교회를 다니지 않는 세속성도 헝가리사회당의 유권자를 우파정당 유권자와 구별해주는 주요 균열점이다. 1998년 헝가리사회당의 유권자는 유권자의 노령화와 세대교체의 자연적인 과정으로 인하여 전 공산당 당원의 비율이 감소하였으나 당의 기본적 특징은 그대로 유지되었다. 지역적 관점에서 볼 때 헝가리사회당은 부다페스트 및 북·남부 산업 지대 그리고 도시에서 가장 강한 지지율을 나타내었는데, 이러한 원인은 공산주의 시대에 당이 우대하였던 산업주의 정책에 기인한 것이었다.

1990년대 초 청년민주연합의 선거기반은 강한 세대적 특징을 나타내었다: 전 청년조직으로서 정당은 18-35세에 해당하는 젊은층의 유권자로부터 주로 지지를 확보하였다. 청년민주연합 지지자는 다소 높은 교육수준을 보유한 사람들과 주로 도시지역에 거주하는 사람들이었다. 청년민주연합 유권자의 청년적 특징은 1991-1992년 정당의 인기도가 그 절정에 도달하였을 때 일시적으로 퇴색하였으나, 1994년 총선 당시까지는 다시 회복되었다. 청년적 특징은 1998년에도 여전히 강하게 남아있었으나, 정당 유권자 가운데 청년의 비율은 기존에 나타내었던 것만큼 더 이상 두드러지지는 않았다.

1990년과 1994년 총선에서 청년민주연합 유권자의 문화적 특징을 살펴보면 헝가리사회당 유권자처럼 그들도 교회를 다니는 사람의 비율이 매우 저조함을 알 수 있다. 이는 역으로 말하자면 세속적인 유권자의 비율이 매우 높다는 사실을 말해주는 것이다. 반면 헝가리사회당 유권자 층과는 대조로 전 공산당 당원의 비율은 저조하다. 1990년대 후반기 청년민주연합이 우파로의 이념적 전환을 함에 따라서 당의 유권자 지지층의 사회·문화적 특징도 점차로 변모하였는데, 헝가리민주포럼과 기독교민주시민당의 유권자를 상당히 흡수하였고, 그 결과 당은 포괄정당으로서 변모하였다. 종교적 관점에서 보면 정당은 좀 더 혼합된 성격으로 변모하였다(Tóka, 1998: 24; Marián, 1998: 674; Gazsó and Stumpf, 1998: 643). 지역적 관점에서 바라보면 1998년 청년민주연합은 전통적으로 발전되었고 도시화된 서쪽지역에서 가장 많은 득표를 확보하였는데, 이 지역은 전 자유민주연합의 보유고이었다.

기독교민주시민당의 선거기반은 독립소지주당 핵심 유권자와 가장 밀접하게 연관되어 있다: 유권자내 교육수준이 낮은자, 노인들, 노동자들, 그리고 저 임금의 사회계층 유권자의 비율이 높다. 유권자의 대부분은 주로 시골지역 출신이며 지방 출신은 좀 더 낮다. 그러나 다방면에서 기독교민주시민당 유권자는 독립소지주당 유권자와 상이하다: 여성 지지자가 남성 지지자보다 많으며 유권자 지지기반은 농촌 인구에만 제한되지 않으며, 식자층으로부터도 지지를 확보하였다. 기독교민주시민당 유권자를 독립소지주당을 포함하여 다른 모든 정당과 구별해주는 가장 두드러진 특징은 교회를 다니는 활동적인 기독교인의 비율이 매우 높다는 점이다. 이러한 사실은 기독교민주시민당 유권자의 지역별 차이에도 영향을 주기 마련인데, 정당 지지층은 기독교 지역 중심인 북서 지역구에서 가장 강하다. 그러나 1998년까지 기독교민주시민당의 유권자 지지도는 의회내 원내정당 진입에 필요한 5% 득표를 확보할 수 없을 정도로 감소하였다.

유권자 기반의 사회 구성적 관점에서 볼 때 헝가리인의 삶과 정의당은 '중산층 시위 정당'(a middle class protest party)의 특징을 나타낸다. 유권자는 비록 종교적인 사람들이 대부분이었으나, 청년과 중년 층, 그리고 고등교육 수준 대비 중·고등교육을 받은 사람들의 비율도 높았다. 지역적 관점에서 볼 때 헝가리인의 삶과 정의당은 부다페스트에서 그 지지도가 가장 높았는데, 특히 전통적으로 중산층이 거주하고 있는 '부다 엘리트 구역'(elite districts of Buda)에서 그러하였다.

요컨대, 1990년대 헝가리 의회에 진입한 정당들은 그들의 유권자 기반의 특징으로 볼 때 분명 상당히 상이하다. 정당 가운데 '프로그램 정당'(programmatic party, 자유민주연합이 해당함), '포괄정당'(catch-all party, 헝가리민주포럼이 해당), '부분정당'(sectoral party, 독립소지주당과 헝가리사회당이 해당), '종파정당'(denominational party, 기독교민주시민당이 해당), 그리고 심지어는 '세대정당'(generational party, 청년민주연합이 해당함)을 발견할 수 있다. 1994년 한때는 포괄정당으로서 다양한 사회계층의 유권자를 확보하였던 헝가리민주포럼은 노년층과 종교적인 중산층을 주요 기반으로 하는 부분정당으로 변모하였다. 한편 헝가리사회당의 지지기반은 포괄정당으로서 확대되었다. 1998년 기독교민주시민당과 헝가리민주포럼 대부분의 유권자와 자유민주연합 유권자의 상당수는 청년민주연합 진영으로 흡수되었다. 1998년 총선 첫 경선에서 유권자 투표 중 거의 2/3에 가까운 투표는 청년민주연합, 혹은 헝가리사회당이 차지하였다. 정당유권자를 구분하는 가장 분명한 사회·문화적 요소는 연령, 종교, 전 공산당 당원여부, 그리고 거주지이었다. 이 요소들은 앞서 4장에서 살펴보았듯이 통계학적 변수 이상의 의미를 지니며, 정치적으로 헝가리 사회를 구별해주는 중요한 균열구조를 형성한다.

3 정치진영 : 유권자의 가치체계, 정치태도 그리고 스스로의 이념 배열

1980년대 후반 이래로 헝가리에서 실시된 경험학적 연구조사 결과에 따르면, 정치엘리트 차원에서 연계된 이념적 삼각형은 유권자에서도 또한 발견됨을 알 수 있다. 비록 유권자 절반은 일관성 있는 이념적 경향 혹은 성향을 나타내지는 않았지만, 다른 절반의 유권자에게서는 세 가지 명확한 태도 조합(attitude combinations)이 발견된다. 또한 이러한 사실은 당시 출현한 정당이 유권자에게 영향을 행사하기 이전에도 발견되었다. 우리가 정치 혹은 이념적 개념의 관점에서 바라본 스스로의 이념적 배열(민족주의자, 보수주의자, 자유주의자, 좌파, 사회당 등)을 살펴보든, 혹은 주요 정치 토론의 주제가 되어왔던 특정 문제의 관점에서 바라 본 태도이든(예컨대 공산주의체제에 대한 태도, 동등한 수입 분배, 사회적 차별에 대한 정의실현, 사회적 정의를 실현하는 정부의 역할, 소수민족에 대한 관용도, 그리고 공산주의체제 당시 자행한 범죄자를 처벌해야 하는지 등의 문제), 자유주의자 사회주의자, 그리고 보수주의자의 세 가지 특징적인 태도체계 혹은 '입지적 꾸러미'(position bundles)가 유권자에게도 출현하였음을 알 수 있다. 이들 간의 상호관계는 세 등변식의 삼각형으로 표현할 수 있다(그림 6-1). 유권자의 각 의견 꾸러미는 정당 선호도와 상호 연관되어 있다: 자유진영 유권자는 주로 자유민주연합 혹은 청년민주연

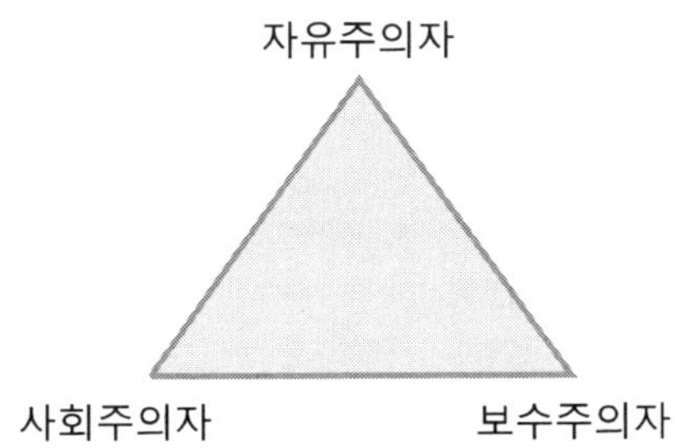

그림 6-1 세 가지 정치진영
출처 : (Angelusz and Tardos, 1994: 132; Lázár, 1996).

합에 대한 지지를 보냈으며, 보수진영에 속한 대부분의 유권자들은 헝가리민주포럼, 기독교민주시민당, 혹은 독립소지주당을 선택하였고, 사회주의진영을 선호했던 유권자들은 헝가리사회당을 지지하였다.

▌개념간의 연계: 의미

다른 연구결과로부터 우리는 유권자의 가치 선호도와 이념적 성향이 서로 상호 밀접하게 연계되어 있음을 알 수 있는데, 이러한 연계는 다른 축을 통합시켜 하나의 주요 축으로 두드러지게 할 정도이었다. 진보에 대한 신념과 이와 상응하는 기존 모델을 보전하고자 하는 축(belief in progress versus. protection of the existing model)으로 바라볼 때, 자유주의자 대 보수주의자, 그리고 좌파 대 우파의 이분법은 유권자의 가치 선호도와 관련하여 완전히 독립적이지 않음을 알 수 있다. 자유주의자 가치는 좌파의 진보 가치와 밀접하게 연관되어 있으며, 개념적인 측면에서도 좌파와 관련 있는 반면, 보수주의자 가치는 우파의 개념과 좀 더 연관되어 있다. 이러한 사실은 정치적 성향과도 부합한다. 헝가리 정치의 좌·우파 개념은 경제정책에 관한 선호도와 수입분배 문제에 관한 차이를 의미하지 않으며 문화·이념적 특성과 관련 있다. 좌파는 자유주의와 연관되어 있으며, 우파는 보수주의와 관련있다. 이 개념적 의미의 공간에서 우파 성향의 자유주의자 입지는 약한 상태로 남아있다(표 6-7).

표 6-7 1995년 정당선택으로 바라본 자유주의자 대 보수주의자, 그리고 좌파 대 우파(%)

	헝가리 민주포럼	자유 민주연합	독립 소지주당	헝가리 사회당	청년 민주연합	기독교 민주시민당
좌파	13	30	11	60	14	11
우파	24	12	14	3	26	20
중립, 모름	53	58	75	37	60	69
자유주의자	11	46	13	31	34	19
보수주의자	44	11	23	21	7	25
중립, 모름	45	43	64	48	59	56

출처 : (Marián, 1996: 583, 585).

▌현안으로 바라 본 유권자의 정치적 성향

"헝가리 정치에서 좌·우 구분이 경제정책의 선호도를 의미하지 않는다"는 사실은 구체적인 경제정책 문제에 대하여, 그리고 경제정책에 대한 정당간 혹은 유권자간의 태도에 차이가 없음을 의미하는 것은 아니다. 1990-1998년 헝가리 유권자의 경제정책 태도에 대한 일반적 성향은 정당 선택과는 무관하게 좌파로의 변화를 나타내었다. 1990년 설문조사 대상 응답자 가운데 단지 44%만이 국가가 법령과 포고로 가격을 통제해야한다고 주장했던 반면, 이 수치는 1994년까지는 67%로 증가하였고 1998년에는 65%를 나타내었다. 1990년 설문조사 대상 응답자 가운데 48%가 경제위기에 닥친 분야의 직업을 보호하기 위하여 국가가 지원해야한다고 피력했던 반면, 이 수치는 1994년에는 69%로 증가하였고, 1998년에는 66%를 나타내었다. 또한 설문조사 응답자 가운데 "실업 방지에 대한 노력이 인플레이션을 통제하는 노력보다 중요하다"라고 간주한 사람이 1990년에는 24%이었던 반면, 1994년에는 60%를 나타내었다. 1990년과 1994년 설문조사 응답자 가운데 63%, 그리고 1998년에는 67%가 노동조합의 영향력이 보잘 것 없다고 간주하였다. 같은 시기에 외국인의 헝가리 회사 구매 반대를 지지하는 비율은 두 배로 증가하였다(Tóka, 1994: 476; Tóka, 1998: 6). 이러한 일반적인 좌파로의 전향 이외에도 경제 정책에 대하여 정당 유권자가 나타낸 태도 차이는 그 폭이 큰 상태에 머물러 있었으며, 특징적인 좌·우파 이미지는 변하지 않은 상태로 남아있었다. 기독교민주시민당, 독립소지주당, 그리고 헝가리사회당 유권자들은 경제와 사회정책에 대하여 좀 더 진보적인 좌파 태도를 나타내었고, 헝가리민주포럼 유권자는 좀 더 우파적인 태도를 나타내었다(표 6-8).

1990-1994년 일반적인 좌파로의 전향은 헝가리사회당 유권자 가운데 가장 두드러지는 현상이었다. 1990년에는 헝가리사회당 유권자 가운데 좌·우파의 태도가 거의 동등하게 구분되었던 반면－설문지 7개의 질문 중 3개는 좌파적 입장보다 좀 더 우파적 경제정책 선호도를 나타내었음－1994년까지는 7개의 모든 질문에 대하여 좌파적 성향을 나타낸 사람이 대다수이었다. 1998년에도 모든 질문에 대하여 좌파 성향을 나타낸 유권자가 대다수이었다. 이러한 현상은 헝가리사회당을 지지하는 유권자의 성장이 우파 여론집단보다도 좌파 여론집단에서 더욱 크게 발생하였음을 의

미하였다(Tóka, 1994: 469-476). 또한 이는 다음의 사실과도 연관되어 있음을 말해주는데, 1990년 헝가리사회당은 주로 리더와 중산층이 주를 이루는 전 노멘클라투라 정당이었으나, 1994년까지 당의 지지기반은 저 중산층과 저 소득층, 그리고 노동자층을 흡수함으로써 기존의 노멘클라투라 지지기반이 희석되었음을 의미하였다. 이와 유사하게 1994-1998년 사이에 청년민주연합의 유권자 기반도 확장되었는데, 그 기반 또한 좀 더 좌파적인 특징을 나타내었다.

표 6-8 1994년과 1998년 정당 선호도에 따른 경제정책 태도의 변화 (%)

	헝가리 민주 포럼	자유 민주 연합	독립 소지주당	헝가리 사회당	청년 민주 연합	기독교 민주 시민당	헝가리인의 삶과 정의 당	기타	총계
국가의 가격 통제									
1994년									
찬성	10	17	10	39	6	8	-	10	100
반대	13	25	6	33	8	5	-	11	100
1998년									
찬성	3	7	14	36	30	-	4	7	100
반대	3	14	11	35	26	-	5	6	100
직업 보호를 위한 위기 분야의 국가 지원									
1994년									
찬성	10	19	9	40	5	8	-	9	100
반대	13	26	7	24	11	7	-	11	100
1998년									
찬성	2	7	16	34	30	-	3	8	100
반대	4	11	9	33	33	-	7	3	100
노동조합의 영향									
1994년									
너무 미비함	8	21	8	43	7	6	-	8	100
상당함	26	26	11	145	2	8	-	14	100
1998년									
너무 미비함	2	11	12	34	29	-	5	7	100
상당함	0	9	22	35	23	-	0	10	100

사유화									
1994년									
반대	7	16	10	43	4	8	-		100
더 빠른 사유화 찬성	23	23	8	30	6	8	-		100
외국인이 헝가리 회사를 구매할 수 있도록 허용해야하는가?									
1994년									
전혀 허용하지 말아야함	8	16	11	42	6	7	-	11	100
단지 손실을 초래한 기업만	9	20	8	39	7	8	-	9	100
많이 지불할 수 있다면 모두 허용	18	24	6	32	6	6	-	8	100
1998년									
전혀 허용하지 말아야함	4	4	19	28	30	-	6	10	100
단지 손실을 초래한 기업만	1	10	11	34	35	-	4	5	100
지불할 수 있다면 모두 허용	3	16	9	46	20	-	1	6	100

Note : 위의 표에서 분명하지 않은 중도 성격의 다양한 응답은 생략하였고, 수치는 100%에 합산하지 않았음. 출처 : (Tóka, 1994: 469-475; Tóka, 1998: 17-21).

제 7 장

선거체제와 선거

1. 선거제도의 역학
2. 선거와 투표의 배분
3. 선거의 세 가지 경로와 2차경선, 그리고 의석배분
4. 선거제도가 정치체제에 미치는 영향

어느 민주정치체제에서든 선거는 가장 중요한 사건이다. 선거결과는 행정부 형성에 큰 영향을 미치며, 종종 그 행정부 구성을 결정하기도 한다. 본 장에서는 헝가리에서 체제전환 후 시행된 세 총선에 대해서 살펴보고자 한다. 분석의 초점은 선거체제인데 본 선거체제는 의회의 의석수 배분에서 바라볼 때, 최종 결과에 강한 영향력을 행사한다고 할 수 있다. 헝가리 선거제도는 특이할 정도로 복잡하다. 본 장에서 우리는 선거제도의 역학에 대하여 상세히 다룰 것이다. 이후 지금껏 시행된 세 총선의 투표 비율을 조사해 볼 것이다. 마지막으로 선거제도가 지금껏 세 총선 결과에 미친 영향을 고찰해 볼 것이다.

1 선거제도의 역학

헝가리에서 사용하고 있는 의회 선거제도는 1989년 체제전환 당시 형성된 정치 타협의 산물이다. 역사적 정당인 독립소지주당, 기독교민주시민당, 그리고 사회민주당은 1945년과 1947년 선거에서 활용했던 비례대표 명부제를 선호하였다. 반면 헝가리사회당과 자유민주연합은 소선거구 제도를 지지하였고, 청년민주연합은 혼합제도의 도입을 옹호하였다. 정당간의 이견, 정당에 대한 대중 지지의 취약성, 그리고 당시 정당에 대한 여론의 불확실성 때문에 소선거구 제도는 선거제도에서 제거할 수 없었는데, 소선거구 제도는 유권자와 국회의원 사이에서 직접적인 관계를 구성하고 정치인이 책임을 지는데 좀 더 적합하였다. 결국 민주체제의 제도적 형태에 대하여 정당간의 협상이 타협을 이루어 내었는데, 이는 혼합 선거제도를 포함하였다. 혼합 선거제도는 1989년 말 이전 선거법에 명시되었고, 그 이후 약간의 수정을 걸쳐서 현재까지 계속 사용하고 있다.

혼합 선거제도는 두 가지 원칙과 세 가지 제도적 기능에 근거하여 헝가리 의회내에서 총 386석을 배분한다. 176석은 2차 경선까지 갈 수 있는 소선거구제를 활용하여 다수결원칙 하에 배분된다(소선거구에서는 2차 경선까지 치러질 수 있으며, 다수결원칙에 따라서 가장 많은 득표를 한 정당의 후보가 당선이 됨을 의미함). 152석은 비례대표제 원칙에 따라서 지역정당 명부를 활용하여 배분한다. 유권자는 두개의 투표권을 행사할 수 있는데 하나는 소선거구에 출마한 후보에 대해서 투표하는 것이고, 다른 하나는 지역정당 명부에 투표하는 것이다. 나머지 의석 즉 최소 58석은 이른바 '보상제도'(compensatory system)인데 전국구 정당 명부를 활용하여 소선거구와 지역정당 명부 경선에서 아깝게 탈락한 투표를 비례 원칙에 따라서 배분해 주는 제도를 의미한다. 이 세 가지 제도적 기능에 대하여 하나하나 다루고자 한다.

헝가리 선거법은 전국을 176개 소 선거구로 구분하는데 이는 각각 대략 6만 명의 유권자를 포함한다. 후보자가 이 선거구 선거에 출마하기 위해서는 사전에 엄격한 임명안 조건을 반드시 충족시켜야 한다. 선거법은 두 달의 공식 선거유세 기간을 명시하고 있는데, 첫 한 달은 후보자 천거에 전적으로 활용하며, 소선거구에 출마하기 위해서 후보자는 그 지역내 살고 있는 750명의 유권자로부터 서명을 확보해야 한다.

어느 선거구내에서든 선거 참여율이 50%를 초과하면 선거의 첫 경선 결과는 유효하다. 만일 이 조건이 충족되고 후보자가 투표의 50% 이상을 획득하면 그 후보자는 당선자로 발표된다. 그러나 이러한 결과는 거의 발생하지 않았는데, 1990년 176개의 소선거구내에서 다섯 명만이 이러한 조건을 충족시켰고, 1994년에는 두 명, 그리고 1998년에는 단지 한 명만이 그러하였다. 만일 선거 참여율 조건이 충족되었으나 50% 이상의 득표를 확보한 후보가 없을 경우, 2차 경선이 첫 경선을 기점으로 2주 후 치러진다. 첫 경선에서 가장 많은 표를 확보한 첫 세 후보자와 추가로 첫 경선 투표에서 15% 이상을 확보한 후보자가 2차 경선에 출마할 수 있는 자격이 주어지며, 만일 후보자가 원한다면 경선 간에 후보직을 포기할 수도 있다. 2차 경선에서 선거 참여율 충족은 단지 25%이며 상대적으로 득표를 많이 한 후보자가 당선자로 발표된다. 만일 첫 경선에서 참여율 조건이 충족되지 않을 경우(실제로 1998년 여러 개의 선거구에서 그러하였음), 모든 후보자가 2차 경선에 재출마할 수 있으며 이러한 사실을 제외하고서는 동일한 절차가 따라오기 마련이다.

선거 지역구 명단 목적으로 전국은 20개의 지역구로 구분되어 있다. 이 지역구는 행정 단위와 일치하는데 19개의 구와 수도 부다페스트이다. 이 지역구 의원수는 지역구 크기에 따라서 상이한데 보통 4명에서 28명 정도이다. 정당은 어느 지역이든 지역구 정당 후보를 천거할 수 있는데, 이는 후보자가 출마할 지역내 소선거구에서 최소 25% 천거를 받은 후보자를 통해서만이 가능하다. 만일 선거 참여율이 50%를 초과하면 지역구 의석 배분은 첫 번째 경선에서 결정된다. 만일 선거 참여율이 50%이하이면(실제로 1998년 두 선거구에서 그러하였음) 좀 더 낮은 선거 참여율을 적용하여 2차 경선이 치러진다. 정당은 지역구 명단으로 의회내 원내정당으로 진입할 수 있는데, 이는 최소한의 '한계치'(minimum threshold)를 충족시켜야만 가능하다. 1990년 지역구 명단 선거에서 한계치는 전체 득표율의 4% 이상을 충족시켜야했고, 1994년 이래로는 5%로 동일하게 남아있다. 각 지역구에서 의석은 이른바 '하겐바흐-비샵 할당제'(Hagenbach-Bischoff quota)를 활용하여 비례 원칙으로 배분된다.

전국구 명단 목적으로 투표를 하지는 않는다. 전국구 명단 의석은 두 가지 원천으로부터 기인한 전국구 단위 공동 표에 근거하여 배분한다. 하나는 총선결과에 따라서 의석을 배분한 후 남아있는 지역구 선거 투표의 전체 할당률 중 일부를 공동의 전국구 명단 목록에 전가한다. 다른 하나는 소선거구 2차 경선에서 패배한 후보자에게 지지를 보낸 모든 표를 전국구 명단에 전가한다. 이렇게 공동으로 창출된 표는 가장 높은 평균 체제를 갖추고 있는 d'Hondt 방식을 활용하여 의석수로 전환한다. 전국구 명단 목록으로 배분할 수 있는 최소한의 의석수는 58개이다. 이외에도 지역구 차원에서 배분할 수 없는 의석은 전국구로 전가되기 마련이다. 1990년 전국구 차원에서 배분된 의석의 수는 90개이었고, 1994년은 85개, 그리고 1998년은 82개이었다. 이 의석배분의 가용은 지역구 명단 선거에서 원내정당으로 진입하기 위하여 최소한의 한계치를 통과한 정당만이 가능하다.

전국구 명단에 후보자를 출마시키려면 정당이 최소한 7개의 지역구에 지역구 명단 후보를 출마시킬 수 있어야 한다. 전국구 명단 목적으로 후보자를 제출할 수 있는 정당은 국영 라디오와 텔레비전에서 방영하는 선거 캠페인 프로그램에 두 달 동안 참여할 수 있다. 선거가 시작되기 이전에 후보자 천거제도는 중요한 선택 메카니즘으로서 작용한다. 1990년 12개의 정당이 전국구 후보자를 출마시킬 수 있었으며, 1994년에는 15개의 정당이, 그리고 1998년에는 12개의 정당이 전국구 후보자를 출마시킬 수 있었다(Körösényi, 1990: 39; Szoboszlai, 1995: 45; *Magyar Közlöny*, 1998, no. 47).

2 선거와 투표의 배분

선거와 관련된 문제 중 하나는 늘 선거참여도 정도와 관련된 사항이다. 1990년대 헝가리 총선 선거참여도는 45%에서 69%사이에서 변동하였는데(표 7-1), 이는 유럽 기준과 비교해 볼 때 다소 낮은 수치이다. 선거참여도는 늘 관심의 대상이었는데 이는 선거참여도가 많은 사람들에게 있어서 대중들이 의회제도와 정당을 받아들이는 수긍정도를 측정해주는 도구로서 뿐만 아니라, 선거참여도의 상이한 정도가 정당이 투표를 획득할 수 있는 가능성에도 영향을 미치기 때문이다. 예컨대 1998년 선거에서 청년민주연합과 헝가리사회당간 경선결과는 선거참여도와 관련되어 있었다: 높은 선거참여도는 청년민주연합에게 유리하게 작용하였고, 낮은 선거참여도는 헝가리사회당에 그러하였다. 헝가리사회당은 낮은 수준의 선거참여도를 나타낸 첫 번째 경선에서 청년민주연합을 앞서 나갈 수 있었다. 그러나 2차 경선에서 헝가리사회당은 패배하였는데, 그 원인 중 하나는 선거참여도와 관련있었다. 기존의 두 총선과는 달리 선거참여도는 경선 간에 하락하지 않았고, 이는 헝가리사회당에 불리하게 작용하였다.

처음의 두 총선에서 첫 경선은 새 의회에서 의석배분에 대한 일반적 밑그림을 제공해주었을 뿐만 아니라, 어느 정당이 새 의회에 진입할 수 있었는지도 결정하였다.

표 7-1 1990년과 1998년 간 선거참여도 (%)

	1990 1차 경선 (3월 25일)	1990 2차 경선 (4월 8일)	1994 1차 경선 (5월 8일)	1994 2차 경선 (5월 29일)	1998 1차 경선 (5월 10일)	1998 2차 경선 (5월24일)
적합한 유권자	7,798,018	7,613,128	7,959,206	7,873,937	8,062,708	8,016,397
실제 유권자	4,900,960	3,459,798	5,485,618	4,339,896	4,536,254	4,570,386
선거참여도	65.8%	45.4%	68.9%	55.1%	56.3%	57.0%

출처 : (Angelusz and Tardos, 1996: 14; *Magyar Közlöny*, 1998, no.47: 3889).

1990년과 1994년 총선결과에 따라서 의회에 진입한 정당이 동일한 여섯 개의 정당이라는 사실은 정당체제가 어느 정도 안정화되었다는 사실을 우리에게 시사해준다. 1998년 총선은 다방면에서 기존의 총선과는 상이하다. 두 동부 지역에서의 낮은 선거참여율은 첫 경선으로 치러진 지역구 선거가 무효화되었음을 의미하였다. 이러한 결과로 인하여 지역구 의석은 첫 경선 후 배분될 수 없었고, 5% 한계치를 통과한 최종 정당만이 2차경선 후 확정될 수 있었다.

큰 유동은 투표비율에서 뿐만 아니라 다양한 정당이 득표한 의석수 비율에서도 발생하였다(표 7-2). 1990년 헝가리민주포럼은 25%의 명부 득표로 선거에서 승리하였고, 1994년 헝가리사회당은 33%의 득표로 총선에서 승리하였다. 헝가리민주포럼은 상대적 의석 다수 획득에 성공하였고(164석), 헝가리사회당은 절대 다수를 획득하였다(209석). 1998년 총선에서 청년민주연합은 헝가리사회당에 비하여 3.5%정도 정당명부 득표에서 뒤쳐졌으나, 의회내 집권여당이 되는데 성공하였다. 이러한 결과는 청년민주연합이 소선거구 지역 2차 경선에서 큰 차이로 승리한 결과이었다(표 7-2).

표 7-2 1990년과 1998년 사이 큰 정당간의 명부 득표 분배율 (%)

정당	1990년 득표	1990 %	1994년 득표	1994 %	1998년 득표	1998년 %
헝가리사회당	535,064	10.89	1,781,504	32.99	1,497,231	32.92
자유민주연합	1,050,799	21.39	1,065,889	19.74	344,352	7.57
헝가리민주포럼	1,214,359	24,73	633,770	11.74	127,118	2.80
독립소지주당	576,315	11.73	476,272	8.82	597,820	13.15
기독교민주시민당	317,278	6.46	379,523	7.03	104,892	2.31
청년민주연합	439,649	8.95	379,344	7.02	1,340,826	29.48
헝가리인의 삶과 정의당	-	-	85,735	1.59	248,901	5.47
헝가리 사회주의자 노동당/헝가리사회당	180,964	3.68	172,109	3.19	179,672	3.95
헝가리민주주의 시민당	-	-	-	-	61,004	1.34

출처 : (Szoboszlai, 1995: 25, 28; Magyar Közlöny, 1998, no.47).

1990년 총선에서 승리한 헝가리민주포럼은 독립소지주당과 기독교민주시민당과 함께 중도우파 연립정부를 구성하였다. 1994년 총선에서 승리한 헝가리사회당은 자유민주연합과 함께 중도좌파 연립정부를 구성하였다. 1998년 총선에서는 중도우파 정부가 재집권하였는데, 당시 청년민주연합은 헝가리민주포럼과 독립소주지당과 함께 연립정부를 구성하였다. 1990년 총선에서 유권자는 공산당 계승정당인 헝가리사회당에 반대투표를 던졌고, 헝가리사회당 경쟁정당 가운데 온건파인 중도우파 정당을 지지하였다. 1994년 총선에는 정 반대의 결과가 발생하였다: 유권자는 단지 중도우파 정부에 대항하여 투표를 던진 것뿐만 아니라, 카다르시대 유산을 간직한 헝가리사회당에게 지지를 보내었다. 1998년 총선에는 다시 형태가 뒤바뀌었다. 1994년 헝가리민주포럼은 4년 전 총선에서 당이 득표한 투표의 절반을 간신히 획득하였던 반면, 헝가리사회당은 세 배 이상의 표를 확보하는데 성공하였다. 다른 정당에 대한 지지도는 크게 변하지 않았는데, 1990년과 1994년 총선에서 거의 동동한 수의 득표를 획득하였다(표 7-2 참고). 이와는 반대로 1998년 자유민주연합은 유권자 표의 2/3를 상실하였고, 청년민주연합의 지지는 세 배 이상 증가하였다. 의회정당 구성도 변화하였는데 이 변화는 기존 기독교민주시민당의 의석 대신 헝가리인의 삶과 정의당의 의석 확보를 포함하였다.

3 선거의 세 가지 경로와 2차경선, 그리고 의석배분

선거제도의 작용과 정치적 효과를 좀 더 쉽게 이해할 수 있는 방법은 의석이 배분될 수 있는 세 가지 경로와 두 가지 경선 제도를 각각 고찰해 보는 것이다.

◎ **표 7-3** 세 가지 선거제도 경로에 따라 득표한 정당 의석수 (%)

정당	소선거구	지역명부	전국구 명부	전체 의석	비율%
(a) 1990년					
헝가리민주포럼	114	40	10	164	42.49
자유민주연합	35	34	23	92	23.83
독립소지주당	11	16	17	44	11.40
헝가리사회당	1	14	18	33	8.55
청년민주연합	1	8	12	21	5.44
기독교민주시민당	3	8	10	21	5.44
농업연대	1	-	-	1	0.26
무소속	6	-	-	6	1.55
연합공천	4	-	-	4	1.04
합 계	176	120	90	386	100.00
(b) 1994년					
헝가리사회당	149	53	7	209	54.14
자유민주연합	16	28	25	69	17.88
헝가리민주연합	5	18	15	38	9.84
독립소지주당	1	14	11	26	6.74
기독교민주시민당	3	5	13	20	5.70
청년민주연합	-	7	13	20	5.18
농업연대	1	-	-	1	0.26
연합공천	1	-	-	1	0.26
합 계	176	125	85	386	100.00
(c) 1998년					
청년민주연합-헝가리시민당	90	48	10	148	38.34
헝가리사회당	54	50	30	134	34.72
독립소지주당	12	22	14	48	12.44
자유민주연합	2	5	17	24	6.22
헝가리민주포럼	17	-	-	17	4.40
헝가리인의 삶과 정의당	-	3	11	14	3.63
무소속	1	-	-	1	0.26
합 계	176	128	82	386	100.00

출처 : (Gábor, Levendel and Stumpf, 1995: 474; *Magyar Közlöny*, 1988, no.47).

▌소선거구

선거제도의 한 부분을 구성하는 소선거구 제도는 전국에서 가장 많이 득표를 한 정당이 획득한 득표를 가장 효율적으로 의석수로 전환할 수 있는 제도이다. 첫 경선에서 의석을 차지하기 위하여 충분한 표를 획득하는 것은 흔한 일이 아니기 때문에 2차 경선이 결정적이다. 특히 여기서 중요한 요소는 첫 경선에서 선두로 달리고 있는 선두두자의 득표수와 2차 경선 사이에서 성립된 선거연합의 강도가 어느 정도인가 하는 것이다. 선두 후보자의 순서는 두 번째 선호 후보자(두 번째로 다 득표를 한 후보자를 의미함)와 2차 경선에 출마하지 않는 후보자의 지지자 선거참여 여부에 따라서 변경될 수 있다.

1. 선두 후보자의 리드 폭이 크면 – 예컨대 설령 후보자가 첫 경선에서 30%에서 40%의 득표를 확보했다면 – 2차 경선 이전 보통 발생하는 선거참여율의 급격한 하락은 2차 경선 투표에서 선두 후보자가 최소 40%의 득표를 확보할 수 있음을 의미한다. 물론 이렇게 되기 위해서는 전제 조건이 필요한데 선두 후보자는 더 이상의 지지표를 확보할 수 없는 상황에서, 첫 경선 선거기반을 그대로 유지할 수 있으면 가능하다. 또한 이러한 상황에서 경선에 최소 세 명의 후보자가 출마한다면 선두 후보자의 승리는 충분하다. 실제로 이는 1994년 총선에서 헝가리사회당의 후보자의 경험이었다.
2. 만일 선두 후보자의 리드 폭이 적다면 – 설령 단지 20-30%의 득표를 획득하는데 그쳤다면 – 2차 경선 결과는 경선에서 중도 하차한 두 번째 선호 후보자의 지지자, 경쟁정당과 연대한 선거 연합, 그리고 경쟁정당 지지자의 지지 정도에 따라 달라질 수 있다.

1990년 헝가리민주포럼은 80개 지역구에서 1차 경선의 승리자이었다. 1차 경선에서 득표한 대로 확보한 의석수 이외에도 2차 경선에서 다른 정당으로 전이된 득표로 34석의 의석수를 확보하는데 성공하였다(표 7-4). 헝가리민주포럼은 1차 경선에서 모든 소선거구로부터 26%의 득표를 획득하였으며, 2차 경선에서는 41%의 득표를 확보하였다. 이 바탕 하에 헝가리민주포럼은 소선거구 의석에서 총 65%를 확보할 수 있었다. 두 번째 큰 정당인 자유민주연합은 1차 경선 후 63개의 지역구에서 선두이었다. 그러나 헝가리민주포럼보다 2차 경선에서 중도에 포기한 후보자의 지지자로부터 더 많은 표를 확보하는데 실패하였고, 그 결과 2차 경선에서 해당 선거구에 배당된 28석의 의석수를 상실하였다. 이차 경선에서 헝가리민주포럼과 자유민주연합의 후보자가 맞선 125개의 지역구에서 자유민주연합의 후보는 단지 평균 5%의 득표를 증가시키는데 그친 반면, 헝가리민주포럼 후보자는 29%의 표를 증가시킬 수 있었다(Körösényi, 1990: 43). 1990년 헝가리민주포럼 대승의 원인은 2차 경선에서 중도하차한 후보자의 많은 지지표가 헝가리민주포럼으로 전이한데서 발생한 결과이었다. 기독교민주시민당, 독립소지주당, 그리고 군소정당의 지지자들은 자유민주연합보다는 헝가리민주포럼을 '자연스러운 동맹'(natural ally)으로 간주하였다.

1994년 소선거구에서 압도적 승리를 거둔 헝가리사회당은 1차 경선에서 10-15%, 그리고 종종 20%를 리드하였고, 이러한 결과는 2차 경선에서 헝가리사회당의 승리를 이끌기에 충분하였다. 그러나 10개의 선거구 지역 패배가 시사해주길 위의 수치보다 적은 범위에서의 리드는 총선에서 승리하기에는 충분치 못하다는 점을 말해주는데, 헝가리사회당의 경우 군소정당 지지자는 거의 확보할 수 없었다. 자유민주연합, 헝가리민주포럼, 그리고 기독교민주시민당은 1차 경선의 부족함을 12개의 선거구에서 2차 경선의 승리로 이끌 수 있었는데, 이는 이들 정당의 후보자가 그들의 연합체 지지자의 표를 확보함으로써 가능하였다.

동시에 이 당시에는 의석수 확보 증가를 위하여 실시하는 조치 즉, 후보자 철회의 가능성을 각 정당의 후보자에게 유리하게 작용할 수 있도록 같은 정당진영에 귀속하게끔 하였는데, 유권자로 하여금 2차 경선에서 같은 진영에 속한 다른 후보자를 지지해 달라고 요구하는 등의 행위는 흔치 않았다. 1994년 전체 12명의 후보자 철회 중 10명은 4개의 정당에서 발생하였는데, 이른바 '자유진영'(liberal bloc)에서 발생하였다. 이와는 대조로 1998년 2차 경선에서 공동 후보자의 철회 수는 상당하였는데 이는 선거결과의 전환점으로 작용하였다.

1998년 소선거구 2차 경선에서 정치변화의 가능성은 분명하게 들어났다. 1차 경선에서 헝가리사회당은 176개의 선거구 중 113개의 선거구에서 선두를 차지하였고, 연립파트너인 자유민주연합은 115개의 선거구에서 가장 많은 표를 확보하였다. 야당 후보자는 단지 61개의 지역구에서 승리하였다(이 지역구 중 하나에서 1차 경선에서 야당은 50% 이상의 득표를 확보하였다). 헝가리사회당은 지역명부 선거결과에서 그러하였듯이, 소선거구에서도 야당후보를 리드하였다. 그러나 2차 경선에서 헝가리사회당은 113개의 선거구 중 거의 절반 이상을 상실하였고, 결국 총 54개의 소선거구 획득에 만족해야했다. 야당은 2차 경선에서 연합전선을 구성하여 애초의 2위 위치에서 95개 선거구의 승리로 전환시킬 수 있었고, 그 결과 의석수를 두 배로 늘리는데 성공하였다. 총 120개 소선거구에서 의석을 확보하였다.

앞서 언급한 요소 이외에도 2차 경선 결과에 이러한 영향을 미친 정도는 부분적으로는 헝가리 정치가 1998년 선거 당시까지는 양극화 되어가고 있다는 사실로 설명할 수 있다. 1990년대 초 청년민주연합과 자유민주연합이 차지했던 '반 성직자적인'(anti-clerical), '반 공산주의적인'(anti-communist), 그리고 '반 민족주의적인 자유주의'(anti-nationalist liberalism) 입지는 1995년 즈음 빈 상태로 변모하였다. 자유민주연합은 좌파로 청년민주연합은 우파진영으로 그 입지가 전환되었고, 그 결과 헝가리 정치에서 중도 자유진영이 사라지게 되었다.

1994년 헝가리사회당·자유민주연합 연립정부 성립은 양극 경쟁 논리 성립에 자극이 되었는데, 이는 야당이 이른바 '시민 블록'(civic bloc)을 조직함으로써 그 경쟁이 시작되었다. 출현하는 좌·우파와 행정부 그리고 야당의 이분법은 야당정당에서, 그리고 '좌·우파 진영 투표'(the left and right wing bloc voting)에서 발생하였던 연합공천 후보자 철회는 사전적인 정치적 조건이었다.

소선거구 경쟁의 특징을 요약하자면 우리는 두 개의 주요 정당간 경쟁이 결정되었음을 알 수 있다(표 7-4). 선두 정당은 정당이 확보한 표를 효과적으로 의석수로 전환시킬 수 있었다: 1990년 헝가리민주포럼은 소선거구에서 65%의 득표를 하였고, 1994년 헝가리사회당은 85%를 확보하였다. 1998년 청년민주연합 및 헝가리 시민정당은 51%를 획득하였다. 두 번째로 큰 정당은 확보한 표를 의석수로 전환시키는데 덜 효과적이었다: 1990년과 1994년 소선거구에서 자유민주연합은 각각 20%와 10%가 채 않되는 득표를 하였고, 1998년 헝가리사회당은 31%만을 확보하는데 그쳤다. 1990년 합산된 다른 모든 정당들은 소선거구에서 단지 15%의 득표를 획득하였고, 1994년에는 10%가 채 안되었으며, 1998년에는 18%를 차지하였다. 이 군소정당들은 선거제도에서 비율원칙이 적용되는 지역구와 전국구 명부 경쟁에서 큰 승리를 거둘 수 있었다. 이에 관해서는 다음 장에서 좀 더 자세히 다루고자 한다.

◎ **표 7-4** 소선거구 경쟁 : 1차경선과 2차경선 결과 (%)

정당	첫 경선에서 획득한 의석수	이차 경선에서 획득한 의석수	첫 경선에서 획득한 의석 비율(%)	이차 경선에서 획득한 의석 비율(%)
(a) 1990년				
헝가리민주포럼	80	114	45.45	64.77
자유민주연합	63	35	35.79	19.88
독립소지주당	11	11	6.25	6.25
헝가리사회당	3	1	1.70	0.57
청년민주연합	3	1	1.70	0.57
기독교민주시민당	4	3	2.27	1.70
(b) 1994년				
헝가리사회당	160	149	90.90	84.66
자유민주연합	12	16	6.82	9.09
헝가리민주포럼	1	5	0.57	2.84
독립소지주당	0	1	0.00	0.57
기독교민주시민당	1	3	0.57	1.70
청년민주연합	0	0	0.00	0.00
(c) 1998년				
헝가리사회당	113	54	64.20	30.68
자유민주연합	2	2	1.14	1.14
청년민주연합 및 헝가리 시민정당	41	90	23.30	51.14
헝가리민주포럼	13	17	7.39	9.66
독립소지주당	6	12	3.41	6.82
무소속	1	1	0.67	0.67

Note : 연합공천 후보자는 1990년과 1994년 수치에는 포함되지 않았다.
자료 원천 : 1990년 의석수는 (Körösényi, 1990: 41); 비율은 (Kiss, 1991: 537); 1994년 자료는 (Tóth, 1995: 443)에 근거하여 저가가 계산한 것이며, 1998년 자료는 (*Magyar Közlöny*, 1998, no. 47) 참고할 것.

지역명부 의석

다수의 지역구에서 경쟁은 두 가지 문제를 결정한다: 하나는 어느 정당이 의회에 진입할 것인지를, 그리고 다른 하나는 지역명부 의석이 어떻게 정당간 배분되는지를 결정한다. 현실적으로 어느 정당이 의회에 진입할 수 있는지의 문제는 지역명부 선거에서 의석 확보에 필요한 4% 혹은 5%(1994년 이래로)의 득표 한계치를 통과할 수 있는지에 따라서 결정된다. 이론적으로는 의회 진입에 필요한 한계치를 통과하지 못한 군소정당도 소선거구 경쟁으로 의회에 진입할 수 있다. 그러나 그러한 가능성은 만일 군소정당이 큰 정당과 함께 연합공천 후보자를 공천할 수 없다면 사실상 의회 진입의 가능성은 적다. 이러한 관점에서 선거 한계치 규정은 매우 강한 선택적 도구로서 작용한다고 말할 수 있다. 실제로 첫 두 총선에서는 단지 여섯 개의 정당만이 선거 한계치를 통과할 수 있었으며, 1998년 선거에는 다섯 개의 정당만이 통과하였다(Körösényi, 1990: 39; Szoboszlai, 1995: 45; *Magyar Közlöny*, 1998, no.47). 이러한 선별성은 군소정당 난립을 방지함으로써 의회정당간 분열을 줄여줄 뿐만 아니라, 전체 정당체제의 특징을 변화시키기도 한다. 한계치 제도는 '자연스럽게 조직화된 정당'(naturally organised parties)에게 유리하게 작용하며, 사실상 지역정당 혹은 지역 선거 집단에게는 의회에 진입할 수 있는 기회를 부여하지 않는다. 그러나 1998년 선거에서 발견된 특이한 점은 지역명부 투표에서 5%도 채 안 되는 득표를 하였던 헝가리민주포럼이 17개의 소선거구에서 승리하여 의회에서 독립적인 의회집단을 구성할 수 있었다는 사실이었다. 이는 앞서 언급하였듯이 군소정당이 큰 정당과 연합공천 후보자를 공천함으로써 가능하였는데, 당시 헝가리민주포럼은 총선 이전에 청년민주연합과 연합공천 후보자를 출마시키는 선거협정을 체결하였다.

지역명단 의석 배분은 비율의 원칙에 따라서 배분되지만 두 가지 요소가 비율의 편차를 초래할 수 있다. 하나는 4% 혹은 5%의 한계치를 넘지 못한 정당들도 의석 배분에는 제외되지 않는다는 사실이다. 그 결과 이는 애초에 다른 정당이 확보할 수 있는 투표 비율보다도 더 큰 명단의 의석 비율을 다른 모든 정당에게 부여하는 효과가 있다(의석을 확보한 의원이 출마한 정당으로는 한계치를 극복할 수 없기 때문에 원내 정당에 진입하려는 목적으로 다른 정당에 가입함으로써 가능함). 다른 하나의 요인은 선거구 크기이다. 선거구 크기는 정당이 의석수를 확보할 수 있는 가능성에 대하여 영향을 미칠 수 있는데, 큰 정당에게는 의석수 확보 가능성이 증대하는 반면, 군소정당에게는 의석수 확보 가능성이 줄기 마련이다. 분배에 가능한 의석수는 상당히 상이한데 부다페스트의 경우 4개에서 28개의 의석배분이 가능하며, 대부분의 지역구에서는 보통 4개에서 6개 의석 정도이다. 이 지역구에서는 불균형의 의석배분이 가능하다. 1994년 14개의 지역구 중 13개의 지역구에서 단지 4개의 정당만이 의석을 확보할 수 있었던 반면, 표의 배분은 상대적으로 넓게 분포하였다. 1998년에는 이러한 집중도가 더욱 증가하였는데 적은 규모의 선거구에서 단 하나의 지역 정당도 세 정당이 의회내 확보한 의석보다도 더 많은 의석을 확보하지는 못하였다. 이 선거구에서 군소정당은 그들이 전국구에서 성과를 내는 것보다 해당 지역에서 훨씬 더 좋은 성과를 산출할 때만 의석을 확보할 수 있다.

이러한 비 비율적 요소(non-proportional factor)가 한계치를 통과한 정당에게 그들이 확보한 의석수에 미치는 영향은 표 7-5에서 알 수 있다. 결과적으로 볼 때 상위 일등과 이등에 위치한 정당에게는 비 비율적 요소가 큰 이점으로 작용하는데, 지역구 의석 점유율은 그들의 표 점유율보다도 3-10%정도 더 높았다. 삼등과 사등에 위치한 정당에게는 1-4%범위내에서 이점으로 작용하였던 반면, 남은 잔여 정당에게는 일반적으로 불리하게 작용하였는데 최대 3%까지 그러하였다. 1990년과 1998년 상위 두 정당은 6개의 정당 가운데 9%까지 큰 이점을 확보할 수 있었다. 1994년 헝가리사회당이 큰 의석 비율을 확보하여 이등에 위치한 정당을 큰 차이로 리드했을 때, 의석수의 점유율은 투표의 점유율보다도 거의 10배 정도 더 높았던 반면, 이등에 위치한 자유민주연합의 이점은 단지 3%정도에 지나지 않았다.

표 7-5 지역구와 전국구 선거에서 획득한 득표와 의석수 (%)

정당	지역구 득표 비율(%)	지역구 의석수	지역구 의석 비율(%)	전국구 의석수	전국구 의석 비율(%)	전체 의석수	전체 의석 비율(%)
(a) 1990년							
헝가리민주포럼	24.73	40	33.33	10	11.11	50	23.80
자유민주연합	21.39	34	28.33	23	25.55	57	27.14
독립소지주당	11.73	16	13.33	17	18.88	33	15.71
헝가리사회당	10.89	14	11.66	18	20.00	32	15.23
청년민주연합	8.95	8	6.66	12	13.33	20	9.52
기독교민주시민당	6.46	8	6.66	10	11.11	18	8.57
기타	15.81	-	-	-	-	-	-
합계	100.00	120	100.00	90	100.00	210	100.00
(b) 1994년							
헝가리사회당	32.99	53	42.40	7	8.23	60	28.57
자유민주연합	19.74	28	22.40	25	29.41	53	25.23
헝가리민주포럼	11.74	18	14.40	15	17.64	33	15.71
독립소지주당	8.82	14	11.20	11	12.94	25	11.90
기독교민주시민당	7.03	5	4.00	14	16.47	19	9.04
청년민주연합	7.02	7	5.60	13	15.29	20	9.52
기타	9.47	-	-	-	-	-	-
합계	100.00	125	100.00	85	100.00	210	100.00
(c) 1998년							
헝가리사회당	32.92	50	39.06	30	36.59	80	38.10
청년민주연합 및 헝가리 시민정당	29.48	48	37.50	10	12.20	58	27.62
독립소지주당	13.15	22	17.19	14	17.73	36	17.14
자유민주연합	7.57	5	3.91	17	20.73	22	10.48
헝가리인의 삶과정의당	5.47	3	2.34	11	13.41	14	6.67
헝가리민주포럼	2.80	-	-	-	-	-	-
기타	8.61	-	-	-	-	-	-
합계	100.00	128	100.00	82	100.00	210	100.00

출처 : 1990년 자료는 (Szoboszlai, 1994: 53; Gábor, Levendel and Stumpf, 1994: 474); 1994년 자료는 (Szoboszlai, 1995: 44); 1998년 자료는 (*Magyar Közlöny*, 1998, no.47)을 참조할 것.

▌전국구명단 의석

전국구명단 의석 배분이 실제로 시행되는 규칙은 다음과 같다. 지역구명단 선거에서, 그리고 특히 소선거구 선거경쟁에서 정당이 의석수를 더 많이 확보하면 할수록, 그리고 정당의 사표가 적으면 적을수록, 정당이 전국구명단에서 확보할 수 있는 의석수는 적다. 실제로 1998년 헝가리사회당과 자유민주연합은 전국구명단방식으로 획득한 이른바 '보상방식 차원의 의석'(compensatory seats)을 많이 확보할 수 있었는데, 이는 이들 정당이 선거에서 패배한 소선거구 지역의 사표를 전환하여 가능하였다. 자유민주연합 이외에도 헝가리인의 삶과정의당도 전국구명단으로부터 대부분의 의석을 확보할 수 있었는데, 당시 당이 차지한 14개의 의석 중 11개가 그러하였다. 이와는 대조로 지역구명단에서 가장 많은 수의 의석을 확보하고 당이 획득한 표를 효율적인 의석수로 전환시킬 수 있었던 청년민주연합의 경우, 비율적 산출을 적용하였을 때, 단지 적은 수의 의석을 전국구명단으로 확보할 수 있었다(표 7-5). 결론적으로 전국구명단은 의회진입내 필요한 한계치를 통과한 군소정당에게 유리하게 작용하며, 군소정당의 의석확보에 있어서 가장 중요한 제도적 장치라고 요약할 수 있다.

4 선거제도가 정치체제에 미치는 영향

총선 규칙은 많은 관심을 불러일으키는데 이는 이러한 규칙이 권력의 정당·정치 균형에 직접적인 영향을 행사하기 때문이다. 선거제도의 특징은 정치체제에서 의회의 역할에도 영향을 미치는데, 말하자면 의회가 주로 정치대표 기관의 역할을 수행하는지, 혹은 통치 기관의 역할을 수행하는지에 영향을 미칠 수 있다.

소선거구와 정당명부제를 혼합하는 헝가리의 혼합 선거제도는 다른 원칙의 근거하에 두 가지 다른 기능을 제공한다. 소선거구 제도는 어느 정당이 행정부를 구성할 것인지 혹은 연립행정부를 구성할 것인지를 결정하는 반면, 지역구와 전국구명단 경쟁은 중간 크기의 정당이 중요한 정치적 영향력을 행사할 수 있도록 도와주는 이른바 정치적 대표의 기능을 보장해 준다고 할 수 있다. 따라서 선거제도에서 소선거구와 의회내 진입에 필요한 한계치는 통치의 여부를 결정한다고 할 수 있으며, 반면 지역구와 전국구 보상 명부제도는 국민의 의사를 좀 더 넓게 반영할 수 있는 '정치대표'(political representation)의 기능을 증진한다고 요약할 수 있다.

선거제도에서 소선거구 경쟁은 가장 큰 정당이 확보한 득표를 의석으로 전환시킬 때 리드의 폭을 증가시키는 효과가 있다. 실제로 1990년 소선거구 경쟁에서 승리한 헝가리민주포럼은 당이 확보한 득표에 따른 비율을 적용한 것보다 1.72배 정도 더 많은 의석을 확보할 수 있었다. 이와 유사하게 1994년 소선거구 승리자인 헝가리사회당은 당이 득표한 것보다 1.64배 정도 더 많은 의석을 확보할 수 있었고, 1998년 청년민주연합은 1.30배 정도의 많은 의석을 확보할 수 있었다. 세 총선 가운데 가장 큰 두 정당이 동등한 정도의 경쟁을 이룬 총선은 1998년 총선이었으며, 가장 큰 정당에게 특혜 효과를 가져다주는 소선거구 제도의 영향은 가장 미약하였다.

이러한 수치는 헝가리 선거체제의 특징을 말해주는데, 헝가리의 선거제도는 혼합적인 특성에도 불구하고 비례대표제보다는 다수결원칙제에 좀 더 가깝다고 할 수 있다(Fábián, 1994). 바꾸어 말하자면 헝가리 선거체제는 '대표'(representation)의 원칙보다는 '통치'(governability)의 원칙을 더 중요시한다고 볼 수 있다(Szoboszlai, 1994: 55). 그럼에도 불구하고 헝가리 선거체제는 의회내 진입할 수 있는 정당 수를 줄이고 선거 승리자에게 상당한 이점을 제공하는 반면, 동시에 모든 주요 정치성향을 지닌 정당의 의회대표 기능도 보장해 준다고 할 수 있다. 따라서 지금까지의 경험을 바탕으로 결론을 내리자면 헝가리의 선거제도는 대표성과 통치성의 원칙 간 타협을 한 정도의 수준에서 그 결과가 성사되었다고 요약할 수 있다.

제 8 장

이익집단과 이익조정

1. 노동조합
2. 이득에 관한 경제적 갈등
3. 거시적 차원에서의 이해조정
4. 로비
5. 변화의 방향 : 다원주의로부터 조합주의로

민주 체제전환 시기에 정당 이외에 조직화된 이익집단들은 헝가리 정치에 동시에 등장하였다. 수천 개의 협회, 재단, 그리고 이익집단 대표가 1990년대 전반기에 등장하였다. 본 장에서는 이들 중 단지 몇 만을 다룰 것인데 정치적 비중을 보유한 경제 이익 대표 혹은 조직, 특히 노동조합과 제도적 이익조정 기구의 역할을 중점적으로 살펴볼 것이다.

1 노동조합

정치·경제적 체제전환 과정은 노동조합의 위치와 운영 조건도 근본적으로 변화시켰다. 공장차원에서는 노동자 스스로 참여할 수 있는 참여기관과 거시적 차원에서의 이익조정 기구도 발달하였다. 공산주의체제 붕괴 후 기존 공산당 후원 하에 운영되었던 조합의 특권은 종결되었고, 1988-1992년에 존재하였던 조합은 헝가리 정치에 있어서 그 영향력이 미약한 '정치적 방어 행위자'(politically defensive actors)로서 변모하였다. 체제전환에 따라 공산주의체제 당시 노동조합이 누려왔던 노동조합의 독점적 위치, 전국노동조합협의회(the National Council of Trade Unions), 그리고 공산당 통제 하에 놓여 있었던 조합 연대도 해체되었다. 당·국가(party-state)와는 별도로 독립된 신흥조합이 창설되었고 공산당 조합 연대도 변모하였다. 그러나 공산당과는 달리 당·국가의 노동조합 자체는 해체되지 않았고, 단지 그들의 연합체인 전국노동조합협의회만 해체되었으며 네 개의 큰 연명체로 교체되었다. 동시에 19개 분야의 조합은 59개 분야의 조합 혹은 '직업별 조합'(craft unions)으로 더 세분화되었다. 일부 분야에서는 예컨대 금속·철강, 광산, 직물, 그리고 건설 분야에서 조합은 그들의 분야별 성격을 간직했던 반면, 다른 분야에서는 직업별로 분류되었다(Kőhegyi, 1995: 11). 공산당계승 조합은 4백만의 회원과 전 당·국가 회원의 모든 자산을 물려받았다(한편 전국노동조합협의회 자산은 1990년대 초 신흥 노동조합에게 분배되었다).

경제적 체제전환 여파는 또한 노동조합의 입지도 약화시켰다. 실업 감소, 전통적으로 조합의 영향력이 강했던 조합활동 분야의 규모 축소, 그리고 높은 수준의 노동조합화(예컨대 탄광 및 제련), 국영기업의 사유화, 대기업의 적은 규모로 축소 및 세분화, 회사 구조조정, 대기업의 역할 감소, 그리고 이외의 다른 모든요소 등은 '조합화'(unionisation)의 정도를 줄이며, 노동조합의 협상적 위치를 약화시켰다.

구 노동조합은 회원의 감소, 정통성 위기, 지도부와 조직 문제, 그리고 신흥조합으로부터의 도전에 맞서야 했다. 그러나 신흥조합은 구 노동조합이 겪고 있었던 큰 폭의 회원 감소에 대하여 균형을 맞출 수 없었다. 1987년 전체 노동조합 회원수와 노동자 인구내에서 조합화의 정도 또한 동시에 감소하였고, 1989년 이후로는 더욱 급격히 하락하였다. 1980년대 중반 헝가리의 조합화 정도는 거의 70%에 육박하였는데, 이 수치는 신 조합주의 국가인 서유럽 예컨대 서독과 오스트리아와 같은 국가의 조합화 수치를 초과하는 것이었다. 그러나 1990년대 중반까지의 공식 노동조합의 보고서에 따르면 조합화 정도는 30%정도에 지나지 않았고 감소 추세는 계속되었다.

노동조합 회원과 조합화 정도의 감소는 경제에서 발생하였던 다른 구조적 변화와도 연관성이 있었다. 체제전환 이전 산업경쟁 영역의 회사구조는 대기업이 주도하는 구조이었다. 그러나 1990대 중반까지 경제영역에서 이미 주도를 잡기 시작한 자본주의자와 민간소유 분야별 구조는 큰 변화를 겪고 있었는데, 당시 산업분야에 종사하고 있는 사람들의 거의 절반은 50명이 채 안 되는 회사에서 근무하였다. 일부 민간기업과 대다수의 소규모 사업에서는 노동조합이 전혀 존재하지 않았다.

노동조합의 정책적·구조적인 개혁에도 불구하고 대중에게 있어서 노동조합의 명성은 매우 저조하였다: 정치기관과 비교해 보면 정치기관 가운데 단지 정당만이 노동조합보다 국민으로부터 신뢰를 덜 받았다(자세한 사항은 정치문화 1장을 참조). 그러나 국민으로부터의 신뢰 감소, 조합리더의 정당성 위기, 그리고 회원의 감소에도 불구하고 공산당계승 조합은 전반적으로 그들의 입지를 공고화할 수 있었다. 그 결과 공산당계승 노동조합은 휴양, 스포츠, 그리고 사회기관을 포함하여 대다수의 자산을 간직할 수 있었고, 회원들로 하여금 탈퇴하지 않도록 격려할 수 있는, 이른바 '선택적 동기부여'(selective incentives)을 제공할 수 있었다(Tóth, 1993).

첫 의회주의 시기에(1990-1994) 우호적인 정치환경과 관련 법안의 지지에도 불구하고 신흥 노동조합은 구 공산당 계승정당 조합이 보유하였던 이점을 앞서 나갈 수 없었다. 구 노동조합은 백만명 이상의 회원을 상실하였음에도 불구하고, 공산당 전국노동조합협의회를 계승하였던 가장 큰 네 개의 연맹체 중, '헝가리노동조합전국연맹체'(National Association of Hungarian Trade Unions)는 1993년 당시 백만 명 이상의 회원을 보유하였고, 다른 세 공산당 계승 연맹의 회원을 합산하면 역시 백만 명 이상의 회원에 상응하였다. 반면 신흥 노동조합 전체 회원수는 단지 사십만에서 오십만에 지나지 않았다. 그 결과 1993년까지 신흥 노동조합은 전체 노동조합 회원수의 1/6을 확보할 수밖에 없었는데(표 8-1), 그 비율은 이후에도 크게 바뀌지 않았다.

◎ **표 8-1** 노동조합 형태에 따른 회원과 1993년 조합 선거결과

	회원 수(1000명 단위)				선거결과, 1993년(득표 비율%)			
	1990	1991	1994	1995*	노동자 평의회	공무원 평의회	연금 자치 정부	건강 보험 자치 정부
구 노동조합	3,676	3,190	2,180	1,860	91.0	66.2	71.7	65.7
신 노동조합	311	445	208	140	9.0	31.7	28.3	34.3
합 계	3,988	3,635	2,388	2,000	100.0	100.0	100.0	100.0

*1995년 회원수는 근접 수치이다. 출처 : 회원수는 (HVG, 14 September 1991: 6; HVG, 5 November 1994: 11; *Magyar Hírlap*, 18 May 1995: 5) 자료와 선거 결과는(Szakinfo 49, 16 September 1993)을 참고할 것.

전술하였듯이 헝가리내에서 노동조합은 '다원주의적 체제'(pluralistic system)로 운영되며, 이는 곧 단일 전국조직이 없는 형태로 운영됨을 의미한다. 사회주의자, 자유주의자, 기독교주의자, 그리고 과격 노동조합 연맹체는 그들이 신봉하는 이념에 근거하여 조직화된 경향이 있다. 1990년대 초 대부분의 노동조합 연맹체는 정치 정당과 연계를 구성하였다.

대부분의 계승 노동조합은 공산주의하 충원되었던 지도부 방식의 형태로 지속되

었다. 회원 수치가 말해주듯이 이러한 조합에 만족하지 못한 사람들과 그들의 리더들은 조합을 탈퇴하였고 노동조합 밖에서 머물렀던 반면, 좀 더 과격한 소수는 신흥조합에 가입하였다. 그러나 이러한 변화에도 불구하고 근본적인 내부 변화는 없었으며, 그 결과 엘리트 변화를 초래하지는 못하였다. 계승 노동조합 리더의 정치성향은 특히 헝가리노동조합전국연맹체와 연맹체내의 조합은 헝가리사회당이었다. 이러한 사실은 1994년과 1998년 양자 모두 헝가리사회당과 헝가리노동조합전국연맹체 간에 결성한 선거동의안과 사회당의 선거구 명단에서 등장한 조합 리더들의 이름으로 알 수 있다(또한 1998년 헝가리노동조합전국연맹체 출신의 조합자들은 헝가리사회당의 선거캠페인에 참여하였다).

이와는 대조로 신흥 노동조합 리더들은 큰 정치적, 조직적, 그리고 재정적인 재원을 통제할 수 있는 급격히 제도화된 조직 형태로서는 계승 노동조합보다 그 역량이 부족하였고, 그 결과 관련분야에 있어서 우위에 있을 수 없었다. 체제전환 초창기 정당의 급속한 발달은 신흥조합 리더들에게도 정당·정치 경력을 추구할 수 있는 기반을 제공하였다. 이러한 급속한 정치경력 추구는 신흥조합 리더들 간의 개인적 경쟁자 형성과 갈등을 야기하였고, 그 결과 조합의 내부 지도부 위기와 조합이 본래 추구하고자 했던 명성을 상실하도록 하였다.

노동조합 가운데 힘의 균형은 1993년 노동자 평의회, 공무원평의회, 그리고 '사회안전기능 자치정부'(social security functional self-government) 선거에서 반영되었는데, 이 모두는 노동조합 참여로 치러졌다. 결과적으로 기능자치 정부 선거는 일반 노동조합의 선거이었으며, 이는 전국 유권자 참여자 중 39%에 해당하였다. 노동조합 선거는 노동자 평의회의 대승으로 이어졌는데, 특히 헝가리전국노동조합연맹체와 다른 세 공산당 계승 노동조합 연맹체의 승리로 산출되었다. 공산당 계승 노동조합은 사회안전 자치정부에 종사하는 고용인으로부터 대부분의 지지를 확보함으로써 국가 예산안에 대한 통제력을 행사할 수 있었고, 그들 스스로의 상당한 자금력을 확보하였던 대부분의 기관에 대해서도 필요한 경우 개입할 수 있는 여지를 확보하였다. 이러한 체제는 청년민주연합이 이끄는 행정부가 사회안전 자치정부를 폐지하고, 중앙 행정부의 통제를 재강화하였던 당시인 1998년까지 유지되었다. 1990년대 상반기 노동조합 간에 발생하였던 강한 경쟁은 90년대 중반부터 약화되었는데, 이는 공산당 계승 노동조합의 이점이, 특히 헝가리노동조합전국연맹체가 안정화됨으로써 가능하였다. 1997년 헝가리사회당 주도로 헝가리노동조합전국연맹체와 체결한 정치협상은(양자 간 우호적인 관계를 구성하고 헝가리사회당과 수상과의 인적관계를 구성하는 협상), 사회 안전기능 자치정부가 보직을 채우기 위해서 기존에 행사하였던 관례를 종결시켰으며, 대신 헝가리노동조합전국연맹체 대표단이 성립하였다. 그 결과 체제전환 당시 형성되었던 신흥 노동조합의 정치적 입지는 계속 좁혀지게되었다.

2 이득에 관한 경제적 갈등

노동조합과 화물수송 회사, 그리고 농부와 같은 독립 자영업자 연대는 가끔씩 제도적 이해 조정관계 체제를 넘어서는 행위를 시위, 파업, 그리고 도로봉쇄 등의 수단으로 그들의 이해관계를 관철시키려고 한다. 이와는 반대로 고용자 조직과 대기업은 비공식적인 방법인 로비를 활용하여 그들의 이해관계를 관철시키고 조직을 운영하고자 한다. 노동조합이 보유하고 있는 가장 중요한 힘의 원천은 그들의 조직화된 회원제와 필요한 시기에 근로자를 동원 할 수 있는 잠재력인 반면, 비즈니스와 고용주 조직의 가장 중요한 힘의 원천은 그들의 경제적 입지 및 비중이다. 자영업자의 일부 집단, 예컨대 화물연대와 농부들은 노동자들을 필요한 시기에 동원할 수 있는 상당한 잠재적 시위력을 지니고 있다. 노동조합 리더와 고용주의자 조직은 정당정치내에서 일정한 보직을 차지함으로써 그들이 활용할 수 있는 압력 수단의 범위를 넓히고자 하였다.

고용주와 노동자간의 갈등은 주로 공장 또는 회사내에서 발생한다. 이러한 논쟁은 전형적으로 급여, 근로조건, 단체협약(collective agreements)에 관련된 것이며, 좀 더 심한 갈등의 경우 노동자는 파업을 일으킬 수 있다. 그러나 헝가리에서는 폴란드와 같은 작업장 파업 등의 행위를 하는 문화는 지금껏 발생하지 않았다. 첫 파업은 광산업자 파업이었는데 이는 체제전환 초기 당시인 1988년 8월에 발생하였다. 파업 행위에 관련된 사항은 1989년 파업 입법안으로 합법화되었다. 고용법의 자율화, 국영기업의 사유화, 그리고 경제의 시장화 조치 등은 모두 고용인의 입지를 약화시켰다. 단지 일부 기업만이 공장 혹은 회사의 단체협약에 서명하였다. 1990년대 실질임금의 감소가 주로 발생하였으나, 뚜렷한 일련의 파업 등은 발생하지 않았다. 단지 적은 수의 작업장에서 시위 행위 혹은 파업이 발생하였고 노동조합 연맹은 단지 20,000-30,000명에 해당하는 적은 수의 참여자를 조직하는데 성공하였다. 대부분의 파업은 주로 즉흥적인 형태로 공장 혹은 회사내에 발생하였거나, 일부 조합에 의해서 조직된 경고성의 파업이었는데, 일반적으로 파업은 단지 두 시간정도 지속되었다(표 8-2). 대부분의 파업은 교통 혹은 광업 분야에서 발생하였다. 노동자가 파업에 동참하고자 하는 의지의 감소는 노동조합이 활용할 수 있는 파업 자금력이 부재한데에서도 기인하는데, 이 자금은 파업행위로 의사가 관철되지 못할 경우 상실한 급여를 노동자에게 보상하기 위해서 가용할 자금이었다. 파업행위에 대한 자료에 따르면 헝가리 노동조합의 잠재적 시위 수준은 국제적 수준과 비교하여 극히 저조함을 알 수 있다.

8-2 파업 수치

	1989	1990	1991	1992	1993	1994	1995*	1996*
경고성 파업	11	8	12	8	13	7	n.a.	n.a.
파업	8	6	5	5	7	4	10	7

* 1995년과 1996년에 관련된 경고성 파업에 관한 자료는 없다. 위의 수치는 경고성 파업을 포함하여 모든 파업을 지칭한다. 1996년 수치는 1월 1일부터 6월 20일까지 동안 발생하였던 파업의 수치를 의미한다. 자료 원천 : 1989-1994년 자료는 (Ladó and Tóth, 1996: 392)과 1995-1996년 자료는 (*Népszabadság*, 5 November 1996: 13)을 참조할 것.

3 거시적 차원에서의 이해조정

헝가리에서 국가적 차원의 제도적 이해조정 기관은 이해조정위원회이다(Interest Reconciliation Council, 이후 IRC). 노동 조합연맹, 고용주 단체, 그리고 정부측 대표들은 이해의 갈등 발생 시 조정위원회에 참석한다. 조정위원회는 고문(consultative)의 역할을 맡고 의사결정 포럼으로서 작용하며, 산업관계 분야에서 행위자간 정보 흐름의 경로로서도 작용한다. 주로 급여와 고용 문제를 다루지만 조정위원회 참여자의 노력 여부하에 따라서 행정부 경제정책의 가장 폭넓은 분야까지도 그 권한을 확장할 수 있다. 헝가리의 이해조정위원회는 분명 '신 조합주의적인'(neo-corporatist) 기관이며, 그 권한은 전형적인 고문의 역할을 넘어서 다양한 분야에서 공동결정을 할 수 있는 실질 권한을 포함하고 있다.

동의안의 원칙에 따라서 운영되는 이해조정위원회는 1990년 가을에 발생한 이른바 택시 기사의 부다페스트 다리 봉쇄 사건(taxi drivers' blockade, 탈 공산주의 헝가리에서 가장 심각한 시위행위이었음)을 종결시켰던 역할로 그 정치적 비중이 증가하였다. 1992년부터 줄곧 이해조정위원회는 준 정부기관(quasi-governmental institution)으로 변모하였고, 해당 관련자는 이 기관을 통하여 행정부 및 의회 의사결정과정에 관여할 수 있었다. 정부는 고용정책에 관한 문제를 반드시 이해조정위원회에서 논의해야하며, 여기서 성립된 동의안은 정부정책과 법안으로도 제정될 수 있도록 보장해야 했다. 예컨대 이해조정위원회에서 모든 고용주에게 의무적으로 적용되는 최소한의 급여 혹은 최장 근로시간 등에 대하여 성사된 동의안은 고용부 장관의 법령으로 포고된다. 이러한 문제를 논의하는 이해조정위원회의 삼자는 각각 거부권을 지니고 있다(Tóth, 1993: 53).

1990-1994년 이해조정위원회 총회의 주요안건 중 1/3은 경제정책에 관한 것이었으며, 반 이상은 사회·경제 문제에 관련된 것이었다. 따라서 애초부터 두 상이한 영역은(고용관계와 사회·경제 이해 조정) 거시적 차원의 이해 조정에 대하여 동등한 비중을 지니고 있었다(Ladó and Tóth, 1996: 82, 84). 경제정책에서 가장 광범위

한 영역인 세금 및 소득원 정책, 복지혜택, 연금에 대한 문제도 이해조정위원회가 다루었으며, 이러한 문제에 대한 조정위원회의 결정은 행정부와 의회 의사결정에도 상당한 영향력을 미칠 수 있었다.

이해조정위원회의 권한은 이해 조정을 넘어서 행정부 권력 행사까지도 할 수 있다: 이해조정위원회의 '노동시장위원회'(Labour-Market Committee)는 고용자금과 다른 원천으로부터 기인한 일조 포린트에 해당하는 자체 자금을 운영하고 있는데, 이는 헝가리 국가 예산안의 약 5%에 해당한다(Ladó and Tóth, 1996: 70). 표 8-3이 제시하듯이 합의안의 원칙에 따른 고용에도 불구하고 이해조정위원회는 그들이 중요하다고 간주하는 문제에 대하여 그들 스스로 의사결정 할 수 있는 비율이 상당히 높다.

거시적 차원에서 노동조합의 협상력은 그들의 빈약한 대표성(그들은 단지 일부 고용인을 대표할 뿐임), 그들의 약한 잠재적 동원력(저 수준의 파업 의지), 그리고 노동조합 회원 간 조합의 방향을 잘 따르려하지 않는 저 수준의 의지로 더욱 약화되었다. 그럼에도 불구하고 노동조합의 협상력은 공장 차원에서보다 국가적 차원에서 더 강하게 남아있었다.

표 8-3 이해조정위원회의 총회와 결정

년도	회기 수치	고용 관계		사회·경제 문제		총 계	
		(A)	(B)	(A)	(B)	(A)	(B)
1990	11	3	100	14	50	17	58
1991	29	22	72	31	45	53	56
1992	14	12	41	34	47	46	45
1993	12	8	12	16	43	24	33
1994	7	12	92	45	62	57	68
합계	73	57	63	140	51	197	55

(A) : 주어진 제목 하에 이해조정위원회에서 논의된 문제의 수치
(B) : 동의안이 성사된 문제의 비율
Not : 표는 사회 · 경제 동의안에 대한 논의는 포함하지 않았음.
자료제공 : (Ladó and Tóth, 1996: 81 and 87)에 근거하여 작성됨.

4 로비

대형농장, 다국적 기업, 그리고 투자집단은 그들의 이해관계를 관철시키기 위하여 비공식적인 방법 활용을 선호한다. 대다수의 경우 예컨대 오펠, 수즈키, 아우디 자동차 제조업체 등과 같은 다국적 기업 투자가와 같은 회사는 헝가리에 도착하기 이전에 개인적 차원에서, 그리고 정부차원에서 협상을 진행하는데 이 협상에서 정부는 세금 감면, 투자 위기 감소를 위한 정부의 보증, 그리고 다른 우호적인 투자 조건들 제공을 사전협상에서 합의한다. 이러한 회사대표는 종종 헝가리 수상과 직접적인 접촉을 가져왔다.

제도화된 전국적 규모의 경제조정위원회 이외에도 비공식적인 정치협의 과정도 발달하였다. 특히 이는 사회당정부가 주도했던 행정부시기에 강하게 발달하였는데, 당시 헝가리사회당은 노동조합과 강한 유대관계가 있었다. 예컨대 1994년 가을 경제·사회문제에 대하여 논의할 당시 헝가리사회당 대표와 노동조합 대표간의 비공식적인 접촉시도는 언론의 관심으로부터 벗어나, 그동안의 진척이 없었던 이익조정위원회 차원의 협상에서 진보를 이루어낼 수 있었다. 1997년 상반기에 노동조합 지도부들도 또한 수상청과의 직접적인 접촉을 하였다. 1996년 '농산물협동조합' 과 '국영소유사유지'라는 두 상이한 집단농장의 로비가 오고가는 가운데 발생한 논쟁에서 균형의 변화가 발생하였는데, 양자 모두 헝가리사회당과 행정부와의 우호적인 관계를 구축하였다. 이러한 변화는 결국 1994년 이후 농림부 상층 간부의 교체를 가져왔다.

5 변화의 방향 : 다원주의로부터 조합주의로

1990년대 상반기는 주로 작업장에서 이익단체 대표간의 자유경쟁이 발생하였다. 그러나 그들 노동조합의 협상력과 공장차원에서의 조합화 정도는 감소하였고, 대부분의 분야에서도 중간정도에서의 협상력과 조합화는 감소하였다. 노동관계는 좀 더 자율적으로 변화하였고, 공장과 회사차원에서 노동조합의 공동결정 권한은 감소하였으며, 고용주의 입지가 강화되었다. 동시에 거시적 차원에서 삼자가 참여하는 국가이익조정위원회가 성립하였다. 이익조정위원회는 협상 권한뿐만 아니라 공동결정을 할 수 있는 권한도 보유하였고, 그 결과 전형적인 행정부 기능도 갖출 수 있었다. 또한 1990년대 상반기에 이익조정위원회는 일반 경제정책과 관련된 문제를 협상안건으로 설정할 수 있었다. 이익조정위원회이외에도 전국이익대표 조직도 사회안전자치정부와 기타 국가 및 준 국가 의사결정 기관을 대표할 수 있었는데, 이는 예컨대 노동시장재단이사회(Directorate of the Labour-Market Fund), 전국교육위원회(National Training Council), 노사 및 지역발전위원회(Councils for Labour Affairs and Regional Development), 국영사유화청 감독위원회(Supervisory Committee of the State Privatisation Agency), 그리고 전국휴가재단이사회(Board of Trustee of the National Holiday Foundation)가 이에 해당한다. 궁극적으로 이는 신조합주의 체제가 출현하였음을 의미하였다(Ory, 1997).

1990년대 초 출현한 이익집단 대표 형태는 다원주의적인, 그리고 경쟁적 이익대표 체제의 혼합 형태이자 동시에 중앙집권화된 신 조합주의적인 체제이기도 하였다. 이익조정위원회가 성립되었을 당시, 고용주와 고용인 당사 측에 가입한 조직들은 이익대표 안건에 대하여 영향력을 행사할 수 있는 독점적 권한을 보유하기 시작하였다. 실제로 이익조정위원회는 폐쇄되었고 신흥조직은 이익조정 과정에 참여할 수 없었다. 또한 신흥조직이 더 강하게 시도하면 할수록 조정위원회에서 집단의 역할은 더욱 약화되었다.

1990년대 이익대표 기관 간에 발생한 권력균형의 추세는 다음과 같았다: 다원주의적 이익대표 요소와 경쟁은 약화된 반면 가장 큰 조직들 예컨대 고용인들에게 있어서는 헝가리전국노동조합연맹체, 그리고 고용주에게 있어서는 헝가리고용주연합(Hungarian Employers' Association)이 주도권을 잡기 시작하였다. 행정부와 수상에 대한 이익조정위원회의 협상력은 감소하였는데, 1995년 이래로 일반적인 경제정책에 대하여 예컨대, 세금과 사회 안정 규칙 제정에 있어서 이익조정위원회의 영향력은 점차적으로 감소하였다. 고용인을 위한 이익대표 다원주의는 지역적인 관점에서 바라볼 때(회사와 공장 차원에서), 그리고 전국적인 관점에서 바라볼 때(이익조정위원회와 사회안전자치정부 차원) 모두 약화되었다. 한편 공산주의 노동조합 계승 기관인 헝가리 노동조합전국연맹체의 영향력은 지역·전국적인 차원에서 모두 증가하였다. 이러한 경향은 다음과 같은 요소의 영향으로 인하여 발생하였다.

첫째, 1996년 이익조정위원회내 의사결정 체제가 변화하였는데 고용인 측 당사자간에 합의는 더 이상 필요하지 않았다. 둘째, 적은 규모의 노동조합은 이익조정위원회의 의사결정 과정에서 밀려나가거나 혹은 자체적으로 낙오되는 과정에 있었다. 셋째, 1994-1998년 사이에 헝가리사회당이 이끄는 행정부는 이익조정을 위하여 제도화된 기관에서 일을 수행하기보다는(예컨대 이익조정위원회를 통하여 수행), 제도화된 기관 밖에서 선택된 파트너와 종종 물밑 협상을 하였다. 예컨대 헝가리사회당은 종종 이익조정위원회를 선회하여 헝가리전국노동조합 연맹체와 직접적으로 협상하였다. 또한 헝가리사회당 정부는 체제전환 이전에 이미 존재하였던 큰 조직을 선호하였는데, 당시 헝가리사회당은 헝가리노동조합전국연맹체와 헝가리노동자연합이 주도권을 잡는데 일조하였다.

1990년대 초창기에 이미 모습을 나타내기 시작한 신 조합주의적인 특징과 이익대표의 독점화가 더욱 강화되었다. 또한 헝가리노동조합전국연맹체의 강화는 헝가리사회당내 노동조합 연맹체가 보유한 주요 직책과도 관련있었다. 이른바 사회당 지도부의 '노동조합 계파'(trade union wing of the party leadership)와 정당의 의회집단은 사회당내 자율적 사고 성향을 지닌 세력에 대하여 균형추 역할을 하였다. 실제로 1994년 수상인 호른 귤러(Horn Gyula)가 재무부장관인 라스로 비케시(László Békesi)의 긴축재정 프로그램 지지를 거부하였을 때, 호른은 사회당내 노동조합 계파와 정당 의회집단에 의지하였으며, 이후 그들의 지지로 재무부 장관을 제거하였다. 헝가리사회당은 헝가리노동조합연맹체뿐만 아니라 헝가리고용자연합과도 좋은 관계를 구축하였는데, 후자는 공산주의시대에 이미 존재하였던 헝가리 경제 상공회의소(Hungarian Economic Chamber)로부터 출현한 기관이었다. 에텔레 버라뜨(Etele Baráth)는 상공회의소와 동시에 헝가리고용주연합 부의장이었으며, 1994년에는 헝가리사회당 의회대표가 되었다(Kőhegy, 1994: 8; Kiss, 1996: 30-31).

1994년 후반, 그리고 1995년 초 헝가리사회당 · 헝가리노동조합연맹체 · 헝가리고용자 연합은 이른바 '사회경제협약'(Social Economic Agreement)이라는 종합적인 경제 · 사회협약 계획안을 구성하였는데, 이는 이미 존재하였던 신 조합주의적인 구도를 좀 더 강화시키는 삼자구도의 방향으로 나아가도록 하였다. 1995-1997년에 시행되었던 긴축재정 통화 경제정책에 대한 협상실패는 이익조정위원회가 경제정책에 대하여 행사할 수 있는 영향력을 크게 위축시켰다. 한편 국가기관과 의사결정 기관에 대하여 이익대표들의 신 조합주의적인 침투는 계속되었다.

제 9 장

헌정과 행정부 체제

1. 헌정과 행정부 전통
2. 유럽에서 의원내각제의 발달
3. 국가와 사회 그리고 행정부와의 관계에 대한 정치적 사고
4. 민주 헌정 및 행정부 체제의 출현과 체제전환의 본질
5. 헝가리 헌법의 주요 특징들
6. 권력의 정치적 균형추와 권력분배
7. 요약 : '균등화된 공화국'

1 헌정과 행정부 전통

수백년간 헝가리 헌법에서 가장 중요한 역사적 특징 중 하나는 헝가리 헌법은 관습법(customary law) 전통이 그 근간을 이루고 있다는 점이다. 성문화된 법안 및 비성문화된 법안들로부터 추출된 관습법은 헌정적 장점을 보유하였고, 헌정의 전통으로 진보하였다. 이러한 방식으로 발달된 이른바 '역사적 헌법'(historical constitution)은 20세기 중반까지 유효한 상태로 남아있었다. 1918-1919년을 제외한다면 역사적 헌법의 연속성은 제2차 세계대전이 종결된 이후에야 단절되었다.[12] 1946년 소헌법은 1000년 이상 지속해 온 헝가리 왕조의 종말을 가져왔으며, 이후 공화국 형태의 행정부가 성립하였다. 1949년 소련 모델의 공산헌법이 도입되었고 이후 헝가리의 첫 성문법으로 성립하였는데, 이는 차후 40년간 헝가리의 헌법으로 남게 되었다. 엄밀히 말해서 1989-1990년 민주 체제전환은 신헌법 도입에 실패하였다고 할 수 있다. 오히려 역사적인 전통에서 발전된 점진주의가 헝가리 헌정문화에 기조가 되었으며, 이러한 기조하에 당시 존재하였던 문서들은 근본적인 개정을 거쳐 신헌정질서로 확립되었다. 따라서 민주 체제전환의 법적기반은 헌정국회에 의해서 조성된 것이 아니었고, 개헌의 결과로 성립된 헌법은 국민투표로 비준받지 못하였다. 헌법과 법적제도의 연속성 그리고 헌법제정 등의 상징적 모습의 부재는 체제전환 후 출현하였던 헌정 및 행정체제의 정통성을 약화시켰다(Paczolay, 1993: 28-33).

1946년 이전 왕조의 연속과 합법성은 잠시 단지 단절되었다. 이러한 관점에서 볼 때 헝가리 역사의 전개는 프랑스와 유럽 대륙에서 나타났던 진보의 방향과는 벗어나는 것이었다. 즉 헝가리에서는 국민주권 원칙 성립을 위한 진정한 돌파구가 없었거나, 혹은 최소한 그러한 돌파구적 사건은 단명하였다고 할 수 있다(1918-1919년과 1945-1946년). 그 결과 19세기 헝가리에 성립된 의회주의는 국민주권 원칙하에 그리고 이와 관련된 '경험학적 민중의지'(empirical popular will)에 따라서 성립된

12) 당시 카로이 미하이의 첫 헝가리 공화국 선포로 기존의 역사적인 헌법 전통은 일시적으로 단절되었으나, 카로이 미하이 공화국은 단명하였다.

것이 아니라(Fraenkel, 1991), 대표주의 원칙에 입각한 대표의 전통을 반영하는 것이었다.

따라서 1867-1944년에 존재했던 헝가리 행정부체제는 의원내각제이었고, 이는 동시대의 독일 혹은 프랑스의 특징과는 거리가 먼 형태이었다. 아마도 헝가리 행정부체제는 18-19세기 영국의 의회주의와 비교하는 편이 더 나을 듯하다. 1867년 초 헝가리 의회는 정치적 협상을 모색하기 위한 장소가 되었고, 바로 이 의회에서 행정부 대다수의 구성원이 성립되었다. 또한 합스부르크 제국이 헝가리를 통제함에 따라서 1867년 헝가리가 독립적인 의회를 구성하였음에도 불구하고, 국민국가의 특징을 지닌 근대적이고 중앙집권적인 행정체제의 형성이 늦추어지게 되었다. 이러한 방식으로 성립된 행정체제는 전적으로 대중의 이권을 반영하는 보유고가 되지 못하였으며, 의원내각제 체제에서 발생할 수 있는 문제에 대해서도 이의를 제기할 수 없었다(Magyary, 1942: 133, 380).

1980년대 후반과 1990년대 초 이루어진 민주 체제전환은 이러한 헝가리 의회주의 전통의 부활을 의미하였다. 그러나 이제 헝가리 의회주의 전통은 한편으로는 공화정이라는 골자내에서 작용하였고, 다른 한편으로는 서독식 헌정과 행정체제를 수정한 영향력 하에 놓이게 되었다. 국민주권 원칙은 성립하였으나 본 원칙의 실현은 독일헌법 모델에 따라서 조성된 많은 제한적인 조치 골자내에서 성립하였다. 1989-1990년 발생한 헝가리의 민주 체제전환은 급진적 민주주의라기보다는 자유주의 성립을 의미하였는데, 이는 루소가 말한 국민 주권주의가 지배적이지 못하였음을 의미하였다. 오히려 변화는 법치주의 원칙이라는 자유주의와 테크노크라시 자치정부의 조합주의에 종속되었다. 이러한 사실은 당시 발전하는 행정부체제와 국민국가 개념의 '내적주권 분열'(the splitting of the internal sovereignty of state) 현상을 야기하였다. 또한 의회주의 기관과 책임있는 행정부 구성의 협소화를 가져왔는데, 특히 1990년대 상반기 수평적인 그리고 수직적인 권력분배의 연장을 초래하였다. 이러한 관점에서 볼 때 헝가리 국가 혹은 국가성은 '의회주권'(parliamentary sovereignty)과 중앙집권화된 행정부의 기반 하에 성립된 영국의 개념과는 크게 다른 것이었다. 또한 국민 주권론 원칙하에 성립된 프랑스식의 모델과도 매우 상이한 것이었다. 오히려 '분리화된 주권론'(준 주권국가라고도 함, the semi-sovereign state)이라는 원칙하에 성립된 독일식 국가 개념과 그로부터 기인한 제도적인 모델에 근접하거나 어느 관점에서는 이를 추월한다고 하겠다.

근대민주주의에서 발견된 세 가지 행정체제 가운데－대통령제, 준 대통령제(the semi-presidential), 그리고 의원내각제－헝가리에서 민주 체제전환 후 성립된 체제는 분명 의원내각제일 것이다. 그러나 곧 우리가 살펴볼 듯이 1990년대 헝가리 의회주의는 많은 독특성을 지닌 '제한적 의회주의'(limited parliamentarianism)특성을 나타내었다. 이러한 특징을 이해하기 위해서는 우선 우리는 유럽의 의회주의 주요 특징이 무엇인지 알아야 한다. 다음장에서 이를 다루고자 한다.

2 유럽에서 의원내각제의 발달

18-19세기 유럽에서 발달했던 입헌군주제는 권력분배의 원칙과 입법부와 행정부라는 '이원제의 원칙'(the principle of dualism) 하에 성립되었다. 행정부는 의회에 책임을 지지 않았으며 자신을 임명해준 통치자(국왕)에게만 책임을 다하였다. 국왕은 그의 각료들을 해임할 수 있었으나, 의회는 이러한 해임 권한을 지니지 못했다. 반면 국회의원들은 혹은 최소 하원 의원들은 행정부와는 독립적으로 선출되었고, 법안의 통과를 위해서는 의회다수의 승인이 필요하였다. 이러한 모든 사실은 동시대의 권력분배 개념과 부합하는 것이었다. 만일 행정부가 새로운 법안을 통과시키고자 하지 않는다면 행정부의 일상적 운영에 있어서 의회의 승인은 필요하지 않았다. 그러나 이와는 대조로 군사와 관련된 문제와 예산안에 대해서 행정부는 항상 의회의 승인을 확보해야 했다. 예컨대 새로운 세제의 도입, 혹은 신병 징병 문제는 의회의 승인없이는 불가능하였다.

19세기에 의회주의 즉, "행정부가 의회에 책임을 지어야한다"는 개념이 점차적으로 그 의미를 지니기 시작하였다. 이러한 개념이 성립되기 시작한데는 두 가지의 원인이 작용하였다. 첫째, 정치공동체를 대표하는 의회와 행정부 간의 힘의 균형은 점차적으로 불안정하게 변모하였다. 의회는 전체 정치공동체를 대표하였기 때문에 의회의 신임이 결여되었던 행정부의 정당성과 합법성은 쇄하였다. 둘째, 19세기 후반기에 근대 국가의 성립이 시작되었다. 국가 성립에 있어서 새로운 과제가 무수하게 증가하였고, 이러한 과정은 필연적으로 새로운 법안의 수용을 가져왔다. 또한 국가의 경비는 크게 증가하였다. 이러한 모든 사실은 행정부가 의회의 승인없이는 국정을 운영하기 어렵게하였고, 그 결과 이른바 의원내각제라는 체제가 점차적으로 출현하였다. 세 번째 변화는 19세기에 발생하였던 참정권의 확대이었는데 이는 보통, 평등, 그리고 비밀투표의 도입을 의미하였다. 이러한 과정은 유럽에서 1920년대까지, 무엇보다도 주로 대륙의 북쪽과 서쪽 지역에서 완성되었다. 의회민주주의 발전으로 인하여 근대의 정치 정당은 정치에 있어서 중심으로 변모하였다. 즉 근대민주주의는 한편으로는 '대중민주주의'(mass democracy)와 다른 한편으로는 정당을 바탕으로 한 민주주의를 동시에 성립시켰다. 정당은 수백만의 유권자와 정책 결정자 간의 연계를 성립시켰다. 정당은 선거 시기에 유권자를 동원하였고 정권획득을 위해서 경쟁하였다. 대중민주주의 정치인은 정당 정치인이었는데 이는 정당의 지지 없이는 정치인으로서 취임할 수 없음을 의미하였다. 선거 캠페인 기간에 정당은 후보자를 지명하였는데 그들은 차후 정당을 대표하는 의회 국회의원이었다. 일단 행정부가 의회 다수의 신임을 확보하면 최소 51%의 득표를 한 정당은 신 행정부를 구성할 수 있었다. 이러한 체제특징이 출현함에 따라서 정당리더의 정치적 통치가 시작되었다.

정당을 토대로 한 근대 의회민주주의가 출현함에 따라 18-19세기에 등장한 입법부와 행정부간의 관계도 서서히 변모하기 시작하였다. 선거에서 의회 다수를 획득한 정당이 행정부를 구성하였고, 입법부와 행정부를 통제하기 시작하였으며, 이 모두는 단일 정치세력 혹은 연립정부 손에 놓이게 되었다. 따라서 행정부와 의회내 행정부 다수 간의 정치적 통합이 출현하였다. 이러한 결과로 기존에 존재하였던 행정부와 입법부 간의 상대적 협의 균형은 약화되었고, 권력분배의 원칙도 – 최소한 정치적 의미에서 볼 때 – 손상되었다. 정당은 정치의 중심기관으로 변모하여 갔다. 행정부와 의회의 관계는 출현하는 정당체제의 기능에 따라서 발달하기 시작하였다.

대통령제는 권력분배를 특징으로 하지만, 의회제는 입법부와 행정부의 '상호연계성'을 특징으로 한다. 20세기 의회주의의 주요 특징은 다음과 같이 요약할 수 있다(Alemann, 1989: 652-63; Bogdanor, 1987: 408-409).

1. 행정부 임원은 주로 국회의원에서 선출된다. 즉 의회내 각료들은 행정부를 이끄는 정치인이며 그들은 동시에 입법안자이기도하다. 따라서 대통령제와는 달리 권력분배 원칙에 따른 '비 호환성의 원칙'(the principle of incompatibility)이 적용되지 않는다.
2. 행정부는 반드시 의회 다수의 신임을 얻어야 하는데, 이는 곧 행정부가 의회에 종속됨을 의미한다. 이는 '책임있는 행정부 원칙'의 기반이 성립되었음을 의미한다. 의회의 신임을 상실할 경우 행정부는 쇄하기 마련이며, 이는 신 행정부의 성립, 혹은 의회 해산과 새로운 선거를 수반하기 마련이다.
3. 어느 때나 행정부 수장은 국가 원수를 통하여 의회를 해산할 수 있고, 새로운 선거를 요청할 수 있다. 행정부와 의회는 서로 상호 보완적이다.
4. 대통령제와는 달리 의회주의 행정부에서는 행정부와 국가 수장의 직위가 따로 분리되어 있다. 행정부 수장의 임명안에 대하여 일반적으로 국가원수가(대통령) 행사할 수 있는 일부 법적인 융통성은 있지만, 이러한 권리는 의회내 다수의 의지와 반대하여 행사할 수 없다.
5. 행정부내 이른바 '각료원칙'이 작용한다: 행정부 수장은 행정부내 다른 임원보다는 위에 있으나, 각료들은 그들 자신의 정책 권한을 보유하고 있고, 의회에 대하여 개인적인 책임을 진다. 대통령제에서 행정부 임원들은 단지 행정부 수장에게만 책임을 지지만, 의원내각제에서 행정부 임원의 책임은 의회까지도 해당하며, 국회의원은 불신임안으로 각료들의 임기를 철회할 수 있다.
6. 행정부 임원은 의회 임원이기도 하지만 기관으로서 행정부는 의회내 특권을 보유한 참여자이기도하다. 이러한 역할은 공법에 보장되어 있는데, 예컨대 법안을 발기하고 안건을 제안하는 권리, 그리고 의회 소송절차로 행정부 임원들의 특권적 위치가 보장되어 있다. 이는 의회제도에서 입법부와 행정부 혼합의 새로운 요소이다.

7. 다수결원칙은 의회 의사결정 과정에서, 그리고 의회에 대하여 행정부가 지고있는 정치적 책임을 결정할 때도 동등한 중요성을 지닌다. 동등한 의사결정 규칙이 작용하는 것은 책임있는 행정부의 근간이다.
8. 행정부와 의회간의 정치적인 통합을 창출하는데 있어서 정당의 역할은 중요하다: 19세기에 그들 자신의 자유의지를 따르는 자유 임기를 지녔던 대표들은 20세기에 의회내 규율을 따르는 정당집단으로 대체되었다. 그 결과 행정부는 의회내 다수를 차지하는 정당집단을 통하여 정치적으로 입법부를 통제할 수 있다.
9. 행정부와 의회 다수는 서로 밀접하게 협력하며 정치적으로 서로 상호 연계되어있다. 국가기관간의 전통적인 권력분배는 행정부 다수와 야당간의 이른바 '신 이원주의'(new dualism)갈등으로 대체되었다. 행정부와 야당의 갈등은 근대 정치와 의회의 근본적인 구조적 변수이다.

이러한 사실을 바탕으로 종합하자면 이전 권력기구의 분배원칙과는 대조로 근대 정당을 토대로 운영되는 의회주의는 정확히 그러한 권력기구의 융합이 발생하고 있다고 요약할 수 있다.

1867년 전통을 따른 헝가리 의회주의는 유럽 의회주의의 일반적인 추세와 부합하였으며 이러한 의회주의는 1989-1990년 민주 체제전환 당시 부활하였다. 헝가리에서도 중심 입법기관은 행정부이었고, 행정부와 입법부의 기능적 권한의 상호 연계는 헌정단계까지 진보하였다. 의회제내에서 대다수의 행정부가 작용하듯이 헝가리 행정부와 의회는 개별적인 차원에서도 서로 상호 연계되었다: 일반적으로 행정부 임원은 동시에 국회의원이기도 하다. 따라서 유럽의 다른 의회제 국가처럼 헝가리에서도 행정부와 의회간의 갈등은 행정부와 야당의 갈등으로 대체되었다. 이러한 변화는 이미 100년 이상의 국내 입법안 과정에서 발견되었다.

그러나 두 가지 의미에서 헝가리 행정부 제도는 '제한적 의회주의'(limited parliamentarism, 유럽의 의회주의 장점과는 차이가 있음을 의미)의 특징을 나타낸다. 좀 더 협소한 관점에서 볼 때 유럽의 일반적인 의회주의 특징에서 벗어나는 행정부의 특징은 행정부와 입법부간의 융합 한계를 넘어섰다. 좀 더 넓은 의미에서 바라볼 때 행정부체제내 일부 권력분배 기관의 비대한 발달은 의회주의의 작용에 한계를 부여하였다.

민주 체제전환의 결과로 형성된 헌정상의, 그리고 행정부체제의 주요 특징을 논의하기 전에 다음 두 장에서는 이러한 발달을 초래할 수 있는 사전적 여건을 간략히 살펴볼 것이다. 첫째 우리는 헌정과 행정부제도를 형성하는데 도움이 되었던 사고와 접근방법인 이른바 '체제전환의 정치사고'를 고찰해 볼 것이다. 둘째 우리는 민주 체제전환의 본질을 고찰해 볼 것이며, 그 본질내에서 개헌을 위한 정치적 여건과 제헌 과정에 참여했던 정치행위자의 전략도 함께 살펴볼 것이다.

3 국가와 사회 그리고 행정부와의 관계에 대한 정치적 사고

민주 체제전환의 주요 목적에 대하여 헝가리 정치엘리트 간 동의안은 존재하였다. 그러나 엘리트 간 국가와 사회의 관계에 대한 헌법을 해석하는데 있어서, 그리고 행정부체제에 대한 해석을 하는데 있어서, 1980년대 말부터는 부분적으로 보완적이고, 부분적으로는 모순적인 개념이 등장하였다. 본장에서 우리는 그러한 개념에 분석의 초점을 맞출 것인데, 이는 정치엘리트의 사고와 여론 형성, 그리고 헌정 및 행정제도의 형성과 작용과 관련된 개념을 의미한다.

1. 첫째 행정부체제 형성에 있어서 상당한 영향력을 행사하였던 '의회주의자'(parliamentarist)는 그들이 신봉하고 있었던 정치·법적 전통의 부활로 헝가리 정치사고 형성에서 활기를 나타내었다. 이러한 개념은 체제전환 후 등장한 정치엘리트를 분열시켰다. 아마도 이러한 관점은 의회, 의회정당, 그리고 의회에 책임을 지는 행정부가 바로 이 시기에 정치의 중심으로 들어선 사실과도

연관되어있을 것이다. 의회의 전통은 행정부와 제도중심의 정치 사고에 부합한다(Körösényi, 1996: 81). 헝가리 정치체제에서 충분히 잘 알려진 이러한 특징을 우리는 주목해야하며, 다른 뚜렷한 경향도 아래에서 열거하고자 한다.

2. 두 번째 헝가리 정치사고의 특징에 대해서 말하자면 체제전환기 지배적인 이데올로기 성향은 자유주의 특징을 나타내고 있다는 점이다. 자유주의가 지배적인 개념으로서 성립함은 공산주의체제에 반하여 발생한 것이었으나, 동시에 당시 작용하였던 좀 더 넓은 의미에서의 국제적 영향력도 존재하였음에 주목해야 한다. 권력기관 간의 권력분배를 종결시키고 통제경제 방식 시행으로 경제를 국유화하였던 거의 반세기에 걸친 중앙집권화된 공산주의의 당·국가 경험과는 대조로, 체제전환 시기 자유주의는 과도기 행정부가 설정한 정치·경제 목적 달성을 위한 종합적인 이념적 골자를 제공하였다. 국가의 역할을 제한하는 프로그램을 작성하고, 권력을 분산하며, 행정 및 다른 영역 그리고 경제영역을 비 정치화시키며, 개인의 자유를 수호하고, 헌정국가를 창조하며, 자본주의 시장경제를 창조하는 등의 행위는 18-19세기 자유주의라는 기치하에 유럽에서 출현하였던 고전적 사고의 바탕 하에 형성된 것이었다. 헝가리의 경우 1940년대 공산주의체제 성립으로 말미암아 동시대의 유럽 헌정질서와 정치발전의 유형으로부터 이탈하였고, 이러한 상황에서 공산주의 종식은 유럽의 자유주의 실현을 위한 기회의 개화를 의미하였다. 따라서 자유주의 사고를 바탕으로 정치적 목표를 세우고 제도화하려는 과도기 헝가리 민주행정부의 시도는 유럽으로의 귀환을 의미하였다. 헝가리 정치사고에 있어서 자유주의의 중심 개념으로 자리잡은 첫 번째 개념은 '헌정국가'(constitutional state)이었다. 헌정개혁은 1945년 이후 국제적으로 출현하였던 근대적인 헌정 국가 개념과 부합한 제도의 연속성을 창출하였는데, 이는 기본권의 헌법적 보호, 헌법재판소, 그리고 시민권 보호를 위한 의회위원회 성립을 포함하였다. 이러한 기관은 헌정상의 그리고 정치체제의 일부가 되었다.

3. 세 번째 민주 체제전환이라는 개념에 포함되어 있었던 주요사고는 민족주의이었는데, 이는 민족주의적 사고와 국가독립 그리고 헝가리 국경밖에 거주하고 있는 헝가리 소수민족과 관련된 문제 등의 형태로 등장하였다. 예컨대 체제전

환 전후(1988년) 발생한 첫 번째 시위는 루마니아 트랜실바니아 지역에 거주하고 있는 헝가리 소수민족의 운명에 관한 것이었다. 민족주의적 감정과 다른 모습의 다양한 민족주의는 서로 상이한 정당·정치와 연관될 수 있었는데, 자유주의와 민족주의를 서로 상반되는 개념으로 설정함은 정치통합을 대신하여 종종 정치의 분열을 촉진하였다. 이른바 '민중적-민족주의'(*népi-nemzeti*)와 급진적인 사고를 지닌 민족주의적 인텔리겐찌아 그리고 그러한 운동을 대표하였던 급진적이고 집합적인 민족주의는, 다원주의 특성을 지닌 정치사회와 권력분산의 원칙과는 서로 상충하는 것이었다. 아래에서 곧 우리가 살펴볼 듯이 급진적 민족주의는 행정부가 아닌 국가와 정치에 반하는 '정치의 반 정치적 개념'(the anti-political conception of politics)의 특성을 나타내었다.

4. 독재를 종결시키고 분권화된 권력으로 헌정국가 성립을 추구했던 '행정부적 자유주의'(gouvernementale liberalism) 이외에, 이른바 '급진적 해방자유주의'(emancipatory radical conception of liberalism)도 헝가리 정치사고에 등장하였는데, 이러한 사고는 여론을 주도하는 지성인이 상당한 정치적인 영향력을 행사하였다. 행정부 입장에서 가장 중요한 개념은 – 계층, 권력, 권력의 분권화, 국가, 행정부, 지도부, 그리고 통치 – 라는 요소인데 이들은 무엇보다도 권력기관과 그러한 권력을 행사하는 방법과 연관되어 있다. 이와는 대조로 해방적 자유주의 사고의 중심에는 권력제한, 민주화, 참여, 평등, 인권 등의 요소가 있는데 이들은 정치 사고에 있어서 규범적이고 비판적인 접근방법의 토대와 모든 형태의 권력과 권력기관에 대한 비판의 성찰을 제공하였다. 해방적 자유주의 관점에서 볼 때 권력과 정치는 외부적인 혹은 인위적인 특성으로 분류될 수 있으며, 그 아래에서 존재하고 있는 개인과 사회를 자유롭게 해방시키고자 한다. 또한 정치를 개인의 자유와 사회 밑에 두고자 한다. 헝가리 정치사고에서 해방적 자유주의는 행정부적 자유주의와 제도 중심의 태도를 중요하게 생각하지 않으며, 이 개념에 대하여 종종 비판한다. 동시에 해방 자유주의는 강한 규범적인 특성을 지니기도 한다. '묘사적 접근방법'(descriptive approach)으로 볼 때 정치는 사회활동의 형태이지만, 규범적 이해접근법에서 볼 때 정치는 적절한 질서와 정의사회 구현에 책임이 있다고 간주한다. 또한 정치와 도덕성은 분

리할 수 없다고 간주한다. 규범적 정치 개념의 가정 중 하나는 공공선 혹은 공익은 조화롭다는 것인데, 이러한 조화는 애초부터 그러하였거나 혹은 개인행동과 당사자 간 이해관계의 조화로 가능하다고 보았다. 정치의 해방적 규범 개념의 두 가지 형태인 '제도주의자'(one institutionalist)와 '반 제도주의자'(one anti-institutionalist) 개념은 헝가리 정치사고에 등장하였고, 국가라는 개념의 형성에 영향을 미치었다.

5. 이러한 형태 중 하나는 제도주의 성향의 전통으로 변모하였다. 제도주의 성향의 관점에서 바라보면, 공익을 위하여 행동하는 행위자는 정치기관이 아니며 오히려 비정치적인 기관이다. 공익의 비 정치화된 개념에 따르면 공익은 정당, 의회, 그리고 행정부에 반하여 대표되며, 이 기관을 대신하여 공익을 대표하는 기관은 테크노크라시 전문가 집단이다. 또한 공공선은 정치영역을 관장하는 법치주의 기관(이를 테면 법원, 헌법재판소, 그리고 옴부즈먼)에 의하여 대표된다고 보았다. 테크노크라시 대 관료주의, 그리고 법치주의 사고도 서로가 상이한 특성을 지니고 있지만, 그들이 보유하고 있는 공통점은 그들은 공익의 개념을 정치공동체의 이권을 형성하고 대표하는 대표 민주기관과 정치 행정부와는 독립적으로 분리하여 간주하고 있다는 점이다. 그들은 국민주권 원칙을 한편으로는 법치주의라는 원칙과 다른 한편으로는 관료주의 원칙에 종속시킨다. 좀 더 일반적으로 말하자면 그들은 주권과 국가의 정치적인 특성을 부정한다. 행정부 행위자에 대해서 말하자면 공공선은 정치인이 대표하는 것이 아니라 전문가, 공무원, 혹은 변호사가 대표한다고 보았는데, 이들은 전문 행정 혹은 법적·도덕적인 지식을 보유한 사람들이다. 이러한 관점은 공익을 형성하는 기관이 행정부 혹은 의회라는 사실을 부정하는 것이며, 또한 정치의 자율성도 부정하는 것이다. 내·외적으로 국가 주권을 강제적으로 구분하려는 시도와 주권을 거부함은 1990년대 상반기 헝가리 정치에서 실제로 발생하였는데, 당시 행정부는 국내 질서를 관장하는 경찰과 국방을 관장하는 군대를 통제하려 하였다. 그러나 제도주의자는 이러한 시도를 거부하였고, 그 결과 사실상 이 기관에 대한 정치적 감독은 퇴보하였다.

공익과 공공선이라는 비 정치화된 개념은 신문논평자, 정치학자, 공공변호사 그리고 전문가에 의해서도 형성되었는데 이들의 영향력은 상당하였다. 그러한 영향력은 심지어 정치인들도 비 정치화된 공익과 공공선 개념에 어느 정도 동의했다는 사실에서 알 수 있다. 정치인들이 정치적 판단을 자제하고 전문인과의 대화를 추구하거나 요청하는 행위는 일상적인 일인데, 이는 그들 앞에 놓여 있는 정치적 혹은 정당의 이득을 대표하는 등의 이른바 '부분적 이해'(sectional interest)는 현실이 아니라, 공익이 정치인이 관심을 가진 현실이라는 점을 부각시키기 위함이다. 공익이라는 비정치적인 개념을 정치이론으로 바라볼 때 이 개념은 자기모순적임을 알 수 있는데, 이는 정당정치인과 그들로 구성된 의회, 그리고 특히 행정부를 과소평가하며, 이와는 반대로 정치적 영향력으로부터 자유로운 기관의 행위자들을 과대평가하는 경향이 있다. 행정부기관에 대해서 말하자면 중립적인 혹은 비 정치화된 행위자들 이를테면 행정, 법원, 그리고 특히 헌법재판소가 공익을 대표하는 기관으로 널리 간주된다. 공익과 공공선을 형성함에 있어서 정치보다 중요한 전문지식과 적법성의 우월성은 부분적으로는 프로이센과 오스트리아 국가 개념 및 정치관에서 기인한다고 볼 수 있으나, 18-19세기의 헝가리 전통은 아니었다: 정당정치와 의회는 부분적 이해관계가 작용하는 세계이었으나, 공공선은 전문가와 공무원이 대표하였다. 공공선은 전문지식에 의존하였고 정치과정과는 독립적인 형태로 사전에 존재하였다(Körösényi, 1996).

6. 헝가리 정치사고에 등장하였던 반정치(anti-politics) 개념은 공익을 형성하고 대표하는 정치기관의 역할과의 자율성을 단순히 부정한다는 뜻은 아니다: 반정치 개념은 총체적인 국가 제도적 체제를 공익이라는 영역으로부터 제외함을 의미한다. 즉 반정치 사고에 따르면 공익은 제도적 과정의 산물이 아니라, 이러한 과정에서 사전적으로 존재하는 내용만을 부여할 뿐이다. 반정치 사고는 이러한 방식으로 공공선의 본질도 귀속시키는데, 공공선은 국가와 사회내에서 직접적으로 존재하며, 제도적인 정치 과정과는 별도로 사전에 존재한다. 따라서 공공선은 반 정치적 특성을 보유한다. 루소가 말한 국민주권론에서 등장한 이러한 세 가지 형태의 반 제도적인 개념은 1990년대 헝가리 정치사고에서 등장하였다. 상이한 변수 가운데 변수를 서로 구분해주는 것은 국민주권론과 공

공선의 소유자 문제(누가 주권과 공공선을 소유하고 있는가의 문제를 지칭함)와 국가와의 관계를 어떻게 간주하고 바라보는가에 따라 달려있다. 국민주권과 공공선 소유자의 한 형태는 '시민사회'(civil society)이고, 또 다른 형태는 '민족'(nation)이며, 세 번째 형태는 '시민공동체'(the community of citizens)이다. 이 중 첫 번째는 이른바 '민주헌장'(the Democratic Charter)이라는 조직을 구성한 사회주의·자유주의자(the social-liberal) 지성인이 대표하였으며, 두 번째는 '헝가리인 방식의 동아리'(the Hungarian Way Circles)라는 급진적 민족주의 지성인과 헝가리인의 삶과 정의당이 대표하였다. 세 번째는 직접민주주의의 원칙 제도화를 모색하였던 독립소지주당 개혁자가 대표하였다(이를테면 대통령 직선제와 국민투표 제도, 그리고 시민이 요구시 국회의원 의석을 철회할 수 있도록 가능하게 함으로써 직접민주주의 실현을 모색함).

이렇게 '반정당적'(anti-party)인 그리고 '반국가적'(anti-state)인 특성과 공공선의 비정치화라는 개념은 동시대의 헝가리정치 사고에 등장하였던 반 정치적인 접근방식의 형성을 초래하였다. 그 결과 헝가리의 강한 의회주의 전통에도 불구하고 정치 정당, 정당에 그 근간을 둔 의회, 그리고 의원내각제 제도는 공익을 대표하는 보유고로서 확고하게 탈바꿈하지 못하였다. 비 정치화된 관점에 따르면 무엇보다도 비 정당형태인 전문직 엘리트 집단이 공익과 공공선을 대표하는 합법적 보유자이었고, 반 정치적 관점은 분명 반 정치엘리트 접근방식을 창출하였다. 반 정치관의 사고로 의회에 반하는 정치운동을 하거나 국민투표를 발의함은 반 제도적이고 반 엘리트적인 특성이었다. 일부 정치엘리트 집단은 그들의 목적을 달성하고자 그러한 도구를 그들의 정치 정적에 반하여 사용하곤 하였다. 그러나 전반적으로 지배적인 정치엘리트는 이러한 운동과 거리감을 두었다.

7. 1990년대 정치사고의 중심으로 자리 잡은 '권력분배 원칙'은 앞서 언급한 다양한 접근방법의 절충안이기도 하지만 독자적인 접근방법으로써도 이해할 수 있다. 권력분배 원칙은 '합의의 원칙'(the principle of consensus)으로 보완하고자 하는 특성이 있다. 이러한 사고의 중심에는 동의안의 원칙과 권력분배의 원칙 모두를 제도화시키려는 이른바 '다극공존형민주주의'(consociational de-

mocracy)라는 정치학에서 기인한 개념이 있다. 이를 실행하기 위해서는 '참여적민주주의원칙'(the principle of participatory democracy)과 사회에 의한 정치의 '재점령'(re-conquest)이라는 프로그램의 실현, 그리고 행정부체제내 기관간의 '내적주권'(internal sovereignty) 구분으로 가능하다. 행정부와 의회 다수에 반한 이러한 권력분배 기관은 의회내 야당, 국가 원수(헝가리에서는 대통령), 헌법재판소, 행정, 지역평의회, '기능적 지역자치정부'(functional self-governments), '준국가기관'(semi-state institution), 그리고 국민투표 제도가 있다. 그러나 이러한 제도적 체제는 기능적으로 뿐만 아니라 정치적으로 분열되어있고, 따라서 정치적 행위자와 제도적 행위자간의 동의안과 협력이 있어야 작용할 수 있다. 이러한 이유에서 정치는 동의안적 경향의 접근방법에 의존한다고 말할 수 있다. 헝가리 정치 사고의 공통분모인 동의안적 성향의 정치는 공익 혹은 공공선이라는 두 가지 원칙을 토대로 성립되었다. 국가의 비 정치화되고 반정치적인 개념에 따르면 동의안은 공공선이라는 사전적 개념(*ex ante* character)의 특성에 달려있는 반면, 절차상 접근방법(procedural approach)에 따르면 공익은 사후의 본질(*ex post* nature)을 토대로 성립되었다. 이 중 후자는 다원주의적 민주주의 산물로서 출현한 것이다. 공공선은 사전에 존재하는 조화를 의미하며, 공익은 공공선을 산출하는 과정에서 출현한 조화를 의미한다 (Körösényi, 1996).

위에서 논의한 국가와 정치사고의 다양한 개념들은 때때로 정치의 중심에 놓여있었고 때로는 퇴보하였는데, 이는 그러한 개념을 해석하고 현실 정치에 적용하는 정치행위자와 기관들이 때로는 강하게, 때로는 약하게 변모하는 것과 마찬가지의 논리이다. 그러나 체제전환 후 10년간 앞서 논의한 정치사고는 개헌 과정과 헌정 개념 형성에 있어서, 그리고 행정부체제 형성과 운영에 모두 영향을 주었다.

4 민주 헌정 및 행정부 체제의 출현과 체제전환의 본질

정치사고의 지배적인 발상 이외에 체제전환과 체제전환 과정 중 발생하였던 개헌은 당시 출현하는 행정부체제의 본질에도 중요한 영향력을 행사하였다. 헌정 국가로서 헝가리의 근본을 세우는 민주 헌법은 국회에서 작성한 결과가 아니라, 1949년 공산헌법을 연속적으로 개정하여 성립된 결과이었다. 1987-1997년 총 17차례의 개헌안이 통과되었고, 그 중 9개는 1989년에 그리고 1990년에는 두 차례의 주요 개헌은 개정되었다(Kukorelli, 1995: 12). 첫 주요 헌정개혁은 1989년 공산당, 야당, 그리고 시민사회 간의 삼자구도 협상에서 성사된 타협의 결과이었다. 두 번째 개헌 첫 자유총선 후 등장한 가장 큰 두 의회정당인 헝가리민주포럼과 자유민주연합 간 성사된 타협안의 결과이었다(당시 이를 paktum이라고 칭하였다). 1991-1997년에는 7번의 추가 개헌이 이루어졌는데, 대부분의 경우 의회정당간 동의안으로 통과되었다.

두 주요 개헌을 비교해 보면(1989년과 1990년 개헌을 지칭), 첫 개헌은 의회주의 규정과 법안 통과시 필요한 2/3 이상의 다수결 요건 충족(소수 거부권, the minority veto이라고도 함)과 관련된 일반적 의사결정의 원칙 도입, 그리고 다른 핵심 국가기관의 권력균형을 구성할 수 있는 이를테면 헌법재판소 법안을 도입시켰다. 두 번째 개헌은 권력의 법적·정치적 분배의 유지와 동시에 이른바 '수상민주주의'(chancellor democracy)라는 다양한 요소를 도입하여 의회에 대한 행정부의 권력 안정에 기여하였다. 앞서 논의하였듯이 당시 지배적인 '헌정주의'(constitutionalism)와 국가라는 개념은 개헌의 과정에 중요한 영향력을 행사하였다. 개헌에 추가적인 영향력을 행사한 것은 체제전환의 본질이었다. 본 장에서는 1989년과 1990년 두 주요 개헌과 관련된 헌정주의와 체제전환의 효과를 살펴보고자 한다.

1989년 말 혹은 1989년 10월 헝가리 공산당이 스스로 자중지화되어 분열될 때까지, 그리고 당해년도 11월에 치러진 국민투표가 성사되었을 때까지 헝가리 정치적 체제전환은 매우 불확실하였으며, 민주 체제전환의 성공 여부는 불분명하였다. 체제전환이라는 성과를 이루어 낸 정치행위자 간의 투쟁은 여전히 진행중이었다. 이른바 '야권연대 원탁협상'(the Opposition Roundtable)은 권력을 계속 지탱하고 있었던 헝가리사회주의자노동당 지도부를 신뢰하지 않았는데, 당시 공산당지도부 가운데 개혁공산주의자로 잘 알려진 정치인도 있었다. 야권연대내에서 급진적인 사고를 지닌 정치인과 정당은 온건 성향을 지닌 정당이 헝가리사회주의자공산당의 개혁파와 동맹을 맺을 것이라고 두려워하였다. 이러한 불확실성은 첫 자유총선 이후에도 계속해서 잔재하였다. 야당은 거의 모든 공공기관의 권력을 지배했던 헝가리사회주의자노동당을 두려워했다. 첫 자유총선이 치러진 이후에도 야당은 헝가리사회주의자노동당이 계속해서 행정부내 권력을 유지하고, 그들이 확보한 보직을 계속해서 지켜낼 수 있을 것이라고 우려하였다. 바로 이러한 이유에서 야당은 총선 후 구성될 행정부와 의회에 대하여 권력을 견제하고, 때로는 독단을 저지할 수 있는 제도적 확약을 보장받고자 하였고, 이러한 목적에서 강한 권한을 보유한 헌법재판소 성립을 주장하였다(Halmai, 1993: 23). 특히 야권연대에서 좀 더 급진적인 사고를 지닌 정당인 예컨대 자유민주연합과 청년민주연합은 공산당이 제시한 개헌안에 포함되었던 강한 대통령직과 대통령 직선제 제도를 매우 위험한 사항이라고 간주하였다. 헝가리사회주의자노동당 해체 후 헝가리사회당은 임레 포즈거이(Imre Pozsgay)라는 대중에게 잘 알려진 개혁공산주의자를 확보하고 있었고, 이에 대항마를 세울 수 없었던 야당은 약한 권한을 행사할 수 있는 간선제 대통령 선출 방식을 선호하였다. 아울러 야당은 의회가 중심이 되는 행정부 제도의 성립을 선호하였다. 이렇게 극도로 강한 행정부와 대통령 권력에 대한 두려움이 바로 1989년 가을 삼자 원탁협상에서 타개된 개헌의 핵심적 동기부여이었다. 개헌결과 의회는 행정부와 대통령에 견주어 아주 강한 권한이 부여되었고, 헌법재판소와 옴부즈먼이라는 기관에도 권력 분산이 시작되었다.

개헌의 두 가지 요소는 행정부에 견주어 입법부 권한을 강화시켰다. 하나는 의회 의사결정 과정에서 '가중다수결 원칙'(헝가리에서는 2/3 이상의 찬성을 요구하는 원칙)의 확장인데, 이는 거의 모든 헌법의 주요 길라잡이 원칙이 되었다. 이전에 가중다수결 원칙은 단지 헌법 개정안에만 필요하였다. 그러나 Act XXXI of 1989 명칭하에, 1989년 10월 23일 성사된 개헌은 세개의 큰 의사결정 영역에서 2/3 이상의 다수결을 요구하는 조건을 도입하였다. 첫째는 공법(public law)과 같이 중요하다고 여겨지는 기본권과 관련된 법안들에 대하여 2/3 이상의 찬성안이 요구되었다. 둘째 개인과 관련된 일부 문제들 예컨대 헌법재판소 임원 선출과 대통령 탄핵안을 위한 절차 개시안도 2/3 이상의 찬성이 요구되는 사항이었다. 셋째 가중다수결은 전쟁 혹은 비상계엄령 선포와 같은 중대한 사실의 진술에도 요구되었다(*Magyar Közlöny*, 1989, no. 74: 1236). 헌법력을 지닌 법안의 개념은 1988년 법무부가 작성한(그리고 1989년 1월 간행된) 헌법 초안에, 그리고 다른 광범위한 법안 개혁안에 이미 포함되어 있었다. 그러나 이러한 사전적 노력에도 불구하고 1989년 여름 삼자간 원탁협상에 참여한 당사자들이 2/3 이상의 찬성을 요구한 가중다수결 원칙을 도입한 이유는, 만약 어느 한 측이 총선에서 패배하여 의회내 소수 혹은 야당의 위치에 놓이게 되었을 때, 그들은 2/3 찬성안을 요구함으로써 법안 가결 문제에 있어서는 여전히 상당한 영향력을 행사할 수 있을 것이라고 생각하였기 때문이었다.

의회의 권한을 강화시키는 두 번째 요소는 행정부로부터 특이할 정도로 보호되고 독립성을 확보할 수 있는 제도적 장치를 들 수 있다. 일반적으로 의원내각제 체계에서는 의회주의 체제에서는 행정부가 의회를 해산할 수 있는 권한이 있지만, 헝가리 정치체제내 행정부는 의회를 해산시킬 수 있는 권한이 없다(Pokol, 1994: 15-20; Brettschneider, 1994: 481-485; Kovács, 1988; Alemann, 1989: 653).

1990년 봄 헝가리민주포럼과 자유민주연합 간에 성사된 동의안은 매우 상이한 정치환경에서 체결되었다. 1989년 가을 개헌 후 6개월에 걸쳐 발생한 정치적 전개는 헝가리에서 다당제와 분열화된 정치환경을 조성하였다. 정당체제 관점에서 바라볼 때 1990년 3월과 4월 선거는 정당간 중간정도의 정당 파편화를 야기하였고, 그 결과 행정부 구성은 여러 정당의 연립을 통해서만 가능하였다. 1989년 개헌으로 성사된 극도로 강한 의회와 약하고 불안정한 행정부의 조합은 국가를 통치할 수 없을 것이라는 우려와 독일 바이마르공화국처럼 될 수 있다는 불안감을 조성하였다. 1990년 헝가리민주포럼과 자유민주연합 간 성사된 개헌 과정에서 발생한 타협안은 바로 이러한 문제를 방지하기 위함이었고, 다방면에서 볼 때 그들의 동의안은 의회에 견주어 행정부의 권한을 강화시켰다.

첫째, 의회내 2/3이상의 찬성안을 요구하는 법안이 감소하였다. 그 결과 의회내 야당이 행정부가 제안한 법안에 대하여 거부권을 행사할 수 있는 권한이 제한되었다. 2/3 찬성안을 요구하는 법안은 표 9-1에 나열하였다.

표 9-1 1996년 의회에서 2/3 찬성안을 요구했던 법안들

7(2)	입법과정에 관한 법안
19(5)	국민투표에 관한 법안
19/D	비상계엄 발생시 적용되는 법안
19/E(1)	외부에서 공격 발생 시 행정부가 즉각 반응하여 조치를 취할 수 있는 권한에 대한 법안
20(4)	국회의원 급여에 관한 법안
20(6)	국회의원의 법적 지위에 관한 법안
24(3)	개헌과 헌법내 정해진 일부 결정에 관한 법안
30(2)	대통령 급여에 관한 법안
32/A(6)	헌법재판소에 관한 법안
32/B(7)	의회의원(옴부즈먼)에 관한 법안
32/C(4)	국립 회계감사원에 관한 법안
35(3)	극도의 위험한 상황을 대처하기 위하여 행정부가 취할 수 있는 권한에 대한 법안
40/A(1)	군대의 책임에 관한 법안
40/A(2)	경찰에 관한 법안
40/B(5)	군대 비정규직 임원의 정치활동 제안에 관한 법안
44/C	지방자치정부에 관한 법안
50(4)	사법부에 관한 법안
58(3)	여행자유 및 정착에 관한 법안
59(2)	개인 자료 보호에 관한 법안
60(4)	양심과 종교의 자유에 관한 법안
61(3)	공익정보의 자율성에 관한 법안
61(3)	언론의 자유에 관한 법안
61(4)	공공미디어에 관한 법안
62(2)	집회의 자유에 관한 법안
63(3)	정치정당에 관한 법안
63(3)	결사의 자유에 관한 법안

65(3)	정치적 망명 권리에 관한 법안
68(5)	소수민족 권리에 관한 법안
69(4)	시민권에 관한 법안
70/C(3)	파업에 관한 법안
70/H(3)	병역에 관한 법안
71(3)	총선에 관한 법안
71(3)	지방자치정부 선거에 관한 법안
76(3)	공화국 상징 사용에 관한 법안

Note: 위의 수치는 헌법내 2/3 이상의 찬성안을 요구하는 헌법 조항을 지칭한다.
출처 : 헝가리 헌법에 근거하여 작성됨.

둘째, 의회 분열과 연립정부의 위험 그리고 무엇보다도 행정부의 불안정성을 우려하여 수상 및 전체행정부, 그리고 의회에 견주어 개개 각료의 입지를 강화시키는 특별한 헌정 메카니즘이 도입되었다. 예컨대 의회에서 수상에 대한 불신임안을 가결시 그 수상을 대신하는 인물이 동시에 임명되어야 하며, 2/3 이상의 찬성안을 요구하는 '건설적 불신임안'(constructive vote of no confidence)제도가 도입되었다. 또한 이러한 헌정 메카니즘은 행정부내 개개의 각료들이 의회내에서 그들이 수행하고 있는 업무에 대하여 의회위원회에게 보고하고 책임을 지는 등의 행위를 약화시켰는데, 이는 각료에 대한 '의회의 불신임안 제도'의 종결로 가능하였다.[13)]

위의 이러한 요소들은 분명 의회에 대한 행정부의 종속성을 줄이는 효과가 있다. 그러나 모든 개헌의 조치가 행정부를 강화시키는 방향으로 동일하게 이루어진 것은 아니었다. 임명권에 대하여 의회가 행사할 수 있는 2/3 이상의 찬성안은 강화되었고, 대통령직은 야당인 자유민주연합의 임원에게 주어졌는데, 이는 2/3 찬성안이 요구된 법안을 줄이기 위하여 헝가리민주포럼이 자유민주연합에게 제공한 보상적 차원의 협정이었다. 그러나 이러한 부분적인 예외를 제외하고서는 변화의 취지는 분명하였다. 다음 장에서 우리는 헝가리 정치체제에서 발견된 독특한 헌정과 행정부 체제의 주요 특징에 대하여 간략히 살펴보고자 한다.

13) 그 결과 각료는 수상에 대해서만 국정에 대한 책임을 지게 되었다.

5 헝가리 헌법의 주요 특징들

헌법과 정치체제의 관행에 따르면 헝가리는 '의회주의 공화국'(parliamentary republic)이다. 의회는 단원제이고 국가의 수장인 대통령은 의회에서 간선으로 선출한다. 행정부와 의회는 행정부체제의 중심에 있다. 헌법은 권력분배의 원칙을 제도화시켰다. 성문법 이외에 의회와 행정부가 제정한 법안에 대한 법적 검토는 헌법재판소를 통하여 가능한데, 헌법재판소는 행정부와 의회의 권력을 제한할 수 있으며 국민투표 제도도 존재한다. 국가체제는 단일행정과 조직형태를 띄고 있다. 헝가리 헌법과 행정제도의 형성과정에 있어서 독일 '본 공화국'(the Bonn Republic)의 영향력이 강하게 작용하였다. 행정부체제는 의회주의이며, 다각도에서 볼 때 체제의 특징은 독일 수상제도와 비교할 수 있다.

이러한 헝가리 헌정과 행정부 제도의 일반적인 특징 이외에 지난 50-100년간 유럽에서 존재하였던 의회민주주의의 관행과는 사뭇 다른 특성이 헝가리 헌정제도에서 발견된다. 이러한 독특성은 다른 곳에서 발생할 수 있는 '다수결 원칙'의 제한과 관련 있는데, 헝가리에서는 특히 권력분배의 제도화 방식과 정도에서 그 차이점이 두드러진다. 본 장에서는 이러한 특이한 요소의 주요 특징을 살펴볼 것이다.

1. 첫째 헝가리 헌정과 행정부 제도에서 발견할 수 있는 독특성은 법치주의 원칙의 급진화와 법과 정치의 강한 상호 연계성을 들 수 있다. 이러한 특징은 헌법재판소의 광범위한 권한을 보면 알 수 있는데, 국제 표준과 비교해서도 헝가리 헌법재판소는 아주 강한 권한을 행사할 수 있으며, 또한 그러한 권한에 부합하여 기꺼이 역할을 맡고자 한다(헌법재판소에 대한 자세한 내용은 13장에서 다룸). 이러한 이유에서 헌법재판소는 전체 정치체제의 주요 기관 중 하나로 변모하였다. 1989년 개헌은 1995년에 사실상 신설된 옴부즈먼이라는 독특한 기관을 성립시켰다.
2. 두 번째 헌정 제도에서 발견할 수 있는 독특성은 행정부와 의회 간 관계의 '이

원적 배열'(the dualistic arrangement)이다. 입법부와 행정부의 혼합 그리고 의원내각제에서 종종 발견할 수 있는 행정부와 의회의 혼합은 헝가리 행정부체제에서도 발견할 수 있다. 그러나 대다수의 유럽 의회주의 체제에서 발견할 수 있는 두 권력기관 간의 정치적 행동의 단합은 헝가리에서는 발견할 수 없다. 즉 헝가리 헌법에서 발견할 수 있는 독특성은 법적·정치적인 관점에서 볼 때 입법부와 행정부의 이원적 체제가 유지되고 있다는 점이다. 그 결과 입법부와 행정부의 이원적 체제는 권력의 분배를 가져오며, 행정부와 입법부의 독립성이 상호 보장되었는데, 이는 의회주의 체제에서는 특이한 사항이며, 다각도의 관점에서 볼 때 대통령제 행정부에서 발견할 수 있는 제도화된 권력의 분배를 상기시킨다. 헝가리에서는 입법부와 행정부의 상호 종속성이 양 방향에서 모두 제한적이다. 전술하였듯이 행정부는 입법부를 해산시킬 수 있는 권한이 없으며, 그 결과 헌법·정치적인 관점에서 볼 때 행정부로부터 입법부의 독립성은 증가한다. 반면 입법부에 대한 행정부의 종속성 또한 약화될 수 있는데, 이는 각 각료 및 수상 그리고 행정부 전체가 의회에 대하여 갖는 책임을 약화시킴으로써 가능하다. 헝가리 입법부와 행정부 간의 상호 독립성은 근대 의회주의 체제에서 발견할 수 없는 정치적인 배열이며, 이는 오히려 18-19세기 유럽의 전통적인 입헌군주제와 유사하다. 오늘날 헝가리의 행정부체제는 대통령체제하의 헌정적 이원성과 유사하다.

3. 세 번째 헝가리 헌정과 행정부체제에서 발견할 수 있는 특이성은 의회의 강한 권한과 의회내 야당의 권한과 관련되어 있는데, 야당은 행정부에 대하여 강한 거부권을 행사할 수 있다. 이러한 특징은 다음의 요인이 작용하여 발생하였다: 독점적인 입법안의 권한은 의회가 보유하였으며, 대다수의 유럽 민주주의 국가의 관행과 비교해 볼 때, 헝가리 행정부는 법령을 포고하여 권력을 행사할 수 있는 범위가 제한되어있다(Kukorelli, 1995; Sári, 1993, 1994). 헝가리는 강한 의회위원회 제도와 이른바 '입법안 의회'(working parliament, 자세한 사항은 12장에서 다룸)로서의 의회 의 특성을 지니고 있으며, 2/3 이상의 찬성을 요구하는 법안과 주요 국가기관 관료 선출에 있어서 2/3 이상의 찬성을 요구하는 사항 등의 조치는 행정부에 대한 의회의 권한을 강화시키는 효과가 있다. 이러

한 모든 사실은 행정부를 상대로 입법부에 상당한 권한을 부여하는 것이며, 행정부 다수에 대한 의회내 야당의 권한 또한 증가시키는 효과가 있다. 결과적으로 행정부가 단행한 조치와 의원내각제의 운영방식 또한 법적으로 제한받을 수 있다. 의사결정에 있어서 다수결원칙을 제한시키는 2/3 가결안 원칙은 원칙적으로 그리고 실제적으로도 의회주의 논리와 상충하는 것이며, 행정부체제내에서 의회주의 특성을 약화시킨다.

요컨대 앞서 언급된 두·세 번째 특징 때문에 헝가리 행정부체제는 '제한된 의회주의'(limited parliamentarianism) 특성을 지닌 체제 중 하나라고 말할 수 있다. 표 8-2은 의회주의 주요 유형을 벗어난 체제의 특징을 요약한 것이다. 표 8-2에서 열거된 9개의 특징 중 6개가 헝가리 방식의 제한된 의회주의에 적용된다.

표 8-2 의회주의의 일반적 특징과 헝가리 의회주의의 한계성

의회주의의 일반적 특징들	헝가리 의회주의의 한계
1. 권력기관 간의 상호 연계성(개개 각료는 동시에 국회의원임)	
2. 이원행정부 집정제(행정부와 국가 수장의 분리)	
3. 의회에 책임지는 행정부(행정부는 의회에 종속됨)	건설적 불신임안 제도; 각 각료에 대한 불신임안 제도의 부재
4. 의회는 어느 시점이나 해산될 수 있음(수상의 요청 하에 대통령이 해산함)	수상은 의회 해산의 권리가 없으며 일반적으로 대통령도 해산 권리가 없음(특수한 경우에만 해산 가능)
5. 각료행정부(개개 각료는 의회에 책임을 짐)	개개 각료에 대한 불신임안 없음; 개개 각료는 단지 수상에 대해서만 책임을 짐
6. 입법부내 행정부 우월성	행정부의 우월성은 야당의 거부권 행사로 제한될 수 있음.
7. 다수결 원칙에 따른 의사결정	2/3 찬성 가결안의 폭 넓은 활용
8. 규율화된 의회정당집단의 존재	
9. 행정부와 의회 분리는 명확하지 않음(행정부와 의회는 상호 연계되어 있음)	다각도에서 행정부와 입법부의 이원적 체제가 잔재하고 있음

4. 네 번째 헝가리 행정부 체제의 독특성은 행정부와 입법부 간 권력분배 관계의 원칙을 넘어선 새 원칙이 급진적으로 제도화되고 있다는 점이다. 행정부에 대하여 균형을 이룰 수 있고 그로 인하여 의원내각제가 지닐 수 있는 권한을 제한할 수도 있는 추가적인 제도적 장치가 마련되었는데 이는 다음과 같다.
   a) 법적으로 제도화된 균형장치 중 가장 두드러진 것은 헌법재판소이다. 헝가리 헌법재판소는 유럽내에서 가장 강하고 광범위한 권한을 지니고 있는데, 이러한 권한은 판사들 그들 자신이 다른 정치기관을 상대로 "헌법재판소가 정치적 균형의 역할을 해야한다"는 능동적 신념의 형성으로 더욱 강화되었다.
   b) 때때로 국가수장(헝가리에서는 대통령)의 권한은 행정부에 반하여 작용할 수 있는데, 이는 법적으로 정의된 역할 때문이라기보다는 해당 보직에 대한 대통령의 해석, 그리고 초대 대통령 아르파트 괸츠(Árpád Göncz)의 정당 연계성 때문이다. 많은 경우에 있어서 대통령 괸츠는 그에게 주어진 헌정상의 권한을 행정부 혹은 헌법재판소보다도 더 광범위하게 해석하였다. 그 결과 행정부의 권한은 제한되었는데 1990-1994년 첫 의회주의시기에 괸츠 대통령 정당은 행정부를 상대로 한 주요 야당이었다.
   c) 의회와 의원내각제가 지닌 권한은 단지 성문화된 헌법에 의해서만 아니라 헌법재판소의 평결에 따라서도 제한을 받는다. 민주주의 대표기관의 권력은 독점적이지 않다. 직접민주주의 원칙은 국민투표로 제도화되었으며, 다른 유럽의 의회주의 체제와 비교해서도 헝가리 국민투표 제도는 견줄 수 없을 정도로 강한 법적제도이다. 국민투표 제도는 매우 광범위한 권한을 지니고 있으며 쉽게 행동으로 옮길 수 있는 제도이다: 1989-1997년 중반에는 100,000명의 서명이 모여야 국민투표를 제의할 수 있었으나, 1997년 중반 이래로는 200,000명의 서명이 있어야 국민투표를 발의할 수 있다.
   d) 헝가리 헌정과 행정부체제는 연방제(federal)가 아닌 일원화된(unitary) 체제이다. 그러나 1990년 지방선거법은 유럽표준과 비교하여 강한 지역평의회 체제를 성립시켰다(Kilényi, 1997).
   e) 지역평의회 이외에도(헝가리어로는 향토자치정부라고 함) 이른바 수많은 '기능적 자치정부'(functional self-governments) 또한 1990년대에 성립하였

다. '사회안전보장자치정부'(social security self-government)는 연금과 의료보험 제도 운영을 고용주와 고용인 대표 하에 두었던 반면, 이에 대한 행정부와 의회의 일반적 책임은 유지되었다.

f) 조합주의적 경제 이익조정위원회 포럼인 '이익조정위원회'(Interest Reconciliation Council)가 설립되었으며, 공식화된 법적 지위를 부여받았다. 일반적인 경제정책 문제에 관해서 이익조정위원회는 자문의 기능을 지니고 있으나, 노동문제에 관한 법안에 대해서는 공동결정 권리 혹은 거부권을 지니고 있다. 일부 관점에서 이익조정위원회는 의회의 상원과 동등하다고도(자세한 사항은 8장을 보시오)볼 수 있다.

g) 경제정책에 대하여 행정부가 취할 수 있는 자율성은 무제한적이지는 않지만, 행정부의 일부 광범위한 권한은 행정부로부터 독립성을 보장받은 헝가리국립중앙은행에 의해서도 제한받았다. 국제표준과 비교해 볼 때 헝가리중앙은행의 독립성은 상당하다: 영국, 프랑스, 이탈리아의 중앙은행은 재정부장관과 제2차 세계대전 후 반 세기동안 행정부의 지시 하에 놓여있던 반면, 1991년 헝가리 중앙은행법은 유럽관행의 유일한 예외인 독일연방은행(the German Bundes Bank)의 모델을 따른다. 중앙은행법은 통화가치 안정과 중앙은행의 책임을 법적으로 보장하며, 중앙은행이 행정부로부터 통제받지 않도록 보장해 준다. 그러나 역시 독일 모델과 부합하는 형태로 헝가리중앙은행은 행정부 경제정책을 지원해야 하는 규범적 의무도 지니고 있다. 재정부와 견주어 헝가리중앙은행의 입지는 더욱 강화되었는데, 이는 헝가리중앙은행이 재정부에 대하여 행사할 수 있는 강한 영향력과 상당한 정치적 비중으로 알 수 있다. 요컨대 통화정책 방향에 있어서 행정부와 헝가리중앙은행간의 '공동결정'(co-decision) 체제가 성립되었다고 볼 수 있으며, 바로 이러한 체제내에서 중앙은행은 행정부에 대하여 균형자로서 상당한 자율성을 지니며 행동할 수 있다(*HVG*, 21 December 1996: 145-149).

h) 공영미디어에 대한 감독은 행정부에서 1996년 의회위원회 감독 체제로 대체되었으며, 이는 권력분배의 체제를 강화시켰다. 이후 공영서비스 텔레비전과 라디오는 '국립 라디오와 텔레비전위원회'(National Radio and Television

Commission) 그리고 '공영서비스 뉴스관청'(Public Service News Agency)에 의하여 감독을 받았는데, 헝가리 뉴스관청(Hungarian News Agency) 또한 의회의 감독하에 놓이게 되었다. 요컨대 위의 모든 기관들의 존재와 제도들은 행정부의 권한을 강화시키는 효과가 있으며, 동시에 전체 정치체제내에서 헌정·제도상의 권력분배를 더욱 강화시켰다.

6 권력의 정치적 균형추와 권력분배

법적인 관점에서 구성된 권력분배와 균형체제는 정치·사회학적 관점의 권력분배 요소로 더욱 강화되었다. 앞서 우리는 헝가리 정치엘리트가 극도로 분열되어 있다는 사실에 주목하였다. 이러한 원인은 부분적으로는 분열된 다당제 정당체제의 출현과 관련있으며, 이렇게 분열된 정당체제는 연립정부 형성을 초래하였다는 사실과도 연관성이 있다.

법적인 관점에서 권력분배는 더욱 강력한 정치적 분리가 될 수 있도록 조성하는데 이는 서로 상호 분리된 권력기관과 제도가 특히, 서로 반대 측에 위치한 상이한 정치행위자와 상이한 정당간의 통제하에 놓이게 될 때 더욱 그러하다. 실제로 헝가리에서 이러한 상황은 첫 의회주의 시기인 1990-1994년에 발생하였다: 당시 상당수의 기관들은 행정부에 대하여 균형자 역할을 하였는데, 이 기관들의 임원 대부분은 당시 우파 정부에 반하는 야당출신의 정치인들로 구성되어 있었고, 동시에 우파 연립정부는 의회내에서 2/3 다수를 확보하지 못하였다. 그 결과 정당적 권력분리 형태가 체제내 많은 부분에서 발생하였다: 이는 행정부와 의회내 야당 간의 분리; 행정부와 야당인 자유민주연합 정당 출신인 대통령 간의 분리; 행정부와 지역평의회 간의 분리; 행정부와 기능적지역자치정부 간의 분리를 들 수 있는데 이들 중 상당수는 독립적이거나 야당의 통제하에 놓여 있었다.

두 번째 의회주의 회기(1994-1998)에 있어서는 2/3 찬성안을 요구하는 제도적 장벽을 넘어선 행정부가 구성된 관계로 앞서 말한 기관들이 행정부에 대하여 행사한 균형자로서의 역할은 감소하였다. 권력분배는 연립행정부 내부에서 발생하였다. 헝가리사회당과 자유민주연합 간의 연립정부는 두 연립정부 간의 동의안이 존재하는 한 가중다수결을 요구하는 문제에 대하여 더욱 쉽게 의사결정을 할 수 있었다. 그러나 종종 그러한 동의안은 성사되지 않았다. 연립정부내 자유민주연합이 지니고 있었던 거부권 행사는 단순가결을 요구했던 문제에 대해서도 의사결정을 어렵게 하였다.

의회내 의석수 2/3 이상을 확보한 연립정부가 구성되었음에도 불구하고 두 번째 의회주의 시기에 있어서도 야당의 거부권 혹은 공동결정권은 변하지 않은 채로 작용하였다. 이는 당시 행정부가 이른바 '합의제 민주주의'(consensual democracy)라는 기치하에 유수한 문제를 결정하는데 있어서 권력을 스스로 제한하여 가능하였다. 예컨대 이들 가운데 신헌법 제정에 대한 한시적 중단선언, 헌법작성에 대한 규칙 제정,[14] 의회위원회의 보직배정, 그리고 의회조사위원회 성립절차 간소화 문제를 다루는데 있어서 새로운 의회의사 규정으로 스스로의 권력을 제한하는 조치를 단행하였다.

첫 의회주의(1990-1994)와 두 번째 의회주의(1994-1998) 회기 간 발생하였던 정치권력 간의 권력정도 차이는 행정부체제의 특성을 근본적으로 변화시키지 않았다. 1990년 여름이후 의회에서 통과된 일부 법안과 개헌은 이러한 특성을 약화시켰는데, 그들 가운데 1993년에는 국방법, 1994년 경찰법, 그리고 1997년은 국민투표에 관한 법적·헌정적 변화가 그러하였다. 지역자치정부에 대한 1990년 법안, 옴부즈먼 기관을 창출하였던 1993년 법안, 사회정책 영역에서 기능적지역자치정부 성립, 1996년 행정부로부터 의회로의 공영미디어 감독권의 이전, 사법부에 관한 1997년 법안은 행정부를 약화시켰다.

1990-1994년과 1994-1998년 의회주의 시기에는 권력분리를 증가 및 약화시키는 법적인 변화가 있었다. 이러한 변화에도 불구하고 헝가리 헌정공화국의 권력분리는 1990년대 당시 어느 시점에서도 변하지 않았다.

14) 일반적으로는 2/3 이상의 찬성으로 신헌법을 제정할 수 있으나, 당시 헝가리사회당은 4/5 찬성안의 규칙을 적용하여 합의제 민주주의 실현을 추구하였다.

7 요약 : '균등화된 공화국'

권력분배와 권력기관의 상호 독립성 보장과 다수결원칙 활용을 현저하게 제한한 조치는 이른바 2/3 가결이 요구되는 법안과 다른 메카니즘을 창출하였다. 헌법상의 관점과 일상적 정치의 시각에서 볼 때 헝가리 의회주의는 분명 '제한된 의회주의'이다. 헌법상의 강한 균형적 조치는 행정부와 정치다수의 권력을 제한시킨다. 이는 정치제한과 연관되어 있는데 정당간의 정치적 입장 분배에 그 중요성이 달려있다.

헌정질서는 1989-1990년 개헌의 결과로 확립되었는데, 본 헌정질서는 이후 안정한 체제로 자리 잡았다. 이러한 결과는 개헌이 당시 성립된 근본적인 헌정 원칙을 변화시키지 않았고, 정치 행위자 간의 정권 다툼 과정에서 조차도 본래의 기능을 수행할 수 있었기 때문이었다. 반면 엘리트 간 원탁협상의 결과로 타개된 헌정질서는 애초부터 약한 상태로 남아있었던 헌법의 정당성을 더욱 약화시켰고, '정통성부재'(legitimacy deficit)라는 인식이 정치엘리트에게로 널리 각인되었다. 처음부터 원외 의회야당은 헌법을 비판하였으나 점차적으로 원내정당도 그러하였다(예컨대 첫 의회주의 회기에는 독립소지주당과 이후에는 헝가리민주포럼). 두 번째 의회주의 회기에는 신헌법을 제정하려는 시도가 여러 차례에 걸쳐서 있었으나, 그러한 시도는 단지 정당간의 갈등으로 얼룩지었다. 이는 당시 존재하였던 헌법정당성의 부재와 신헌법 제정에 관한 정치인들의 정치적 의지의 결여때문에 그러하였다. 현재까지 정치인들 간 신헌법 제정에 대한 동의안은 없다.[15] 헌법을 둘러싼 정당성 부재에도 불구하고 본 헌법은 정치행위자의 행동 방향을 설정하고 정치기관을 운영할 수 있는 관례로 변모하였다. 즉 헝가리헌법은 주어진 정치체제내에서 근본적인 기능을 수행하고 있다고 요약할 수 있다.

---

15) 신헌법 제정은 2010년 청년민주연합 및 시민정당이 정권을 획득한 후 시작되었고, 이듬해 가중다수결 조건을 충족시켜 신헌법을 통과시켰다. 2012년 1월 1일부로 신헌법은 시행되었다. 본 헌법은 정치적으로 균형을 이루지 못한채 보수적 가치를 지향한다고 비판받고 있다.

제 10 장
행정부

1. 법적인 관점에서 바라 본 행정부의 내부구조
2. 정당체제와 연립정부의 영향
3. 수상 권력의 원천과 행정부의 정치적 통합
4. 수상과 행정부의 입지 : 국제적 비교

근대 의원내각제 체제에서 행정부는 의회부터 행정에 이르기까지 모든 국가기관에 대하여 상당한 영향력을 행사할 수 있다. 이러한 사실은 다른 의원내각제 체제와 마찬가지로 헝가리행정부에도 상당히 적용된다. 본 장에서는 법적인 관점에서 헝가리행정부를 살펴볼 것이고 행정부 운영방식에 영향을 주는 정치적인 요소도 함께 고찰해 볼 것이다. 특히 우리는 수상과 수상 권력의 원천을 중점적으로 살펴볼 것이다. 이후 최종적으로 헝가리 행정부와 수상이 서유럽의 행정부와 수상과 비교하여 어떻게 상이한지 구체적으로 살펴볼 것이다.

1989년 민주 체제전환 후 헝가리에서는 지금껏 다음의 행정부가 성립하였다: 1990년 언털행정부(Antall government), 1993년 말 보로쉬행정부(Boross government), 1994년 여름 호른행정부(Horn government), 그리고 1998년에는 오르반행정부(Orbán government)(표 10-1), 언털, 호른, 그리고 오르반행정부는 총선의 결과로 성립하였던 반면, 보로쉬행정부는 1993년 말 수상 언털이 사망한 후 임시적으로 형성되었다. 본 장에서 우리는 언털과 호른행정부를 중점적으로 살펴볼 것이다. 1994년 총선결과에 따라 보로쉬행정부는 6개월이 채 안되어 호른행정부로 교체되었던 반면, 오르반행정부는 본고를 쓰고 있을 당시 성립하였다.[16)]

1 법적인 관점에서 바라 본 행정부의 내부구조

법적인 관점에서 볼 때 헝가리행정부의 내부구조는 세 가지 원칙에 그 바탕을 두고있다: 수상, 각료, 그리고 부서의 원칙이다. 이는 독일행정부의 중심에 서 있는 수상, 각료, 그리고 부서의 원칙과 일치한다. 특정 행정부의 특징과 형태는 이러한 원칙 가운데 우선순위와 그러한 행정부가 제도화되는 방법에 따라서 결정된다.

16) 본고를 번역할 당시 헝가리는 앞서 언급한 행정부 이외에도 메제시·규르차니 행정부(2002-2006), 규르차니·버이너르 행정부(2006-2010), 그리고 현재 오르반 행정부(2010-)가 재집권하였다.

표 10-1 헝가리행정부들, 1990-1998년

행정부	정당 구성	행정부 기간
언털행정부	헝가리민주포럼-기독교민주시민당-독립소지주당*	1990. 5. 23.-1993. 12. 12.
보로쉬행정부	헝가리민주포럼-기독교민주시민당-독립소지주당	1993. 12. 21.-1994. 7. 15.
호른행정부	헝가리사회당-자유민주연합	1994. 7. 15.-1998. 7. 7.
오르반행정부	청년민주연합 및 시민정당-독립소지주당-헝가리민주포럼	1998. 7. 7.-

* 독립소지주당은 비록 정당의회 대표 대다수가 언털행정부를 계속해서 지원했으나, 1992년 초 연립정부에서 탈당하였다. 자료제공: (Kurtán, 1995: 377).

수상의 원칙 : 행정부 수장의 수위성

법적인 관점에서 바라 본 권력분배와 정치적인 관점에서 바라 본 책임에 따르면 헝가리 행정부의 핵심임원은 분명 수상이다. 헝가리 수상의 권력은 이탈리아 수상처럼 약하지 않으며, 혹은 영국의 수상처럼 강하지도 않다. 아마도 독일체제에서 발견할 수 있는 수상과 비교할 수 있는 듯하다: 법적으로 수상은 각료보다는 위에 있으나 실제로는 중간정도의 권력을 지니고 있다.

1. 이러한 특징 중 하나는 행정부가 의회에 대하여 책임을 지는 형태이다. 독일모델에 따라 의회는 수상에 대하여 '건설적 불신임안'을 가용할 수 있으나 개개의 장관들에 대해서는 불신임안을 가결할 수 없다. 이러한 규정은 행정부와 의회간의 관계를 정립해 주지만 수상과 행정부내 각료들 간의 관계도 정립해 주기 마련이다: 규정에 따르면 행정부가 의회를 상대로 행사할 수 있는 영향력이 상대적으로 강화되며, 행정부내 수상의 입지도 강화된다. 고전적 의회주의와는 달리 개개장관은 단지 수상에 대해서만 책임을 지며, 그 결과 의회에 대한 책임은 좀 더 제한적이다. 의회는 개개 각료에 대하여 불신임안을 가결할

수 없으나, 의회 나름대로 각료들에 대하여 책임을 물을 수 있는 재량권이 있다. 이는 청문회, 질의 설명요구(interpellations), 위원회청문회, 그리고 장관들로부터 그들의 활동에 대한 보고를 요구할 수 있는 권한을 들 수 있다.

2. 헝가리 행정부의 수상 중심적 특징을 나타내는 또 다른 요소는 헌법이 수상에게 행정부 프로그램을 작성할 수 있는 권한을 부여한다는 점이다. 행정부가 형성될 당시 의회는 우선 수상 후보에 대하여 투표를 하고, 동시에 후보자에게 그가 제시할 수 있는 행정부 프로그램 제출을 요구할 수 있다. 이 절차가 끝난 후에야 비로소 선택된 수상은 그의 행정부 구성원을 선택할 수 있다(그림 10-1). 행정부가 구성된 후 수상은 계속해서 행정부 프로그램과 정책결정 과정에서도 핵심적인 역할을 수행할 수 있는데, 이는 각료내에서 그리고 공공영역 내에서도 그러하다. 수상은 행정부의 수장이며 행정부 정책의 모든 문제에 대하여 행정부 이름으로 선언할 수 있는 유일한 행위자이다.

3. 수상의 가장 중요한 권한 중 하나는 각료 선택안을 그 자신의 재량으로 선출할 수 있다는 점이다. 이러한 원인은 수상과 개개의 장관을 임명하는 절차가 다른 방법에서 기인하기 때문이다. 수상은 의회가 선출하는 반면, 장관은 수상의 추천하에 대통령이 임명한다. 수상은 대통령을 통하여 장관을 해임할 수 있는 반면, 의회는 수상을 혹은 그와 함께 각료 전체를 교체할 수 있다. 그러나 의회는 개개 장관을 해임할 수 없다. 장관은 수상에게만 전적으로 책임을 지며, 이는 행정부와 동시에 의회에 대한 수상의 입지를 강화시키기도 한다.

▌집합체로서의 행정부

다른 의회주의 체제처럼 각료원칙은 수상의 주도적인 역할과 함께 헝가리 행정부 운영에 있어서 기본적인 헌정원칙으로서 작용한다. 행정부 내부법령에 따르면 평상시 행정부 회의에서 의사결정은 각료들 간 집합적 숙고후 다수결로 정하며, 그곳에서 정해진 행정부의 결정은 모두가 의무적으로 따라야 한다. 각료원칙에 따르면 – 전통적인 영국의 각료체제처럼 – 수상은 각료와 동일한 위치에 있는 사람이고 그 중 첫 번째이다(*primus inter pares*). 이러한 사실은 정치적 충성도 원칙과 수상의 인사

관리 능력, 그리고 수상의 각료 선택 중요성을 강조한다: 개인적으로 그리고 정치적으로 수상에게 충성하는 장관만이 진정한 정치리더가 될 수 있으며, 단지 이러한 방식으로 행정부의 정치적 단결은 유지될 수 있다.

각료원칙은 행정부회의에서 의사결정을 내리기 위한 정식규칙이다. 각료원칙은 단기간에 수상의 권한을 극도로 제한할 수 있다. 수상은 그의 개인적 리더십과 다양한 부처의 이득을 중재하면서 균형을 맞출 수 있는 대인관계 조정력에 따라 진정한 리더가 될 수 있다. 행정부 수장으로서 수상은 행정부 회의를 주관하며, 자신이 원하는 안건을 각료들이 수락하도록 할 수 있는 그러한 가능성을 증대시킬 수 있다. 의사결정 과정에서 정식 투표는 행정부 회의에서 거의 이루어지지 않는데, 단지 논의가 확연하게 분열될 때만 진행된다. 수상은 회의내용을 요약하고 중요한 요소를 강조하며 결정을 선언한다. 일반적으로 결정은 이른바 '반대투표'(negative voting)로 결론을 내린다(Bánsági, 1996: 153; Verebélyi, 1996: 200).

행정부가 집합적 구성단위라는 특징이 있지만 수상은 행정부 정책을 결정하는 주요 결정자로서 그가 원하는 안건을 행정부회의에서 정할 수 있으며 종종 안건을 회의에서 내리거나 올릴 수도 있다. 각 부처 간 갈등이 발생할 경우 수상의 의견은 일반적으로 결정적이다. 예컨대 1995년 3월 이른바 '보크로시 경제안정화 정책'(Bokros economic stabilisation package)에 대하여 행정부내 논란이 발생하였을 때, 수상은 본 정책에 대하여 무조건적인 지지를 하였고, 그 결과 정책에 반대한 두 장관은 각료회의가 끝나기도 전 자진 사임하였다(Kóczián and Weyer, n.d.: 143-145).

정치권력의 균형 정도에 따라서 수상은 행정부 임원의 선택과 교체의 자율성을 때로는 크게 때로는 적게 누릴 수 있다. 각료 개편은 행정부내 개인적인 혹은 정치적인 갈등이 발생할 경우, 그리고 행정부내 정치적인 단결을 회복시키거나 강화시키기 위하여 수상이 종종 해결책으로 활용할 수 있는 수단이다. 헝가리에서는 행정부 임원 변화에 대한 법적인 제한은 없다. 이는 수상 재량권이다. 그러나 우리가 곧 살펴보듯이 수상에게도 정치적 제한성이 존재함을 인정해야 한다. 이는 부분적으로는 연립정부의 특징 때문이며, 부분적으로는 정당정치와 일반 정치적 제한성 때문이다.

▌각료의 독립성 : 부서원칙

책임있는 행정부라는 전통적 원칙에 부합하여 개개 부처 수장들은 법적으로 규정된 책임과 권한을 지니고 있다. 규정된 권한영역내에서 장관들은 독립적인 권한을 보유하고 있으며, 이에 따라서 정치적인 책임을 진다. 전통적인 의원내각제 체제내에서 발견할 수 있는 두 종류의 각료 책임 가운데 – 의회에 대한 책임 및 수상에 대한 책임 – 헝가리에서는 건설적 불신임안 제도의 적용으로 단지 두 번째 원칙만 적용된다(사실 이것만이 장관이 해임될 수 있는 요소이기도 하다). 이는 의회에 대한 장관의 입지를 강화시키며, 동시에 수상에 대한 정치적 충성도의 중요성을 증가시키기도 한다. 그러나 장관이 수상에 대하여 갖는 정치적 충성도 혹은 수상이 지니고 있는 권력 자체가 수상이 선호하는 정책대로 개개장관을 지시할 수 있다는 말은 아니다. 장관은 수상이 선호하는 정책에 대하여 동의하지 않을 수 있으나, 정치적인 관점에서 보면 장관은 수상이 이끄는 방향으로 나아가는 것이 더 일반적이다. 특히 이는 만일 장관이 수상이 개인적으로 임명한 사람이거나 수상의 정당출신일 때 더욱 그러하다. 반면 연립행정부 파트너에서 선출된 장관의 경우 혹은 통합된 행정부내 수상의 경쟁자가 장관일 경우에는 이러한 가능성은 줄기 마련이다. 동시에 수상은 장관의 권한을 철회하거나 재조정할 수 있는 권한이 있다.

행정부와 법적인 관점에서 바라본 연구결과는 헝가리내 각료 독립성의 취약성을 강조하고 있는데, 이는 예산안에 대한 결정의 중앙집권화[17]와 장관의 의사결정 축소로 발생하였다. 반면 정치·사회학적 분석에 따른 연구결과는 재정부 장관의 지배적인 역할을 강조하며, 장관이 지니고 있는 권한은 좀 더 폭 넓게 활용할 수 있다고 바라본다. 또한 장관들을 관계 부처의 대표 이상으로 간주하거나 혹은 행정부의 통합된 정책을 부서내에서 단지 실행하는 사람이 아닌 종종 그 이상으로 간주한다 (Lengyel, 1993: 86-94).

요컨대 법적인 관점으로 바라볼 때 헝가리에서는 수상 원칙, 각료 원칙, 그리고 부서별 원칙 가운데 수상 원칙이 가장 중요하다고 할 수 있다. 이러한 이유에서 법조인은 종종 헝가리 행정부를 '수상 행정부'(prime-ministerial government)라고 칭

17) 개개 장관이 각 부처 예산안에 대하여 스스로 조정할 수 있는 권한이 미약함을 의미함.

하곤 한다(Sári, 1996: 307). 그러나 우리는 행정부와 수상의 진정한 권한에 대한 이해는 법적인 요소뿐만 아니라, 정치적인 요소를 함께 고려하고 나서야 비로소 이해할 수 있을 것이다. 즉 말하자면 앞서 논의한 세 가지 원칙에 대한 관계는 정치적으로 정당체제의 성격, 행정부와 이를 뒷받침하는 의회집단관의 관계, 행정부 임원의 경력, 행정부 연립정부의 성격, 그리고 연립정부의 운영방식에 따라 다르다고 할 수 있다. 다음 장에서 우리가 곧 논의하듯이 이러한 요소를 함께 고려함은 우리의 관점을 다소 변화시킬 것이다.

2 정당체제와 연립정부의 영향

정당체제를 결정하는 주요 결정자는 형성된 행정부가 단일 정당을 바탕으로 형성된 행정부인지 혹은 연립행정부인지, 그리고 다수 혹은 소수의 행정부인지에 따라 그 여부가 달려있다. 헝가리에서는 공산주의 종식이래로 세 번의 총선이 치러졌고 (1989-2000년 사이) 이후 다수 연립행정부가 구성되었다. 본장에서는 이 행정부가 어떻게 형성되었는지 고찰하고자 한다.

▌행정부 형성

법적인 관점에서 바라보면 헝가리 수상은 대통령의 천거하에 의회에서 선출된다. 수상은 총선에서 가장 많은 득표를 한 정당에서 선출된다. 1990, 1994, 1998년 총선 후 새 의회의 첫 번째 회기가 열리기도 전에 누가 수상이 되어 국정을 이끌어 나갈지는 이미 결정된 상태이었다. 실제로 정당은 그들의 잠정적 수상 후보자를 누구로 정할 것인지 이미 결정한 상태에서 선거에 참여한다. 이러한 결과로 총선 결과에 따라서 수상은 거의 자동적으로 결정된다: 총선 후 대통령이 수상에게 행정부를 구성하라고 요청하는 행위는 단지 형식적인 절차이다. 1990년 이래 헝가리 정치에서 가장 큰 의회정당의 수상후보자가 실제 수상으로 선출된다는 사실은 성문화되지 않은 비공식적인 규칙이다. 분명한 사실은 수상선출 문제에 있어서 대통령이 그 나름대로 판단하고 결정할 수 있는 행동의 폭이 최소한으로 좁혀졌다는 점이다. 이는 1990년대 성립되었던 네 행정부가 우리에게 제시하길 수상 선출은 '내적 정당 선출과정'(internal party selection process)의 결과라는 점을 말해준다. 또한 이는 헝가리 정치체제가 정당 중심의 특징을 나타내고 있다는 점을 다시 한번 강조하고 있다.

▮ 장관의 충원, 선택 그리고 정치 이력

법적인 관점에서 볼 때 의회에서 선출된 수상은 그의 장관 선택안에 있어서 전적으로 자율성을 지니고 있다. 정당중심의 의회주의체제 정치 논리의 결과에 따르면, 수상이 장관을 선택하는 가장 중요한 원칙은 그들의 정치적 충성도와 그들에 대한 신뢰이다. 1990년과 1994년 행정부는 무두 의회 다수 출신인 정당 정치인으로 구성되었다. 이는 일부 여론에서 나타난 기대와 일부 정당정치인의 기대(특히 1994년 헝가리사회당의 경우), 그리고 일부 여론 형성을 주도한 인텔리겐찌아의 기대와는 상반되는 것이었는데, 그들 모두는 전문가로 구성된 행정부를 기대하였다. 그러나 놀랍게도 1998년에 구성된 오르반 행정부 임원의 거의 절반은 비 정당 출신의 전문가와 비 의회 대표출신이었다.

수상이 장관 선택을 하는데 있어서 수상에 대한 정치적 충성도에 근거하여 선택함을 나타내는 중요한 지표는, 후보자들이 수상과 동일한 정당에 귀속해 있거나, 정당 연계를 바탕으로 구성된 대표가 각료의 주축을 이룬다는 사실에 있다. 행정부 임원 충원 문제에 있어서 정치적 원칙이 적용됨은 행정부 임원의 대다수가 정당 임원과 의회정당 정치인이라는 사실에서 알 수 있다. 반면 행정부내 시민사회 출신인 전문가는 예외이다. 예컨대 1990년 언털행정부 14명의 장관가운데 단지 두 명만이 – 재정부 장관인 페렌츠 러바르(Ferenc Rabár)와 국제경제관계 장관인 빌러 카다르(Béla Kádár) – 정당정치인이 아니었는데, 그들은 학계 출신의 전문가이었다. 나머지 12명은 모두 정당정치인 이었다: 모두 정당임원이었고 한 명을 제외하고 모두 국회의원이었다. 1994년 헝가리사회당·자유민주연합의 연립행정부가 구성될 당시 10명의 사회당 장관들은 모두 헝가리사회당 출신이었고 국회내 헝가리사회당 임원이었다. 세 명의 자유민주연합 장관들 모두 의회내 자유민주연합 임원이었고 한명은 정당임원이었다. 1994-1998년 사이에 발생하였던 장관직 배열의 변화도 이러한 근본적인 방향을 변화시키지는 못하였다.

요컨대 정당·정치 충성도와 '정당 행정부'(party government) 원칙에 부합한 헝가리 행정부는 행정부 임원을 충원 할 경우 압도적으로 정당 정치인 출신으로 충원한다고 할 수 있다: 행정부 임원 임명을 나타내는 전형적인 지표는 정당내 그들이 차지하고 있는 입지이다. 비록 정치인이 그들의 정치적 진로를 추구함에 있어서 정당내에서 그들의 경력을 시작하지 않았더라도, 헝가리 정치체제에서 중심을 이루는 정당 임원 가입과 의회 임원 여부는 미룰 수는 있으나 대체할 수 없는 것이 사실이다. 정당 원칙과 정당 지원의 중요성은 많은 비 정당 전문가 출신의 장관들 예컨대 빌러 카다르(Béla Kádár)와 미하이 쿠퍼(Mihály Kupa)가 이후에 정당 임원이 되거나 혹은 국회의원이 되어야 했다고 주장한 그들의 개인적 경험에서 알 수 있다. 전문가로서 새로운 지배 정치계급 출신으로 자유민주연합에 입당한 가보르 쿤체(Gábor Kuncze)의 진로 또한 그가 이후에 전문가가 아닌 직업 정치인으로서 변모하였고, 그로 인하여 장관직을 획득하였음은 역시 같은 논점을 제시해 주는 것이다.

▌수상, 당 의장, 의회집단 리더

의원내각제에서 수상의 권력은 대개 그가 귀속한 정당의 지지를 이끌어 낼 수 있는지에 따라 그 정도가 다르다. 영국 수상은 그가 속한 당의 당수이며 의회내 정당 리더가 존재하는 한 정당리더를 임명할 수 있는 권한이 있다. 동시에 수상은 행정부 임원이기도 하다(Helms, 1996: 110). 영국의 의원내각제에서는 행정부, 집권당의 원내 의회집단, 그리고 집권당의 원외 의회 조직이 서로 밀접하게 통합되어 있다. 반면 독일 의원내각제에서 총리의 권한은 제한되어 있는데, 일반적으로 그의 정당 의장이나 의회집단 리더는 수상이 아닌 국회의원이 선출한다. 이러한 특징은 독일의 정치사고에서 발견되는 지배적인 행정부와 의회간의 관계에 대한 전통적인 이원성의 개념(traditional dualist conception)과 연관되어 있는 것이다. 헝가리에서 이러한 기능 구분은 독일의 제도와 유사하다: 의회집단 리더는 행정부와 분리되어 있고 이는 대륙의 의회주의 이원적 전통에 부합하는 것이며, 헝가리 정치사고에서 발견되는 분권화된 권력과도 연관되어 있는 것이다. 반면 가장 큰 집권당의 집단 리더는 지금까지 네 명의 수상이 정권을 주도하였는데, 그들은 이들 수상의 절실한 친구이었다. 그러나 다른 정당의 경우 특히 주로 야당의 경우 1991년과 1992년에 독립소지주당은 원외정당 지도부와 원내정당집단 지도부 간의 조화를 늘 이루어낼 수 없었다.

정당의장에 대한 경쟁자 혹은 동시에 정당의장과 수상은 종종 권력분배를 주장하는 그 자신의 정당내에서 등장하곤 한다. 예컨대 수상 언털의 당 의장직 경쟁자는 수상 당내에서 출현하였는데 당시 이스트반 추르카는 정당의장직을 원하였다. 그러나 추르카는 의장직 획득에 실패하였고 그 이후 정당을 탈퇴하였다. 호른행정부가 집권할 당시 수상과 정당의장직의 구분에 대한 요구는 사회당내에서 계속 제기되었다. 이러한 요청은 수상으로부터 중요한 권력의 수단을 제거하는데 목적이 있었다.

정당에 근거한 의원내각제 체제에서 또 다른 중요한 문제는 누가 진정한 정당의 리더인가의 문제이다. 바꾸어 말하자면 어느 직위가 정당 지도부를 차지하고 있는 사람들에게 진정한 권력을 부여하는가의 문제이다. 유럽의 정당 역사에 있어서 원내정당 의회집단과 원외 의회집단과의 분리 원칙에 따라 다음과 같은 문제가 발생하였다: 의회집단 리더 혹은 원외정당 조직 리더(정당의장 혹은 정당의 첫 비서관을 지칭함) 중 누가 정당내 지도자이고 정당의 선거 승리 시 누가 행정부를 구성할 수 있는가? 첫 번째 형태는 영국 보수당 사례이고, 두 번째는 독일 사회민주당의 경우이다. 현재까지 세 번의 총선 후 개개 집권당의 의장은 수상이었다. 그러나 1990년 청년민주연합은 단일 지도부를 여전히 구성하지 못하였다. 이른바 '집합적 지도부'(collective leadership)의 시기－헝가리의 체제전환기－를 지나고 나서야 개개정당은 단일정당의 의장을 임명할 수 있었다(Ilonszki and Punnett, 1993). 1994년까지 정당의장이 그들의 정당 선거명단과 캠페인을 이끄는 것이 일반적이었다. 이러한 사실은 청년민주연합, 독립소지주당, 헝가리사회당, 그리고 기독교민주시민당에 해당하였다. 그러나 당시에 자유민주연합은 여전히 그러한 권력의 집중에 대해서 경계하였고, 의회집단 리더와 정당의장 보직을 따로 분리하여 유지하고자 하였다. 1997년 이반 페퇴(Iván Pető)가 당 의장직에서 사임하고 나서야 비로소 1994년 당시 자유민주연합의 수상 후보자이었던 가보르 쿤체(Gábor Kuncze)가 정당리더로 선출되었다.

'의원내각제'에서 또 다른 중요한 문제는 정당의장과 정당의 의회집단, 그리고 집단 리더간의 관계에 대한 문제이다. 정당이 행정부내에 있을 때 해당 행정부의 안정도는 바로 이러한 관계에 따라 달라질 수 있다. 즉 수상과 당 의장의 정치적 미래는 의회집단이 수상에 대하여 갖는 정치적 충성도에 달려있고, 또한 의회집단과 행정부와의 조화에 따라 달라질 수 있다. 언털과 호른 모두 이러한 문제에 직면해야 했다. 만약 정당의장과 수상의 정체성이 의회집단 리더의 정체성과 동일하지 않을 경우, 그들의 갈등을 조정할 수 있는 역할은 의회정당에서 선출된 집단리더가 정치적 협력을 모색하기 마련인데, 그들의 권력기반은 행정부 임원과 정당의장과는 상이하다. 헝가리에서 행정부의 특정 임원들은 그들이 제안한 법안에 대하여 의회 지지자를 설득하고, 법안 자체를 수긍하도록 하기 위하여 종종 의회의 토론에 참여한다. 좀 더 중요한 법안의 경우 혹은 정치적으로 민감하고 논쟁이 따르는 법안의 경우 수상은 때때로 의회 토론에 참여하며, 정부가 제안한 조치의 장점이 무엇인지 행정부 임원 대다수를 설득하기도 한다. 예컨대 1995년 수상 호른은 당시 이른바 '보크로쉬 경제 안정화 프로그램'을 수긍시키기 위하여 사회당 의회집단 회의에서 장시간의 연설을 하였다(Kóczián and Weyer, n.d.: 148).

정당과 의회집단 지도부의 분리와 이와 관련된 권력 구분은 거의 모든 정당과 관련하여 이 두 조직의 관계가 무엇인지, 그리고 어느 조직이 정당을 구성하는지에 대한 문제를 제기하였다(Ilonszki and Punnett, 1993: 23). 1990년대 거의 모든 정당이 본 문제의 딜레마에 직면해야했다. 예컨대 1993년 헝가리민주포럼내에서 의회집단은 당 의장의 추천에 반대하면서 4명이 아닌 6명의 당 회원을 의회집단 지도부에서 제명시켰고, 이에 대한 항의의 표시로 당 의장직 임원 중 한명은 사임하였다. 사임한 의장이 말하길 당 의장직 천거를 반대하며 행동한 의회집단의 결정은 "정당의 관점에서 볼 때 의회집단의 이탈"이라고 주장하였다(Ilonszki and Punnett, 1993: 24). 1992년에는 독립소지주당 원외 의회정당 조직과 원내 의회집단 간의 갈등이 정당 분열을 초래하였고, 이후 이른바 '정당청산'(party cleansing)의 현상을 야기하였다. 독립소지주당은 언털이 주도하는 연립행정부에서 탈당하였으나, 이른바 '36명'이라고 알려진 정당내 임원 대다수는 언털행정부에 충성하며 남아있었다. 본 사례에 따르면 독립소지주당의 정당지도부를 회복하기 위해서는 회원 간의 단결을 추진했어야 했는데, 이를 위한 유일한 수단은 당으로부터 36명을 축출하는 것이었다. 이는 실제 정치의 관점으로 바라볼 때 언털행정부에 충성하였던 36명은, 1994년 총선에서 독립소지주당 당명의 하에 선거 출마 기회를 상실함을 의미하였다.

독립소지주당과 그들의 정당을 탈당한 다른 개개의 사례가 제시하길, 비록 국회의원 개개인과 집단적으로 바라보면 의회 원내집단은 상당한 자율성을 지니고 있지만, 그들에게도 한계점은 존재한다는 사실을 알 수 있다. 이러한 한계성은 정당 원외 의회 조직의 지도부에게 부여된 것인데, 그들은 정당의 선거기구를 통제하고 있다. 정당에 바탕을 둔 선거제도와 의회진입에 필요한 까다로운 절차로 인하여 무소속 후보자에게, 그리고 군소 혹은 신생정당에게, 그리고 정당지도부에 강하게 반대하는 세력에게, 이와 아울러 정당으로부터의 탈당은 직업정치인으로서 진로를 모색하는 사람들에게 있어서 매우 위험하고 잠정적으로는 상당한 정치적 비용이 드는 행동이라 할 수 있다. 유사한 사례는 1996-1997년에 발생하였던 기독교민주시민당의 내부갈등 예와 1996년 헝가리민주포럼을 탈당하여 헝가리민주시민당을 창당한 사례를 들 수 있다. 물론 일상정치에 있어서는 이러한 문제보다는 어떻게 정당지도부와 의회집단 간의 정치적인 조화를 이룰 수 있고, 그들의 일상적인 관계를 유지해 낼 수 있는가가 더 중요하다. 1994년 헝가리사회당과 자유민주연합의 연립정부 경우, 원내 의회집단은 원외 의회정당지도부에 종속이 될 수 있는 사례를 제시해 주고 있다. 연립정부 결정은 행정부 의회지지 기반을 구성하고 있었던 원내 헝가리사회당과 자유민주연합의 국회의원이 체결한 것이 아니라, 당 의회 지지를 받고 있던 원외 정당조직의 리더가 체결한 것이었다.

수상 권력의 원천으로서 정당과 한계

법적인 관점에서 행정부 운영을 고려할 때 헝가리에서는 수상의 원칙이 각료 혹은 부서별 원칙보다 더 중요하다는 점을 앞서 언급하였다. 그러나 행정부에 대하여 수상의 수위성을 결정하는 가장 중요한 원천은 법적인 측면에서 기인한 것이 아니라 정치적 측면에서 발생한다: 수상은 의회내 가장 큰 정당의 지지를 받고 있다(Mény, 1991: 215). 헝가리 수상은 전체행정부체제내에서 핵심 정치행위자인데 그는 비교적 잘 통합된 행동을 결정하는 정당의 리더이자, 동시에 총선에서 승리한 의회내 가장 강력한 정당의 리더이기도 하다. 1990년 이래로 모든 헝가리 정당들은 점차적으로 집단지도부의 원칙에서 개인지도부의 원칙으로 전향하였다(Ilonszki and Punnett, 1993). 언털, 호른, 그리고 오르반 수상 모두 그들 개개정당의 의장이었다.

행정부 운영에 있어서 각료원칙은 일부 법적인 권한을 각료에게 제시하고 있지만 수상이 더 중요하다. 행정부 정책을 결정하는데 있어서 비록 헌법은 '각료행정부'(cabinet government) 방향으로 그 권한을 각료에게 부여하고 있는 경향이 있으나, 수상의 역할이 더 중요하고 수상은 이러한 권한을 부여받고 있다(Trócsányi, 1993: 396). 수상은 정치리더이고 행정부 정책의 방향을 결정하는 주요 간부이다. 수상은 행정부 전체의 이름으로 행동할 수 있고 행정부 정책의 모든 방면을 대중과 정치행위자에게 대표할 수 있다. 수상은 행정부 정책을 실현하며 행정부 이름으로 정책을 대변할 수 있다. 행정부 임원은 행정부 정책과 변화를 따르거나 사임 혹은 해고시 행정부를 떠날 수 있다. 행정부 구성의 빈번한 변화는 행정부내에서 발생하는 개인적 혹은 정치적 갈등의 결과로 발생한 것인데, 이는 해당 행정부 간부들의 상당한 인력 손실의 소모를 나타내는 것이다. 언털행정부 시기에 32명의 장관 혹은 국가 차관보가 사임 혹은 해임되었고, 호른행정부 첫 삼년 동안에는 16명의 장관이 행정부를 떠났다.

행정부 정책의 기본 방향 변화는 일반적으로 각료 개편 후 혹은 최소한 일부 간부의 교체 후에 발생한다. 이는 수상이 최고경영자로서 정책을 이끌 수 있다는 사실을 나타내는 것이다. 대통령제에서는 대통령이 행정부의 수장인 반면, 의원내각제에서 이러한 역할은 수상에 의해서 수행된다. 헝가리 정치에 있어서 수상은 행정부의 최고 경영자이고 행정부를 통하여 국가 전체 기관을 관장한다. 수상은 최고경영자의 역할을 다음과 같이 수행한다:

1. 수상은 행정부 정책 프로그램을 결정한다;
2. 수상은 행정부 회의를 주관하고 안건을 설정하며, 행정부 활동을 조직하는 주요 운영자이기도 하다;
3. 수상은 행정부 회의 간 지침과 법령을 발효할 수 있다;
4. 수상은 수상청을 통하여 장관들의 활동을 조율할 수 있다;
5. 수상은 장관과 다른 행정 리더를 감독하고, 그들에게 보고서 제출을 요청할 수 있다.

법적인 관점에서 바라보면 행정부의 부서별 특징과 각 장관들의 독립적 권한 그리고 책임은 상이한데, 수상은 행정부 임원을 총괄하는 권한을 지니고 있지 않다. 대통령제와 강한 수상 민주주의체제는 상이하다. 그러나 정치적인 관점에서 바라볼 때 수상의 권력은 그를 지원하는 지지세력으로부터 나오기 마련이며, 법적인 관점에서 최고경영자이다. 물론 수상의 최고경영자 보직 자체가 수상이 모든 문제를 항상 결정할 수 있다는 말은 아니다. 행정부 프로그램은 수상 정당 혹은 연립정부의 의지를 반영하며, 행정부 회의 주제는 행정 차원에서 대개 결정되고 수상은 거의 법령을 발효하지 않는다. 수상은 그의 법적인 권한과 그에 준하는 정치적 비중에 따라 개개 문제에 대하여 어느 정도의 통제력을 행사할 수 있다.

1993년 피터 보로쉬가 수상이 된 이후 그가 그의 행정부에서 강한 권력을 행사할 수 없었던 이유 중 하나는 그가 당 의장직을 지니지 못했기 때문이었다. 4명의 수상 가운데 보로쉬만이 이러한 위치에 있었던 유일한 사람이었다. 당 의장직 보직은 어느 수상에게 있어서도 강한 권력의 원천이다. 법적인 관점에서 부여된 권한이외에도 이러한 정당정치 배경은 수상에게 좀 더 강한 정치적인 비중을 부여하며, 각료 중심하에 구성된 행정부에 대하여 수상이 행사할 수 있는 진정한 리더십을 부여하기도 한다(Ilonszki and Punnett, 1993). 정당의장직은 행정부내 수상에 대한 존경심을 증가시키고 행정부의 안정을 가져오며, 법안제정시 행정부의 효율적인 운영을 증가시킨다.

그러나 이러한 등식이 항상 성립되는 것은 아니며 역으로 작용할 수도 있다: 수상직 혹은 군소정당의 경우 장관직은 당내에서 리더로서의 입지를 강화시킬 수 있으며 상당한 정치적인 권한을 부여한다. 행정부에서 업무를 추진했던 경력은 정당 경력의 토대가 될 수도 있다. 이를 나타내는 좋은 예는 피터 보로쉬 사례를 들 수 있다. 1990년 피터 보로쉬는 비 주류 정당정치인으로서 언털행정부에 입문하였는데, 당시 그는 의회내에서 의석 자체도 보유하지 못하였다. 그는 우선 수상청의 정책 차관보직, 그리고 이후에는 첩보기관의 감독을 수행하는 정무 장관직을 수행하였다. 그리고 이후 내무부 장관이 되었다. 보로쉬는 1992년 8월이 되어서야 헝가리민주포럼에 가입하였으나, 1993년 초 헝가리민주포럼 전국 의장직에 선출되었다. 또한 그는 당내 부의장 중 한명이었다. 헝가리민주포럼 행정부내에서 이러한 역할을 수행하거나 보직을 맡지 않고서 직업정치인으로서 진로를 모색하는 것은 불가능하였다. 1993년 12월 수상 요제프 언털이 사망한 후 보로쉬는 언털을 대신하는 수상후보자로서 선출되었고, 역시 여전히 의회내 의석이 부재하였음에도 불구하고 수상으로 선출되었다.

두 번째 사례는 자유민주연합에서 직업정치인으로서 진로를 추구하였던 가보르 쿤체(Gábor Kuncze)를 들 수 있다. 쿤체는 당의장직을 지니지 않았음에도 불구하고 1994년 선거 캠페인 당시 자유민주연합의 수상 후보로서 선출되었다. 그는 1994년 호른행정부에서 내무부 장관이었고, 성공적인 내무부 장관의 역할 수행으로 말미암아 1997년 이반 페퇴(Iván Pető)가 당의장직으로부터 사임할 당시 당의장에 선출되었다. 전술하였듯이 안정적이고 통합된 정당배경이 수상과 다른 장관의 권력에 중요한 원천이기도 하듯이, 그러한 배경의 부재는 정치적 한계로서도 작용할 수 있다. 예컨대 수상 언털의 안정적 의회기반의 입지는 두 가지 사건의 발생으로 약화되었다: 첫째 1992년 2월 연립정부로부터 독립소지주당이 탈당하였고, 둘째 헝가리민주포럼내에서 급진적이고 민족주의적인 정치노선을 추구하였던 이스트반 추르카가 정치적인 도전을 하였다. 이스트반 추르카 도전의 성공은 당의장으로서 수상 언털의 입지를 약화시켰을 뿐만 아니라, 의회내 행정부 다수의 입지 또한 위협하였다. 정당과 의회내 정당집단의 지지는 중요한데 특히 갈등의 발생시 수상뿐만 아니라 개개의 장관에게도 그러하다. 주요 행정부 정당 의회집단 지지의 부재는 정치적 비중을 약화시켰는데, 특히 정당 임원이 아니거나 의회내 의석이 없는 외부출신의 여러명의 재정부 장관이 그러하였다. 페렌츠 러바르(Ferenc Rabár, 1990년 5월부터 12월까지 재정부 장관), 미하이 쿠퍼(Mihály Kupa, 1990년 12월부터 1993년 2월까지 재정부 장관), 러이요시 보크로쉬(Lajos Bokros, 1995년 2월부터 1996년 2월까지 재정부 장관)가 재정부 장관에 임명될 당시 그들은 국회의원이 아니었고 정당집단의 임원도 아니었다. 라슬로 비케시(László Békesi, 1994년 7월부터 1995년 2월까지 재정부 장관)는 국회의원이었으나 그가 재정부 장관으로 재임할 당시, 그는 헝가리사회당의 의회집단과 가까운 관계를 유지하지 못하였다. 그 결과 의회정당의 강력한 지지부재와 개인적인 문제, 그리고 경제정책에 대하여 수상과의 마찰을 빚었을 당시 비케시는 결국 사임을 강요당하였다(Kóczián and Weyer, n.d.; 98-102).

이러한 결과를 종합해 볼 때 수상과 행정부에 대한 정치적 한계성의 부여는 야당이 아닌 수상 자신의 정당과 연립정부의 정당에 의해서 제약됨을 알 수 있다. 야당은 행정부의 몰락을 초래하거나 개개장관을 해임할 수 없다: 단지 행정부 정당만이 이를 단행할 수 있다. 수상과 행정부는 야당의 지지에 의존할 수 없기 때문에, 그들의 운명은 의회내 그들 자신의 정당집단의 지지에 달려있다. 수상의 입지, 행정부의 정치적 단합과 안정, 그리고 행정부 활동의 효율성은 의회내 행정부가 지니고 있는 강한 정치적 기반에 따라 달라질 수 있는데, 즉 행정부정당 의회집단의 정치적 충성도에 따라 다르다고 하겠다. 따라서 의원내각제에서 만약 행정부가 구성된다면 행정부와 행정부 정당의 의회집단 간의 관계, 그리고 연립정부의 경우 연립정당 간의 관계는 행정부와 야당 간의 관계보다 더 중요하다고 볼 수 있다(Körösényi, 1992: 60).

헝가리 의회에서 당 회원 간의 투표율은 85-100%에 해당하며 따라서 영국 혹은 독일 의회의 투표율만큼 높다고 하겠다. 바로 이러한 높은 비율은 정당원칙에 근거한 투표율 때문이며, 그 결과 수상과 행정부는 일반적으로 앞서 제시한 정치적 힘의 원천을 지니고 있다. 프랑스 제3공화국과 제4공화국에서 발생하였던 행정부에 대한 의회의 지배와 같은 형태는 헝가리에서 결코 발생하지 않았다. 반면 1990년대 거의 모든 의회정당에서 발생하였던 지도부 위기가 제시하길, 의회정당집단이 항상 정당원칙에 부합하게 투표하고 행동할 것이라는 가정은 자동적으로 성립되는 등식이 아니라는 점을 우리에게 강조한다. 예컨대 1991년과 1992년 독립소지주당내 지도부 위기는 원외와 원내 정당지도부의 마찰로 야기된 것이었다. 원외 의회정당 조직에서 재 선출된 리더들은 언털 연립행정부를 탈퇴하였던 반면, 의회정당 임원 대다수는 행정부에 충성하여 남아있었다. 그 결과 언털 연립행정부가 차지하였던 의회다수는 단지 독립소지주당 국회의원 간의 분열을 통해서만 유지가 가능하였다. 1993년 봄에는 헝가리민주포럼내에서 반대 형태의 정당 분열이 발생하였다: 당 지도부와 정당 의회집단 대다수는 보수 행정부의 온건하고 실용적인 정책을 계속 지지하였던 반면, 급진 민족주의자는 당과 중도우파 연립행정부를 모두 떠났다. 1996년 초 이반 서보(Iván Szabó)가 주축을 이룬 중도 자유주의자 집단은 헝가리민주포럼과 의회집단을 떠났고 헝가리민주시민당을 창당하였다.

우리가 보통 수상에게 정치적인 한계성을 부여할 수 있다고 간주하는 연립정부 구성은 경우에 따라서 수상에게 힘의 원천이 될 수 있다. 연립행정부 파트너로서 정당을 초대하는 행위는 수상이 그의 정당과 의회대표에 대하여 갖는 종속성을 줄일 수 있다. 만약 수상의 정당이 통합되어 있지 않다면 수상은 정당내 다양한 집단의 처분에 놓여있게 될 것이다. 정치·개인적인 관점으로 볼 때 1994년 헝가리사회당 행정부의 엘리트 구성은 세 집단 혹은 네 집단으로 분열되어 있었다. 바로 이러한 사회당의 내부 분열과 당 리더 및 다양한 집단 간의 관계가 당시 수상인 호른으로 하여금 자유민주연합과의 연립정부 구성을 결정하도록 하는 동기이었다. 행정부내 자유민주연합의 참여는 당시 헝가리사회당 당내 수상이자 당의장이었던 호른의 입지를 강화시켰고, 그가 움직일 수 있는 정치적 여력 또한 증가시켰다. 첫째, 수상은 자유민주연합의 연립정부 구성 참여로 그의 입지를 위험하게 만들 수도 있었던 당내 다양한 경쟁집단 간의 균형을 쉽게 성사시킬 수 있었다. 둘째, 헝가리사회당과 자유민주연합과의 갈등은 헝가리사회당의 내부 융합을 증가시키는 효과가 있었다(Körösényi, 1995, 1995a).

연립정부

연립은 항상 행정부의 정치적 단결을 약화시키는 요소이다. 법으로 성문화된 규정과는 별도로 '의회정당체제'(parliamentary party system)와 '행정부의 정당구성'(the party composition of the government)은 수상과 개개 장관과의 관계 그리고 장관의 재량권 범위를 결정하는 중요한 역할을 한다. 의회정당체제는 단일정당 혹은 연립정부 구성을 결정하며, 소수 행정부 혹은 다수 행정부를 구성하는데 중요한 역할을 한다.

의회의 정당체제와 연립행정부 성격이 행정부의 운영과 권력분배에 미치는 영향력을 분석할 때, 우리는 법이 본연의 기능을 이행하지 못하는 영역과 마주치곤 한다: 여기서 언급하는 법은 단지 정치 게임의 법칙이다. 헌법과 다른 법안은 정치행위자의 행동을 제한하거나 규제할 수 없다. 정당체제의 영향과 행정부정당의 구성에 대해서 고려할 때 가장 중요한 특징은 단일정당 행정부에서는 정치권력이 대개 수상에게 집중되는 반면, 연립행정부의 경우 권력은 한편으로는 수상에게 다른 한편으로는 연립파트너 출신의 리더와 장관에게 분산되기 마련이다. 또한 만일 고도로 분열된 의회가 성립하여 원내에 참여한 정당이 거의 동등한 영향력을 지닌 다당제 연립정부 형성을 가져올 경우, 연립정부를 구성하는 정당의 협약은 심지어 수상의 정체성에도 영향을 미칠 수 있다. 이러한 사례는 실제로 벨기에와 네덜란드에서 발생하였다. 이러한 상황에서는 수상이 연립파트너 간의 동의안과 타협을 모색하고 균형자로서 정치리더십을 발휘하는데 있어서 그리 중요한 역할을 하지 못한다. 그러나 만일 의회 의석배분의 관점에서 볼 때 연립정부내 지배적인 정당이 존재할 경우 수상에게 집중된 권력은 비록 단일정당 행정부의 수상권력과 비교하여 그 정도는 덜 강력하지만, 다당제 체제의 수상보다는 더 큰 영향력을 발휘할 수 있다(Rose, 1991: 16-19). 실제로 이러한 사례는 독일과 오스트리아 그리고 세 총선 이후 등장한 헝가리에서 발생하였다.

1990년 이래로 치러진 개개 총선 이후에 헝가리에서 구성된 행정부는 상대적으로 분명하였다. 그 결과 행정부가 구성되기 전 대통령이 다당제의회내에서 어느 정당 혹은 어느 정치인 주도로 행정부를 구성해야 하는지의 문제를 장시간에 걸쳐 논의할 필요성이 없었다.[18] 이와 반대의 경우는 종종 이탈리아나 네덜란드에서 발생하였다. 헝가리에서 의석배분은 항상 연립행정부 주요 정당을 결정하였다. 첫 총선에서는 헝가리민주포럼이 42.5%에 해당하는 의석수를 확보하였고 두 번째 총선에서 헝가리사회당은 54%, 그리고 세 번째 총선에서는 청년민주연합이 38%에 해당

18) 헝가리에서는 대통령이 행정부 구성을 요청한다.

하는 의석수를 확보하였다. 앞서 3장 정당체제에서 이미 살펴보았듯이 헝가리에서는 각 총선 후 정당리더들이(언털, 호른, 그리고 오르반을 지칭) 행정부 구성의 주요 역할을 맡아왔는데, 그들은 그들이 추구하는 정치노선과 가장 가까운 정당과의 연립정부를 구성하였다. 또한 그들은 의회내 필요한 다수보다도 더 넓은 범위에서의 연립정부를 구성하였다: 중도우파 언털행정부에서 기독교민주시민당은 '잉여회원'(surplus member)이었고, 중도좌파 호른행정부에서는 자유민주연합이 기독교민주시민당과 같은 위치에 놓여있었으며, 중도우파인 오르반행정부에서는 헝가리민주포럼이 의회다수 연립정부를 구성하는데 있어서 그리 필요하지 않은 정당이었다.

연립정당간의 관계와 수상 그리고 그의 연립 파트너와의 관계가 각기 상이하지만 네 행정부 모두 연립행정부를 구성하였다. 언털행정부의 정치적 통합과 운영방식은 수상 언털의 권한에 놓여 있었던 반면, 호른행정부내 이러한 기능은 구체적인 행정부 운영 프로그램과 연립행정부 운영을 규율하였던 절차·제도상의 규정을 포함한 연립정부 조약에 따라서 결정되었다. 부 수상은 자유민주연합 출신이었고 연립정부내 갈등의 발생 시 이를 조율할 수 있는 '연립정부 조정위원회'(Coalition Reconciliation Council)의 구성도 연립정부 조약에 따라서 결정되었다. 따라서 수상 언털에게 있어서 연립정부는 단지 '정치적인 제한'을 가져왔다면, 수상 호른이 자유민주연합과 체결한 조약은 '절차와 제도적인 제한' 효과를 가져왔다고 할 수 있다. 제도화된 거부권의 결정 권한 때문에 자유민주연합은 언털행정부내 기독교민주시민당과 독립소지주당과 같은 군소정당보다도 호른행정부내에서 더 강한 입지를 확보할 수 있었다. 그러나 자유민주연합이 누렸던 상대적으로 강한 입지가 단지 제도화된 규정의 결과로 발생한 것인지에 대해서는 논란의 여지가 있다. 언털행정부와 호른행정부 간의 또 다른 차이점은 언털행정부의 의회다수는 헝가리민주포럼 연립파트너로부터 지지를 받았던 반면, 1994년 총선 후 절대적인 다수를 획득한 헝가리사회당에게 있어서 자유민주연합의 연립정부 탈퇴는 수상 호른의 입지를 직접적으로 위협할 수 없었다. 그럼에도 불구하고 호른 사회당 행정부의 연립파트너인 자유민주연합은 독립소지주당과 기독교민주시민당이 언털행정부를 상대로 정치적인 제한을 가했던 것보다는, 호른행정부를 대상으로 상대적으로 강한 절차상의·제도적인 제한을 가져왔다고 할 수 있다. 그러나 이러한 차이점과는 상관없이 모든 헝가리 수상은 그들 자신의 정당지지를 확보해야

했고 연립정부의 통합을 유지할 수 있도록 해야했다. 이는 아래에서 별도로 다루고자 한다.

▮ 연립행정부내 보직의 분배

행정부 구성에 있어서 연립정부의 특징은 양적인 관점에서 뿐만 아니라 질적인 관점에서도 행정부의 보직분배에 영향을 미치기 마련이다. 또한 행정부 임원의 선택에도 영향을 주기 마련이다.

▮ 정당간의 배분

보직배분의 첫 번째 결정은 연립정부내에서 각 정당이 차지할 장관직의 수에 관한 문제이다. 이는 매우 중요한 문제인데 장관직 확보는 한편으로 행정부를 지지해 주는 다수의 기반이 될 수 있으며, 다른 한편으로는 행정부 권력의 원천이기 때문이다. 이 모두는 집권정당이 달성하려는 목적이다. 유럽내 연립정부 개개 정당에서 배분된 보직을 살펴보면 장관직은 각 정당이 의회내에서 확보하고 있는 의석수의 비율, 혹은 정당의 협상력에 따라 배분된 사실을 알 수 있다(Laver and Schofield, 1991; Budge and Keman, 1990). 이러한 유형의 첫 번째는 헝가리에서도 발견되었는데, 세 번의 총선 후 각 정당에 배분된 장관직 수는 거의 의회 의석수의 비율과 일치하였다.

▮ 장관 부서에 관한 선호도

연립정부 협상 과정에서 어느 정당이 어느 부서를 차지할 것인지에 대한 문제도 중요하다. 이러한 이유 중 하나는 보직은 그들 개개의 비중이 상이하게 다르며 부서별 비공식적인 혹은 공식적인 수위가 있기 때문이다. 오늘날 헝가리에서 가장 높은 서열의 부서는 내무부와 재정부이다. 어느 정당이 어느 부서를 차지할 것인지의 문제가 중요한 또 다른 이유는 어느 특정 부서는 특정 정당이 중요하다고 여기며 선호하기 때문이다. 예컨대 독립소지주당은 1990년에는 농림부를 그리고 1998년에는 '농업과 시골지역 개발 부서'(Ministry of Agriculture and Rural Development)를 차지하였고, 1990년과 1998년 기독교민주시민당은 복지부(Ministry of Welfare)를 확보하고자 하였다. 이러한 관점에서 볼 때 1994년 자유민주연합이 행정과 법 그리고 질서를 다루는 부서를 차지하려고 한 사실은 다소 이례적인 일이다.[19]

▮ 행정부 임원의 선택

연립정부 협상에서 협상은 행정부 프로그램과 각 정당간에 차지할 보직의 배분 문제를 다루는 것뿐만 아니라 누가 행정직을 차지할 것인지의 문제도 다루기 마련이다. 1990년 헝가리민주포럼 의장인 언털 요제프는 행정부를 구성할 당시 그의 행정부 임원 선택에 있어서 아주 유리한 입지에 놓여있었다. 행정부구성 18개월 이전 독립소지주당과 기독교민주시민당은 언털에게 의장직을 부여하였고, 그 결과 언털의 입지는 연립정부를 구성하는 다른 정당 정치인에 비하여 상대적으로 유리한 위치에 놓여있었다. 언털은 행정부 임원 선택에 있어서 거의 전적인 자율성을 부여 받았다: 그는 군소정당 연립파트너로부터 제약받지 않았으며, 그의 정당도 그를 거의 견제할 수 없었다. 1994년 행정부 구성은 다소 상이하였다. 행정부 임원에 대한 두 연립정부의 기대는 서로 상이하였다. 헝가리사회당은 특정 부서의 장관과 차관을 임명하는 자율권을 확보하고자 하였으나, 자유민주연합은 '상호거부권'(mutual veto)을 선호하였다. 결과적으로 자유민주연합의 선호도가 수용되었고 연립행정부 조약으로 체결되었다. 자유민주연합은 헝가리사회당이 지명한 세명의 장관 혹은 차관직의 임명을 거부하였다. 1998년 오르반행정부 정당은 그들 자신의 임원을 부서에 임명할 수 있는 자율권을 확보하였다.

---

19) 경제정책 선호도로 볼 때 자유민주연합은 전통적으로 개방적 시장 자본주의를 선호하였다. 따라서 이러한 정책을 다루는 재경부를 선호하지 않았다는 점이 흥미롭다.

▌개개 부서들 : 단일정당 혹은 구분화된 통제

연립행정부를 구성하는 정당간의 권력구분과 관련된 또 다른 문제는 개개 부서가 특정 정당에 전적으로 일임되어야 하는지, 혹은 한 부서내에서 보직이－헝가리에서는 장관과 정치 차관의 보직이－연립정부 간에 배분되어야 하는지의 문제를 해결하는 것이다. 후자의 방법으로 해결안이 모색된다면 각 부서내에서 정치적 통제 혹은 균형을 조성할 수 있으며, 그 결과 행정부내 권력분배의 정도는 개개 부서까지도 도달할 수 있다.

1990년 언털행정부의 열세개 부서가운데 단지 두 부서만이 헝가리민주포럼 정당이 차지한 '순수 보유고'(pure reserve)이었다. 아홉개의 부서는 연립정부 정당구성에 따라서 혼합되었던 반면, 나머지 두 부서는 비 정당출신의 장관이 맡았는데(재정부의 러바르와 국제경제관계 부서의 카다르를 지칭), 그들은 헝가리민주포럼 정당출신의 국무차관보로 보좌되었다. 1994년 헝가리사회당은 자유민주연합의 반대에도 불구하고 일부 혼합 부서의 설립을 주장하였는데, 다른 정당출신의 장관과 차관보로 구성된 부서 성립을 주장하였다. 결과적으로 부서의 절반 즉 여섯개의 부서는 단일정당의 통제하에 놓이게 되었고, 네개의 부서는 혼합정당의 통제하에, 그리고 나머지 두 부서는 사회당 출신의 장관과 비 정당 출신의 국무차관보가 차지하였다. 1998년이 되서야 비로소 순수 부서가 성립되었다.

행정부 구성 당시 인사정책의 중요성과 보직 중 정당의 지지를 이끌어낼 수 있는 '후원 보직'을 차지함은 정치적 요인과 충성도, 그리고 개인에 대한 신뢰가 정치인사 임명안을 결정하는 가장 중요한 원칙이라는 점을 우리에게 시사하고 있다.

3 수상 권력의 원천과 행정부의 정치적 통합

앞서 우리는 행정부 구성과 정치적 통합에 영향을 미치는 다양한 요소 가운데, 특히 정당체제가 미치는 영향력을 살펴보았다. 또한 우리는 수상이 행정부 수장 및 정치리더로서 어떻게 권력의 중심으로 상승하는지 그것의 방법과 정도 또한 살펴보았다. 본 장에서 우리는 수상이 행정부 수장으로서 행정부 임원을 통제하고 행정부내 정치적 단합을 위해서 어떠한 권한을 활용할 수 있는지 다루어 볼 것이다. 행정부의 정치적 단합과 행정부내 수상의 권력은 서로 연관성이 있다. 행정부 권한을 수상에게 집중하고 행정부의 정치적 단합을 추구함은 수상에게 더 강한 입지를 제공해주지만, 행정부내 정치적 분열과 법적인 분권화는 수상의 입지를 약화시킨다. 그러나 행정부내 권력의 중앙집권화 혹은 분권화 문제는 서로 독립적이면서도 상보적인 세 가지의 요소에 따라 영향을 받기 마련인데 이는 다음과 같다: 법적 측면, 정당체제의 특징, 그리고 수상의 개성과 리더십 스타일에 따라 권력의 집중도가 달라질 수 있다. 수상 언털과 호른이 이행한 서로 다른 역할은 이러한 요소로 설명할 수 있다: 이러한 요소들은 연립행정부내에서 언털의 입지를 강화시켰던 반면 호른의 입지는 약화시켰다.

헝가리에서 행정부의 권력은 수상에게 고도로 집중되어있다. 이는 단순히 건설적 불신임안과 의회가 장관을 해고할 수 없는 규정상의 문제가 아니다: 이러한 문제는 다른 권한과도 연관성이 있는데, 예컨대 수상을 지탱해주는 지원세력과 수상이 행정부의 구조와 크기를 결정할 수 있는 재량권과 연관되어 있다. 본 장에서 우리는 수상이 가용할 수 있는 권력의 원천을 살펴볼 것이다.

수상의 후견권

수상을 지지해 주는 원천 가운데 가장 중요한 요소는 후견권이다. 이 중 보직의 임명은 가장 중요하다. 헝가리 수상은 그 자신의 장관과 국무 차관보를 임명할 수 있는 법적 재량권이 있다. 장관 선택에 있어서 정치적 요소와 개인적 충성심 그리고 정당 전략은 중요한 역할을 한다. 수상은 행정부의 정치적 단합을 유지하기 위하여 그의 각료에게 지속적인 관심을 기울여야 한다. 이러한 목적을 달성하기 위하여 두 번째로 가장 중요한 후견권 요소는 해임안을 들 수 있다. 수상은 종종 해임안으로 정치적 단합을 꾀하였다. 행정부내 임원의 변화는 행정부 정책의 변화와 종종 행정부의 정치·행정적 단합을 유지하기 위해서 필요하다. 언털행정부 집정기 3년 반 시기에 2/3의 인사변동이 있었고, 그 중 2/5는 행정부내 한 직위에서 다른 직위로 이전하였다. 이러한 변화 가운데 16명은 장관직 수준에서의 변동이었고, 6명은 정무차관보 수준에서의 인사변동이었다. 호른행정부 첫3년 동안 16명의 인사변동이 있었으나, 이 중 단지 4명만이 행정부내에서의 보직변동이었고, 나머지의 경우는 행정부를 떠난 사람과 연관되어 있었다.

행정부내 수상의 보직과 관련된 가장 중요한 문제 중 하나, 그리고 수상과 정당의 의회집단과의 관계와 관련된 가장 중요한 문제 중 하나는, 수상이 장관을 임명하는데 있어서 어느 정도의 자율성을 지니고 있는가의 문제이다. 1990-1993년에 권위중심의 리더십 스타일을 보여준 언털행정부 시기에, 수상은 군소 연립정부 파트너 출신을 포함하여 그 자신의 장관들을 선택할 수 있었다. 이와는 대조로 수상 호른의 자율성은 제한되어 있었는데, 이는 연립정부 체결안으로 성사된 자유민주연합의 결정거부권과 내무부, 교통부, 그리고 문화·교육부를 관장할 수 있는 장관직을 자유민주연합이 차지함으로써 가능하였다. 또한 이러한 차이점은 언털과 호른이 단행한 각료 조정안과도 연관되어 있었다. 언털은 종종 행정부 개편을 단행하였던 반면, 호른은 상대적으로 거의 이행하지 않았다. 호른행정부에서 대다수의 인사변동은 해당 장관이 스스로 사임하여 발생하였다. 이러한 결과가 발생한 원인은 수상이 정책을 집행하는데 있어서 그의 장관들과 지속적인 마찰로 야기된 것이었으며, 행정부내 그리고 정당간 정치단결의 결핍도 주원인으로서 작용하였다고 볼 수 있다.

▮ 행정부 구조와 크기의 결정 및 책임 분배

법적인 측면에서 수상은 행정부 임원의 임명뿐만 아니라 행정부 구조와 크기를 결정할 수 있는 재량권도 지니고 있다. 정무장관, 국무차관보, 그리고 명목상의 차관보 임명안 모두 수상의 후견권 집단을 변형 혹은 확대시킬 수 있다. 또한 수상은 연립정당간 정치적 균형의 유지 혹은 변화를 위하여 임명안을 활용할 수 있다. 연립행정부의 경우 수상은 정무차관보에 그의 신임자를 임명하고, 본 임명안으로 연립정부 출신의 장관을 통제할 수 있다. 수상인 언털은 종종 이러한 수단을 활용하였고 8번에 걸쳐서 정무차관보를 행정부내 다른 보직으로 바꾸는 개각을 단행하였다. 호른은 행정부내에서 이러한 수단을 활용하여 연립행정부 파트너 간 상호통제를 하였다.

수상은 행정부 구조를 변경할 수 있는 권한도 지니고 있다. 1990년 첫 탈 공산주의 행정부인 언털행정부가 구성되었을 때 수상인 언털은 기존에 존재하였던 '국립계획청'(National Planning Office)과 '가격청'(Price Office)을 해체하였고, 산업 및 무역부서를 통합시켰으며, '국제경제관계청'(the Ministry of International Economic Relations)를 신설하였다. 1994년 호른행정부가 형성되었을 당시 호른은 자신이 약속한 선거공약 이행의 일환으로, 국제경제관계 부서를 '산업·무역청'(Ministry of Industry and Trade)로 통합하였다.

그러나 정치적인 측면에서 수상의 권한에도 한계는 존재한다. 예컨대 자유민주연합은 여러 차례 수상 호른이 계획한 행정부 구조 개정안과 이와 관련된 행정부 인사 구성의 변화에 거부권을 행사하였다.

수상의 보좌진과 자문단

개개장관처럼 수상도 그 자신의 개인 임원을 확보하고 있는데, 이는 이른바 '각료사무청'(cabinet office)이라고 불리며 수상청내에 한 단위로서 존재한다. 대부분의 부서에서 장관의 보좌진은 12명이거나 이를 거의 넘지않지만, 수상청 보좌진은 그 크기나 기능에 있어서 프랑스 각료사무청과 비교할 만하다. 거의 100명을 수용하는 수상 각료사무청은 수상의 개인 심복과 조직운영자들로 구성되어 있고, 이들 활동의 한계를 정하기는 어렵다. 수상에게 전달된 편지와 전자메일 등을 처리하는 일상업무이외에도 수상 각료사무청 보좌진들은 수상이 개인적으로 요구한 사안을 처리한다. 이는 전통적인 행정활동 형태라기보다는 '정치적 관리'(political management)

의 형태에 가깝다. 각료사무청 업무는 수상의 일상업무부터 시작하여 각 부서, 정당, 의회정당집단과 다른 정치행위자의 관리, 그리고 수상이 제시한 행정부 결정을 각 부처가 제대로 수행하고 있는지 감시할 수 있는 감시기능까지로 확대되었다. 수상청 리더는 수상의 신임을 상당히 받고 있는 인물이다.

▮ 법적·정치적 여건과 수상의 역할

앞서 우리는 수상중심의 행정부의 권위를 증가시켜주는 요인 중 정당체제와 법적 요소에 대해서 논의하였다. 수상 권한의 수위성은 중앙집권화된 행정부체제와 단일정당 중심의 행정부 구성으로 창출될 수 있다. 유럽 의회민주주의 가운데 영국은 이러한 이상적 형태와 가장 가깝다고 말할 수 있다. 이와는 대조로 행정부 권력의 분권화(보통 '각료행정부'라고 함, ministerial government)와 분열된 정당체제로부터 기인한 연립행정부의 특성은 수상의 입지를 약화시키기 마련이다. 이러한 관점에서 유럽내 모든 의원내각제체제에서 이탈리아가 가장 약한 수상직을 지녔다고 할 수 있다.

법적인 관점에서 볼 때 1990년대 헝가리 수상의 권력은 증가하였으나, 행정부의 연립 특성으로 인하여 그러한 권력은 제약받았다. 리차드 로즈(Richard Rose) 형태학에 따르면 이러한 여건은 주어진 여건을 최대한 활용하는 저글러(juggler) 형태의 수상 리더십을 초래하였다(표 10-2).

표 10-2 법적인 권한과 정당체제로 바라본 수상의 역할 및 권한 형태

	법적인 관점에서 중앙 집권화된 형태	법적인 관점에서 분권화된 형태
단일정당행정부	리더 영국	협상가 캐나다
연립행정부	저글러 네덜란드, 덴마크, 헝가리	상징 스위스, 이탈리아

출처 : (Rose, 1990: 19)

법적인 요소와 정당체제 이외에 만일 우리가 정치인의 성격과 특징 그리고 어떠한 행동을 하는 동기부여를 고려한다면(예컨대 정책실행의 일환으로 혹은 직업정치인으로서 진로를 추구하기 위한 행동), 수상의 입지는 다소 달라질 수 있다. 정치인의 성격 요소를 고려할 경우, 호른은 저글러의 이상적 형태와 가장 가깝지만, 언털은 저글러 형태에서 리더 형태로 전환될 수 있다. 호른과는 달리 언털은 그의 개인적 권위와 리더십으로 '준 단일정당행정부'(a quasi-single-party government)형태로서 그의 행정부를 운영하였다.

그러나 이러한 형태학내에서의 변동과 두 수상간의 정치캐릭터 차이는 그들이 추구하는 정책 혹은 직업정치인으로서 진로를 추구하는 동기부여 요소를 함께 고려할 때 더욱 상이할 수 있다. 일반적으로 수상은 정치진로를 모색나 자신의 입지에 중점을 둔 정치인인 반면, 언털의 정치캐릭터는 정책 프로그램과 그러한 가치에 좀 더 중점을 두는 경향이 있었다. 정치진로를 추구하는 정치인은 저글러로 간주할 수 있다. 그는 정책에 대한 그 자신의 입장을 변화시키는데 유동적이며, 집권을 하기 위해서라면 그러한 유동적인 입장을 언제든지 다시 변화시킬 수 있다. 실용적 정치노선을 추구했던 호른은 거의 독립적인 정치적 입장 혹은 그 자신이 구성하는 프로그램 목표를 설정하지 않았으며, 이러한 태도로 그의 재임 당시 행정부가 설정한 목표를 실행하려고 하였다. 언털과는 달리 호른은 사회변화를 위한 비전 제시와 목표가 없었으며, 그의 관점과 정책을 상황에 맞게 변화시켰다. 그의 이러한 빈번한 즉흥적 행동은 종종 그 자신의 정당과 동료장관 그리고 심지어는 좁은범위내에서의 그의 친구에게도 매우 이례적인 일이었는데, 바로 이러한 점이 그의 특성을 나타낸다.

수상, 각료, 그리고 부서별 원칙가운데 첫 번째 원칙이 법적으로는 가장 우세하다. 그러나 정치적인 관점에서 바라볼 때의 관계는 정당체제, 행정부의 연립적 성격, 그리고 연립이 세 원칙의 관계는 크게 달라질 수 있다. 언털과 호른행정부 모두 연립행정부이었으나, 이러한 연립적 성격은 두 행정부를 운영하는데 있어서 다른 정치적 비중이 존재하였다. 두 행정부 운영을 규제하고 영역을 명확하게 설정해주는 제한과 행정부 행동의 범위는 다소 다른 방향으로 작용하였다. 연립행정부라는 사실은 수상 언털행정부의 통치 운영방식 변화를 거의 가져오지 않았으나(연립정당 중 하나가 행정부를 이탈하고 주 행정부 정당 일부가 연립정부를 탈당하여 새로운 정당을 구성했음에도 불구하고), 이 요소는 최소한 호른행정부 첫 시기에는 큰 변수로서 작용하였다. 수상행정부 원칙을 희생하면서까지도 호른행정부하 각료와 부서별 원칙의 비중이 상대적으로 상승하였다고 단정할 수 없다.

그러나 호른행정부의 권한을 약화시킬 수 있는 몇 개의 정당·정치 조정 메카니즘이 행정부내에 제도화되어 있었다(연립정부 이익조정위원회에서 부수상 보직은 자유민주연합 파트너에게 부여되었고, 군소정당 파트너인 자유민주연합은 호른행정부에 대해서 거부권을 행사할 수 있었다). 개개장관의 정치책임의 본질도 변화하였다: 수상 호른은 장관 해임시 자유민주연합과 동의하에 그의 장관들을 해임할 수 있었기 때문에, 자유민주연합 장관이 수상에 대해서 갖는 정치적 책임도 줄게되었다. 이러한 요소로 정당정치 차원에서의 권력분산은 행정부 내부에서 작용하였고 이후 공식적으로 제도화되었다. 1990-1994년 언털행정부는 정치적으로 좀 더 통합되어 있었고, 1994년 이후 호른행정부는 정치·제도적으로 좀 더 분열되어 있었다(연립정부 이익조정위원회와 행정부 강령 때문에).[20] 그러나 호른행정부에 비하여 언털행정부가 정치적으로는 좀 더 통합된 행위자이었음에도 불구하고 정치적인 조치를 취할 수 있는 여력은 제약받았는데, 이는 특히 행정부의 외부적 요인에 따라 심각하게 영향 받았다: 언털행정부는 의회내에서 2/3 다수를 확보하지 못하였고 법안제정 과정시 의회는 언털행정부에 중요한 균형자 역할을 하였다. 정치·제도적인 관점으로 바라볼 때 호른행정부는 분열되어 있었는데, 이러한 원인은 자유민주연합과 체결한 협약에 따라, 호른행정부 파트너인 자유민주연합이 균형자 역할을 이행함으로써 발생하였다. 그러나 언털행정부와는 달리 호른행정부 행동의 자유를 제한할 수 있었던 외적인 정치·제도적인 요소의 영향력은 미약하였다. 호른행정부의 경우 행정부를 지탱해주는 정당정치 배경이 좀 더 통합되어 있었다. 비록 수상 호른의 권한은 그의 정당내 강한 야당세력에 의해서 제약받았으나, 정당의 융합도는 1994년 이전의 헝가리민주포럼보다도 여전히 강하였다: 언털을 등지면서 탈당한 의회정당과는 달리 호른의 사회당은 약화되지 않았다. 또한 의회내에서 호른행정부의 입

20) 궁극적으로 저자는 언털행정부는 좀 더 리더십이 강한 권위주의적인 형태로 수상중심의 원칙이 운영되었던 행정부이었던 반면, 호른행정부는 자유민주연합과 체결한 연립정부 동의안에 따라서 각료제 원칙과 부서제 원칙이 중심을 이루는 행정부 형태로 변모하였다는 점을 강조하고 있다.

지는 정당정치와 제도적인 관점에서 볼 때 언털행정부보다는 좀 더 우호적인 상황에 놓여있었다. 이는 행정부정당이 의회에서 2/3 다수를 확보한 점과 아울러 1994년 의회 의사규정 개정안으로 발생한 당의 규율 강화와 확대의 효과이었다.

4 수상과 행정부의 입지 : 국제적 비교

정치학에서는 헝가리 수상이 지닌 권력을 행정부 수장인 독일 수상과 비교하여 종종 분석하였다. 이러한 분석은 행정부 수장의 입지를 강화시켰던 본 공화국(Bonn Republic)의 두 가지 헌법조항을 염두한 것이었는데, 바로 이 형태가 헝가리 헌정체제에도 수용되었다: 행정부 수장에 대한 건설적 불신임안 제도와 개개장관에 대한 불신임안의 결여를 의미한다.

분명 이 조항은 수상의 입지를 강화시켜준다. 그러나 헝가리 정치사고에서 발견된 보편적인 견해와는 달리, 독일수상은 영국수상과 유사한 광범위한 권력을 지니고 있지 않다. 이와 유사하게 헝가리 수상의 권한도 그리 강하지는 않으며, 행정부 수장으로서 중간 정도의 권한을 지니고 있다.

1950년대 독일정치학에서 처음 사용된 '수상 민주주의'(chancellor democracy)는 다소 경멸적인 의미를 함축한 것으로서 당시 독일 콘라드 아데나우어(Konrad Adenauer) 수상이 집정한 극도로 강한 행정부의 권력을 의미한다. 이후 1980-1990년대 이러한 개념은 법과 정당체제에 부합하여 행정부 수장의 권한을 제한하고, 다양한 헌정·정치적인 요소와 균형의 역할을 강조하는 행정부 수장으로서의 '조정 민주주의'(co-ordination democracy)로 대체되었다(Helms, 1996: 103). 표 10-2의 개념을 활용하면 수상은 지배적인 리더 역할 대신 저글러 역할을 수행하는데 이는 수상행정부의 연립적 성격과 이에 따른 정당지지를 확보할 필요성이 요구되기 때문이다. 또한 행정체제의 법적인 분권화에 따라서 수상은 협상가로서의 역할을 수행할 수도 있다. 독일수상은 중간 정도의 권한을 보유하고 있다: 모든 방면에서 그의 헌정적 입지와 정치권력은 영국의 수상보다는 약하지만, 거의 모든 방면에서 이탈리아 수상보다는 강하다.

본 장에서 우리는 수상이 지닌 중간 정도의 권력에 대하여 일반적인 특징을 정립해 볼 것인데, 이러한 분석은 국제적 표준과 비교하여 행정부와 행정부 수장의 권력 형성에 영향을 미치는 7개의 요소로 살펴볼 것이다(표 10-3). 우리는 헝가리 행정부의 주요 특징을 위에서 언급한 영국, 독일, 그리고 이탈리아의 세 행정부 권력운영과 함께 비교해 볼 것이다.

법적·헌정적 요소는 행정부내에서 그리고 의회와 견주어 영국 수상의 권위를 강화시켜주는데, 이는 독일 수상 혹은 헝가리 수상보다도 더욱 그러하다:

- 영국 수상은 정당과 행정부의 리더일 뿐만 아니라 정당 의회집단의 리더이기도 하다;
- 수상은 상시에 의회를 해산시킬 수 있고 새로운 선거를 요청할 수 있다(다른 곳에서는 전혀 발견되지 않는 헌정적 요소임);
- 수상은 의회 승인없이 행정부 구조를 변화시킬 수 있고 각료부서를 창설하거나 해산시킬 수 있다(헝가리에서 행정부의 부서별 조직은 법에 따라서 제약받는다);

표 10-3 행정부와 행정부 수장의 권한 정도

	영국	독일	헝가리	이탈리아
법적으로 그리고 헌정상으로 부여된 권한	+++	++	++	+
행정부-의회와의 관계	+++	+(+)	+	+
정당체제의 영향	+++	++	++	+
행정부의 정치적 융합도	+++	++	++	+
법률체제의 역할	++	++	+	+
행정부 수장의 권한	+++	++	++	+
행정 조정력	+++	+++	++	+

Note : +++ = 강함; ++ = 중간수준; + = 약함

- 수상은 그가 원하는 행정부 안건을 결정할 수 있다(헝가리에서 이는 행정부의 권한이다);
- 수상은 그를 뒷받침할 수 있는 지지세력을 더 키울 수 있다: 수상은 행정부장관을 임명할 뿐만 아니라, 각료부서별 주요 공무원을 통제할 수도 있다(독일과 헝가리에서 이는 개개 장관의 권한이다).

독일과 헝가리 행정부의 수장처럼 이탈리아 수상도 이러한 권한은 없다. 그러나 이탈리아 수상의 권력은 독일과 헝가리 수상보다도 약하다: 독일과 헝가리 수상과는 달리 이탈리아 수상이 그의 장관에 대하여 지닌 권한은 매우 제한적인데, 이는 수상이 그가 원하는 대로 행정부를 개편할 수 없으며 개개장관의 업무에도 거의 관여할 수 없기 때문이다.

영국 행정부는 행정부와 의회와의 관계에서 바라볼 때도 역시 가장 강력하다: 영국의 '토론식 의회'(debating parliament)는 독일, 헝가리, 그리고 이탈리아의 '입법안 의회'(working parliament)보다도 훨씬 더 약한 기관인데, 행정부는 입법안 과정에서 의회보다도 좀 더 강력한 영향력을 행사할 수 있다. 독일 행정부의 권한은 의회내 비교적 강한 영향력이 있는 상원이 행정부의 권한을 제한할 수 있는 반면(특히 행정부정당이 다수가 아닌 소수의 위치에 있을 때), 영국과 이탈리아의 상원은 균형자로서의 역할을 효과적으로 수행할 수 없다. 헝가리의 단원제 국회에서는 2/3 이상의 찬성을 요구하는 법안이 의회로 하여금 행정부를 상대로 균형자 역할과 함께 그러한 효과를 가져올 수 있도록 해준다. 세 행정부가 의회의 간섭없이 자체적으로 움직일 수 있는 여력은 헌법으로 제약받았는데, 법안 개정시 가중다수결을 요구하는 규정과 헌법재판소의 운영이 그러하다. 영국에서는 성문화된 헌법과 헌법재판소가 없으며 모든 영역에서 법안은 단순가결로 채택할 수 있다. 독일의 경우 연방정부와 수상의 권한은 연방정부 구조에 따라서 더욱 제약받았다.

정당체제의 효과도 앞서 제시한 세 가지 구분법을 역시 우리에게 강조해준다: 독일과 헝가리 행정부와 행정부 수장의 권력은 강력한 영향력을 보유한 영국, 그리고 약한 영향력을 보유한 이탈리아 행정부와 수장 사이에 위치한다. 양당제인 영국에서는 선거에서 승리한 정당이 주축을 이룬 단일행정부로 구성되며, 수상은 의회내 정당집단에 대하여 행정부 보직 배분 및 제재로 강력한 주도권을 쥘 수 있다. 독일과 헝가리에서 행정부는 보통 두 세 개의 정당으로 구성된 연립행정부이며, 가장 큰 정당의 리더가 수상이 되곤한다. 부분적으로는 행정부의 연립적 성격때문에, 그리고 부분적으로는 입법안 의회가 지닌 의회의 특성 때문에, 의회내 행정부정당집단의 통제와 행정부 단합을 유지함은 훨씬 더 어렵다. 이러한 한계에도 불구하고 독일과 헝가리 수상은 분명 개개 행정부의 리더이다. 이와는 대조로 이탈리아 수상은 종종 연립정당의 리더, 각료, 그리고 의회집단에 따라서 좌지우지된다. 이탈리아 수상은 때때로 꼭두각시에 지나지 않는다. 이탈리아 수상은 가장 큰 정당의 리더가 아니라 연립정부를 구성하는 경쟁정당의 리더 가운데 정당간 동의한 타협의 후보자이고, 수상은 그가 원하는 대로 행정부의 개각을 단행할 수 없다.

요컨대 법적·헌정적 요소와 정당체제와 관련된 이러한 요소 모두는 행정부 통제와 의회에 대하여 행정부 수장이 행사할 수 있는 권한에도 영향을 미칠 수 있는데, 영국의 경우가 가장 강력하다고 말할 수 있으며, 독일과 헝가리는 중간정도, 그리고 이탈리아는 가장 미약하다고 할 수 있다. 이탈리아 행정부는 입법안 정책 실현에 있어서 가장 미약한 헌정·정치적 도구를 지니고 있다: 아마도 유럽에서 이탈리아 의회는 가장 강력한 의회위원회 체제를 갖추고 있으며, 바로 이 때문에 정치적으로 가장 덜 통합되고 가장 단련이 되지 않은 의회정당이 여기서 발견될 수 있다.

이탈리아 행정부의 입지는 민주 체제전환 당시 헝가리에서 도입된 입법안 과정의 의회와도 비교할 수 있는데, 입법안 과정에서 이탈리아 의회는 극도로 강한 권한을 행사할 수 있었고, 바로 이 때문에 상대적으로 행정부의 입지는 더욱 약화되었다. 반면 영국과 독일의 행정부는 강령을 발효할 수 있는 광범위한 권한을 지니고 있다. 개개 정당체제에 따른 행정부의 개인·정치적인 통합의 관점에서 바라볼 때, 정치적으로 통합된 수상중심인 영국행정부와, 분열되고 각료행정부 중심인 이탈리아 행정부 사이에서는 근본적인 차이가 있다. 이러한 관점에서 볼 때 독일과 헝가리 행정부는 거의 극단의 영국과 이탈리아 형태의 행정부 사이에 위치한 중간정도의 행정부라고 할 수 있다.

행정부의 융합 또한 행정부 수장의 권위를 증가·감소시키는데 영향을 미칠 수 있다. 영국 수상의 입지는 행정부 수장으로서 그가 지닌 권한으로 강화되었다. 양당제와 정당리더간의 직선제 선거경쟁의 결과로, 수상은 유권자로부터 직접 부여받은 권한으로 국가의 행정부를 이끌 수 있다. 유권자로부터 권한을 부여받은 독일과 헝가리 행정부 수장의 권한은 영국의 수상보다는 약하지만, 유권자의 선호도와 수상 선택의 문제와는 분명 연관성이 있다. 이탈리아 수상의 경우 이러한 연관성은 거의 없다: 이탈리아 수상은 정당 정치리더간의 타협에 따라 수상의 보직에 임명된다.

이탈리아 행정부의 융합은 단지 정치적인 영역에서 뿐만 아니라 행정적인 영역에서도 미약하다. 부분·기능적 각료부서의 분열로 인하여 행정부는 일반적으로 30명 이상의 장관을 확보하고 있다. 행정부 의사결정 조정은 최소 수준이고 결정도 구분되어있으며, 그 결과 주요권한은 개개각료부서에 달려있다. 전체단위로서 행정부는 권한이 없다. 수상청에서 종사하는 임원의 규모가 큼에도 불구하고 행정부 업무를 조정할 수 있는 수상의 권한은 제한적이며, 단지 1980년대 조직개편의 결과와 1990년대 전체행정부와 정치체제에 영향을 미치었던 레짐 변화로 인하여 일부권한이 증대하였다. 영국과 독일의 행정부 융합은 이탈리아보다도 훨씬 더 강력한데, 영국의 경우는 의사결정 구조에 의해서 보장된 것이며, 독일의 경우는 450명의 임원을 확보하고 있는 강력한 수상청의 역할이 그러하다. 독일 수상청은 전체행정부와 각료구조를 반영하고 있다. 이탈리아와 헝가리의 수상청과는 대조로 독일 수상청은 수상의 업무 전체를 관장한다. 헝가리 수상청의 규모는 독일 수상청의 규모와 동일하다. 그러나 앞서 이미 언급했듯이 헝가리 수상청은 수상청의 일부 업무만을 수상이 직접 처리하며, 나머지는 수상청 내있는 정무장관과 명목상의 정치차관이 운영한다.[21] 따라서 기능적 관점에서 바라볼 때 헝가리 수상청은 독일 수상청과는 비교할 수 없다(Helms, 1996; Hine, 1993).

21) 헝가리에서는 수상청을 이끄는 정무장관이 있는데 이를 the Minister of the Office of the Prime Minister라고 한다. 1998년 오르반행정부 당시에는 오르반 스승인 스툼프 이스트반(Stumpf István)이 관장하였다.

제 **11** 장

행정부 의사결정과 행정통제

1. 헝가리 행정의 정치적 조직과 통제
2. 행정과 정치의 고전적 분리
3. 행정에 관한 행정부의 통제 : 법적, 행정적, 그리고 인사적 도구들
4. 행정부 의사결정의 과정과 행정부 조직

헝가리는 연방제 국가가 아닌 일원화된 권력 집중형 국가이다. 행정은 두 부분으로 구성되어 있다: 하나는 국가의 중앙기관이 종속된 중앙집권화된 국가 행정이고(일반적으로 행정부를 의미), 다른 하나는 상당한 권한과 자율성을 지닌 기능자치정부와 지방의회이다. 헝가리 행정의 분권화 정도는(자치정부의 권한과 그 권한의 정도) 의사결정 권한에서 뿐만 아니라 재정 독립성에 있어서도 상당하다. 지방의회는 비록 자치 정부가 지역 행정단위에서 존재하지만 그 영향력이 상당하다. 우리가 다루고자 하는 현 주제는 국가차원에서의 정치체제이므로 본 장에서는 지역단위에서의 정치체제에 대한 사항은 자세히 다루지 않을 것이다. 논의의 초점은 중앙집권화된 국가행정 및 그 행정에 대한 정치적 통제에 있다. 본 장에서는 기능자치정부 혹은 행정부에 정치적이고 제도적인 제한을 가할 수 있는 다른 국가기관, 예컨대 헝가리국립은행, 국영 텔레비전, 헝가리학술원은 다루지 않을 것이다.

1 헝가리 행정의 정치적 조직과 통제

전체 헝가리 행정을 주관하는 기관은 행정부이고 전체 국영기관은 행정부에 귀속되어 있다. 행정부가 국가 행정활동에 대하여 통제하고 감독하는 권한은 헌법상에 정해진 기본원칙이며, 정치적 책임의 근간이다: 행정부 혹은 행정부 임원은 국가 행정의 책임에 해당하는 문제에대하여 직접적으로 개입할 수 있으며, 행정부는 어느 행정기관이든 정부의 감독하에 둘 수 있다. 또한 이러한 목적으로 특별 전담기구를 창설할 수도 있다.

행정부가 행사할 수 있는 정치적 통제에 대해서 말하자면 행정의 주요 기관은 크게 각료부서와 공공기관 두 집단으로 구분할 수 있다. 이 두 기관간의 차이점은 부분적으로는 정치적인 측면, 부분적으로는 서열에서 기인하는데, 이는 행정 및 역사적인 관점으로 설명할 수 있다. 일반적으로 공공기관은 행정부 형태에 관한 사항에 대하여 책임이 있다. 그러나 각료부서는 그러한 책임도 있지만 동시에 의사결정과 정치 프로그램을 형성하기 위한 기관이기도 하다. 따라서 각료부서가 이른바 '정치적 행정'(political administration)의 부분을 구성하며, 이는 아래에서 상세히 다루고자 한다.

각 각료부서의 수장은 장관이며 장관은 행정부의 임원이자 동시에 정치인이다. 유럽대륙의 전통에 따라 헝가리 장관은 그에게 귀속한 중앙행정기관의 직속 리더이다. 1990년 언털행정부는 행정기관을 총 13개의 부서로 구분하여 직속관장하였다. 1994년 호른행정부는 산업부와 국제·경제관계 부서를 통합하여 부서의 수치를 12개로 줄였다. 각 부서에 종사하는 사람들의 수는 평균 300명에서 600명이며, 1994년 8월 부서에서 종사했던 전체수는 7000명을 초과하였다.

행정부정책 관점에서 보면 부서는 공공기관보다 중요하다: 부서는 행정부 임원인 정치인이 이끌지만 공공기관은 공무원이 이끈다. 행정조직내에서 공공기관의 입지와 그들을 정치적으로 통제하는 것은 각료부서와는 사뭇 다르며 여러 모습의 형태를 띠고있다: 공공기관인 '국민체육 및 스포츠 그리고 헝가리인의 활동청'(Hungarian Office of Energetics and the National Office of Physical Education and Sport)과 같은 기관은 특별히 창설된 부서와 장관에 의하여 감독받을 수 있으며, '해외 동포 헝가리 소수민족과 국가보안청'(Office for Hungarian Minorities Abroad and the Office of National Security)과 같은 기관은 국무차관보 혹은 정무장관이 직접 관장한다.

공공기관은 각료부서보다도 수적으로 더 많고 그 수치도 종종 바뀐다. 또한 행정부내에서 공공기관의 입지는 해당기관을 감독하는 정치적 특성에 따라 종종 바뀌기 마련이다. 이러한 현상을 가져오는 원인 중 하나는 각 부서의 명칭은 일반적으로 장기간에 걸쳐 형성된 행정부 발전의 산물인 반면, 공공기관의 특징은 매우 혼합적이기 때문이다. 일부 공공기관은 행정부내에서 통합된 채 오랜 전통을 지닌 기관인데, 직속관장하에 운영되는 중앙통계청이 그러하다. 다른 기관은 필요에 의해서 성립된 임시방편의 기관이며 그날그날 행정부가 필요로 하는 급속한 수요를 충족시키기 위하여 형성된 것이었는데 '보상청'(Office of Compensation)이 그러하였다(Lőrincz, 1993: 43).

표 11-1 호른행정부의 부서들, 1994년

	고용인 수치	비용(HUFx백만)
수상청	506	1,135
내무부	540	1,354
외무부	1,620	7,623*
국방부	325	634
사법부	320	379
재정부	541	1,594
산업 및 무역부	950	1,910
농림부	511	1,594
교통, 통신 및 수질관리부	338	500
문화 및 교육부	610	768
복지부	269	785
노동부	220	772
환경보호 및 지역개발부	415	635
합계	7,165	19,683

* 제외한 외국인 대표 수치는 969명임. 출처 : (HVG, 6 August 1994: 9).

행정의 관리·집행 기관들

행정을 집행하고 관리하는 기관은 두 가지 형태가 있다: 지방의회와 이른바 분권화된 기관이다. 지방의회는 그 자신이 확보한 권한 이외에도 국가행정의 책임을 지고있다. 이른바 분권화된 기관은 국가행정의 지역단위 기관이다: 이 기관들은 중앙행정기관 관장하에 운영되기 때문에 행정부의 행정권한하에 놓여있다.

헝가리 행정은 지역행정 관점으로 볼 때 세 단위로 운영된다. 중앙행정부와 분권화된 기관 사이에 존재하는 중간단위의 기관은 전통적으로 구 단위에서 채워진다. 구 단위 의회의 권한은 매우 미약하다. 1990년 지역자치정부 법안이 발의되었을 때 당시의 '반구적인'(anti-county) 정치적인 분위기로 인하여, 1990-1994년 행정부체제의 지역 행정부 운영은 이른바 '공화국 대표'(the representatives of the republic)의 주도하에 놓여 있었으며, 그들은 구 단위 임원을 대신하였다. 1994년 호른행정부는 공화국 대표의 기관제도를 폐지하였고, 그 대신 내무부 통제하에 놓여있는 구 단위 행정기관을 신설하였다.

2 행정과 정치의 고전적 분리

1990년 행정부만이 아닌 정치레짐 자체가 변화했음에도 불구하고 헝가리 공무원의 주요 인사변동은 없었다. 1990년 주요 상위 공무원의 인사변화는 1994년 헝가리 사회당·자유민주연합 연립행정부 형성 후 구성된 변화와 동일한 수준에 머물렀거나, 혹은 더 적은 범위내에서 변화가 발생하였다. 상위 공직에 임명된 사람가운데에 행정차관 및 부차관보는 1990년에는 52명 그리고 1994년에는 64명이었고, 이는 비율로 환산할 때 각료부서의 관료출신이 1990년에는 69.2%, 1994년에는 62.5%이었다. 이른바 권력층에서 후원해 준 결과로 외부에서 임명된 '낙하산'(parachuted) 출신의 비율은 1990년에는 30.8%이었고, 1994년에는 37.5%이었다(표 11-2). 다른 연구결과에 따르면 1990-1993년 공무원직에 임명된 사람들 가운데, 72%는 그들 스스로의 노력으로 순차적으로 승진한 사람들이었던 반면, 28%는 갑자기 상위직으로 도약한 사람들이었다(Lengyel and Martin, 1996: 27-28).

표 11-2 1990년과 1994년 행정부 변화 후 외부에서 낙하산으로 국무차관보와 부차관보 그리고 공무원에 임명된 사람들의 비율

	1990년 수치	1990년 %	1994년 수치	1994년 %
부서별 공무원	36	69.2	40	62.5
외부에서 임명된 낙하산 출신	16	30.8	24	37.5
합계	52	100.0	64	100.0

출처 : (*HVG*, 14 July 1990; 19 November 1994: 112)에 근거하여 저자가 산출.

1990년 임명된 상위 고급공무원 52명 가운데 8명은 정당임원이었는데 4명은 헝가리민주포럼 출신이었고 나머지 4명은 헝가리사회당 출신이었다. 1994년 임명된 상위 고급공무원 가운데 2명은 그들 자신이 정당임원이라고 말하기를 거부하였으나, 5명이 정당임원이었고 이 중 4명은 헝가리사회당 출신이었고 1명은 자유민주연합 출신이었다. 1990-1993년 경제부서에 임명된 상위 고급공무원 가운데 58%는 그들이 보직에 임명되기 이전에 같은 분야에서 종사했던 사람들이었으며, 따라서 그들은 외부에서 낙하산으로 해당보직에 임명된 사람들은 아니었다(Lengyel, 1995: 319). 헝가리에서는 상대적으로 개방된 행정인사체제를 갖추고 있었고, 이로 인하여 인사변동은 그 정도가 큰 범위에 머물러있었다. 이러한 변동은 비록 은행분야에서 발견할 수 있는 변동의 폭보다는 높지는 않았으나, 고급공무원 간의 인사변동 폭은 회사관리자의 인사변동 폭보다 1990년대 초 당시 상대적으로 높은 범주에 남아있었다(Lengyel, 1995: 317).

1989-1990년 발생한 체제전환의 여파로 기존 헝가리 공산당이 직접 관장했던 행정부체제와 작업장에서의 정당조직 활동은 종결되었다. 이러한 결과로 헝가리는 20세기 유럽 전통에 부합한 정치체제로 귀환하였고, 이는 행정부 수장이 운영하는 행정부와 국가행정의 총체적인 제도와 인사기관이 운영하는 행정체제로 분리되었다. 국가 행정내에 공무원의 승진은 전문지식과 자격, 그리고 상관이 평가한 성과분석 및 공무원의 보직경력인 연공서열(seniority)을 감안하여 이루어졌다.

3 행정에 관한 행정부의 통제 : 법적, 행정적, 그리고 인사적 도구들

정치적 목적을 달성하기 위하여 정치지도부가 행정을 통제할 수 있는 정도와 효과는, 혹은 역으로 말하자면 행정이 정치의 간섭으로부터 벗어나 활동할 수 있는 자율성의 정도, 그리고 관료제에 따라 제도화된 규칙은 행정을 지배하는 상위 각료가 어떠한 정치적 행정기구를 활용하여 간섭하는가에 따라 다를 수 있다. 행정부가 국가행정에 대하여 정치적 통제를 행사할 수 있는 방법과 도구는 세 가지가 있다. 첫째 행정부는 행정부가 발령하는 법령 혹은 법에 따라 정치통제를 할 수 있고, 둘째 개개의 지침과 순환 편지로 직접적인 통제를 할 수 있으며, 셋째 인사정책과 지원으로 정치통제를 할 수 있다.

▌법령 포고에 따른 행정통제

일반적으로 행정에 대한 정치통제는 의회에서 통과된 법령, 혹은 행정부와 장관의 지시하에 포고령으로 이행된다. 유럽민주주의체제에서 법령의 대부분인 90-95%는 행정부 혹은 각료의 포고로 발행된 것이며, 단지 5-10%만이 의회가 통과시킨 법령이다(Sári, 1994: 140). 거의 모든 곳에서 법령 포고로 발행된 입법안은 그 정도가 입법부의 기능을 해칠 정도로 증가하였다.

공산주의 당시 헝가리에서는 거의 전적으로 포고령에 따라 통치가 이루어졌고, 이에 대한 반작용으로 '반 행정부 방식'(anti-government approach)에 대한 정치사고가 지배적인 현상으로 등장하였으며, 그 결과 거의 모든 다른 곳에서보다도 의회의 비중을 훨씬 더 크게 두는 헌정질서가 성립되었다. 그러나 이러한 사실에도 불구하고 헝가리 행정부와 각료에서 발행하는 포고령의 비율은 높은 수준에 머물러 있었고, 그 비중은 모든 법안의 4/5를 차지하였다: 1990-1993년 당시에 그러한 비율은 82%이었다. 1990-1993년 법적인 수단으로 도입된 규정의 비율은 18%이었고, 이러한 비율은 다른곳과 비교해볼 때 높은 수치이었다. Act XXXI of 1989 헝가리 헌법과 Act XI of 1987 입법안 과정법은 행정부로 하여금 포고령을 발행할 수 있는 권한을 보장해주었는데, 이는 헌법상에 정해진 본래 행정부의 책임과 의회에 결정을 전가할 수 있는 권한의 근거에서 바라볼 때 모두 그러하다. 그러나 헝가리 헌법은 행정부가 포고령을 발행할 수 있는 권한은 적게 부여한다(Lőrincz, 1993: 37).

▌정치지도부의 권한과 지시에 따른 행정통제

국가 행정통제에 있어서 행정부의 활동은 계급적이고 수직적이다. 행정부는 어느 문제에도 직접적으로 개입할 수는 있으나, 일반적으로 다양한 분야의 국가행정은 각 부서장관이 주도하에 통제한다(Lőrincz, 1993a: 21). 장관은 개인적인 자격으로 국가행정을 리드한다. 첫째 정치리더로서 장관은 그에게 주어진 권한을 활용하여 전체행정에 대한 규범적 통제를 할 수 있다. 둘째 장관은 직·간접적으로 지침을 줄 수 있는 권한이 있다. 즉 규범적 통제의 권한을 행사하여 전체행정을 이끄는 권한 이외에도 장관은 개인적이고 구체적인 지침을 줄 수 있다. 규범의 골자내에서 장관은 그의 권한하에 있는 기관을 대상으로 법적인 실효성을 발휘할 수 있는 결정과 지침, 그리고 안내 원칙(guiding principles)을 발행할 수 있다. 구체적이고 개인적인 지침 골자내에서 장관은 그의 권한 하에 있는 행정기관을 대상으로 개인적인 지시와 수행과제 지침을 내릴 수 있고, 혹은 그러한 기관에서 이미 결정된 결정을 바꿀 수도 있다(Takács, 1993: 26-28). 또한 장관은 그의 권한 하에 놓여있는 기관을 대상으로 구조조정할 수 있고 기관 임원의 인사와 책임의 영역도 재조정할 수 있다. 장관은 부서에서 가용할 수 있는 예산의 일부를 어떻게 활용할 수 있는지 결정할 수 있는 권한이 있으며, 예산안의 재조정으로 일부 프로그램을 지원 혹은 제약할 수 있다.

▌개인 인사관리를 통한 행정통제 : 행정부내 인사권

정치지도부는 행정의 상층부와 지지세력을 확보하고 있다. 정치지도부 임원인 장관 또한 중앙행정기구의 리더이기 때문에 정치지도부와 부서별 각료 관료와의 관계는 중요하다. 본 장에서는 이들의 관계에 대해서 논의하고자 한다. 장관과 각료 관료간에는 법안과 칙령과 같은 규율이 정해지고, 지령과 안내원칙이 발행되는데 이들 모두는 행정기구가 통제한다.

장관과 행정기구 관료 사이의 신뢰와 충성도는 국가를 통치할 수 있는 중요한 요소를 구성한다. 큰 행정기구를 한 사람이 통제한다는 것은 불가능하기 때문에 통치의 문제는 유럽민주주의에서 소위 '정치 관료층'을 형성하여 해결해왔는데, 그들은 일반적으로 각료부서를 지휘하는 정치인과 영구 행정기구 사이에 놓여있는 행정기구 출신이다. 이러한 관료층 임원의 대부분은 장관이 개인적으로 그리고 정치적으로 신뢰하는 사람들이며, 그들은 장관에 의하여 임명된다. 이러한 임명안으로 장관은 그를 지지하는 주요세력을 형성할 수 있다. 인사변동은 관료규칙에 따라서 발생한 것이 아니라 정치과정의 산물이다: 이는 무엇보다도 행정부 변화와 같은 정치순환, 혹은 정치과정에 있어서 발생한 주요 정책 변화와도 연관되어있다(Körösényi, 1996a).

다른 유럽민주주의 국가와 마찬가지로 헝가리의 관료체제도 분명하게 형성되어있지는 않다. 그러나 장관은 고용주로서 관료에 대한 임명안과 해임권리를 지니고 있으며, 바로 이 영역내에서 관료체제가 형성되는 것이다. 이러한 인사권은 실제적으로 장관의 '정치후견권 제도화'(institutionalisation of political patronage) 현상을 초래하기 마련이다. 이러한 보직배분은 장관조직내에서 크게 세 집단으로 구분할 수 있으며, 총 여섯개의 집단이 있다.

1. 첫 집단은 일반적으로 장관 바로 밑에서, 부서 조직 서열내 가장 높은 보직을 차지하고 있는 일급 혹은 삼급의 고급공무원이다. 부서내 상위 세가지 보직 서열은 행정국무차관(Administrative State Secretary), 부 국무차관(Deputy State Secretary), 그리고 국장(Division Leader)으로 구성되는데, 바로 이들이 지지세력의 핵심요소이다. 전체행정부를 바라보면 이는 500개 이상의 보직이 관여하는 것이며, 1994년 행정국무차관과 부 국무차관의 수치는 64명이었고, 국장 수치는 대략 500명이었다(HVG, 19 November 1994: 115). 실제적으로 이러한 고급공무원 중 일급 그리고 때때로 이급 공무원 보직은 장관이 임명한 인물로 채워진다.
2. 두 번째 잠정적 지지세력의 보직은 부서 서열 이상으로 상승한 조직단위에서 형성될 수 있는데 이 조직들은 장관의 직접적인 통제하에 놓여있다. 예컨대 인사, 여론, 대중관계, 그리고 기획부서가 종종 그러하다. 이러한 영역은 일부부서에서 장관을 지지하는 부분으로 변모하지만, 모두가 그런 것은 아니며 따라

서 일반적인 형태와 밑그림을 끌어내기는 어렵다.

3. 세 번째 정치 지지세력은 장관의 직계 직장 동료와 개인비서를 들 수 있다. 이러한 분야에서 거의 완전하고 제도화된 형태는 프랑스 각료체제를 들 수 있다. 헝가리에서는 단지 몇 명으로 구성된 매우 제한적인 각료만이 있다. 이들 임원은 일반적으로 관료출신이 아니며 장관의 동료인데, 예컨대 장관의 선거캠페인 임원 혹은 정당전문가를 들 수 있다. 비록 각료임원은 개인적으로 장관과 연계되어 임명된 사람들로 구성되지만, 그들도 공무원의 자격을 부여받는다(*HVG*, 8 October 1994: 115). 이는 공무원직과 정치영역을 분리하는 분명한 구분점이 없다는 점을 다시 한번 시사해 주는 것이다.
4. 네 번째 정치 지지세력으로 장관의 개인적 조언자 혹은 고문을 들 수 있다. 일반적으로 이들은 부서 혹은 공무직과 같은 공식 조직의 일부는 아니며, 임원들은 종종 해당 조직의 외부 출신들이다. 고문은 유럽의 거의 모든곳에서 발견되며 수상의 조언자 영향력은 지대하였는데, 예컨대 마가렛 대처(Thatcher) 정부 후반기에 활동하였던 고문들이 그러하였다. 장관 옆에서 활동하는 중요한 고문체제와 그러한 기관조직을 영구적으로 형성한 곳은 미국 행정부에서만 발견할 수 있다. 다른 유럽 국가처럼 헝가리에서도 넓은 범위에서의 장관의 고문 혹은 그러한 기구를 형성하지 않았다. 일부 장관인 예컨대 교육과 문화부 장관을 역임한 두 명의 자유민주연합 출신인 가보르 포도르(Gábor Fodor)와 발린트 머겨르(Bálint Magyar)는 그러한 개인적 고문을 고용하였다. 수상인 요젭 언털과 귤러 호른은 좀 더 광범위한 범위에서 자문 집단을 형성하려고 시도하였다.
5. 다섯 번째 집단은 부서의 조직밖에 위치하면서 장관의 직접적인 통제를 받는 기능적, 혹은 지역적 행정기구이다. 일부부서의 경우 24개 정도의 그러한 조직이 존재한다. 일반적으로 이들 조직의 리더 임명은 장관의 권한에 해당한다.
6. 마지막 집단은 장관이 임명한 임원과 위원회 의장을 들 수 있다. 부서별 결정을 위한 준비, 천거, 그리고 결정을 하는 등의 행위는 공무조직과 부서의 정치에만 제한된 것은 아니다. 장관은 종종 조언기능 혹은 조정기능을 갖춘 임시 혹은 영구위원회와 평의회를 설립할 수 있다. 이러한 기구는 정책개혁안 혹은 법안에 대한 계획안에 대하여 의견을 제시할 수 있으며, 재정적 지원 혹은 상

징적 지원을 제공할 수 있다.

일반적으로 각 부서내에 그러한 위원회와 평의회는 24개 정도가 있다. 임원의 수치는 각각 상이하지만 일반적으로 7명에서 60명 정도이다(Lőrincz, 1993a: 25). 대부분의 위원회 임원가운데 한·두 명은 해당문제에 대해서 책임을 지는 공무원이며 관련된 문제에 대하여 영향을 받는 다른 부서 출신인 공무원과 공공기관, 이익집단 대표, 정당과 시민연대, 일부 큰 기관의 리더 및 한·두 명의 학계출신 전문가로 구성되어 있다. 이러한 위원회는 의사결정을 내리기 이전에 이해관계 조정을 할 수 있도록 도와주며, 주어진 영역내에서 개개의 행위자 간 정보의 흐름과 의사소통 그리고 로비를 위한 기회를 제공하기도 한다. 또한 위원회는 장관과 부서를 대상으로 행사할 수 있는 합법적인 기능도 지니고 있다. 수백명의 임원 임명과 위원회 의장의 임명은 개개 장관의 지지세력을 확장해 주기 마련이다.

4 행정부 의사결정의 과정과 행정부 조직

행정부에 있어서 중요한 문제는 다음과 같다: 행정부가 정치적으로 통합되어 있는가; 독립적인 정책 프로그램이 있는가; 행정부 정책이 행정부를 구성하는 정당의 다양한 목적에 종속되어 있는가; 행정부가 장관의 개인적 야망과 로비스트의 압력에 종속되어 있는가; 행정부가 행정기구의 목적에 종속되어 있는가의 문제를 들 수 있다. 행정부 내부의 구조로 바라보면 이러한 문제는 장관이 부서의 행정부 정책을 단순히 시행하는 집행자인지, 혹은 행정부내에서 부서의 이득을 대변하는 대변자인지의 문제와 동일하다. 다시 말하자면 이는 통합된 행정부 정책이 존재하는지 혹은 단지 행정부는 부서의 활동을 결합한 단위인지, 혹은 행정부를 넘어서 정책 활동에 통일성이 있는지의 질문으로 요약할 수 있다.

행정부 정책의 단합 혹은 분열의 문제는 조정문제를 야기한다. 1980년대에 그들 자신의 이해관계에 따라 자신들이 설정한 목표를 달성하려고 했던 부서들은 통합된 경제정책을 형성하는데 저해가 되었다. 정치·경제학자와 경제·사회학자는 이러한 문제의 원인을 부서 직 기관이 보유한 특성에서, 대기업이 지닌 강점에서, 그리고 그들의 이해득실을 충족시키고자 했던 강한 경제 로비체제에서 발견하였다. 그러나 이러한 문제는 공산주의체제에서만 발견될 수 있는 현상이 아니라 민주행정부에서도 종종 발견된다. 전 세계적으로 비교해보면 일반적으로 미국의 대통령제 행정부체제를 가장 강력한 융합과 통합성이 강한 행정부의 예로 간주하고 있으며, 스위스의 부서별 행정부를 분열성이 강한 행정부의 사례로 들고있다. 헝가리 행정부체제와 좀 더 유사한 의회주의 행정부체제를 고려해볼 때 영국과 이탈리아 행정부는 각각 상대적으로 통합된, 그리고 분열된 행정부 사례를 제시해주는 반면, 독일 행정부는 이들 중간에 있다고 할 수 있다. 이러한 차이는 헌법, 법안, 행정, 그리고 정당체제와 같은 다양한 요소들의 조합으로 설명할 수 있다. 본 장에서 우리는 헝가리에서 운영되고 있는 행정부 정책의 조정기구, 조직, 그리고 기관들을 살펴볼 것이다.

▮ 조정의 정치·행정기관들

앞서 행정부 조정의 정치적 도구와 기관을 살펴보았다. 하나는 정치 지도부의 권한, 행정, 그리고 수상을 지지하는 지원세력으로 구성되어 있다. 다른 하나는 각료체제의 조정기관인데 장관들 간에 논쟁의 결과를 결정하고 통합된 행정부 견해를 결정하는 행정부회의 자체이다. 연립행정부의 경우 세 번째 가능한 정치적 도구는 '연립정책조정포럼'(Coalition Policy Reconciliation Forum)인데 이는 공식·비공식적인 형태로 행정부 밖에 존재할 수 있으며, 연립행정부 형성 당시뿐만 아니라 행정부 전체시기 내내 존재할 수 있다. 언털행정부 시기에 이러한 조정포럼은 정치국무차관 간 논의했던 회의의 내용과 수상의 비공식적인 논의, 그리고 행정부 회의와 함께 중요한 역할을 하였다. 호른행정부 시기에는 이른바 '연립조정위원회'(Coalition Reconciliation Council)라는 기관이 공식기관으로서 행정부 조직 밖에서 존재하였으며 주어진 역할을 이행하였다.

정치적 조정이외에 행정부는 행정조정 문제에 관여할 수 있는데 이는 부서별로 상호 구분되어 있는 커다란 행정기관에 대한 운영과 조화를 의미한다. 헝가리 행정부에서 행정기구와 조정기관은 세 단계로 존재한다.

첫째, 각료부서가 제출안 법안초안과 다양한 프로그램을 공공 행정기관이 조율하는 단계이다. 예컨대 부서가 초안법안을 작성하면 초기 기획단계에서 초안법안은 관련 부서와 공공기관으로 보내지며, 종종 국가 행정 밖에 있는 기구와 이익집단 대표들, 이익조정위원회내 고용주 및 고용인 대표, 그리고 행정부 정당의 의회집단으로부터 의견을 수렴하고자 초안을 보내기 마련이다. 이러한 집단의 의견을 바탕으로 부서는 초안법안을 수정하고 관련된 다른 부서의 의견도 참작한다. 최종적으로 부서는 법안을 수상청을 통하여 행정부 장관 회의로 보낸다.

둘째, 행정 조정은 행정부내에서 발생한다. 이는 장관과 부서 사이에 존재한 서열의 존재, 그리고 의사결정을 하기 위한 좁은 범위내에서의 기관 성립으로 조율가능한데, 예컨대 각료, 위원회, 그리고 자문위원회를 들 수 있다. 부서별간의 서열은 법적인 근거보다는 정치적이고 사회학적인 바탕에서 발생한 것이다. 전통적으로 부서간에는 어느 정도의 비공식적인 불균형이 존재한다. 특정부서와 장관은 다른 부서와 장관들보다도 더 많은 권한을 지니고 있다. 현재 행정부체제내에서 수상 다음으로 서열의 중심에 있는 장관들은 재정부와 내무부장관이다. 재정부장관의 수위성은 예산안을 통제하는 권한에서 기인하는데, 그는 개개의 부서장관들이 요구하는 예산안에 대하여 거부권을 행사할 수 있다. 재정부는 항상 부서들끼리 예산안을 설정하고 경쟁하는데 있어서 중심적인 입지에 서 있었다. 1990년대 재정부는 행정부내에서 가장 중요한 부서이었고, 재정부 장관은 수상 다음으로 행정부내에서 가장 중요한 사람이었다. 1990년 재정부 장관은 행정부 경제 정책을 모든 방면에서 통제하고자 하였고, 이는 다른 경제 부서와의 갈등을 증가시켰다. 행정부내 정치균형을 창출하고 수상의 입지를 위협할 수도 있는 재정부 장관의 극도로 강한 권한을 제어하고자, 헝가리 정치체제는 재정부 장관의 권력 균형을 맞출 수 있는 권한을 수상에게 부여하였다. 수상이 재정부 장관의 권력 상승을 대응할 수 있는 하나의 수단은 그들의 빈번한 교체이다: 1990-1997년 중반에 총 6명의 재정부 장관이 교체되었다. 1998년에는 재정부 권위가 약화되었는데, 오르반 행정부는 재정부 권한의 일부를 제거하여 그 권한을 신설된 ‘경제업무부서’(Ministry of Economic Affairs)와 수상청에게로 전가하였다.

재정부 장관 이외에 내무부 장관은 행정부 서열상 상위에 있다. 언털·보로쉬 행정부에서는 내무부 장관이 부 수상의 권한이 있었다. 호른행정부 시기에는 자유민주연합 내무부 장관인 가보르 쿤체가 이른바 수상의 연립대표 역할을 할 수 있었고, 무엇보다도 그는 연립정부 동의안에서 체결된 거부권과 조정권을 행사할 수 있었다. 예컨대 이러한 권한에 따라 내무부 장관은 수상청의 행정국무 장관처럼 행정 준비 단계에서 모든 법안의 초안을 미리 받을 수 있다.

행정부내 수상, 재정부 장관, 그리고 내무부 장관 권한의 수위성은 그들이 행정부내에서 의사결정을 할 수 있는 이른바 ‘작은 트리오 각료 지도부’라는 사실로 알 수 있다. 형식상으로는 이 각료들이 행정부 의사결정을 위한 제반을 준비하지만 실제적으로는 의사결정 기관으로 변모하였다: 그들은 결정권을 지니고 있고 그들의 결정은 일반적으로 행정부 회의에서 크게 논란이 되지 않으며 제안은 쉽게 수용되기 마련이다.

셋째, 행정부 활동을 조정하는 기구는 수상청에 의해서 수행된다. 수상청의 중요한 정치·행정적 역할을 고려하여 본 장에서 우리는 이를 좀 더 상세히 다루고자 한다. 1990년대 수상청에서 종사하는 임원은 400－500명이었다. 수상청은 크게 세 가지 기능을 지니고 있다. 첫째 수상청은 수상의 업무를 조직 및 관리한다. 둘째 수상청은 행정부 운영의 조정과 행정에 대한 책임을 지고 있는데, 무엇보다도 행정기구들 간의 융합을 촉진하고자 노력한다. 셋째 조직적인 관점에서 바라볼 때 정무장관과 정치차관보, 그리고 수상의 자문기구들은 모두 수상청에 속해있다. 이러한 세 가지 기능을 반영하여 수상청은 언털과 호른행정부하에서 세 가지로 구분된 독립적인 조직단위로 존재하였다. 1998년 여름 집권한 오르반행정부는 독일 본 공화국의 수상청을 모델로 헝가리 수상청의 권한을 강화시키고 재조직하려는 계획을 구상하였다. 오르반행정부 수상청의 지도부는 장관의 서열을 부여받았다.

1. 각료사무실

수상청의 각료사무실은 기획과 조직 운영의 책임을 맡고 있는 수상의 개인 임원들을 총칭하는 용어이다. 각료사무실은 수상의 각료 수장이 총괄한다. 행정부 정책의 상이한 분야를 감독하는 부서가 부서별로 조직화되어 있으며, 관련 보고는 수상에게 직접 전달된다. 명목상의 국무차관 서열에 해당하는 부서장과 부 부서장은 행정부 대변인과 수상청 홍보국장과 함께 행정부 회의에 참여한다. 수상 비서실은 수상의 개인적 안건과 프로그램의 일상적 조직 및 운영에 관여한다. 1993년 수상청 부서의 수는 8개이었는데, 이는 각료부서의 수치와 정확히 일치하지는 않았으며 실제 각료부서보다도 적다.

2. 행정기구

수상청의 행정기구는 행정 국무차관이 관장한다. 전통적으로 각 각료부서별 국무차관처럼 행정 국무차관도 수상청의 리더이다. 그러나 수상의 리더십 직속하에 있는 행정 국무차관은 전체행정 기구를 통제할 수 있다(Müller, 1991: 1080). 행정기구 활동의 정치적 역할은 각료사무실처럼 직접적이지는 않다. 행정기구의 책임은 행정부 리더로서 수상의 업무 준비, 조정, 집행하는 행정과 각 각료부서의 활동 조정, 그리고 각료회의 준비와 행정부 결정을 집행할 수 있도록 도와준다. 행정부 장관은 행정부회의 사전에 행정부 국무차관 회의를 주선하고 회의안건을 설정한다. 행정부 장관은 안건을 천거하며 행정부 회의 자체를 주도하기도 한다. 일반적으로 행정부회의 안건에서 어떠한 문제를 설정할 것인지를 결정하는 단계가 바로 행정국무장관 회의이다. 입법안 과정에서 행정부와 의회의 연계는 부분적으로는 의회내에 있는 행정부 임원의 참여로 유지되며; 부분적으로는 수상청과 국회 사무청을 통하여 그리고 수상청 출신의 공무원을 통하여; 마지막으로 의회 의사결정 과정에 참여한 부서별 각료의 주도로 유지된다.

3. 정무장관이 관장하는 부서들과 정치국무 차관

정치적 중요성 때문에 일부 정치적 권한과 책임은 공무원이 이끄는 공공기간에 부여된 것이 아니라 직접적인 정치통제하에 놓이게 되는데, 이는 각료부서 구조에 통합되지 않은채 정무차관 혹은 정치국무차관이 관장한다. 이는 수상청 관할영역에 속한다. 이러한 방식으로 다루어지는 문제들은 첫째 각료구조내에서 해당문제를 다룰 수 있는 아직 안정적인 입지가 확보되지 못한 것들이며(예컨대 청년정책), 둘째 정치적인 혹은 전략적인 중요성 때문에 수상직할 관할에 귀속하는 기관들 예컨대 첩보부와 언론 그리고 정보정책 부서를 들 수 있다. 행정적인 관점으로 볼 때 이러한 기관은 수상청 행정부 국무장관의 관할영역에 해당한다(Szilvásy, 1994: 462). 이러한 기관을 감독하고 관할하는 정치인은 정무차관과 정치국무 차관인데 그들 모두는 수상에 종속되어있다.

4. 정치인과 공무원 역할의 혼합 및 행정의 정치화
현재 모든 민주국가에서는 공무원의 정치화가 두 가지 형태로 발생하고 있다. 첫째, 각료부서내에서 정치지도부는 고급공무원의 역할과 기능이 정치화되는 방향으로 압력을 행사하는데, 이는 공무수행 시 이러한 고급공무원이 준비하고 결정하는 과정에서 발생한다. 둘째, 부서내 고급공무원의 정치적 충성도를 요구하는 사항과 공무원에게까지도 지지세력을 확장하려는 정치 지도부의 시도는 공무원의 정치화를 조성하고 있으며, 그 결과 정치와 행정지도부 간의 구분이 불분명하게 되었다.

다른 민주국가와 마찬가지로 헝가리에서도 공무원의 기능은 정치화되고 있으며, 그러한 정도는 정치와 행정부의 전통적인 영역까지 침투하고 있다. 앞서 우리는 헝가리 공무원의 행정부 의사결정 준비 참여와 의사결정 자체 활동에 대해서 논의하였다. 1990-1997년 전체행정부 활동을 조율하는 헝가리 수상청의 행정부 국정차관은 공무원이었다. 이들은 행정부 회의를 준비하고 부서간의 조율을 담당하였으며, 1994년이래 의회위원회(the House Committee)내에서 행정부를 대표하였다. 분명 이들은 정치·행정부 기능을 수행한다. 1997년 여름 국회에서 통과된 국가 리더에 대한 법안은 수상의 재량권을 중요하게 하였는데, 본 법안은 수상청 리더에게 이전처럼 행정부 국무차관의 지위를 부여하는지, 혹은 장관의 지위를 부여하는지의 문제를 포함하였다(HVG, 5 July 1997: 11). 공무원의 정치적인 역할과 영향력은 의사결정 준비를 위한 각료의 업무에만 한정된 것은 아니다. 다른 많은 유럽의 민주국가처럼 헝가리에서도 고급공무원은 장관 혹은 정치 국무장관을 대표하거나 대신할 수 있는데 이들은 행정부 회의에서, 의회에서, 그리고 의회위원회에서 역할을 대신할 수도 있다. 특히 헝가리 의회에서 법안에 대한 논쟁을 하는 의회위원회에서는 법안을 제안하는 부서의 차관 혹은 정치국무 차관이 주도한 것이 아니라 행정부국무 차관, 부 국무차관, 혹은 국장공무원이 그 역할을 대신하였다.

이외에도 공무원은 행정부 업무에 직접적으로 참여할 수 있다. 특히 헝가리에서 행정부 국무차관의 영향력은 행정부 국무차관이 주관하는 화요일 회의의 제도화로 더욱 향상되었는데, 이 회의는 목요일 행정부 회의 사전에 개최되곤 한다. 이러한 과정은 어떠한 제안이 행정부에 도착하기 이전에 거르는 마지막 '전문적 기능의 필터'(professional filter) 구실을 하는 것으로서 매우 강한 영향력을 발휘할 수 있다(Kéri, 1994: 84; Verebélyi, 1996; 1996a): 행정부 차관회의에서 지지받지 못한 어느 제안도 행정부회의에 도달하지 않는다. 부서를 관장하는 공무원은 의회위원회 회의에 참여하고 일부법안을 논의하는 의회회의 개최 사전에 행정부정당의 의회집단 회의에도 참여할 수 있는데, 이곳에서는 정당정치 차원에서 정책을 조정한다(Bánsági, 1996: 149). 행정부 의사결정 준비와 의사결정과정 중 공무원은 넓은 의미에서 정책조정 기능을 수행할 수 있다: 공무원은 논평과 의견 수렴을 위해서 해당 부서기관에 법안초안을 보낼 뿐만 아니라 좀 더 중요한 사회 조직과 전문기관, 그리고 이익대표에게도 법안초안을 보내는 역할을 이행한다. 공무원은 종종 행정부 정치인을 대표하고 심지어는 정치적 각광을 받기도 한다. 때때로 행정부 입법안의 필요성을 국민에게 해명하고 정당화시키는 역할을 정치인이 아닌 공무원이 하기도 한다. 따라서 공무원은 직접적인 정치캠페인 활동을 하며 책임을 맡기 마련이다. 그러나 헝가리 행정의 정치화 과정에도 한계가 있음을 주목해야한다: 공무원이 정치인의 역할을 겸직하지 못하도록 규정하는 법안이 있으며, 정당정치인은 일반적으로 대중에게 존경을 받지 못하며, 반 정치적인 분위기에서 정당이 대중에게 침투하는 정도가 저조한 수준에 머물러 있음은 행정의 정치화 과정에서 분명 한계성이 있음을 말해주는 것이다. 예컨대 1945-1947년과 혹은 1989년 다른 국가의 체제전환의 변화와 비교해 볼 때도 1990년대 헝가리 행정의 정치화는 상대적으로 저조한 상태에 머물러 있었다.

제 12 장
의 회

1. 권력 기관의 분리와 두 가지 이상적 의회 형태
2. 헝가리 의회
3. 법안과 결의안 통과
4. 제도적 행위자들 : 행정부, 국회의장, 총회 그리고 위원회들
5. 정치행위자들 : 행정부와 야당
6. 의회에 대한 행정부의 책임:신임안과 불신임안 투표
7. 의회가 행정부를 상대로 통제할 수 있는 비 제재적 도구들
8. 소결론

앞서 우리는 행정부 성립에 있어서 의회의 역할에 대하여 논의하였다. 본장에서는 입법안 의사결정 기관으로서의 의회의 기능과 국민대의 기관으로서 의회의 책임, 그리고 행정부 정책을 감독하는 관점에서 바라 본 의회의 기능을 함께 살펴볼 것이다.

1 권력 기관의 분리와 두 가지 이상적 의회 형태

다방면에서 유럽 의회주의는 서로 상이한 두 형태의 전통에 그 기반을 두고 있다. 하나는 의회는 국민을 대표하고 국민주권론을 실행하는 기관이라는 관점이고, 다른 하나는 의회는 행정부 통치를 돕는 기관이라는 관점이다(Döring, 1994: 336). 권력분립의 원칙을 실현하는 '이원적 모델'(the dualist model), 즉 입법부와 행정부의 제도적·기능적 구분은 유럽대륙에서 오랫동안 유지되어왔다. 그러나 영국의 의회주의에서는 행정부 기능이 18-19세기부터 정치의 중심으로 자리 잡았으며, 그 결과 의회의 근본적 기능은 입법안이 아닌 행정부 구성에 필요한 정치다수의 형성과 유지, 그리고 행정부 입법안의 프로그램을 이행하는 기관으로 변모하였다. 20세기 중반까지 유럽에 만연한 의회주의 형태는 '의원내각제' 체제를 의미하였는데, 이는 곧 의회가 통치영역으로 입문하였음을 의미하였다(Döring, 1994: 337-338). 행정부와 의회내 다수집단인 행정부 정당집단은 서로 상호 연관되어있다. 이는 곧 권력분립이라는 전통적인 개념을 불분명하게 하고 새로운 형태의 권력분립을 창출하도록 하였는데, 권력분립은 곧 행정부와 야당간의 축으로 전치되었다(Döring, 1994: 336-338). 의회의 이러한 기능적 변화에도 불구하고 의회주의 두 형태의 전통인 행정부와 대표원칙의 중요성은 오늘날에도 계속해서 의회대표들의 행동과 그들 자신 역할의 이해에 대하여 영향을 미치고 있다.

부분적으로는 이러한 전통 때문에, 그리고 부분적으로는 다른 요소의 영향으로

20세기 후반기 정치학에서 의회의 역할은 종종 두 가지 이상적 형태와 관련되어 분석되었다. 이 두 형태는 영국 웨스트미니스터(Westminister) 모델인 '토론식의회'(the debating parliament)와 독일의 '입법안의회'(the working parliament)이다. 행정부와 야당의 이분법은 이 두 형태 의회주의의 주요 원칙이지만, 행정부 정당과 야당 간의 역할, 그리고 기능은 상이하게 구분되어 있다.

토론식 의회의 경우, 행정부는 의회내 행정부 정당의 다수 세력으로 입법부를 통제할 수 있다. 이 경우 정치학 관점으로 바라볼 때 입법부와 행정부의 구분은 허구인데, 이유는 행정부가 바로 의회내 다수당의 지도부로 구성되기 때문이다. 행정부는 의회 지지자를 확보하기 위하여 의회를 통제한다. 그 결과 현실적인 관점에서 볼 때 행정부에 대하여 정치적인 균형자 역할을 하는 기관은 더 이상 의회전체가 아니라 의회내 야당인 것이다. 이 경우 의회는 행정부 다수를 기반으로 각 부서에서 작성한 법안을 비준하고, 야당은 행정부 정책을 비판하며 대안적 행정부 정책 프로그램을 제시하는 역할을 이행한다. 이러한 형태의 영국 의회주의는 야당이 정치적인 논쟁을 주도하고 행정부 정책을 비판하는 것이다. 토론식의회에서 가장 중요한 포럼은 총회인데, 대부분의 경우 총회에서는 법안에 대한 논쟁과 일반적 정치 토론이 활발하게 이루어진다. 행정부 정책에 대한 찬성과 반대에 대한 논쟁이 발생하는 곳이 바로 총회이다.

입법안 의회의 경우 의회의 기능은 단순히 행정부 정책을 비판하고 논쟁하며 행정부가 제안한 법안을 비준하는 것이 아니라 '법안작성'(work of legislation) 자체를 이행한다. 의회내 행정부 다수의 존재는 의회가 단순히 행정부가 제안한 법안을 비준하고 합법화시키는 기관을 의미하는 것이 아니라, 입법안 과정에서 계속 중요한 영향력을 행사할 수 있음을 의미한다. 따라서 입법안 의회는 입법안을 제정하는 기관이고, 특히 입법안의 자세한 사항을 논의하는데 동의안을 이끌어 내는 위원회의 역할이 더욱 중요하다. 이러한 합의안의 형성은 '의회의 요소'(parliamentary factors) 뿐만 아니라 의회 밖에서 운영되는 압력단체와 이익집단을 포함한다. 위원회 체제는 전체행정부를 다루며 위원회는 광범위한 권한을 지니고 있다. 그들의 정치적인 비중은 상당한데 위원회는 그들에게 부여된 법안 수정의 권한으로 입법안 과정에서 상당한 영향력을 행사할 수 있다. 또한 독일모델의 입법안의회는 개개의 국회의원, 의회소수, 그리고 행정부에 대하여 의회 야당이 지닌 광범위한 권한의 관점에서 볼 때도 영국의 토론식의회와는 차별이 된다. 의회주의를 구성하는 행정부와 입법부의 혼합적 특성에도 불구하고 의회가 행정부를 상대로 균형자 역할을 하는 권력분립의 원칙은 비록 의회위원회와 야당이라는 광범위한 권한을 지닌 형태로 변모하였지만 독일의 입법안의회에서는 줄 곧 잔재하였다고 할 수 있다.

2 헝가리 의회

헝가리 의회를 의회의 운영 절차, 입법안 활동, 그리고 성과의 관점에서 바라보면 국제적 표준과 비교하여 많은 법안과 결정을 통과시킨 진정한 입법기관이라고 할 수 있다. 헝가리 의회는 무수한 법안과 결정을 통과시켰을 뿐만 아니라 개개의 국회의원과 의회위원회가 제출한 수많은 개정안도 처리하였다. 1990-1994년 첫 의회주의 회기 간 총 378 의석일수에서 헝가리 국회의원은 21, 500번이나 상정된 법안에 대하여 투표를 하였다. 이러한 집중적인 법안처리에도 불구하고 이미 안건에 상정된 100개 이상의 법안은 첫 의회회기가 만기되는 시점에서도 미결된 상태로 남아있었다(*HVG*, 24 September 1994: 105). 1990년 5월 3일과 1993년 8월 31일 사이에 의회내 12개의 상정위원회는 총 2, 218번의 모임을 개최하였고, 이러한 활동은 2차 의회주의 회기인 1994-1998년에도 감소하지 않았다. 영국의 토론식의회와 독일 입법안의회의 이상적 형태로 바라볼 때, 헝가리 의회는 이 두 형태 의회주의의 중간에 위치하는데 일부 관점에서 바라볼 때는 후자에 더 가깝다. 본 장에서 우리는 헝가리 의회가 운영되는 절차에 대해서 다루고자 한다.

의회의 대표 기능과 정통성

헝가리 의회는 보통선거로 선출된 국회의원 대표가 모여서 의결하는 장으로 전통적인 의회대표주의 원칙에 입각하며 민주정치 대표성을 보장한다. 의회는 단원제이다. 이미 앞서 7장 선거제도에서 보았듯이 헝가리 의회는 두 상이한 대표성의 원칙하에 구성되었다: 386석 가운데 176석은 지역구대표 원칙 근거하에 소선거구 체제로 채워지며, 210석은 정당명부와 정당·정치 대표제로 채워진다. 그러나 실제적으로 대표성의 특징은 소선거구 제도의 정당·정치 형태를 갖추게 되는데, 이 선거구역에서 대다수의 유권자는 정당의 후보자에게 투표한다. 의회의 정통성은 다소 저수준에 머물러 있는데(여기서는 의회성과에 대한 만족도와 대표의 특징 그리고 효율성을 의미함), 이는 헝가리 정치문화의 일부분인 정당과 정치에 대하여 반감을 지닌 헝가리 유권자의 특성이 반영된 것이다.

의회의 단원제 체제에 대한 비판은 부분적으로는 의회의 성과에 대한 불만족의 표현이다. 이러한 단원제 체제는 1945년 이전 존재하였던 헝가리 의회주의의 전통과 대부분의 유럽국가의 모형과 비교해서는 이례적인 것이었다. 1945년 귀족과 고성직자 중심제도의 종결과 역사적 기관의 약화(예를 들어 교회) 혹은 파괴 및 연방주의, 혹은 지역주의 부재로 인하여, 1989-1990년에 발생한 헝가리 헌정개혁은 상원제도의 부활을 가져오지는 않았다. 이는 일부 전문인 예컨대 헌법변호사와 정치학자, 이익집단, 노동조합 및 헝가리학술원이 조합주의 원칙을 근본으로 상원 설립을 주장한 사실에 반대해서도 발생한 결과이었다. 그러나 강한 협상력을 지닌 압력단체는 '이익조정위원회'(Interest Reconciliation Council)의 형태로 대표를 구성하였다. 앞서 8장에서 살펴보았듯이 이익조정위원회는 법안제정과 같은 의회의 입법안 기능을 확보하고 있지는 않으나, 노동과 임금정책 문제에 있어서는 입법안과정중 제한적으로 참여할 수 있다.

입법 기관으로서의 의회 : 행정부 혹은 의회의 지배?

고전적인 국민주권론에 따르면 입법부는 행정부와 관련하여 우선권을 지니고 있다. 국민주권론 원칙하에 소집된 의회는 행정부가 단지 구체적인 문제에만 관여할 수 있는 일반적 법률과 관례를 제정할 수 있다. 권력분립의 개념은 입법부와 사법부의 자율성 및 권력기관 간의 균형을 강조한다. 그러나 법안통과는 의회의 권한에 해당한다.

지난 반세기동안 정치학에서는 의회 권한의 실추에 대하여 밀도 있게 논의하였다. 성장의 방향은 행정부가 의회에 대하여 정치적 통제를 하고 행정부가 독립적으로 법률제정이나 강령을 발행할 수 있는 형태로만 발생하였다(Mény, 1991: 162-63; Sári, 1994: 140). 대부분의 유럽국가에서 일반적으로 법률제정은 전반적으로 5-10% 범주에 머물러 있었다. 행정부가 발령하는 강령으로 입법안 기능을 제한받은 의회는, 의회의 감독하에 적절한 골자를 구성하여 다양한 헌정수호를 할 수 있는 제도를 성립시키고자 하였다. 대략 100년에 걸쳐 유럽에서 발생하였던 의회의 역할에 대한 판단의 변화는 헝가리에서는 단지 10년 안에 발생하였다. 1980년대 후반기 헝가리 시민이 간직하고 있었던 의회주의에 대한 갈망은 1990년대 상반기에는 환멸감으로 대치되었다. 의회비평가들은 행정부가 의회에 대하여 행사하는 '독재' 형태를 한탄하였고, 의회를 단지 투표하는 기관으로 간주하였다. 앞서 1장 정치문화에서 살펴보았듯이 의회에 대한 대중의 신뢰는 저조한 수준에 머물러 있었으며, 이는 이후 더욱 하락하였다. 동시에 국제적 표준과 비교해 볼 때 헝가리에서 의회의 법제정 기능은 서유럽에서 발견되는 5-10%보다 2배 혹은 3배 정도 높았으며, 이는 1990-1993년 기준으로 바라볼 때 18%에 해당한다고 볼 수 있다(Kukorelli, 1995: 117; Sári, 1994: 140-141).

노동의 조직과 분업

단원제 헝가리 의회는 세가지 상이한 원칙을 바탕으로 구분되어 있다: 정치적으로는 정당집단에 따라, 기능적으로는 위원회별로, 반면 의회의 운영은 의사결정 과정 절차의 서열에 따라 조직되어 있다. 의회를 책임지고 있는 수장은 국회의장인데 그는 행정부 다수정당 출신이다. 국회의장은 국회 정당집단의 리더로 구성된 '상사위원회'(House Committee)를 총괄한다. 정치원칙에 따라 구성된 상사위원회와 비교해볼 때 12개 위원회의 의장회의는 단지 상담의 포럼 구실을 한다. 이는 곧 의회주의 체제에서 정치적 원칙과 기능적 원칙 중 기준을 구성하는 것은 정치적 원칙이고, 정치적 원칙이 우선권이 있음을 의미한다. 국회의장은 국회안건을 설정하고 의사결정을 하며, 비준을 위해서 총회의 운영을 조정하면서 각 안건들을 심도있게 다루는 위원회를 조정하기도 한다. 일부 위원회내에서는 부 위원회(sub-committee)를 운영하기도 한다. 헝가리 의회 시간을 구분해 보면 정당집단은 매주 월요일마다 회동하며, 총회는 매주 월요일 오후와 화요일에 개최하며, 위원회는 매주 수요일과 목요일에 소집되며, 소선거구 출신의 대표는 매 금요일마다 자신들의 선거구 업무에 종사함을 알 수 있다.

3 법안과 결의안 통과

1990-1994년 첫 의회주의 회기에 입법부 결정의 55%는 법과 연관된 것이었으며 그러한 법 제정은 의회의 주요 기능이었다. 44%의 결정은 국회의원, 국회 내부 안건 혹은 절차와 관련된 이른바 의회 결의안이었는데, 이는 어떠한 법적 규정을 설정하지 않는 정치적 성격의 결정이었다(Soltész, 1994a: 229). 본 장에서는 헌법과 정치적인 관점에서 바라볼 때 좀 더 중요한 법 제정과 연관된 의회 절차와 활동에 대하여 분석의 초점을 맞출 것이며, 법안과 제의된 결의안도 함께 살펴 볼 것이다. 헌법은 의회의 운영과 관련하여 일부 조건들을 설정하였으며, 법제정 절차 및 통과와 관련하여, 그리고 입법안 과정법과 의회 의사규정과 관련해서도 일부 조건들을 설정하였다. 법안 혹은 다른 제안이 의회의 의사결정 과정을 통과하는 과정 혹은 그러한 리포트 안건은 그림 12-1에 제시되어 있다(Gonda, 1994).

의회에서 법안이 도입될 때부터 수용될 때까지 각 법안의 처리는 수개월이 걸린다. 특별한 경우 행정부 천거하에 의회는 전체 의회과정을 통하여 법안을 일주 혹은 이주내에 통과시킬 수 있다. 반대의 경우 법안처리는 지연된 채로 수년간 남아있을 수 있으며, 이 경우는 자동적으로 의회회기의 종결시점까지 시간만 경과하기 마련이다.

대부분의 법안과 제안된 결의안이 법안으로 채택되지 못하거나 최종투표에 놓였을 때 가결에 필요한 충분한 다수를 획득하지 못하는 이유는 의회의 프로그램 설정 단계에서, 그리고 위원회의 주간 안건설정과 사전적 결정과정 단계에서 법안을 고르는 과정이 발생하기 때문이다. 의회가 법안을 선택하고 개정하는 역할은 다음의 사실로 알 수 있다. 1990-1994년 첫 의회주의 회기에 통과하지 못한 628개의 법안

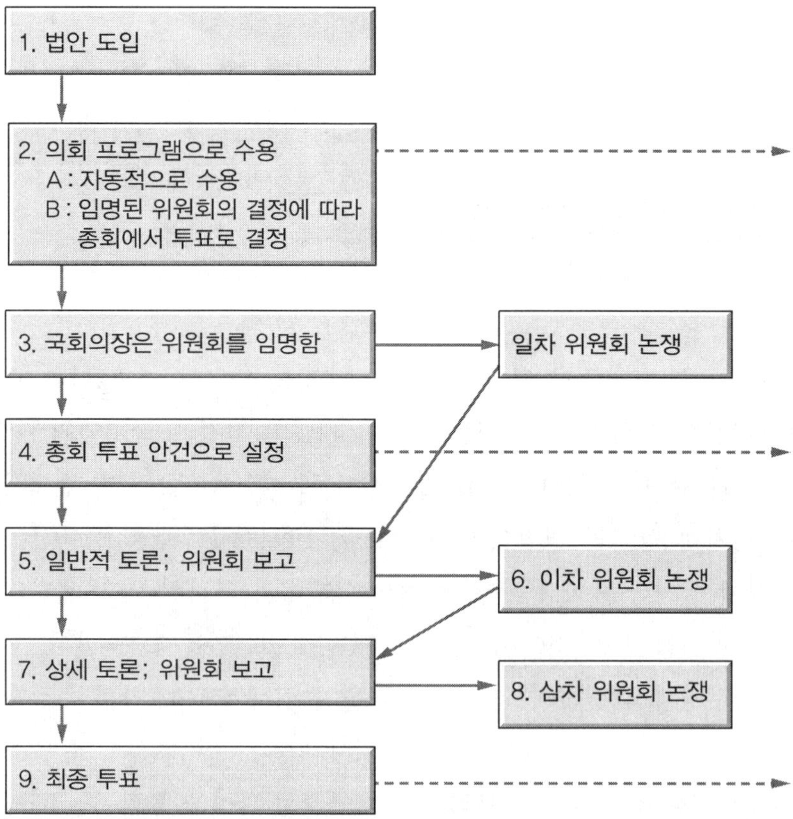

그림 12-1 법안과 제안된 결의안에 대한 토론 절차
(A : 행정부 제안, B : 개개 국회의원 제안)

Note: 점선으로 표시된 화살표는 법안이 그 지점에서 기각되거나, 입법안 과정에서 법안을 영구적으로 변경할 수 없음을 의미한다.

과 제안된 결의안 중 단지 48개만이(8%) 최종투표에 놓이게 되었으며, 나머지 580개는(92%) 최종투표에도 도달하지 못하였고 사전에 기각되었다.

첫 의회주의 회기에 도입된 모든 법안과 제안된 결의안 중 69%는 최종투표에 도달하는데 실패하였다. 28%는 의회프로그램으로 상정되지 않았으며, 17%는 의회안건으로 설정되지 못하였고, 24%는 철회되었다. 의회위원회 제안의 27%와 행정부 제안의 18%는 총회투표에 도달하기 이전에 탈락하였다. 반면 행정부 제안의 81%, 위원회 제안의 59%, 그리고 개개 국회의원 제안의 29%는 어느 정도의 개정 과정을 거쳐 수용되었다. 1994-1998년 두 번째 의회주의 회기에 행정부와 위원회가 제안한 법안과 결의안의 수용 가능성은 더욱 증가하였던 반면 개개 국회의원의 제안은 하락하였다.

여기서 논의된 의회의 기능을 살펴보면 분명 의회는 행정부를 통제하는 기관이 아니라 행정부에 대하여 균형자 역할을 하지도 않으며, 행정부 정책을 단순히 승인하여 도장을 찍는 기관도 아니라는 사실을 알 수 있다. 법안 규정과 실례가 제시하길 헝가리 의회는 그 자체 내부규정으로 운영되는 독립적인 기관이자, 입법안 과정에서 상당한 영향력을 행사할 수 있는 정치 의사결정 과정의 독립적인 행위자이다. 의회의 영향력은 의회내 다양한 제도적 요소와 정치행위자 예컨대 개개의 국회의원, 위원회, 그리고 의회정당집단과 야당 등과 같은 행위자의 활동을 종합적으로 분석할 때 이해할 수 있을 것이다. 이는 곧 우리가 아래에서 다룰 주제이다.

4 제도적 행위자들 : 행정부, 국회의장, 총회 그리고 위원회들

헝가리 헌법과 입법안 과정법은 입법안 과정에 있어서 행정부에게 상당한 권한과 책임을 부여하고 있다. 의회의 정치적 구성을 살펴보면 행정부의 권한과 역할은 더욱 크다는 점이 분명해지는데, 첫째 행정부는 의회의 입법안 안건을 결정할 수 있다. 둘째 행정부가 제안한 법안과 결의안에 대한 안건은 의회에서 개개의 국회의원 혹은 의회위원회가 발의한 것보다 통과될 확률이 더 높다(표 12-1).

표 12-1 첫 의회주의 회기에(1990년 5월 2일-1994년 5월 2일), 그리고 두 번째 의회주의 회기의 첫 삼년간(1994년 6월 28일-1996년 12월 19일) 의회에 도입되어 통과된 법안과 결의안의 원천 구분

	행정부		의회위원회		국회의원		대통령		총계	
	수치	%	수치	%	수치	%	수치	%	수치	%
1990–1994										
도입	622	44	195	14	604	42	5	0	1,426	0
통과	506	63	116	15	173	22	1	0	796	100
성공 비율	-	81	-	59	-	29	-	20	-	56
1994–1996										
도입	464	48	200	21	304	31	2	0	970	100
통과	403	67	145	24	48	8	2	1	598	100
성공 비율	-	87	-	73	-	16	-	100	-	62

출처 : 첫 번째 의회주의 회기와 관련된 자료는 (Soltész, 1994a: 228-232); 두 번째 의회주의 회기와 관련된 자료는 국회의원 정보센터에서 출간된 자료를 활용하였음.

행정부 법안

표 12-1은 첫 두 의회주의 회기에 도입된 법안과 결의안 제안의 원천에 대한 기본 정보와 함께, 의회가 줄 곧 통과시킨 법안과 결의안의 상대적인 성공 비율을 제시한다. 표가 제시하듯이 헝가리 의회에서 도입된 발의안 중 1/3, 그리고 의회에서 통과된 2/3에 해당하는 법안과 결의안은 행정부가 발의하였음을 알 수 있다. 행정부의 지배적인 역할과 비중은 행정부가 제안한 법안의 성공비율에서도 알 수 있는데, 그러한 성공비율은 80% 이상이었고, 이는 의회위원회 혹은 국회의원이 제안한 비율보다도 훨씬 더 높은 수치이었다.

의회에 도입된 모든 제안서 가운데 만약 우리가 법안만을 간주한다면 행정부의

지배적인 역할은 더욱 분명하게 드러난다. 비록 헌법과 입법안과정 제정법은 대통령, 국회의원, 그리고 의회위원회 등의 다양한 제도적 행위자에게 법안과 결의안을 발의할 수 있는 권리를 부여하지만, 법안의 대부분은 행정부가 제안하였다. 또한 통과된 법안 10개 중 9개는 행정부가 발의하였다. 따라서 의회는 행정부가 준비한 법안을 토론하고 수정하며 통과시키는 역할을 수행한다. 행정부 법안은 행정부각료 지침 하에 각 부서의 행정 관료가 작성하며, 이는 토론을 위해서 의회로 보내지기 마련이다.

안건설정

국회 운영에 있어서 행정부의 중심적 역할은 부분적으로는 헌정상으로 정해진 규범으로 성립된 것이지만, 정치적인 관점으로 바라보면 다음의 요소에 의해서도 영향 받을 수 있다: 행정부내 의회다수, 의회 절차체제와 의사결정 과정에 있어서 행정부가 행사할 수 있는 통제기능, 행정부의 신임을 받고 있는 국회의장의 영향력, 그리고 절차상의 투표를 이끌 수 있는 행정부 다수가 있다. 입법안 절차 과정에서 행정부가 제시한 안건은 우선 의회 프로그램에 다른 여러개의 문제와 함께 하나의 안건으로 설정되며, 이후 주간 안건 자체로 고정된다. 이 과정에서 행정부의 의도를 따르는 국회의장과 의회내 행정부 다수는 행정부의 안건을 설정하는데 결정적인 역할을 한다. 이러한 점은 국회의장 혹은 의회내 행정부 다수가 지지하지 않는 안건은 의회 총회에서 의회 프로그램으로, 혹은 부분 안건으로 상정되지 못했다는 사실로 알 수 있으며, 추후에도 그러한 법안이나 제안된 결의안의 형태로 확정되지 못했다는 사실에서 알 수 있다.

행정부는 총회에서 발생하는 논쟁에서도 유리한 입지를 확보하고 있다. 의회논쟁에 참여하는 행정부 임원들은 의회 다수로서 참여하는 것이 아니라 개인적인 신분으로서 참여하는 것이다. 의회 의사규정에 따르면 이렇게 개인적인 신분으로 참여하는 의원들은 의회논쟁 중 어느 때나 발언을 할 수 있다. 행정부는 제안된 법안의 개정에 대한 투표에서도 상당한 역할을 행사할 수 있다: 모든 제안된 개정안은 총회 투표에 도달하기 이전에 해당 장관에게 먼저 보내지는데, 이는 장관으로 하여금 행정부가 개정안을 지원하는지의 여부를 물어보기 위함이다. 논의를 위하여 안건을 의회에 도입할 때, 행정부 임원 혹은 행정부 임원 대리인은 의회위원회에도 참여할 수 있다. 요컨대 헝가리 헌법에서 제시하고 있는 행정부는 의회에서 결정한 법안과 안건에 대하여 단순히 집행기능을 하는 행정부라고 말할 수 없다. 오히려 행정부는 통치하는 기관이다. 행정부는 의회부터 행정에 이르기까지 전체행정체제를 통제한다. 행정부에 대하여 기능적으로 분명하고 독립적인 기관인 의회는 헌정상에 주어진 고유권한을 지니고 있다. 정치적인 관점에서 보면 의회는 입법안 제정 과정에 있어서 영향력을 행사할 수 있고, 그러한 법 집행을 하는 행정부를 감독할 수 있다. 의원내각제에서 입법부는 행정부의 일부를 구성하며, 행정부의 기능도 지니고 있다. 의회의 독립성 정도는 의회의 조직구조와 절차상의 제도, 그리고 의회내 정당간의 관계에 의해서도 영향을 받는다. 본 장에서 우리는 의회 기관인 위원회와 의원, 그리고 정치행위자인 야당이 행정부 정책을 어떻게 바꾸고 영향을 주며 때때로 결정을 전복시키는지 살펴볼 것이다.

▮ 총회

총회는 법안이 통과될 때 모든 국회의원이 함께 법안을 숙고하며 행정부가 행정부 기능을 행사할 수 있도록 신임을 부여하는 장소이다. 전통적으로 총회는 의원내각제에서 가장 중요한 포럼이다: 총회에서는 법안에 대한 논쟁이 발생하고 의원은 자신의 의견을 표현할 수 있으며, 동시에 제안된 법안의 수용 혹은 거절을 투표로 표현할 수 있는 장소이다. 총회는 의회의 정치적인 홍보 역할을 하기도 하는데, 이곳에서 야당은 행정부를 비판하고 난해한 질문을 제기할 수도 있다. 또한 총회에서 야당은 행정부가 제안한 입법안에 대하여 대안을 제시할 수도 있다. 총회에서는 국가의 운명과 전체 정치공동체의 규범 형성에 영향을 미칠 수 있는 법안 수정안을 통과 혹은 기각시킬 수 있다. 총회의 이러한 입법안 비준 역할과 상징성 그리고 정치적 표현과 홍보기능 때문에, 총회는 헝가리 정치에 있어서 대중 관심의 중심에 서 있으며 의회주의의 정통성에서 바라 볼 때도 가장 중요하다. 그러나 입법안 과정의 관점으로 바라볼 때 총회는 입법안에 대한 독립적인 기능은 거의 수행하지 못하며,

주로 비준의 기능을 이행하는 기관으로 간주해야 할 것이다. 일반적으로 총회는 행정부 회의에서 혹은 정당집단내에서, 혹은 위원회에서 제안한 법안과 결정에 대하여 신임을 부여함으로써 결정안에 대한 합법화의 구실을 한다.

행정부에 대하여 독립적인 정치행위자로서 바라보는 의회는 두 가지 관점으로 구분할 수 있다. 하나는 상임위원회 체제를 중심으로 기능적으로 구분하는 것이며, 다른 하나는 정치적인 구분인데 이는 의회정당집단별로 고려하는 것이다.

▮ 상임위원회

헝가리 의회에는 여러 형태의 위원회가 존재한다. 이 중 무엇보다도 상임위원회는 입법안 과정과 행정부 감독, 그리고 국회의원과 국회내부사항과 관련된 문제를 처리한다. 임시위원회 활동은 단기간에만 지속되며 조사위원회는 주로 구체적인 단일 사례와 관련하여 행정부 감독을 수행한다. 상임위원회내에는 부 위원회도 기능한다. 일반적으로 상임위원회 임원 구성을 살펴보면 위원회 임원은 주로 의회의 정당 구조를 반영하므로 행정부정당이 본 상임위원회 임원다수를 차지한다. 그러나 인사상수위원회와 조사위원회의 임원은 상임위원회와는 다르게 구성되는데, 개개의 의회정당집단은 동등한 비율의 대표를 구성한다. 반면 부 위원회 구성은 종종 정당과는 별도로 결정된다(Fogarasi, 1994).

헝가리 의회에서 형성되었던 위원회 제도는 강한 제도이다. 상임위원회는 입법안 과정에서 폭넓은 권한과 상당한 정치적 비중을 지니고 있다(Soltész, 1994: 91-93). 상임위원회의 높은 정치적 비중은 행정부를 상대로 국회의 중요성을 증가시키는 구실을 한다. 국회의원 4/5는 위원회 임원이며 일부는 한 개 이상의 위원회 임원이다. 예컨대 1996년 말 상임위원회와 임시위원회 466개의 보직은 319명의 국회의원으로 채워졌다. 이는 곧 국회의원의 83%가 위원회 임원이라는 사실을 제시한다(*Adatok*, 1996).

상임위원회는 법안을 발의, 제기, 그리고 법안에 대한 의견을 표현할 수 있는 독립적인 권한을 지니고 있으며, 일부 경우는 의사결정을 할 수 있다. 이러한 위원회는 전문화된 위원회이며, 그들의 구조는 행정부 부서의 구조를 따른다. 1990년에는

10개의 상임위원회가 있었다. 본 수치는 1992년에 12개로 증가하였는데, 이러한 증대는 행정부 구조를 좀 더 정확하게 반영하기 위하여 단행한 결과이었다(Soltész, 1994: 31). 이 수치는 위원회가 전문화됨에 따라서 더욱 증가하였다. 행정부 구조와 조화를 이루는 위원회의 구조조정은 행정부가 제안한 법안과 안건에 대하여 관련 위원회가 상세하게 토론하고 개정할 수 있는 기능과 위원회가 행정부 활동을 감독할 수 있는 역량 또한 향상시킨다. 헝가리 의회의 상임위원회 권한은 상대적으로 덜 전문화된 위원회 구조를 갖추고 있는 영국과 프랑스 의회의 위원회보다는 강하며, 전문화된 위원회 구조 체제를 갖추고 있는 독일과 이탈리아의 의회위원회 모형에 더 가깝다고 할 수 있다.

이와 함께 중요한 사실은 상대적으로 덜 전문화된 위원회체제내에서(예컨대 프랑스 의회) 큰 규모의 위원회는 그들의 정치화 정도에 따라서 상임위원회가 총회의 성격과 유사한 '소형국회'(mini National Assembly)형태를 나타낸다는 사실이다. 반면 헝가리와 같이 좀 더 적은 규모로 전문화된 위원회 체제를 갖추고 있는 위원회는 거의 전문가의 위원회 특성으로 운영된다는 점이다. 수년간 동일한 위원회에서 종사하는 임원제 제도는 해당분야에 종사하는 임원들에게 그들의 전문화 정도의 발달을 가져오기 마련이며, 이러한 정도는 물론 과장되어서는 안되지만 임원 그들이 다루고 있는 문제에 대하여 동료간의 연대정신을 북돋아 주기도 한다. 위원회 보직을 분배함에 있어서 정당집단은 '전문화의 원칙'(professional principle)을 활용하는데 이는 일반적으로 의회의 표준과는 거리가 먼 원리이다. 예컨대 경제위원회 임원은 주로 경제학자이며, 농림부위원회는 주로 농업에 전문지식이 있는 사람들로 구성되며, 헌정과 인권위원회 임원은 주로 변호사이고, 문화와 교육임원은 인문·사회분야와 관련하여 배경지식에 있는 사람들이다. 위원회 임원은 의회정당내에 존재하는 '전문화된 실무단'(specialised working group)의 임원과 종종 일치한다. 그러나 엄격히 말해서 의회내 정당의 상대적인 강점이 반영된 위원회 구성이 단순히 의회정당이 설정한 정책을 따른다고 볼 수는 없다. 오히려 어느 정도까지는 위원회가 그들 자신의 독립적인 역할을 설정할 수 있다.

위원회의 역할은 안건으로 설정된 법안이 최초로 토론되는 장이 국회 총회가 아니라 상임위원회라는 규정에 따라 더욱 강화되었다. 위원회는 법안에 대하여 거부권을 행사할 수 있으며, 제안된 법안을 전문가의 사전적 의견 제시로 검토할 수 있는 역할을 맡을 수 있는데, 총회가 개최되기 이전에 반드시 의견을 제시해 주어야 한다. 만약 사전적인 의견을 수렴하기 위하여 관련 위원회에게 보낸 제안서에 문제가 있다고 판단될 경우, 제안서는 법안 작성자에게 재작성의 목적으로 회부되거나 혹은 철회된다. 개개 국회의원이 제안한 법안의 경우 의회 프로그램으로 상정되기 위해서는 반드시 위원회의 지지를 확보해야 하는데, 이는 1994년 의회 의사규정 개정안으로 결성된 것이다.

입법안 과정에서 상임위원회가 보유한 가장 중요한 기능은 제안된 입법안을 검토하는 것이 아니라 수정하는 기능이다. 위원회는 법안에 대하여 의견을 표명하고 국회의원이 제안한 법안을 수정할 수 있으며, 그들 자신의 개정안을 제안할 수도 있다. 제안된 법 개정안에 대한 위원회의 의견은 차후 행정부와 행정부 다수가 의회 총회 토론에서 그들이 개정안을 지지할 것인가의 문제를 결정하는데 있어서 상당한 영향력을 행사할 수 있다. 위원회는 행정부가 제안한 입법안을 대폭 개정할 수 있는 권한이 있다. 예컨대 1997년 제안된 예산안에서 개정안의 51%는 예산 및 재정위원회에서(Budget and Finance Committee) 지지받은 것이었으며, 42%는 행정부의 지지를 받은 것이었다(*HVG*, 30 November 1996: 10). 이와는 대조로 위원회의 지지를 받지 못한 개정안이 행정부의 지지를 받은 사례는 단지 한 차례에 불과하였다.

국회의원이 제안한 개정안은 1991년 개정안 의사규정에 따라 법안을 검토하기 위한 해당 위원회의 최소 지지 1/3을 확보하지 못할 경우, 의회 총회에 도달할 수 없도록 되어있다. 이는 곧 임명된 위원회가 국회의원이 제안한 개정안에 대하여 의견을 표명할 뿐만 아니라, 사실상 거부권을 행사할 수 있음을 의미한다. 요컨대 전체 입법안 과정을 살펴볼 때 위원회가 행사할 수 있는 가장 강력한 역할은 의사결정이 아니라 의견제시 및 개정안 제안으로 정치적인 영향력을 행사하는 것이라고 할 수 있다. 입법안을 착수하고 입법안의 방향을 설정하는데 가장 중요한 역할을 하는 정치행위자는 행정부이다. 이와는 대조로 위원회는 국회의원이 제안한 개정안을 부분적으로 선택하고 논의하며, 부분적으로는 법안에 대하여 의견을 표명함으로써 법안에 대한 선택과 개정을 할 수 있는 가장 중요한 행위자이다.

5 정치행위자들 : 행정부와 야당

▌의원

전통적인 의회에서 가장 중요한 정치행위자는 국회의원이다. '자유권한 원칙'(the principle of free mandate)을 토대로 19세기 의회주의 개개의원은 국가 전체와 조국을 대표하는 임원이었다. 오늘날의 국회는 정당으로 구성되어 있으며, 대다수 의원은 정당집단 중 하나에 귀속해있다. 이러한 원칙은 다른 모든 곳에서 그러하듯이 헝가리 의회에도 상당히 적용된다. 의회의 정치과정에서 있어서 정당원칙의 중요성과 의원의 행동강령은 헝가리 의회법으로 규정되어있다. 또한 1990년대 의사규정에 대한 일련의 변화는 정당원칙의 중요성을 더욱 강화시켰고, 그 결과 자유권한 원칙은 상당히 제한되었다.

그러나 이러한 정당집단 당원제 혹은 정당집단 원칙의 중요성 이외에도 의원들은 어느 정도의 자율성을 소유한 개개의 행위자이며, 그들 자신의 세계관과 선호도, 그리고 서로 상이한 사회·문화적 배경을 바탕으로 자신의 역할에 대한 서로 상이한 관점을 지닌 사람들이라고 할 수 있다. 의원들은 상이한 방법을 활용하여, 그리고

표 12-2 의회권한의 특성에 따른 의원들의 대표성이해
(다음 질문에 따른 비율임: 당신의 의원직은 무엇보다도 누구를 가장 대표합니까?)

	소선거구	정당명부	총계
자신의 출마 선거구	43	3	23
지역, 도시	4	15	10
정당	9	23	16
사회 계층	4	17	10
이익집단, 소수민족 집단	0	5	3
국가의 시민들	38	28	32

자료제공: (Ilonszki, 1993: 122)

상이한 지지자의 도움으로 의회내 의석을 확보하고 자신의 정치노선을 추구한다. 많은 의원들은 자신이 의회내 의석을 확보할 수 있었음을 그들 출신의 정당의 덕으로 돌리며, 다른 의원들은 개개의 선거구 유권자와 지지자에게 감사하기도 한다. 수많은 정치분석 연구결과에 따르면 소선거구 제도와 정당명부방식으로 의석을 확보한 의원들간에는 그들 자신의 행위와 역할을 이해하는데 있어서, 그들 나름대로의 방식이 서로 상이하다는 점을 말해준다.

▌그들 자신의 역할에 대한 의원들의 이해

국회의원이 그들 자신의 역할에 대하여 이해를 형성하는데 있어서 영향을 미치는 첫 번째 요소는 그들이 대표라는 개념을 어떻게 이해하고 그들에게 주어진 권한을 어떻게 바라보는가에 달려있다(예컨대 그들의 역할을 대표로서 간주하는지, 위임자로서 바라보는지, 혹은 그냥 정치인으로 간주하는지에 따라 다르다). 두 번째 요소는 이른바 상대방 입장에서 그들의 역할을 바라보는 것인데 의회에서 그들이 대표하고자 하는 사람들, 집단, 혹은 조직을 일컫는다(예컨대 거주지, 선거구, 지역, 이익집단, 혹은 정당). 세 번째 요소는 목적과 관련된 것인데 대표들이 의사결정 과정에서 그들의 입지를 어떻게 바라보는가에 관한 것이다(Ilonszki, 1994: 7). 의원들 자신의 역할에 대한 이해와 행동은 문화적 요소, 법적 요소, 제도적 요소, 그리고 정치적 요소에 따라서 영향을 받기 마련인데 이러한 요소들은 다음과 같다: 유권자의 요구, 선거구 체제와 의회주의 전통, 소선거구 혹은 정당명부와 같은 선거체제의 특징, 선거후보자의 선택방법(정당지도부 혹은 지역조직에 따라서 선택함), 의회 의사규정(예컨대 정당집단간의 교체와 형성, 의석배분과 금융혜택에 대한 규정), 정당집단 규정, 집단 규율과 의원이 행정부 혹은 야당에 속하는지의 여부에 따라서 영향을 받기 마련이다.

의원 개개인의 선거구체제 전통은 헝가리에서 두드러진다. 이러한 효과는 1989년 말 수행한 여론조사 결과에서 나타났는데, 본 여론조사에 따르면 유권자는 그들의 대표가 최소한 국정의 업무만큼 지역문제에 관해서도 동일하게 처분해주길 희망하였다. 또한 의회 의사결정 과정에서 의원들의 양심과 정당의 이득과 상반해서라도 유권자의 의지를 따라주길 바라는 태도가 의원 개개인의 선거구 체제에 대한 선호도로 나타났다(Kurtán *et al*., 1990: 450; Ilonszki, 1993: 11). 후자의 경우는 공산주의시절 헝가리 시민들이 의회주의에 대하여 이해했던 개념과 체제전환 당시 반공산주의자 야당세력이 펼친 정치활동에 의해서도 영향을 받은 듯하다(예컨대 여러명의 국회의원이 개개선거구 업무를 제대로 수행하고 있고, 필요한 경우 유권자가 해당 선거구 국회의원을 소환할 수 있는지를 의미함).

소선거구 원칙에 따라 지역 정당조직 주도로 정당후보자를 선택하는 행위는 강한 지역 대표성의 원칙을 나타내는 것이라고 할 수 있다. 일부 정치운동과 정당의 경우 이를 직접민주주의의 대중영합주의 원칙(the populist principle)과 혼합하기도 한다(예컨대 지역대표 소환을 허용하는 요구).

정치문화를 대중이 바라본 시각에서 살펴보면 많은 유권자들은 국회의원이 유권자의 소망을 직접적으로 대표하는 위임자라고 간주한다. 이와는 대조로 정치엘리트간에는 자유대표 권한이 지배적이다. 예컨대 한 여론조사에 따르면 압도적인 대다수인 86.3%의 의원들은 그들의 의회활동을 국익에 근거하여 자신의 판단을 이행한다고 주장했던 반면, 단지 13.7%만의 국회의원이 자신의 양심이 아닌 정당 혹은 선거구의 요구에 따라 판단을 한다고 하였다(Ilonszki, 1993: 15). 그러나 대표성이라는 개념은 무엇보다도 의원이 지닌 권한의 특성에 따라 결정된다. 소선거구 출신 의원들 대다수는 무엇보다도 그들 자신의 선거구 이득을 대표함을 최우선으로 고려한다. 소선거구 출신 의원들 가운데 그들의 역할을 시민전체를 대표한다고 간주하는 집단은 대표성의 원칙에서 바라볼 때 두 번째로 크다. 이와는 대조로 정당명부로 선출된 의원들 대다수는 그들 자신의 역할을 어느 특정 선거구를 대표하거나, 혹은 시민전체를 대표한다고 간주하지 않으며, 자신의 역할은 중간규모의 집단을 대표한다고 간주하는데 이들은 정당, 사회계층, 이익집단, 지역이 있다(표 12-2 참조). 이러한 역할 인식에 영향을 주는 요소는 의원 출신이 지니고 있는 자신의 정체성과 심리적 변수가 작용을 하지만, 이외에도 지역선거구와 정당명부 출신 대표가 지니고 있는 정치적 종속성, 책임감, 그리고 대표로서 그들의 활동에 있어서도 차이점이 있는 듯하다. 대다수 정당의 경우 지역정당 조직은 선거구 후보자 선출에 있어서 주도적인 역할을 하며, 정당명부 후보자는 구 혹은 전국 정당지도부 혹은 정당포럼에서 선출한다. 이러한 정당명부 후보자 작성으로 정당은 일반적으로 정당과 연계되어 있는 이익집단과 조직의 대표를 의회내에 두고자 하며, 경우에 따라서는 단순히 정당의 이미지를 향상시키고자 의회에 두기도 한다. 정당명부로 선출된 의원은(특히 전국구명단 후보) 의사결정 과정에서 소선거구 방식으로 선출된 그들 동료보다도 이익집단의 지지를 좀 더 중요하게 고려하는데, 이는 아마도 앞서 정당명부 후보자와 해당 정당간의 연계성으로 설명할 수 있는 듯하다(Montgomery, 1994: 37). 소선거구 출신 의원과 정당명부 출신 의원 활동은 그들의 일상생활 일정에 있어서도 차이점이 드러난다: 소선거구 출신의 의원들은 지역문제와 그들의 유권자 문제를 처리하는데 좀 더 많은 시간을 할애하는 반면, 정당명부 출신의 의원들은 의회와 정당의 안건처리, 의회정당집단의 안건처리, 그리고 국가 이득을 대표할 수 있는 업무에 더 많은 시간을 할애한다(표 12-3).

표 12-3 의원들 권한 특성에 따른 의원들의 일정들 (평균치 %)

	소선거구 출신	정당명부 출신	평균
총회 참석	24	27	25
위원회회의 참석	16	15	16
개회참석 준비	15	16	16
의회정당집단 활동	9	11	10
정당활동	7	11	9
전국이익대표 활동	6	9	8
유권자와 관련된 지역문제 처리와 관리	21	11	17

출처 : (Ilonszki, 1993: 120).

국회의원의 의회활동

정당집단, 위원회, 그리고 전체 의회운영은 의원에게 달려있다. 국회의원은 의회내에서 발생하는 대다수의 법안을 발의하고 도입할 뿐만 아니라, 수많은 개정안도 처리한다(표 12-1). 행정부에 대하여 의회가 행사할 수 있는 법안 개정안 처리는 의원이 제안한 개정안을 바탕으로 이루어진다. 이러한 정도는 수치로도 알 수 있는데 예컨대 1990-1992년 약 6000개 이상의 입법안 개정안은 국회의원이 제안하였으며, 1996년에는 약 8000개로 증가하였다(*Országgyűlési kézikönyv*, 1992: 398, 표 10). 그러나 개개 국회의원의 정치적 자율성은 제한적이다. 국회의원이 제안한 개정안은 무엇보다도 그들 자신의 정당지지를 확보해야 하며, 실제적으로 이러한 지지를 확보하고 나서야 비로소 의회 의사결정 과정에 들어갈 수 있다.

표 12-4 1990-1998년 의회정당의 구성 변화

	첫 의회		두 번째 의회		세 번째 의회
	1990	7 April 1994	28 June 1994	8 Sept. 1997	July 1998
헝가리민주포럼	165	136	38	19	17
헝가리인 삶과정의당	-	12	-	-	14
헝가리민주시민당	-	-	-	15	-
자유민주연합	91	83	70	67	24
독립소지주당	44	9	26	25	48
독립소지주당 "36"	-	36	-	208	-
헝가리사회당	33	33	209	32	134
청년민주연합	21	26	20	-	148
기독교민주시민당	21	23	22	-	-
농업연대	1	-	-	-	-
연합공천	4	-	-	20	-
무소속	6	28	1	386	1
합계	386	386	386	386	386

Note : 헝가리민주시민당의 의회집단은 헝가리민주포럼으로부터 분열되어 1996년 3월 11일에 결성되었다. 기독교민주시민당 집단은 정당이 분열됨에 따라 1997년 7월 24일 이후 소멸하였다(11명 의원은 청년민주연합에 가입하였으며, 11명은 무소속으로 남아있다). 자료제공: 1990년 자료는 (*Szabadon választott*); 1994년 자료는 (Kukorelli, 1995a: 125; June 1994년 adatok..., 1996: 1-6); 1997년 자료는 *Magyar Nemzet*, 9 September 1997); 1998년 자료는 (*Magyar Közlöny*, 4 June 1998)을 참조.

따라서 오늘날 의회정치는 의회정당집단의 주도로 형성된다고 할 수 있다. 정당집단은 정당후보자로서 출마하여 의석을 확보한 사람들 가운데 형성되며, 대다수의 경우 그들은 정당임원이다. 헝가리 의회에서 대다수 의원들은 정당집단 임원이고 무소속 출신의 국회의원은 적다. 1990년에는 6명이 무소속으로 의원에 당선될 수 있었고, 1994년에는 전혀 없었으며(Kurtán *et al.*, 1995: 444), 1998년에는 단지 1명만이 무소속 출신 의원이었다. 일반적으로 무소속 출신의 의원 수치는 국회 회기가 진행될수록 증가하기 마련이다. 그러나 실제적으로는 국회 내부규정과정 당내 움직임에 따라 변화하기 마련이다(표 12-4).

▌정당집단과 기능

헝가리 의회에서 의원대다수는 정당집단에 귀속한다. 의원이 정당집단에 귀속함으로써 국회는 정당에 근거를 둔 근대 의회민주주의의 특성을 반영하기 마련이다. 정당집단은 법적으로 인정받는 집단이며, 개개의원과 비교해볼 때도 제도적인 기반을 갖추고 있다. 1998년까지 세 의회 모두 6개의 정당집단을 구성하고 있었다. 그러나 첫 두 의회에서는 정당집단의 수치가 증가하였는데, 이는 당시 정당이 분열되었기 때문이었다(표 12-4).

오늘날의 의원내각제 체계에서 정당집단의 부재는 상상할 수 없다. 정당집단은 의회 절차상으로, 그리고 의사결정의 모든 단계에서 작용하며, 그들은 전체 의회지도부 체제(국회의장과 그의 대리인, 서기, 그리고 국회위원회)와 총회, 그리고 위원회를 함께 엮어준다. 정당집단은 사실상 의회의 모든 부분에 침투할 수 있는데, 이는 헝가리 의회가 유럽의회주의체제 중 의원내각제체제와 가장 유사한 특징을 나타내는 것이기도 하다. 선거결과에 따라 의회내 주요 보직 예컨대 위원회 의장직, 부의장직, 의원회원제 등은 의회정당간의 협력과 타협에 따라 배분된다. 정당집단이 확보한 의석비율은 이러한 보직 분배에 대한 기본 원칙으로서 작용하지만, 의석비율에 따라서 모든 것이 자동적으로 결정되는 것은 아니다: 위원회의 정치적 비중은 상이하며 따라서 정당은 그들이 확보한 위원회 의석에 대하여, 혹은 어느 특정 위원회에서 좀 더 많은 수의 대표를 확보할 수 있는지에 대하여 관심이 있다. 정당집단은 그들이 확보한 보직을 채우기 위하여 의원들을 그 보직에 위임한다. 이는 의회내 보직의 분배는 각 정당이 확보한 의석비율 뿐만 아니라, 정당집단내 개인적이고 정치적인 균형을 반영함을 의미한다. 즉 의회에서 보직의 충원은 정당집단의 재량권이다. 반면 국회의장직속 하 의회활동을 조율하는 의회위원회는 바로 이러한 정당집단의 리더들로 구성되어 있다. 국회에서 정당집단은 단일 정치행위자로서 활동할 수 있는데, 이는 다음의 방법에 따라 가능하다.

1. 일반적으로 정당집단은 의회에서 의원들간 토론을 하는 동안 단결된 정치행동을 보여준다. 이러한 사실은 90%를 능가하는 정당집단 간의 단결된 투표율로 알 수 있다(Hanyecz and Perger, 1994: 426-428).
2. 실질정책에 대한 결정은 총회에서 이루어지는 것이 아니라, 정당집단 회의에서 비공식적으로 발생한다. 비공식석상에서 정당집단간의 정책 토론이 이루어지며, 의회 총회 토론에서는 각 정당집단간 그들 스스로의 단결된 모습을 보여주기 위하여 노력한다. 총회에서는 정당집단간의 회의에서, 혹은 관련된 실무집단(working group)에서 이미 결정된 사항에 따라 집단간의 단결된 정치적 행동이 수반되기 마련이다. 현실적으로 총회에서 의원의 참석은 투표의 경우에만 그 중요성을 갖는다.
3. 의회기관과 위원회, 그리고 의회내 지도부 보직은(예컨대 국회의장, 그의 대리인, 의회위원회, 서기와 같은 행정관료) 정당집단의 대표로 채워지기 마련이다.
4. 정당집단의 출석은 의회의 토론 형성에도 영향을 미치기 마련인데, 이는 기조연설가 체제와(각 정당은 각 법안 토론을 위한 기조연설가를 지명하기 마련인데, 이들에게는 법안에 대한 정당의 입장을 표명하기 위하여 좀 더 많은 시간이 할애된다.) 정당이 의회내에서 확보한 정치적 비중에 따른 토론 개입의 순서, 그리고 정당집단간의 토론시간 분할에서 그러하다. 즉 의회 토론에 참석하여 그들의 의견을 표명할 수 있는 의원의 능력은 그들 정당집단에 따라 제약되기 마련이다. 또한 의원의 의견표명 능력은 공식·비공식적인 시간제약에 따라서 영향을 받기 마련이다. 이렇게 제약된 시간은 정당집단에 따라 개개 대표에게 분할된다.

5. 의회집단과 정당 역할의 중요성은 그들의 상시실무집단(per- manent working group)에 따라 더욱 증가하였는데, 이 집단의 구성은 의회내 부서와 상임위원회 구조를 따른다. 실무집단은 법안에 대하여 토론하고 의견을 표명하며, 그들의 권한내에서 개정안을 제안한다. 실무집단의 보고서와 제안서에 근거하여 의원들은 정당집단 회의에서 그들의 공식적인 관점과 정당집단의 투표 전략을 결정한다. 또한 정당이 위임한 대표들은 다양한 의회위원회에서 관련된 실무집단의 임원으로부터 선출된다.

▌행정부와 행정부정당간의 관계

근대 의원내각제체제에서 권력분립 및 견제와 균형은 행정부와 의회간의 대치로 발생하는 것이 아니라 행정부 다수와 야당 간의 대치로 발생한다. 행정부 다수와 야당간의 권력분립은 동시에 발생하는 것이 아니라 시간에 걸쳐 행정부 구성변화에 따라 발생한다. 즉 의회와 행정부 순환 주기내에서 여당과 야당의 권력분립은 없다: 행정부정당이 행정부가 제출한 법안에 대하여 투표를 지지해 주는 기능으로 남아있는 이상(이를 'voting machine'이라고 함) 행정부의 안정은 보장된다. 일반적으로 행정부는 야당의 지지에 의존할 수 없기 때문에 행정부 자신의 의회내 원내 정당집단의 지지에 의존한다. 따라서 행정부의 안정과 행정부 활동, 그리고 법안제정의 효율성은 건실한 의회기반이 구축되어야 가능한데, 즉 의회내 행정부 정당집단의 정치적 충성도가 있어야 가능하다. 행정부와 행정부 정당집단과의 관계, 그리고 연립행정부의 경우 연립정당과의 관계는 행정부와 야당과의 관계보다도 더 중요하게 변모하였다(Körösényi, 1992). 그 결과 의회내에서 행정부가 움직일 수 있는 재량권에 한계를 부여하는 주요 원인은 야당이 아니라 행정부 자신의 의회기반, 즉 행정부정당에 의하여 정해지는 것이다. 이러한 점을 감안하여 우리는 우선적으로 행정부정당 의회집단의 역할에 대하여 살펴볼 것이고, 이후 행정부내 참여하고 있는 연립정당과 정당집단의 역할을 함께 고찰해 볼 것이다.

헝가리 의회는 건실한 정당집단의 단결된 행동과 행정부 정당집단의 높은 찬성투표의 결과로, 행정부는 행정부에게 주어진 의회의 기반을 넓게 활용할 수 있다. 그러나 정당집단의 단결은 자동적으로 성립되는 것이 아니다. 공동의 정치진영에 귀속하고 있다는 귀속감과 정당이 정치적 연대를 결성하는 중요한 요소이긴 하지만, 그러한 요소만으로 주에서 주마다, 월에서 월마다, 그리고 수년에 걸쳐서 정치적 단결을 유지함은 충분치 않다. 즉, 정치적 단결은 계속해서 갱신되어야 하고 새롭게 강화되어야 한다. 이렇게 정치적단결 유지의 어려움은 1990년대에 발생하였던 언털 연립행정부의 정당분열로 알 수 있다(독립소지주당, 헝가리민주포럼, 그리고 기독교민주시민당). 그러나 이러한 분열은 야당보다도 행정부정당이 그들의 정치적 단결을 유지할 수 있는 정치적 도구를 더 효과적으로 활용할 수 있다는 사실을 시사해주는 것이다. 행정부정당이 야당보다도 정치적 단결을 좀 더 효율적으로 유지할 수 있는 요인은 다음과 같다.

행정부정당은 집권정당으로서 국정을 운영하며 그러한 책임의 심리적 요소가 행정부정당의 융합을 강하게 조성해주는데, 부분적으로는 행정부 입지에서 기인한 물질적인 혹은 보직제공의 보상에 따른 것이며, 부분적으로는 앞서 우리가 살펴보았듯이 수상 자신이 정당집단의 단결을 확보할 수 있는 수단이 있기 때문이다.

입법부를 살펴볼 때 좀 더 중요한 문제는 정당집단과 집단 임원이 행정부상의, 그리고 입법부상의 의사결정 과정에 참여하고 권한을 행사할 수 있는 정도와, 그들이 설정한 목표를 어떻게 실현할 수 있는가의 문제이다. 이를 감안하여 본장에서는 의회내 행정부 정당집단의 정책 형성과 그들의 활동을 어떻게 함께 조화를 이루며 구성할 수 있는지 살펴보고자 한다. 입법안 문제에 있어서 행정부정당 의회집단은 행정부가 제출한 법안에 대하여 상당한 영향력을 행사할 수 있는데, 이는 법안이 의회에 도달하기 이전과 의회내 토론의 과정에서 모두 그러하다.

1. 관련부서에서 입법안을 작성하고 준비하는 동안 행정부내 정당집단의 관련 실무팀은 입법안 초안에 대하여 토론하고, 관련법안에 대하여 의견을 표명한다. 문제를 다루는 실무팀과 대표들은 부서내 관련 공무원과 함께 입법안 문제에 관여하여 관계를 유지한다. 일반적으로 정당집단 회의에서 수긍한 정당의 입장과 투표 형태는 실무팀이 제안한 문서에 그 근거를 두고서 이루어진다.
2. 실무팀 지도부들은 행정부정당 출신이며, 의회위원회 임원이자 그러한 위원회

리더이기도 하다. 따라서 이들은 위원회회의에서 이후 입법안과정 절차에 따라 행정부가 수긍한 법안에 대하여 의견을 종종 표명하고 개정안을 제안한다. 그 결과 행정부정당집단은 여러개의 입법안 준비와 제정과정에 참여한다. 이들은 의사결정 과정에 있어서 다양한 전문적인, 정치적인, 그리고 로비 활동가의 입장을 반영하고자 한다. 그들의 협상적 위치와 영향력은 상당한데, 이는 그들이 입법안 가결에 필요한 정치적 지지와 표를 확보하였기 때문이다.

3. 의회내 행정부 정당집단은 행정부의 '반기 입법안 프로그램'(semi-annual legislative programme)에 대하여 의견을 표명하고 수정안을 제안할 수 있는데, 이러한 프로그램은 향후 6개월 이내 의회의 안건으로 수용되기 마련이다. 입법안 프로그램 설정은 정책형성에 있어서 이익집단이 행정부정당내 로비활동에도 영향력을 미칠 수 있는 중요한 통로이다.

종합하자면 의회내 행정부정당이 행정부를 상대로 지지해주는 투표 기능과 아울러 행정부와 의회다수의 단결된 정치적 행동은 자동적으로 성립된다고 할 수 없다. 오히려 정치적 단결은 행정부와 정당집단간의 정치적 협상에 따른 결과라고 할 수 있으며, 그러한 과정에서 정당집단은 입법안 문제에 있어서 상당한 영향력을 행사할 수 있다(궁극적으로는 행정부 제의에 대하여 거부권을 행사할 수 있다).

행정부와 행정부의 연립파트너

행정부 안정을 가져올 수 있는 두 번째 요소는 연립정부의 단일성 유지이다: 연립정부의 분열은 행정부의 몰락을 초래할 수 있다. 연립행정부의 운영은 내적인, 그리고 제도적인 모순을 동반하기도 하는데, 이는 곧 이질적인 정치 프로그램을 지닌 정당과 매우 이질적 성격의 정치인들간에 일상적인 협력을 요구하기 때문이다. 언털, 보로쉬, 그리고 호른행정부의 경우 어느 연립행정부도 정책에 관한 갈등과 논쟁 때문에 연립파트너가 행정부의 몰락을 초래하지는 않았다. 1994년에 구성된 헝가리 사회당과 자유민주연합 연립정부 첫 2년은 연립정부 간 협력의 어려움을 분명히 나타내었는데, 당시 정치인과 정치분석가들은 연립행정부의 분열 가능성을 종종 제기하였다. 그러나 본 행정부의 분열은 발생하지 않았고 오히려 가장 심각한 연립정부의 위기를 경험해야했던 행정부는 언털 연립행정부이었는데, 이는 1992년 연립행정부로부터 탈당한 독립소지주당으로부터 야기되었다. 당시 독립소지주당은 언털행정부 정책과 심각한 갈등의 양상을 나타내었는데, 특히 공산주의시대 당시 정신적으로·물질적으로 피해를 입은 사람들에게 보상을 제공하는 정책과 사유화 정책과 맞물려 갈등을 빚어왔다. 1990년 언털 연립행정부로 구성된 이른바 '자연동맹'(natural alliance) 파트너는 비록 좀 더 극우화된 정당이 연립행정부 파트너에서 야당측으로 정치노선을 선회함으로써 연립행정부의 위기를 초래하였으나, 이 위기는 언털 보수행정부 자체의 몰락을 초래하지는 않았다(추르카가 이끄는 헝가리인의 삶과 정의당을 지칭함). 돌이켜보면 언털 연립행정부의 정치영역은 행정부내 파트너의 다양한 이견을 수렴하기에는 너무나 광범위하였다.

▮ 야당

입법부와 행정부의 이원적체제 형성 이래 오늘날 행정부와 의회의 권력 견제는 행정부정당과 야당으로 대치되었으며, 유럽의회에서 야당의 역할은 크게 증가하였다(Döring, 1994: 340-346). 야당의 주요기능은 행정부를 감독하고 비판하며 대안적 프로그램을 제공하는 것이다. 또한 경우에 따라 야당은 대안적 지도부의 역할을 할 수 있다. 입법안 과정에서 야당측 당사자가 어떻게 활동하고 영향력을 행사할 수 있는지에 대하여 딱히 정해진 규율은 없다. 그럼에도 불구하고 야당은 국회에서 야당이 참여할 수 있는 위원회체제와 아울러, 야당이 행정부 다수를 상대로 독립적인 권한을 행사할 수 있는 정도에 따라 그러한 영향력이 달라질 수 있다.

국제표준과 비교해 볼 때 헝가리 헌법과 의회의 의사규정은 야당이 의사결정에 참여할 수 있고 행정부를 감독할 수 있는 상대적으로 광범위한 권한을 부여한다(Döring, 1994: 343). 대부분의 의원내각제체제에서 그러하듯이, 야당은 의회에서 발언할 수 있는 광범위한 권한을 지니고 있다. 야당이 의회내에서 차지하는 비중은 의회내 의석수 비율을 반영한다. 의사결정 가결안에 필요한 이른바 2/3 찬성 안을 요구하는 법안은 야당으로 하여금 공동결정의 권한과 거부권을 부여한다.

1994년 가을 의회 의사규정 개혁안은 위원회 역할의 변화를 가져왔는데, 본 변화는 입법안 과정에서 행정부를 상대로 야당과 행정부정당의 비중을 감소시켰다. 이와는 대조로 행정부를 감독하는 의회의 기능 측면에서는 야당의 권한이 증가하였다(Kukorelli, 1995). 첫 의회주의 회기에서(1990-1994) 위원회의 역할은 행정부가 제안한 입법안에 대하여 주로 의견을 표명하는데 그쳤다면, 두 번째 의회주의 회기에서는 본 위원회의 역할이 더욱 증가하였는데, 이는 위원회가 의사결정 과정 자체에 참여할 수 있었던 사실로 알 수 있다. 일부 관점에서는 의회에서 야당이 의견을 표명할 수 있는 역량은 의회가 개최되는 일수에 따라 달려있다. 90-95일수의 의회가 열리는 헝가리 의회는 유럽의회내에서 중간정도에 위치해 있다. 야당이 의견을 표현할 수 있는 기회는 광범위한 위원회 체제와 총회에 위원회의 보고를 할 수 있는 권한을 들 수 있다. 총회에 위원회 보고를 하는 규정은 유럽의회에서 발견되는 공통적인 현상이지만 보편적이지는 않다(Döring, 1994: 343). 의회 의석비율에 따른 의회 보직과 사무실 분배는 위원회 임원에게 적용될 뿐만 아니라 위원회의장, 부의장, 국회위원회, 그리고 부 국회의장에도 해당된다. 이는 역시 유럽의회에서 발견할 수 있는 일상적인 현상이지만 보편적인 것은 아니다.

헝가리 의회에서 야당은 행정부 다수를 상대로 매우 광범위한 거부권을 지니고 있는데, 행정부는 2/3 이상의 득표를 확보할 때만 야당의 거부권을 기각시킬 수 있다. 이러한 거부권은 의회의 의사규정 변화와 개헌을 초래하였다. 신헌법 제정을 할 수 있는 규정에 따르면 그러한 결정은 국회의원 표의 4/5를 요구하였다. 이러한 규정은 행정부 다수가 의회내 의석 수 2/3 이상을 확보했을 때 조차도 야당의 거부권 원칙이 작용할 수 있도록 보장하기 위한 것인데, 실제로 1994년 성립된 헝가리사회당과 자유민주연합 연립행정부는 의석의 72%를 확보하였으나, 이규정을 신헌법 제정에 적용하였다. 이외에도 헝가리 의회에서 발견된 특이한 사실은 소수 야당의 거부권이 일반 법안에도 확장되어 적용된다는 점이다. 헌법과 같이 국회의원 2/3 이상의 찬성안을 요구하는 법안은 30개 이상이다. 의회내 야당의 입지는 상임위원회내 의사결정에 활용하는 1/3 투표 규정에 의해서도 보장받았는데, 이 규정에 따르면 위원회에 제출된 제안서는 위원회 임원의 1/3 이상의 지지를 확보해야만 총회에 도달할 수 있었다. 첫 의회주의 회기에(1990-1994) 의회의석 비율을 반영하여 배분된 상임위원회내 야당의 대표 비율은 38%에서 40%에 해당하였다. 의회회기가 끝날 시점에는 행정부 다수의 분열이 더욱 증가하였는데, 당시 상임위원회에서 야당이 지닌 비율은 42-46%에 해당하였다. 두 번째 의회주의 회기에(1994-1998) 야당의 의석비율이 30% 이하로 떨어졌을 때, 1/3 투표 '소수보호' 규정은 상임위원회내에서 여당이 과도하게 그들의 권한을 행사할 수 있는 가능성을 줄여주었고, 그 결과 야당은 이러한 상임위원회에서 1/3의석 이상의 권한을 누릴 수 있었다(Soltész, 1995c: 590-595).

신헌법 제정을 목적으로 1995년에 성립된 특별의회위원회는 1/3 투표 '소수보호' 규정보다도 더 강력한 소수 거부권을 적용하였고, 이러한 조치는 특별위원회에 대한 야당의 입지를 보장해 주었다(위원회는 각 정당을 대표하는 4명의 의원과 추가적으로 국회의장으로 구성되었고, 그 결과 야당은 64%의 비율을 확보하였다). 각 정당－두 개의 행정부정당과 네 개의 야당정당은－위원회에서 투표 하나씩을 지녔으며, 신 헌법개정안이 통과되기 위해서는 6개의 정당 중 5개 정당의 합의안이 필요하였다. 또한 1995년 의회정당은 다음의 사항에도 동의하였는데 헌법을 제정하는 시기에, 혹은 최소한 1994-1998년 의회주의 회기가 종결되기까지 헌법은 헌법제정과 관련하여 합의된 규칙에 따라서만 개정할 수 있다는 것이었다. 즉, 합의된 규정에 따르면 주어진 회기에 헌법제정을 실패할 경우 행정부는 의회내 행정부가 확보하고 있는 72%의 다수를 활용하여 일방적으로 개헌을 단행할 수 없도록 하였다 (Arató, 1996: 26). 거의 완전한 동의안을 요구하는 이러한 절차는 실질적인 결과물을 창출하는데 실패하였고, 그 결과 신헌법은 헝가리사회당과 자유민주연합 연립행정부에서 통과되지 못하였다(제안서는 항상 행정부정당, 혹은 야당의 거부권 행사로 수긍되지 않았다). 결국 1997년 여름 헝가리사회당과 자유민주연합 연립행정부는 국회의원 4/5 찬성안 없이는 개헌을 하지 않겠다는 기존의 선언(moratorium)을 공식적으로 부인하였고, 1994년 가을에 그러하였듯이 헌법의 여러 부분을 개정하기 위하여 그들이 확보한 2/3 다수를 활용하였다. 요컨대 헝가리 정치에서 소수 야당의 권한을 보장해주는 제도적 장치는 행정부에 대하여 야당이 통제력을 행사할 수 있는 기능을 의미하는 것이 아니라, 입법안 과정에서 야당에게 특이할 정도로 유리하게 작용하는 법적인 규정이라고 하겠다.

▌ 행정부 다수와 야당의 이원성

개개 국회의원이 발의한 법안과 정당 및 행정부와 야당의 이분법에 따른 법안 개정안을 각각 구분하여 살펴보면(표 12-5, 12-6), 비록 국회의원 활동은 행정부와 야당 양자 모두에서 발생하지만, 그리고 많은 법안들이 행정부와 야당 양자 모두에서 발의되지만, 의회의 정치적 논리결과로 인하여(the consequence of the political logic of parliament) 제안이 수긍될 가능성은 행정부정당 의원 혹은 야당 정당의원이 제기하는 것에 따라 크게 달라짐을 알 수 있다. 행정부에서 발의된 제안서가 성공할 확률은 야당측에서 발의한 제안서보다 몇 배나 더 컸다. 동시에 행정부정당에서 제출한 제안서가 자동적으로 통과되지 않으며, 야당측에서 제기한 제안서도 사전수락 관점에서 바라볼 때 늘 실패하지 않는다는 점이다. 이는 곧 정책형성에 영향을 주는 의회의 독립적인 기능이 살아있다는 사실을 우리에게 시사해 주는 것이다. "행정부가 제안한 법안 개정안에 대하여 행정부와 야당측 모두 문제를 제기할 수 있다"는 사실 또한 헝가리 의회의 독립적인 기능을 말해준다.

◎ **표 12-5** 첫 의회주의 회기와 두 번째 의회주의 회기에서 개개 국회의원이 제안한 법안과 결의안의 성공 비율, 행정부와 야당으로 구분함.

	도입됨		수락됨		성공 비율
	수치	%	수치	%	%
1990–1993					
행정부 정당	120	34	32	46	27
야당	184	53	26	38	14
기타	45	13	11	16	24
합계	349	100	69	100	20
1994–1996					
행정부 정당	61	20	27	56	44
야당	205	67	14	29	7
기타	38	13	7	15	18
합계	304	100	48	100	16

자료제공 : 1990-1993년 자료는 *Tények és adatok...*,(1994: 58-59); 1994-1996년 자료는 *Országgyűlés Képviselői Tájkoztató Központ*[국회의원 정보 센터]를 참조함.

행정부정당과 야당 국회의원의 활동을 비교해 볼 때, 법안과 결의안 제안에 있어서 야당이 더 많은 제안서를 제출했음을 알 수 있으며, 행정부정당 출신의 국회의원은 행정부 제안에 좀 더 만족스러운 경향을 나타내었고, 그 결과 상황은 좀 더 균형적임을 알 수 있다.

6 의회에 대한 행정부의 책임 : 신임안과 불신임안 투표

헝가리의 민주 체제전환은 의원내각제체제를 성립시켰다: 행정부는 의회의 신임을 확보해야 했는데 이러한 사실은 “행정부가 의회에 대하여 책임을 지어야한다”는 헌법상의 규정에 명시되어 있다. 행정부에 대한 의회의 불신임안은 의회가 행정부를 상대로 감독의 기능을 수행할 수 있는 가장 중요한 제제수단이다. 그러나 독일모델을 따라서 헝가리에 도입된 건설적불신임안 제도는 이러한 의회의 감독권한을 약화시켰다. 그 결과 행정부가 의회에 대하여 지는 책임은 쇄하였고 많은 비판을 야기하였다.

첫 두 의회주의 회기 첫 두 의회주의 회기에 법안제정 문제에 관련해서 헝가리 행정부의 의회기반은 매우 견고하였고, 그 결과 어느 행정부도 국회의 신임을 필요로 하지 않았다. 또한 이와 관련하여 알 수 있는 사실은 건설적불신임안 제도가 실제로 그리 중요하지 않았다는 것인데, 이는 지금까지 어느 행정부도 본 건설적불신임안 제도를 활용하여 행정부 몰락을 방지해야할 만큼 의회내 행정부 지지기반이 약화되지 않았기 때문이었다.[22] 의회정당은 행정부가 의회내에서 안정을 유지할 수 있는 제제수단을 고안하였다.

22) 2006년 집권한 규르차니행정부는 2008년 가을 행정부 몰락 위기를 경험하였고 이듬해 봄 수상직에서 사임하였다. 사임 당시 건설적불신임안 제도가 활용되었으며, 후임자로 버이너르 고든(Bajnor Gordon)이 헝가리사회당내에서 선출되었다.

◎ **표 12-6** 정당집단에 따른 개정안의 제안 수치와 성공비율, 1996

	행정부		야 당					
	헝가리 사회당	자유민 주연합	청년민주 연합	독립 소지주당	기독교 민주 시민당	헝가리 민주포럼	헝가리 민주 시민당	개개인
전체	2190	1120	228	563	154	334	113	35
수락됨	1765	852	71	279	46	106	28	5
거절됨	425	268	157	284	108	228	85	30
수락 비율	81%	76%	31%	50%	30%	32%	25%	14%

Notes : 상기제안서는 총회투표에 도달한 제안서이다. 한 정당집단 이상에서 여러명의 국회의원이 제기한 제안서도 각 관련집단에 포함되었다.
자료제공 : *Országgyűlés Képviselői Tájkoztató Központ* [국회의원 정보 센터].

7 의회가 행정부를 상대로 통제할 수 있는 비 제재적 도구들

최근 수십년에 걸쳐 유럽 의회주의체제에서 의회가 행정부를 상대로 제제를 가할 수 있는 불신임안 제도가 약화된 결과에 따라서 행정부에 대한 의회의 비 제재적 통제 수단은 주목을 받게 되었는데 이는 다음과 같다.

▌정치적 홍보

행정부에 대하여 의회가 가용할 수 있는 가장 중요한 통제수단은 의회총회를 통한 정치적 홍보이다. 근대 민주주의이론에서 의회는 정치홍보 관점에서 바라볼 때 중심에 서 있는 핵심기관이다(Oberreuter, 1994: 329). 전술하였듯이 헝가리 의회는 영국의 토론식 의회가 아니라 독일의 입법안의회에 가깝다. 그 결과 이른바 영국식의 '정치토론의 날'(political debate day)은 의회의 안건으로 거의 설정되지않는다. 이러한 여파로 정치토론은 이른바 '사전적안건연설'(pre-agenda speech) 간 발생한다. 사전적안건연설은 헝가리 정치에서 가장 중요한 제도 중 하나인데, 여기서 야당은 여당에 대한 비판을 하며 텔레비전 취재와 언론의 참여로 정치적 홍보 효과를 누릴 수 있다. 바로 여기서 장관에 대한 질문을 제기할 수 있고 장관은 제기된 질문에 대하여 30일 이내에 답변해야 한다. 정치의 일상적 전환이 이루어지는 곳도 바로 여기이다. 토론의회의 특성을 나타내는 의회에서 여당과 야당간의 논쟁이 이루어지는 것도 바로 이러한 정황내에서 발생한다.

행정부를 정치적으로 감독할 수 있는 전형적인 의회의 수단은 장관에 대한 질문제기(interpellations)를 들 수 있다. 실제로 미디어 주목정도에 따라서 장관에 대한 질문제기는 아마도 야당이 행정부정책 안건에 대하여 영향력을 행사할 수 있는 가장 중요한 수단일 것이다. 다른 대다수의 유럽의회처럼 헝가리 의회에서는 개개 장관, 혹은 행정부 전체에 대하여 불신임안을 가하는 질문을 제기할 수 없다. 그럼에도 불구하고 바로 이 때문에, 질문제기는 의회가 행정부를 상대로 감독의 권한을 행사할 수 있는 가장 중요한 제재수단 중 하나이다. 질문제기의 중요성은 의회가 장관을 상대로 취할 수 있는 후속조치에서 그 중요성을 알 수 있는데, 만일 질문에 대하여 장관의 대답이 만족스럽지 못한 경우, 의회는 좀 더 조사를 하기 위하여 관련 위원회에게 문제를 전달할 수 있으며, 조사결과는 추후 의회총회로 돌아오기 마련이다. 질의제기에 대하여 장관이 대답을 거절하는 행위는 행정부에 대한 정치적 위신의 상실 이상을 의미한다. 질의제기에 대한 대답 거절은 그 문제가 계속 안건으로 잔여함을 의미하며, 오히려 사람들에게 잊혀지지 않은 상태로 대중의 관심을 이끌 뿐이다.

1994년 중반과 1996년 말 사이, 의회 의사안건 상정밖에 있는(안건상정 전과 후) 비율은 총회 토론시간의 약 10%를 차지하였고 장관에 대한 질문제기를 포함하면 15%에 해당하였다. 의회 토론시간 전체의 1/4를 차지하는 질문제기는 두 가지 의회 토론의 형태를 취하고 있는데, 이 토론의 주도는 행정부 혹은 행정부정당이 아닌 야당의 주도로 이루어졌다. 입법안 안건은 행정부 다수가 통제하는 반면, 질문에 관한한 주제 선택을 주도하는 정치행위자는 야당이다. 1994년 여름을 시작으로 2년 반

동안 의회 밖에서 이루어진 질문제기의 2/3는 야당 측에서 발생하였다. 본 비율은 야당이 제기한 대다수의 질문, 즉석질문, 그리고 문제제기와 동일하다. 그러나 대부분의 경우 행정부는 질문제기에 대하여 장관이 제시한 대답을 수긍하였으며(첫 의회주의 회기에서는 그 수치가 83%이었고 두 번째 의회주의 회기에서는 94%에 해당하였음), 그 결과 문제는 의회안건에서 제거되었다.

행정감독을 위한 기관들

행정부에 대하여 의회가 감독할 수 있는 전형적인 제재수단은 행정부 예산안 집행에 대한 감독이다. 이러한 형태 중 하나는 '이익처분계정'(appropriation accounts)에 관한 토론이다. 또 다른 하나는 '국립회계감사청'(National Audit Office)을 통하여 감독을 수행하는 것인데, 국립회계감사청은 의회기관으로서 행정부와는 독립적으로 운영된다. 옴부즈먼(Ombudsman)은 의회가 행정부를 통제하는 새로운 제재수단이며, 여기서는 법 집행과정에서 발생한 문제 중 개개시민들을 대상으로 잘못 처리된 민원을 중점적으로 처리한다.

의회에게 보고서를 제출해야 하는 의무

행정부와 타 국가기관에 대하여 의회가 감독할 수 있는 방법은 관련행위자에게 보고서를 제출하라고 요구할 수 있는 의회의 헌정상 권한을 들 수 있다. 헌법에 따르면 행정부는 장관을 통하여 행정부 업무처리와 성과에 대한 정규보고를 의회에 제출해야 한다. 다양한 법안은 행정부 혹은 행정부 개개의 장관에게 구체적인 문제에 대해서 보고를 하라고 규정하고 있다.

첫 의회주의 회기에(1990-1994) 총회는 그러한 보고서를 두 차례 논의하였는데, 하나는 첫 2년동안 행정부가 수행한 활동에 관한 것이었고, 다른 하나는 고용 상황에 관한 것이었다. 다른 17개의 보고서는 단지 위원회내에서만 토론하였다(Soltész, 1995a: 45). 1996년 의회에 제출된 17개의 보고서 중, 세 개는 총회에서 토론하였고 이후 수락되었다(Parliamentary Deputies' Information Centre). 이러한 특징 모두는 헝가리 의회가 토론식 의회라기보다는 입법안 의회라는 사실을 시사해 주는 것이다.

다양한 문제를 처리함에 있어서 행정부 혹은 개개장관은 의회 전체가 아니라 관련 위원회에게 보고서 혹은 정보를 제공해야 할 의무가 있다(Soltész, 1995a: 45). 행정부를 반영하는 위원회 체제와 구조는 의회에게 진지한 감독의 역할을 수행할 수 있도록 해준다. 그러나 제출된 보고서가 위원회에서 절대로 토론되지 않는 경우도 종종 발생한다. 또한 의회회기가 진행되면 진행될수록 위원회와 의회전체에서 처리해야 할 안건이 누적되기 마련인데, 의회회기 만료 후 새로이 개최된 의회가 기존에 밀린 문제를 자동적으로 이어받아 처리하지 않기 때문에, 의회가 해산될 때 밀린 문제 또한 제거되기 마련이다.

의회가 행정부를 상대로 감독할 수 있는 또 다른 수단은 위원회의 청문회 개최로 가능하다. 헌법 21조 3항에 따르면 모든 정치행위자는 의회위원회가 요구하는 정보를 의회위원회에게 제공해야 하며, 경우에 따라서는 위원회에게 증언해야한다. 행정부임원과 공무원을 위원회 청문회에 소환할 수 있는 권리 또한 헝가리 의회의사 규정에 명시되어 있다. 그러나 위원회는 그들이 요구하는 제안에 수긍하지 않는 행정부 임원과 공무원에게 직접적으로 제제를 가할 수 있는 권한은 없다. 입법안 준비에 상대적으로 덜 부담을 지닌 모든 위원회는 청문회에 상당한 시간을 할애해야 한다. 청문회 이외에도 위원회는 보고서와 정보를 요청할 수 있고 토론할 수 있다.

조사위원회들

원칙적으로 조사위원회는 의회가 행정부를 상대로 감독할 수 있는 가장 중요한 수단이다. 이것의 근거는 헌법에 명시된 의회의 권한인데 관련된 헌법조항에 따르면, 의회는 어느 문제와 관련해서도 위원회를 성립시킬 수 있고, 헌법상으로도 위원회가 요청한 정보 혹은 증언은 마땅히 제공되어야 한다(Soltész, 1995a: 47; 1995b: 107). 그러나 전술하였듯이 조사위원회는 위원회 요청에 수긍하라고 압력을 행사할 수 있는 제재적 수단이 없는데, 그 이유는 폴란드 혹은 이탈리아 조사위원회와는 달리 헝가리 조사위원회는 법적지위가 없기 때문이다. 또한 조사위원회가 지닌 정치적 중요성의 감소는 다음의 사실로도 알 수 있는데, 첫 번째 의회주의 회기에 행정부다수는 야당 대표가 제안한 조사위원회 성립 제안서를 계속 거절하였다: 31개의 제안서 가운데 단지 한개만이 수용되었고 한개의 조사위원회가 성립하였다(Juhász, 1996: 94-95). 조사위원회에게 주어진 중요한 역할은 두 번째 의회주의 회기에 들어서야 가능하였다. 1994년 의회 의사규정 개정안은 조사위원회 성립을 위하여 필요한 의원정족 수치를 1/5로 줄였고, 그 결과 1997년 5월까지 여섯개의 위원회가 성립하였다(Juhász, 1997: 94). 정부활동과 관련하여 조사위원회를 구성함은 행정부정당과 야당 간의 구성 비율에 따라 성립하며, 본 위원회 의장은 의회야당 출신이므로 조사위원회는 야당이 행정부를 상대로 감독할 수 있는 정치적 도구로 변모하였다. 야당에게 있어서 조사위원회의 중요성은 다음의 사실로도 알 수 있는데, 행정부 활동과 관련하여 추문을 조사함은 야당이 주축이 된 조사위원회에게 있으며, 필요한 경우 조사위원회는 조사가 진행되는 동안 해당문제를 수개월동안 대중의 감시하에 둘 수 있다. 관련된 문제는 종종 상당한 대중의 관심을 이끌었던 이른바 오일게이트 추문(Oilgate Scandal)과 토칙사건(Tocsik Affair)을 들 수 있다.

그러나 국회의원 지지가 20%가 되었을 때 조차도 조사위원회는 자동적으로 성립되지 않는데, 1994-1995년, 그리고 1996년 줄 곧 위원회 구성을 요청한 야당의 제안은 1997년 중반까지 주요안건으로 상정되지 못하였다. 이는 곧 행정부 다수가 조사위원회 성립을 제어할 수 있다는 사실을 시사해 주는데, 행정부 다수는 주요안건을 통제할 수 있고, 위원회 토론에서 제기된 문제를 의도적으로 경시함으로써 조사위원회 성립을 막을 수 있다(Juhász, 1997: 109-111). 요컨대 사실상 의회가 행정부에 대하여 감독할 수 있는 제도와 절차상으로 제제를 가할 수 있는 요소는 없지만, 앞서 언급한 제도와 절차는 의회가 행정부를 상대로 감독할 수 있는 중요한 도구라고 할 수 있다. 이들의 효과는 미디어를 통하여 정치적 홍보를 직·간접적으로 구성할 수 있는 사실에서 알 수 있다. 야당은 미디어 없이는 행정부를 상대로 그들이 비판하는 메시지를 결코 유권자에게 전달할 수 없으며, 그 결과 의회활동의 효과는 저조한 상태에 머물러 있기 마련이다. 미디어를 통하여 행정부를 감독하는 제도와 절차는 무엇보다도 행정부를 상대로 야당이 행사할 수 있는 중요한 수단이다.

인사정책의 감독

행정부 활동을 감독하고 행정부 책임의 원칙을 시행할 수 있는 또 다른 수단은 주요 행정부직 임명에 선행하는 의회위원회 청문회를 들 수 있다. 이러한 청문회에 영향을 받는 보직은 매우 다양하다. 청문회는 거의 모든 주요 국가기관 보직과 장관, 그리고 행정부 임원들을 대상으로 한다. 청문회를 수행하는 위원회는 행정부 임명안에 대하여 거부권을 행사할 수 없지만, 보직 후보자에게 문제를 제기할 수 있으며, 위원회 투표는 그들의 견해가 여론에 전달될 수 있도록 종종 보장해준다. 1990-1994년 첫 의회주의 회기에 총 235명의 공직 후보자에 대한 청문회가 헝가리 의회위원회에서 이루어졌으며, 1994년 6월부터 12월까지 두 번째 의회주의 회기 상반기에는 총 87명에 대한 청문회가 개최되었다.

그러나 임명안에 대하여 의회의 역할은 단지 감독적이거나 조언적인 구실만 한다. 일부영역에서 의회는 결정적인 역할을 한다: 의회는 일부 공공기관 지도부를 임명한다. 예컨대 헌법에 따르면 수상 선출을 위해서는 국회의원 다수의 득표를 요구한다(50%의 추가 한표). 대통령 선출을 위해서는 비록 결선투표에서는 단순가결안이 충분하지만, 1차 투표에서는(the first round) 국회의원 2/3 이상의 득표가 요구된다. 국회의원 단순가결안은 헝가리 국립중앙은행 총재와 중앙은행 감독위원회 세명의 부 총재 선출에 충분한 반면, 헌법재판소 판사, 대법원장, 검찰총장, 국립회계감사원장과 부의장, 그리고 옴부즈먼 임명은 국회의원 정족수의 2/3 찬성안이 요구된다. 가중다수결안이 요구되는 2/3 가결안은 종종 의사결정 과정을 지연시킨다. 예컨대 헌법재판소와 연관된 공직은 종종 수개월, 혹은 수년에 걸쳐 공석으로 남아있다.

8 소결론

본장에서 우리는 고전적인 헌정사고에서 발견되는 입법부와 행정부간의 관계 즉, 의회와 행정부간의 관계에 대한 이원성이 현대 헝가리 행정부체제의 운영을 이해하는데 있어서 얼마나 부적절한지 살펴보았다. 만일 우리가 의회와 행정부간의 전통적 관계를 살펴본다면 두 권력기관간의 혼합은 부분적으로는 법적인 측면에서, 주로는 정치적인 측면에서 발생함을 알 수 있다. 이는 헝가리 헌법의 이중적 요소가 이러한 혼합의 정도를 제한함에도 불구하고 더욱 그러하다. 입법안 활동이 이루어지는 곳은 의회이지만, 의회내에서 주 행위자는 행정부이다. 입법부와 행정부의 구이분법적 사고를 대체하고 의회의 내부 정치 구조를 결정하는 이른바 행정부(행정부 정당)와 야당간의 새로운 이원적 구조가 헝가리 정치체제에 등장하였다. 야당의 가장 중요한 역할은 행정부 활동을 감독하는 것인데 이들은 주로 정치홍보 영역에서, 그리고 행정부 프로그램을 대신하는 대안적 정치선언을 하는 등의 행동에서 그 활동성이 두드러진다. 의회 세력균형 여부에 따라서 특히 2/3 찬성안을 요구하는 영역내에서 야당은 여당이 제시한 프로그램에 대하여 거부권을 행사할 수 있다. 그럼에도 불구하고 일상적 의사결정 과정에서 행정부는 야당의 지지에 의존하지 않고, 행정부정당 의회집단에 의존하는데, 이들은 행정부를 상대로 가장 중요한 정치적 제약을 가할 수 있는 행위자이다.

헝가리 의회는 토론식 의회에 가깝기보다는 법을 제정하는 입법안 의회이다: 헝가리 의회는 입법안을 위해서 대부분의 토론 시간과 에너지를 소모한다(Soltész, 1995a: 27). 이러한 현상을 설명하는 요소는 다음과 같다: 첫째, 민주 체제전환 당시 성립된 레짐은 법적 개혁안을 요구하는 과정에서 법제정 기능이 강화된 입법안 의회를 선호하였다. 둘째, 헝가리 정치사고에서 발견된 법안에 대한 낭만적인 환상은 법 제정 기능이 강한 입법안 의회의 성립을 선호하였다. 마지막으로 행정부를 상대로 헝가리 의회에 부여된 상대적으로 광범위한 입법안 권한은 행정부가 제안한 입법안을 단순 통과시키는 토론식의회 형태라기보다는, 입법안 기능이 강한 입법안

의회를 성립시켰다(Soltész, 1995a: 27-28).

헝가리 의회는 본질적으로 대표성의회이다(시민의 대표기능을 지니고 있다). 그러나 시민을 대표하기보다는 행정부를 구성하고 행정부를 감독하는 역할이 의회의 중심 역할로 자리잡기 시작하였고, 전반적인 정치체제 관점에서 바라볼 때 의회의 합리화 기능은 약화되었다. 이는 헝가리 정치문화의 독특성과도 연관되어 있음을 시사해 주는 것이다. 동의안을 추구하는 의회의 성격과 헝가리 시민이 보유한 반 정당 및 반 엘리트 문화때문에 정당간의 논쟁과 갈등에 대한 판단은 부정적이다. 헝가리 의회의 명성과 의회를 구성하는 정당에 대한 신뢰도도 일반적으로 저조하다. 의회는 정치계급을 구성하는 근본기관이고, 주요 정치계급이 자기합리화를 수행하는 곳이다. 따라서 반엘리트 정치문화 관점에서 바라볼 때 의회의 명성은 저조할 수밖에 없으며 자기합리화 기능도 최소한이다. 헝가리 의회운영의 특성은 헝가리 정치문화와 정치사고에서 발견된 지배적인 의회주의 개념과도 부합한다. 여론을 형성하는 미디어는 의회논쟁을, 특히 사전적 논쟁을, 종종 입법안을 방해하는 쓸모없는 말장난이라고 간주하였다.

제 13 장

헌법재판소

1. 헌법재판소의 권한과 정치적 역할
2. 헌법재판소 활동성의 여파 : 정치의 사법화
3. 소결론

서유럽의 헌법재판소 가운데 가장 강력한 권한을 지닌 헌법재판소는 양차 세계대전 사이에 독재를 경험했던 국가에서 발견되는데, 제2차 세계대전 후 민주주의를 재건하는 과정에서 헌정국가 확립의 필요성이 바로 이 시기에 가장 강하게 대두되었다. 이와는 대조로 독재의 경험이 없었던 영국과 네덜란드와 같은 국가에서는 헌법재판소가 부재하였다. 공산주의 붕괴 후 헝가리를 포함한 중·동부유럽 국가들은 첫 번째 사례를 따르는 경향이 있었고, 그 결과 강한 권한이 부여된 헌법재판소를 설립하였다: 이러한 헌법재판소는 헌정국가 성립에 필수불가결한 기관으로 인식되었다. 본 장에서 우리는 헝가리 헌법재판소의 정치적 역할을 분석하고 정치체제에서 어느 위치에 있는지 살펴보고자 한다. 민주 체제전환 과정에서 법치주의와 자유주의는 지배적인 사고이었으며, 그 결과 헝가리 헌법재판소는 정치체제에서 핵심기관으로 변모하였고, 의회다수와 행정부에 대하여 균형자의 역할을 이행하였다.

1 헌법재판소의 권한과 정치적 역할

유럽의 관행을 따라 헝가리에서도 헌법해석은 헌법재판소가 주도적으로 이행하는데, 이는 다른 사법체제와 비교해 볼 때 두드러진 특징이다. 유럽기준과 비교해 볼 때 헝가리 헌법재판소의 권한과 정치적인 역할은 특이하다. 헌법재판소 활동은 정치적인 면모를 나타내는데, 헝가리 시민 대다수에게 혹은 모두에게 영향을 미치는 문제를 다루며, 헌정상의 관점에서 볼 때 가능한 모든 대안을 숙고하여 결정한다 (Gyorfi, 1996: 64-69). 본장에서 우리는 헝가리 정치체제에서 헌법재판소가 이행할 수 있는 역할에 대해서 고찰하고자 한다.

▌헌법재판소의 권한

헝가리 헌법재판소의 권한은 모든 영역에서 광범위한 것이 아니라 주로 정치적인 영역에서 그러하다. 예컨대 개인권리가 어느 당국에 의해서 침해받은 사건처리에 대한 법적시정은 – 이른바 헌법소원 처리에 있어서는 – 헌법재판소 역할은 제한적이다. 이러한 요인은 대다수의 다른 국가와는 달리 헌법상에 보장된 시민들의 권리가 행정기관 조치로 침해받았을 때, 시민들이 헌법재판소에 항상 헌법소원을 제소할 수 없기 때문이다. 헝가리 시민들은 당국이 비합법적인 방법을 동원하여 자신의 권리를 침해할 때만 헌법소원을 제소할 수 있다. 헌법소원 제도가 좀 더 광범위한 독일에서는 헌법재판소에 제소된 헌법소원 문제가 최소한 90%를 차지하는 반면 (Kerekes, 1994: 450; Takács, 1996: 358), 표 13-1에서 볼 수 있듯이 헝가리에서는 그 비율이 단지 1%에 지나지 않는다.

헝가리 헌법재판소의 정치적 역할과 기능을 바라보면 헌재는 독특할 정도로 광범위한 지니고 있다. 이론적인 관점과 국제상의 관례에서 바라보아도 헝가리 헌법재판소의 정치화 정도는 매우 특이하며, 이는 세 단계로 구분할 수 있다(Pokol, 1991: 92-94).

1. 헌법재판소는 구체적인 법적 소송사건(concrete norm control)과 관련하여 판결할 때 가장 적은 정도의 권한을 행사할 수 있다. 이는 미국의 경우가 그러하다.
2. 추상적 규범통제(Abstract norm control) – 구체적인 법적 소송과 관련한 것이 아니라, 다른 국가기관이 헌법재판소에 법률해석을 제소할 때 이루어지며, 헌법재판소는 해당 소송안을 다룰 때 더 큰 권한을 행사할 수 있다. 이는 헌법재판소가 행사할 수 있는 이른바 '추상적 규범통제' 기능이 후천적(posteriori)일 때도 그러한데, 여기서 후천적이라 함은 헌법해석이 이미 의회에서 통과된 법안에 대하여, 그러나 판결결정에 따라 통과된 법안이 기각될 수 있는 경우를 의미한다. 많은 유럽국가에서 헌법재판소의 활동은 이러한 방향으로 전환하였다.

◎ **표 13-1** 헌법재판소에 제소된 문제들과 헌법재판소의 결정

관할 권한에 따른 문제들	1990	1991	1992	1993	1994	1995*	1996
사전적 규범통제	-	3	1	4	1	-	2
후천적 규범통제: 법	584	734	408	350	295	171	402
각료칙령	305	606	303	248	207	124	262
장관칙령	124	69	35	21	5	18	34
기타	104	26	52	48	61	19	83
국제조약과의 법적갈등	1	2	1	-	-	-	3
헌법소원	12	6	21	17	7	7	19
헌법상의 권리침해	174	49	6	17	5	3	16
국가기관간의 관할권 논쟁	-	-	1	-	1	-	3
추상적 헌법해석	8	4	4	-	1	2	-
법에따르는 다른 권한영역	13	29	81	41	85	16	83
헌법재판소 권한에 해당되지 않아 기각된 문제들	833	1475	1177	894	703	408	881
합계**	1625	2302	1700	1323	1098	607	1543
이중: 재판소가 다룬 사건	735	792	460	369	451	204	447
판결이 이루어진 사건***	487	705	342	405	344	147	239
진행중인 사건	248	335	453	417	524	557	460*
재판부 결정들							
소송안 수락됨	26	45	50	47	46	47	48
소송안 기각됨	58	135	117	98	103	61	n.a.
법원 명령	37	97	30	107	78	39	n.a.
합계	121	277	197	252	227	147	n.a.

* 1월부터 4월까지의 수치를 의미함.
** 해당 선까지 총계를 의미함.
*** 소송이 도입된 년도와는 상관없이 당해 연도에 판결이 이루어진 사건들을 지칭함.
\+ 당해 연도에 도입된 사건만 포함함.
자료제공 : (헌정원칙과 사례, 1996: 638-640, 644, 646); (1996년 자료는 헝가리 헌법재판소 자료를 참고함).

3. 헌법재판소가 가장 강력한 권한을 지니고 정치적인 역할을 수행할 수 있는 경우는 이른바 '사전적 추상 규범통제'(priori abstract norm control) 기능을 발휘할 때인데, 여기서 사전적 추상 규범 통제는 헌법재판소가 헌법해석을 하는데 있어서 아직 의회에서 통과되지 않았거나 공표되지 않은 법안에 대한 헌법상의 해석을 할 수 있음을 의미한다. 이는 지금껏 프랑스 헌정위원회(the French Constitutional Council)에서만 활용하였는데, 프랑스 헌정위원회는 후천적 규범통제 권한을 지니고 있지는 않다.
헝가리 헌법재판소는 위의 세 가지 권한을 모두 지니고 있다. 또한 헌법 제정 자체를 할 수 있는 상당한 추가적인 권한도 지니고 있다. 이는 헌법해석의 권한이다. 일반적으로 헌법해석에 대한 요구는 정치 갈등이 발생할 때 이루어진다. 예컨대 1997년 농지가 외국인에게 매각될 수 있는가의 문제에 대해서 당시 여·야는 쌍방 국민투표를 제안하였고, 이에 대한 갈등은 결국 헌법재판소에 제소되었다. 헝가리 헌법재판소가 보유한 사전적 규범 통제 기능과 추상적 헌법해석 권한은 헌법재판소에게 강한 정치화된 역할 및 권한을 부여하였다(Paczolay, 1993a: 35).

▮ 헌법재판소 절차를 개시할 수 있는 권한

정치체제에서 헌법재판소가 관여하고 활동하는 정도는 헌법재판소 권한뿐만 아니라 법정 소송절차를 개시할 수 있는 수단에 의해서도 영향을 받기 마련이다. 국제적 기준과 비교해 할 때 헝가리에서 그러한 법적 소송절차를 개시할 수 있는 집단은 광범위하다. 대통령, 행정부, 개개장관, 국립감사원장, 대법원장, 검찰총장 그리고 최소 50명의 국회의원은 헌법재판소에 추상적 규범통제를 제소할 수 있으며, 개개 시민도 자신에게 직접적인 영향을 미치는 문제를 제소할 수 있다. 그 결과 다른 곳에서 해소할 수 없는 거의 모든 갈등은 헌법재판소로 송환되고 그 곳에서 갈등이 해결된다(표 13-1에서 알 수 있듯이 헌법재판소에 송환된 사건의 수치는 매우 높다). 헌법재판소가 지닌 광범위한 권한의 정도와 재판절차를 개시할 수 있는 다양한 행위자가 시사하길, 헝가리 헌법재판소는 정치갈등의 최종 중재자이며, 그 결과 정치 과정에서 핵심 참여자로 변모할 수 있음을 알 수 있다.

▌헌법재판소 판사의 선출

헌법재판소의 정치적 특성은 판사 선출방식에 따라서 달라질 수 있다. 대부분의 국가에서 발견되는 헌법재판소처럼 헝가리에서도 헌재의 정치적인 활동을 줄이고, 헌재의 공정성을 증가시키기 위하여 노력하였는데, 이는 헌법재판소 판사임명 조정안에서 그러하다. 예컨대 판사의 법률 자격조건과 법률실행 경험, 그리고 판사의 최소 연령제와 임기 중 해임할 수 없는 규정, 그리고 판사의 임기가 다른 정치기관의 임기보다도 훨씬 더 긴 조항이 그러하다.

헝가리 헌법에 따르면 헌법재판소 임원은 최소 45세 이상이어야 하고 법학 학위가 있어야 하며 법률 이론가, 대학교수, 혹은 최소 20년의 법률 경험이 있는 법률가(판사, 변호사, 검사)이어야 한다. 최근 4년간 행정부 임원이거나 정당임원, 혹은 공무원들은 어느 누구도 헌법재판소에 임명될 수 없다. 헌법재판소 보직 후보자는 각 정당 의회집단에서 대표 한 사람씩 구성된 의회위원회에 의해서 선출되는데, 후보자로 임명되기 위해서는 의원 2/3 이상의 표를 확보해야 한다. 따라서 헝가리에서 헌법재판소의 구성은 주로 정당의 주도로 이루어진다.

헌법재판소 공직은 다른 공직과 함께 호환될 수 없는 엄격한 규칙이 적용되며, 입법자들은 헌재 임원을 정치적인 집단 및 이익집단에서 배제시키며, 그들의 정치적인 독립성을 보장해 준다. 두 번의 의회회기보다도 긴 9년에 걸친 판사의 임기도 같은 맥락에서 이해할 수 있다(Takács, 1996: 364-365). 정치적 균형은 다음의 사실로도 알 수 있는데, 헌법재판소 판사는 모두 동시에 임명되지 않는다. 판사 임명은 세 번의 의회 회기를 걸쳐서 진행된다. 1989-1990년 판사 선출은 급속한 정치협상으로 이루어졌다. 그러나 1994년 이래 정당간 성사된 합의안은 부재하였고, 그 결과 판사 임명은 수십년에 걸쳐서 미루어졌으며 때때로 정치 갈등과 섞여있었다. 헌법재판소 판사 선출 절차는 재판부가 정치와 직접적으로 연관되어 있음을 말해준다: 판사는 정당정치 협상이 관여된 형태로 의회정치 선출 과정에서 임명된다. 다른 곳에서 그러하듯이 헝가리에서도 판사를 포함하여 주요 공직자 선출은 정당정치의 문제로 변모하였다.

헌법재판소 판사의 이력

헌법재판소 판사의 정치 후원자와 정당, 그들의 세계관, 그리고 진로를 탐구함으로써 우리는 그러한 판사의 결정을 훨씬 더 잘 이해할 수 있다(Landfried, 1988: 11, 13). 헌법재판소 판사의 전문직 배경을 살펴보면 그들은 헌재에 임명되기 이전에 주로 법률직에 종사한 것이 아니라(예컨대 판사와 변호사), 법대 교수와 주로 법률이론을 다루는 업무에 종사했음을 알 수 있다. 예컨대 1989-1997년에 선출된 14명의 헌법재판소 판사 가운데 8명은 대학교, 혹은 법률이론을 다루는 업무에 종사하였고, 2명은 판사이었고, 1명은 변호사, 그리고 나머지 3명은 법률업무에 종사하다 이후 법률이론과 관련된 업무에 종사한 혼합된 경력을 지닌 사람들이었다. 헌재에 임명된 판사 중 단지 2명만이 기존에 판사이었다는 사실은 매우 이례적인 특징이다.

판사의 전문지식 및 배경과 함께 판사선출을 위한 정치적 기준에 따르면, 판사는 정당의 당원일 수 없고 정치활동에 관여할 수 없다. 즉, 일단 임명되면 판사는 그들의 기존 정당당원제를 포기해야 하고 그들의 정당활동도 중단해야 한다. 판사는 그들 자신의 세계관과 정치성향이 있다. 헝가리 헌법재판소 판사의 상당수는 이전에 정치활동에 관여했고 정당임원이었다. 물론 이는 판사를 지명하고 선출하는 기관 모두가 정당정치인으로 구성되어 있는 사실과 연관되어 있음을 말해주는 것이다. 선출과정에 있어서 정치적 연계는 누가 판사로 임명될 수 있는가의 여부에 영향을 주기 마련이다. 모든 정당은 자신들의 정당 이념에 가깝고, 정치적으로, 개인적으로, 혹은 보편적인 세계관에 근접한 사람을 판사로 지명하고 선출하려 할 것이다. 종종 판사로 선출된 사람들은 분명 정당정치와 연계된 자이거나, 직접적인 정당임원이다. 헌법재판소 판사 낄레니(Kilényi) 의견에 따르면, 판사 임명안 제도는 결국 판사가 헌법재판소에서 의석을 확보할 수 있는 길은 정당을 통해서만이 가능하다는 점을 시사해준다(Kilényi, 1990: 393, quoted in Törő, 1991: 281).

▮ 그들 자신의 역할에 대한 판사의 견해

헌법재판소가 정치적인 역할을 이행하는 여부는 판사들이 그들 자신의 역할을 어떻게 이해하고, 그들이 판결을 내리는데 있어서 어떠한 관점으로 판결하고자 하는가에 따라 달려있다. 즉, 헝가리 헌법재판소 활동을 설명해 주는 하나의 기본 요소는 판사들이 그들 자신의 역할을 어떻게 바라보는가에 따라 달려있다. 헌법재판소 기관 자체는 스스로를 헌정 '국가 혁명의 신탁 위임자'라고 정의하고 있다. 헌법재판소는 성문화된 헌법과는 달리 헌정 국가원칙에 입각한 이른바 보이지 않는(invisible) 헌법 성립을 추구하고 있다. 헌법재판소는 주로 인간의 기본권과 관련된 헌법해석에서 활동적인 태도를 취하지만, 국가기관의 발전을 위해서도 적극적인 활동을 펼치고 있다(Kukorelli, 1995: 20, 98-99, Pokol, 1992, 1992a; Sajó, 1993: 38). 민주 체제전환 당시 대폭 개정된 헌법은 정통성이 부재하였고, 이러한 상황에서 헝가리 헌법재판소는 당시 개정된 헌법을 완성된 형태의 성문법으로 보지않고 오히려 과도기 헌법으로 간주하였다는 사실에 주목해야 한다(Sajó, 1993: 42).

따라서 헝가리의 헌법해석과 적용은 단순히 성문화된 헌법에 따라서 발생하는 것이 아니라 헌정주의 원칙과 보이지 않는 헌법개념, 즉 헝가리 헌정체제는 정확히 헌법재판소의 판결과 해석에 따라 성립된다고 볼 수 있다(Paczolay, 1993: 45). 절대적인 헌법해석은 없으며, 상호 배타적인 개념간에 선택이 이루어져야 할 경우(예컨대 사형제도와 삶에 대한 권리의 문제) 헌법재판소는 결정을 내릴 재량권이 있으며, 스스로의 개념을 판결에 적용시킬 수 있다. 이러한 방식으로 가능한 헌법해석은 구속력을 갖기 마련이다. 헌법재판소는 헌법해석을 지속적으로 이행하지만, 그 해석 자체의 표준도 규정화하려고 모색하고 있다.

정치 의사결정 과정에 있어서 헝가리 헌법재판소가 내포된 정도를 고려할 때, 그리고 재판부에 대하여 대부분의 판사들이 그들 자신의 역할을 단순 헌법해석이 아닌 적극적이고 능동적인 태도로 바라보는 관점에서, 헝가리 헌재는 무척 강하게 '정치화된'(politicised) 기관임을 알 수 있다(표 13-2). 헌법재판소 결정은 대중들 간에, 그리고 정치인들간에도 널리 토론된다. 이는 오스트리아와는 대조되는 상황인데 오스트리아의 헌법재판소는 정치와 여론과는 독립된 형태로 존재하는 권위적인 기관이며, 헌재의 결정은 정치적 토론과 고려의 대상이 아니다.

헌법재판소의 정치적 역할은 판결이 이루어지는 상황에서, 그리고 판결과 관련된 의견으로 알 수 있다. 판사는 종종 그들 자신의 판결을 법적인 관점이 아닌 정치적인 관점으로 정당화한다. 이러한 주장은 헌법재판소에 부여된 허용된 범위의 정치적인 역할이며, 국가의 특정적인 정치·경제적 체제전환의 특성과 작용, 생산성, 그리고 사회적 수락을 고려하여 현실 상태를 유지하고자 한 법적보장성을을 포함한다 (Sajó, 1993).

표 13-2 헌법재판소의 역할과 기능으로 바라 본 헌법재판소의 정치화 정도와 정치에서의 내포 정도

역할 이해	통합의 정도	
	내포됨	독립됨
활동적임	+/+ 헝가리	+/- ?
성문적임(성문법 정신 적용)	-/+ 미국	-/- 오스트리아

헌법재판소 활동의 한계와 정치 평형추

헝가리 헌법재판소의 능동적인 역할과 활동을 강조함에 있어서 동시에 우리는 그러한 활동에 상당한 제약을 부여하는 요소도 존재함을 주목해야 한다. 헌법재판소에게 있어서 가장 중요한 한계점은, 헌재는 관련된 문제에 대해서 헌법해석을 요구하는 행위자가 문제제기를 할 경우에만 관여할 수 있다는 점이다. 따라서 헌법재판소는 반응을 하는 기관이며(reactive body), 헌재는 관련된 법률과 결정에 대하여 스스로 헌법해석을 개시할 수 없다. 더구나 헌법재판소의 정치적 역할은 단지 헌법해석을 통해서만 가능하므로, 헌재의 정치적 자율성은 제한적이다. 또한 헌법재판소는 판결 후 판결의 실행이 제대로 이루어지고 있는지 감독할 수 있는 도구가 없다.

또한 헌법재판소의 활동성은 재판부에 대하여 판사 자신이 그들의 역할을 어떻게 이해하고 적용하는가의 여부에 따라 변할 수 있다. 헌법재판소는 기관의 권한을 스

스로 제한하였는데 이는 추상적 헌법해석(abstract constitutional interpretation)과, 사전적 규범통제(a priori norm control)의 기능에 해당한다. 다양한 법안의 위헌여부를 알기위하여 장관이 행정부가 결정을 내리기도 이전에 관련 법안을 헌법재판소에 제소할 경우, 혹은 의회가 법안에 대하여 수긍의 결정을 내리기도 이전에 정당이 헌법재판소에 관련된 법안의 위헌여부를 요청할 경우, 헌법재판소는 권력분립의 원칙을 근거로 이러한 요청을 거절하였다(Paczolay, 1993a: 35-36).

헌법재판소 기능의 한계는 다음의 사실로도 알 수 있는데 헌법재판소는 기관의 판결을 실행하고 감독할 수 있는 도구가 없는 반면, 입법부와 행정부는 헌재의 그러한 결정에 반하여 행사할 수 있는 도구가 있다. 행정부와 의회는 헌법재판소를 상대로 균형추 역할을 할 수 있는데, 그러한 도구는 예컨대 헌법재판소의 법안개정, 헌법자체 개정, 혹은 헌법재판소 판사의 임명에 관한 정치적 통제를 행사할 수 있는 권한을 들 수 있다. 더구나 행정부는 헌법재판소의 결정에 대한 시행을 거부할 수 있는데, 특히 헌재가 위헌이라고 판단한 상황이 장기간에 걸쳐 허용될 경우 그러하다. 궁극적으로 정당과 행정부는 종종(후자의 경우는 매우 희귀함) 헌법재판소가 특정한 문제에 대해서 숙고를 하는 시점에 있어서 헌재를 대상으로 정치적인 압력을 행사할 수 있다.

2 헌법재판소 활동성의 여파 : 정치의 사법화

정치적 결정에 대한 헌법재판소의 헌법해석과 헌법재판소 중재로 해소된 정치갈등은 헌법재판소 역할이 그만큼 정치화되었다는 사실을 시사해준다(정치적 논쟁에 대한 헌법재판소의 중재 권리는 헌법재판소가 진정한 의미에서 정치적 판단을 할 수 있는 재량권을 지녔음을 의미하는 것은 아니다. 헌법재판소는 법을 근거로 해석을 하지만 종종 정치적 의도가 배제된 것은 아니다). 이러한 헌재의 활동과 그 활동성이 정치 의사결정 과정에 미치는 영향을 일컬어 '정치의 사법화'라고 부른다

(Paczolay, 1993: 45; Landfried, 1984, 1988; Favoreu, 1995: 93). 정치와 입법안 갈등이 헌법재판소에 누적되면 누적될수록 판사가 판결해야 하는 결정도 늘어나기 마련이다. 따라서 헌법재판소 결정은 정치결정의 자율성과 정치인의 자유를 점차적으로 침해하기 마련이며, 동시에 헌법의 개방성을 줄이기 마련이다(Landfried, 1988: 12). 정치의 사법화는 정치의 다른 기능을 중심에서 주변부로 미루는 효과가 있다. 정치의 사법화는 정치결정의 자율성을 줄이고 공공선에 대한 결정과 이행에 대한 정치 자율성을 줄이며, 이익조정과 타협으로 성사될 수 있는 정치적인 역할의 중요성도 미약하게 만든다. 의회에서 논쟁 중인 법안에 대하여 헌법재판소 판결을 예상할 수 있음은 그만큼 정치가 사법화되어 있다는 사실을 시사해 주는 것이다. 정치갈등에서 패배한 측, 즉 정치소수(political minority)가 헌법재판소와 법을 정치적 도구로 활용함은 역시 그만큼 정치가 사법화되어 있음을 말해 주는 것이다. 헌법재판소에게 주어진 광범위한 관할권과 갈등해결에 있어서 재판부가 그들 스스로 능동적으로 개입하고자 하는 그러한 역할인식이 성립된 결과로, 앞서 언급한 이러한 모든 과정은 헝가리 정치 초창기에 등장하였으며 그러한 과정으로 나아가고 있다.

3 소결론

헌법재판소의 활동은 종종 '부정적 입법부'(negative legislature)활동이라고 일컬어진다. 법의 헌법적 해석은 일부 법안의 기각을 가져오며 이런 관점에서 볼 때 헌재는 입법안 과정에 있어서 부정적인 역할을 한다고 할 수 있다. 헌법해석을 근거로 헌법재판소는 입법부로 하여금 무엇을 해서는 안되는지 결정을 내릴 수 있다. 그러나 공식적으로 최소한 헌법재판소는 침묵을 지키는 것처럼 보이는데, 본 경우는 헌법을 침해하지 않은 채 주어진 문제에 관하여 입법부가 법안을 통과시켜야 하는 경우이다.

헌법재판소는 종종 판결로 그들이 기각시켰던 법안, 혹은 특정 단락이 합법적으로 판단될 경우 어떠한 기준으로 그들의 평결이 이루어졌는지 제시한다. 앞서 우리는 헝가리 헌법재판소가 정치에서 중심 행위자이었음을 살펴보았다. 헌법재판소의 광범위한 권한과 활동성, 평결에 대한 판사 자신의 신념, 그리고 때로는 헌법자체를 넘어서 자신의 역할을 해석할 수 있는 이러한 모든 특성으로 판단하건데, 헌법과 헌법해석은 정치위에서 존재하는 객관적이고 중립적인 규범의 형태라고 할 수 없으며, 오히려 그러한 과정 자체내에 존재하는 일부라고 할 수 있다. 헌법재판소가 구체적인 사건을 다룰 때 상이한 여파를 가져올 수 있는 상이한 법적해석과 법적 철학이 따로따로 존재한다는 것은 사실이 아니다. 오히려 헌법재판소는 주어진 문제에 대하여 모든 가능한 정치적 답변 가운데 그 중 하나를 찬성 혹은 반대로 표현한다(Sajó, 1993: 42-45). 이러한 경우 헌법재판소는 서로 양립할 수 없는 선택안에 대하여 헌법상의 판결로 결정을 하는 것이며, 바로 이것이 헌재의 기능이다. 헌법재판소 결정은 법적 근거로 이루어지지만 정치적 성격이 있으며, 이러한 방식으로 헌재는 종종 중재의 기능을 이행한다.

헌법재판소가 처리한 소송건을 양적인 관점으로 보면 헌재는 그 기관이 설립된 이래로 수많은 안건 처리를 위하여 활발한 헌법해석을 수행하였음을 알 수 있다. 질적 측면에서 보면 헌법재판소는 헌법해석을 이행해왔을 뿐만 아니라, 추상적 헌법해석으로 헌법의 빈틈을 채우는 이른바 제헌자의 역할도 수행하였다. 헌법재판소의 제헌기능은 정치기관에서 헌법을 제정하는 과정이 중단됨에 따라서 더욱 증대하였다. 헝가리 헌법재판소는 권력기관 체제에 꼭 부합한 것이 아니라 체제내의 모든 다른 행위자들 이를테면 행정부, 의회, 대통령, 대법원, 그리고 지역평의회 모두에게 영향력을 행사할 수 있는 강력한 균형추로서 변모하였다. 국제기준과 비교해 볼 때 헝가리 헌법재판소는 상당한 정치적인 권력을 지녔으며, 그것의 균형추 역할은 특히 행정부와 행정부 의회다수를 상대로 더욱 증대하였다. 그럼에도 불구하고 행정부 입장에서 바라볼 때, 헌법재판소의 결정은 행정부가 국가를 통치할 수 없는 이른바 '통치불능'(ungovernability)의 상태를 초래하지는 않았다. 헌법재판소는 헌정국가 확립에 중요한 역할을 하였으며, 헝가리에서 헌법의 국가수호를 위하여 가장 중요한 정치적 기관으로 변모하였다.

제 14 장
대통령

1. 체제전환과 대통령직
2. 대통령의 권한
3. 헌법재판소와 대통령

헝가리에서 국가의 수반은 대통령이다. 대통령직은 1989년 10월 23일 개헌으로 성립되었으며, 1990년 8월 3일 아르파트 괸츠(Árpád Göncz)를 초대 대통령으로 선출하였다. 괸츠는 2000년 8월까지 대통령을 역임하였다.[23] 의원내각제 특성을 고려한다면 헝가리 대통령은 실질권한이 없는 약한 정치행위자이다. 대통령의 역할은 주로 의례적이며(ceremonial) 간선으로 의회에서 선출한다. 그러나 우리가 곧 본 장에서 살펴보듯이 1990년대 초 당시의 특정한 정치상황은 헌법에서 명시한 역할보다 대통령에게 큰 권한을 부여하였다.

본 장에서 우리는 대통령직을 창설했던 상황을 개요하는 것으로 논의를 시작한다. 이후 대통령의 권한을 좀 더 자세히 살펴보고자 한다. 대통령의 권한은 헌법상에 명시된 권한뿐만 아니라 대통령의 선출 방식과 대통령이 선출되기 전의 상황이 직·간접적인 영향을 줄 수 있으며, 대통령 자신이 그의 역할을 어떻게 이해하고 수행하고자 하는지 인식 여부에 따라서 달라질 수 있다. 이와 관련된 사항을 우리는 번갈아 살펴보고자 한다. 결론적으로 헝가리 정치체제에서 대통령의 역할을 헌법재판소와 비교하여 결론을 내리고자 한다.

1 체제전환과 대통령직

대통령직 창설은 체제전환 당시 가장 논란이 되었던 문제 중 하나이었다. 1989-1990년 10개월에 걸쳐 진행된 대통령직 관련 창설 문제는 두 경쟁 정치진영 간의 협상주제이었고, 관직 창설과 관련하여 세 번의 개헌이 이루어졌으며, 두 번의 국민투표와 다섯 번의 헌법재판소 판결이 이루어졌다. 애초에 대통령제체제 성립은

23) 괸츠이후 전 헝가리민주포럼 출신인 페렌츠 마들(Ferenc Mádl, 2000-2005), 전 헝가리 헌법재판소 소장 출신인 라슬로 쇼욤(László Sólyom, 2005-2010), 이후 올림픽 펜싱 챔피언 출신 팔 슈미트(Pál Schmitt, 2010-2012 4월), 그리고 현재 청년민주연합 및 시민정당 출신인 야노쉬 아디르(János Ádér, 2012~)가 대통령직을 계승하고 있다.

선택의 대상이 아니었으나 준 대통령제(semi-presidential) 체제는 마지막 공산주의 행정부인 미크로쉬 니메스(Miklós Németh), 헝가리사회주의자노동당 그리고 이후 헝가리사회당이 지지하였다. 이와는 대조로 야당 특히, 자유진영 야당세력은 권한이 미약한 대통령직을 수반한 완전한 의원내각제체제를 선호하였다.

이러한 견해 차이는 당시 다양한 정당이 인식한 이해관계로 설명할 수 있다. 당시 공산당 세력은 대통령 직선제를 실시할 경우 국민에게 잘 알려져 있고 인기가 있는 개혁공산주의자 임레 포즈거이(Imre Pozsgay)가 대통령으로 선출될 수 있을 것이라고 기대하였던 반면(Bozóki, 1995: 112), 야당은 그러한 경쟁에서 이길 수 있는 대항마가 부재하였다. 결국은 야당의 입장이 관철되었다. 그러나 그러한 승리는 당시 뜨거웠던 정치갈등의 순간적 결과이었다. 관련 문제에 대하여 동의안을 끌어내기에는 역부족이었고, 이후 논쟁은 대통령직 특성에 관해서도 계속되었다. 본장에서 곧 우리가 살펴보듯이 그러한 논쟁은 1990년대 초 보수행정부를 상대로 야당 출신인 아르파트 괸츠를 대통령으로 선출함으로서 더욱 화두가 되었다. 현재 논쟁의 쟁점은 대통령 선출방식이다: 모든 주요정당은 대통령은 실질적인 권한이 미약한 약한 권한을 지닌 정치행위자이어야 한다는 점에 동의하였으나, 일부는 좀 더 큰 정통성을 대통령에게 부여하기 위하여 여전히 대통령 직선제를 선호하였다.

2 대통령의 권한

본 장에서 우리는 헝가리 정치체제에서 대통령의 권한을 좀 더 상세히 살펴볼 것이다. 앞서 전술하였듯이 대통령의 권한은 헌법상으로 주어진 권한을 단순히 나열함으로써 이해할 수 있는 것은 아니다: 개인적인 요인과 정치적인 요인도 중요한 요소이다. 헝가리 대통령이 지닌 헌법상의 권한을 살펴본 후 우리는 대통령 선출방식과 대통령이 대통령직에 임명되기 이전의 입지, 그리고 대통령이 그의 역할을 어떻게 인식하고 해석하였는지 고찰하고자 한다.

헌법상의 권한

우리는 대통령에게 부여된 헌법상의 권한과 기능을 다섯개의 집단으로 구분하고자 한다(Sári, 1996a: 291-298). 대통령이 그에게 부여된 독립적인 권한을 어디서, 언제, 그리고 어느 정도까지 행사할 수 있는지 살펴보고자 한다.

1. 첫 번째 집단에 속하는 대통령의 권한은 대표적이고 상징적인 역할이다. 대통령은 헝가리 국민전체와 국가를 대표하는 주 고관이다. 대통령은 국가행사와 국제행사에서 헝가리를 대표하지만 행정부가 다루는 국정에는 관여하지 않는다.
2. 다른 상징적인 역할은 각료의 결정과 의회에서 통과된 법안에 대하여 연서(counter-signature)하는 권한을 들 수 있다. 대통령의 연서는 행정부가 제안한 국가 공직자의 임명과 승진을 승인하는 기능으로 해석할 수 있는데 예컨대, 국무장관, 대사, 대학교수, 장군 등의 임명안이 이에 해당하며, 의회가 제안한 헝가리 중앙은행총재, 국영라디오와 텔레비전 국장의 임명, 그리고 다른 기관의 인사결정 강화 예컨대 헝가리학술원장 임명이 이에 해당한다.
3. 다음은 대통령의 '유보권한'(reserve power)인데 유보권한은 다른 국가기관이 본 기능을 이행할 수 없거나 결정을 내리지 못할 경우 대통령이 그 역할을 대행할 수 있다. 이는 보통 비상사태와 전쟁 등으로 인하여 국가기능의 수행이 위험에 처해있을 때의 상황을 의미한다.
4. 두 번째 유보권한은 국가기관의 정상적인 운영과정에 있어서 정규적으로 발생하는 상황과 연관되어 있는데, 예컨대 의회회기가 종결되었을 때, 신 행정부가 구성되었을 때, 그리고 새 의회의 개회를 요구하는 상황에서 대통령은 유보권한을 행사할 수 있다. 모든 의회내각제에서 그러하듯이 대통령은 행정부 구성을 승인하며 통치가 불가능한 상황이 발생할 경우, 예컨대 의회에서 행정부 다수가 부재하여 통치 불능 상황이 발생하였을 경우, 본 상황을 일소할 수 있다. 그러나 대부분의 의원내각제체제와는 달리 헝가리 대통령의 법적권한은 제한적인데, 이는 대통령이 수상을 임명할 수 없기 때문이다. 대통령은 수상후보자

를 천거할 수 있고 그 후보자는 의회에서 선출한다. 또한 헝가리대통령은 의회를 해산할 수 있는 권한도 제한되어 있다. 수상에 대한 건설적 불신임안 제도는 의회내 야당세력이 정치적으로 움직일 수 있는 여력을 제한할 뿐만 아니라, 행정부 혹은 행정부 구성의 변화에 대하여 대통령이 행사할 수 있는 권한도 제한한다. 이러한 권한은 더욱 제한되었는데 행정부를 구성한 정당은 상대적으로 항상 통합되어 있었으며, 본 정당은 행정부를 이끌어갈 명확한 수상 후보자를 확보하고 있었고, 그 결과 대통령은 그 자신이 선택한 인물을 수상 후보자로 천거할 수 있는 독립적인 의사결정 권한이 없다.

5. 헝가리 대통령은 행정부와 국가기관이 정상적으로 운영되는 시기에 행사할 수 있는 일부 고유의 정치적권한도 지니고 있다. 이러한 권한은 각료의 연서 혹은 의회의 승인을 요구하지 않는다. 이러한 권한은 주로 다른 국가기관이 요청할 때 대통령이 개시할 수 있는 권한과, 그의 정치적 견해를 표명할 수 있는 권한을 의미한다. 본 권한에 속하는 재량권은 다음과 같다:
   - 의회총회와 위원회회의에 참여하고 발언할 수 있는 권리;
   - 법안제의;
   - 국민투표 제의;
   - 의회에서 통과된 법안이 헌법정신에 위배되는지 해당법안을 헌법재판소에 회부하여 헌법해석을 요청할 수 있는 권리(헌법상의 거부권이라고 함); 통과된 법안을 재고하라고 의회에 돌려보낼 수 있는 권리(정치상의 거부권) (만일 대통령 이의가 헌법재판소와 의회에서 수긍되지 않을 경우, 대통령은 법안을 받아들여야 한다);
   - 정치선언문을 발의할 수 있는 권리.

선출과 정통성

대통령제와 준 대통령제에서 대통령 선출은 좀 더 큰 정통성을 요구하기 마련이며, 그러한 의미에서 대통령은 국민이 직선으로 선출한다. 그러나 유럽의 의원내각제체제에서 대통령의 선출방법은 대통령이 지닌 헌법상의 권한과 직접적인 연관성은 없

다: 간선으로 선출되지만 직선으로 선출된 대통령보다 더 강한 권한을 지닌 대통령이 있는데, 예컨대 이탈리아의 대통령은 의회에서 간선으로 선출되지만 직선으로 선출된 오스트리아의 대통령보다 더 강한 권한을 행사할 수 있다. 오스트리아의 대통령은 주로 상징적이고 약한 권한을 지니고 있다(Dezso and Bragyova, 1989).

1989-1990년 헝가리 대통령 선출방식에 대한 논쟁은 대통령 권한에 대한 논쟁보다 더 지대하였고, 이에 대한 논쟁은 1990년대 줄 곧 발생하였다. 이러한 현상을 가져온 요인은 당시 정당간의 다양한 정치적인 이해관계 이외에도 부분적으로는 헝가리 정치에서 발견할 수 있는 강한 '인격주의'(personalism) 전통을 반영한 것이며, 부분적으로는 체제전환 당시 등장한 루소의 국민주권론 개념이 반영된 것이다. 대통령 권한에 대한 정치갈등은 헌법재판소 평결로 이어졌으며, 이후 약한 권력을 행사하는 대통령직 성립을 창출하였고, 그 결과 1990년 중반까지 대통령의 권한에 대한 정치갈등은 일소되었다. 그러나 대통령 직선제에 대한 요구는 계속해서 정쟁의 논점으로 출현하였다. 실제로 1994-1997년 신헌법 제정과정 당시 의회는 대통령 선출 방법에 대한 이견안을 좁히지 못하였다.

결국 1990년 대통령은 의회에서 간선으로 선출한다는 헌법상의 결론이 성사되었다. 대통령으로 선출되기 위해서는 첫 두 번의 회기에서(the first two rounds) 국회의원의 2/3 찬성이 필요하며, 만일 2/3이상의 득표를 확보한 후보자가 나오지 않을 경우, 세 번째 회기에서는 단순가결로 대통령을 선출한다. 행정부의 4년 임기와는 달리 대통령의 임기는 5년이며, 한 차례에 한하여 연임될 수 있다. 1990년 대통령으로 선출된 아르파트 괸츠는 단일후보자이자 모든 신생정당의 공동후보자이었다. 1995년 괸츠는 당시 야당대통령 후보자인 페렌츠 마들(Ferenc Mádl)을 상대로 헝가리사회당과 자유민주연합 정당의 연립공천 대선 후보자이었고, 두 번째 임기에서도 재선에 성공하였다.

▌이력, 충원, 정당 연계성

헌법상의 권한과 선출 방식이외에도 대통령의 정치적 비중 형성에 영향을 주는 요소는 바로 대통령직을 수행하는 인물이다. 일반적으로 준 대통령제에서는 대통령직을 두고서 가장 큰 집권정당의 주요 인사들이 경쟁하며, 선출된 대통령은 자신의 정당에서 다른 주요인물을 수상으로 임명한다. 예컨대, 프랑스에서 정권의 정점을 구성하는 것은 수상이 아니라 대통령이다. 반면 의원내각제에서 헌법·정치상으로 권력의 중심에 서 있는 인물은 수상이며, 대통령의 권한은 극도로 제한되어 있다. 대통령의 권한은 특히 제한적인데 이유는 총선에서 승리한 정당의 리더가 보통 수상이 되며, 그는 당내에서 높이 존경을 받는 인물이다. 반면 대통령의 경우 행정부 정당내에서 두 번째 혹은 세 번째 서열의 인물이 천거되기 마련이다.

세 번째 상황은 대통령이 행정부 다수와 행정부에 반하는 야당출신의 정치인이 대통령으로 선출되는 경우이다. 본 상황은 대통령에게 주어진 헌법상의 권한과는 무관하게 행정부를 상대로 정치적 균형추의 역할을 하도록 대통령에게 부여한다: 준 대통령제체제에서 대통령의 권한은 줄어드는 반면, 의원내각제에서는 증가한다.

민주 체제전환 당시 헝가리에 출현한 상황이 바로 세 번째 상황이었다. 1990년 의회에서 가장 큰 야당인 자유민주연합 당원 출신인 아르파트 괸츠를 대통령으로 선출함은, 1990년 4월 헝가리민주포럼과 자유민주연합 간의 동의안으로 성사된 정치적 협상결과이었다. 괸츠는 높이 존경받는 인물이었으나, 정치적 비중이 없었고 당시 일부 문학 동호회와 1956년 헝가리 시민혁명 진압 후 생존한 베테랑을 제외하고서는 그리 잘 알려지지 않은 인물이었다. 심지어 그의 출신 정당인 자유민주연합 내에서도 괸츠는 정당의 중심에 있지 않았으며, 정당지도부의 임원도 아니었다. 괸츠의 대통령직 선출은 그의 정치적 비중의 부재, 1956년 시민혁명에서의 역할(당시 1956년 사건은 혁명으로 재평가 받았고 본 정황에서 괸츠가 혁명당시 맡았던 역할은 중요하게 간주되었다), 그리고 수상 요제프 언털(József Antal)과의 오랜 개인적 유대관계가 주원인으로서 작용하였다.

1990년대 대통령의 정치연계가 그의 정치적 비중에 미치는 영향은 명확하였다. 헌법상으로 부여된 미약한 권한과 간선선출 방식에도 불구하고 대통령 괸츠의 야당 정치연계성은 그로 하여금 첫 의회주의 회기에 언털행정부를 상대로 정치적인 균형추 역할을 하도록 부여하였다. 이와는 대조로 두 번째 의회주의회기에서는 즉, 대통령 정당이 연립행정부 파트너이었을 때 대통령의 역할은 균형추에서 상징적인 역할로 변모하였으며, 그 결과 대통령은 거의 정치적 비중이 없는 인물로 전환되었다.

표 14-1 대통령의 권한

충원	기능	권한
정치다수 리더	통치(준 대통령제 체제)	강함
정치다수 출신 중 두 번째 혹은 세 번째 서열 정치인	상징적, 대표적	약함
야당정치인	균형추	중간/큼

대통령 자신의 역할과 헌법에 대한 해석

전술하였듯이 대통령 임기 첫 몇년간 아르파트 괸츠는 행정부에 대하여 균형추 역할을 하였다. 괸츠는 그에게 주어진 헌법상의 권한을 확대하여 해석하였다: 괸츠는 헌법제정 과정의 관련자보다, 혹은 행정부보다, 혹은 그와 행정부 간 관할권 논쟁 관계에 있었을 때 중재개입 요청으로 관여한 헌법재판소보다도, 그에게 부여된 헌법상의 권한을 넓게 해석하였다. 당시 화제가 되었던 문제는 외교문제에 대해서 헝가리를 대표하는 문제, 국군통수권 권한, 국내정치에 있어서 대통령의 독립적인 역할(그의 정치적 연설과 대통령이 정당·정치논쟁에 입장을 표명해야 하는 문제), 그리고 주요 행정부 공직 임명안에 대하여 대통령이 거부권을 행사할 수 있는지에 대한 것이었다. 첫 의회주의 회기에 대통령은 이러한 문제에 대하여 국방부 장관, 수상, 그리고 의회다수와 일련의 정치적 갈등을 빚어왔다.

이러한 결과로 첫 의회주의 회기에 대통령 괸츠는 헌법상에 주어진 상징적이고 대표적인 권한을 벗어나 중간 정도의 권한을 지닌 대통령의 면모를 나타내었다. 또한 이는 당시 야당이 대통령을 지원하고 언론에서 가장 영향력 있는 여론 형성가가 헌법상에 주어진 대통령의 권한을 재해석하는 데서 비롯하였으며(1990년 개헌 및 이후 헌법재판소 평결에도 불구하고), 그 결과 괸츠는 중립적인 대통령의 역할에서 벗어나 행정부에 대하여 균형추 역할을 하였다.

이와는 대조로 1994년 초를 기점으로 두 번째 의회회기가 시작되었을 때, 괸츠가 행정부를 상대로 이행하였던 균형추 역할과 정치활동성은 줄게 되었는데, 당시 괸츠 정당은 연립행정부 파트너이었고, 그와 행정부간의 관계에서 조화가 이루어진 시기이었다. 1995년 괸츠는 야당의 대선 공천 후보자를 상대로 다시 5년의 재선에 성공하였는데, 본 재선은 당시 연립행정부 지지로 가능한 것이었다. 아마도 1990-1994년 괸츠가 이행하였던 정치적균형추 역할에 대한 역반응으로 1995-1997년 여섯개의 정당의원 대표로 구성되었던 의회위원회는 신헌법제정 과정 당시 대통령의 헌법상 권한을 극도로 제한시켰을 것이다(*HVG*, 30 November 1996: 117-118).

3 헌법재판소와 대통령

결론으로 우리는 대통령의 권한을 헌법재판소의 권한과 비교하여 고찰하고자 한다. 헌법에서 명시된 권한을 넘어서 자신의 역할을 확대하여 해석하였던 대통령 괸츠의 역량에도 불구하고, 1990년대 행정부와 의회다수를 상대로 가장 중요한 균형추 역할을 하였던 행위자는 대통령이 아닌 헌법재판소이었다. 체제전환이라는 정치적 상황과 맞물려 당시 야당의 요구로 대통령의 권한은 매우 제한적이었고(추후 헌법재판소 결정은 그 권한을 더 약화시켰다), 대통령 직선제가 가져올 수 있는 정치적인 정통성의 관점에서도 그러한 권한은 제한되었다. 이와는 대조로 신체제를 구성하였던 모든 정치세력은 체제전환의 정치적인 불확실성과 위험을 줄이고자 하는 의도에서, 헌법재판소에 가장 큰 권한을 부여하고자 하였다. 헌법재판소는 항상 자신의 권력을 확장하고자 하였고, 정치적 활동에도 관여하고자 하였으며, 그 결과 다수 행정부를 상대로 대통령보다 더 큰 정치 균형추로 변모하였다. 대통령은 그를 선출한 의회다수에 상당히 의존하며 5년의 임기에 의회에서 단순다수결로 선출이 가능한 반면(한 차례에 한하여 연임이 가능함), 헌법재판소 판사는 의회다수에 대하여 상대적으로 덜 의존하며 의회에서 2/3 찬성안으로 9년의 임기에 선출한다(역시 한 차례에 한하여 연임할 수 있음). 더구나 원칙적으로 변호사와 법적해석에 관여된 법률가로 구성된 전문가 집단인 헌법재판소는 정치위에 서 있다(above politics). 헌법재판소 판결의 정당성은 재판부를 지지하는 정치세력에서 기인한 것이 아니라, 정치위에 서 있는 상태인 재판부 그들 자신의 법적주장에서 유래한다.

결론

헝가리 민주주의

1. 다수제 민주주의와 합의제 민주주의
2. 헝가리 민주주의의 특징
3. 헝가리 민주주의는 합의제인가? 엘리트 전략의 역할
4. 엘리트 전략 : 경쟁과 비 동원적 전략의 조합

지금껏 주제별 장에서 우리는 헝가리 정치와 행정부에서 가장 중요한 기관, 그리고 헝가리 정치에서 가장 중요한 문화적인·행동학적인 특징에 대하여 살펴보았다. 본 장에서 우리는 앞서 주제별 장에서 논의한 내용을 요약하여 각 장의 결론을 반복하는 형태로 결론을 내리고 싶지는 않다. 각 장에서 논의한 내용을 근거로 문화·행동학적인 그리고 제도적인 관계에 대한 특징을 좀 더 세밀하게 분석하고자 한다. 이러한 목적에서 우리는 비교정치 분야에서 널리 사용하고 있는 아렌드 레이파트(Arend Lijphart)의 '다수제 민주주의와 합의제 민주주의'(majoritarian and consensus) 모델을 살펴보고자 한다(Lijphart, 1984). 레이파트의 논문을 시작점으로 활용할 것인데, 부분적으로는 그것의 경험학 원리의 장점 때문이며, 부분적으로는 정치의 문화·행동학적, 그리고 헌정·제도적인 차원에서의 관계와 그들 사이의 관계를 분석하기 위함이다. 따라서 본 장에서 우리는 먼저 두 민주주의 모델의 특성을 간략히 요약하고자 한다. 이후 이 골자내에서 헝가리 정치와 행정부체제가 어느 위치에 있는지 모색하고자 한다. 궁극적으로는 이 모두를 정치문화와 정치행위자의 문제와 연계하여 고찰하고자 한다.

1 다수제 민주주의와 합의제 민주주의

다수제 민주주의와 합의제 민주주의를 구분하는 가장 중요한 문제 중 하나는 권력이 선거에서 승리한자에게 집중되어 있거나, 혹은 상이한 정치세력간 그리고 기관간에 분리되어 있는 정도를 들 수 있다. 다수제 민주주의 모델은 영국의 웨스트미니스터(the British Westminister) 모델을 바탕으로 성립하였는데, 이 체제에서는 행정부 구조와 권력분배의 특징, 그리고 정당체제의 특성에 따라 권력이 다수 정당의 손에 집중되어 있다. 권력은 행정부에 집중되어 있는데, 이는 행정부가 단일정당과 다수행정부에 의하여 통제받기 때문이다. 입법부와 행정부는 서로 상호연계 되어있는데 이는 행정부가 입법부에 대하여 책임을 지기 때문이며, 동시에 의회다수와 당원간의 규율적 행동에 따라 입법부를 통제할 수 있기 때문이다. 이러한 통제는 입법부가 단원제일 때 완성되는데, 즉 잠재적으로 하원출신의 의원과 상이한 의원으로 구성된 상원이 행정부정당이 지배적인 하원에 대하여 균형추 역할을 할 수 없을 때 가능하다. 야당은 행정부정당이 특정문제에 대하여 분열되었을 때만 입법부와 행정부를 상대로 영향력을 행사할 수 있다. 일반적으로 유럽에서 그러하듯이 만일 집권정당이 단합되어있다면 야당의 역할은 행정부 비판에 그치기 마련이다. 또한 권력집중은 국가의 구조가 일원화되고 집중화되어 있을 때, 그리고 의회의 주권이 성문화된 헌법에 따라 제약받지 않을 때, 그리고 직접민주주의 제도(예컨대 국민투표)가 부재할 때 더욱 증가한다. 권력집중은 일차원적인 동질의 정치문화가 있을 때, 그리고 다수결주의 선거제도 결과에 따라 양당제가 운영되는 체제가 성립될 때 출현하기 마련이다.

두 번째 이상적인 형태는 합의제 민주주의 모델로 행정부와 입법부가 여러 정당으로 구분되며 소수행정부가 구성될 수 있는 경우를 의미한다. 합의제 민주주의 틀에서는 소수집단을 구성한 정당이 정권에 참여할 수 있도록 여건을 조성해 준다. 이상적 형태의 경우 행정부내 권력분배는 대연립정부(grand coalition)의 성립으로 구성될 수 있다. 권력기관의 관점으로 바라볼 때 행정부와 입법부는 서로 엄격히 구분되어 있다. 입법부는 양원제이며, 그 결과 다양한 소수집단의 이득을 대표할 수 있다. 행정부와 국가구조는 연방제이거나 혹은 분권화되어있다. 헌법은 각 기관의 권리와 권한을 고정적으로 명시하며, 소수집단으로 구성된 정당은 개헌에 거부권을 행사할 수 있다. 시민의 직접적인 정치참여를 유도할 수 있는 제도인 국민투표는 이러한 권력구분을 더욱 촉진할 수 있다. 정치는 이질적인 정치문화, 다차원의 정치균열, 그리고 비례대표 선거체제의 특징인 다당제 체제를 나타낸다(표 결론-1).

현실세계의 정치체제는 두 이상적 형태인 다수제 혹은 합의제 민주주의에 따라 그 범위와 형태를 정할 수 있다. 유럽민주주의체제에서 영국이 다수제 민주주의 모델에 가장 가까운 반면, 스위스와 벨기에는 합의제 민주주의에 가장 가깝다. 뉴질랜드, 아일랜드, 아이슬란드, 그리고 룩셈부르크는 다수제 민주주의 모델에 매우 가까운 반면, 이탈리아, 일본, 핀란드, 네덜란드, 그리고 프랑스 제 4공화국은 합의제 민주주의 모델에 가깝다.

◎ **표 결론-1** 다수제와 합의제 모델

	다수제 모델	합의제 모델
헌법	성문화되어 있지 않음 : 의회주권	성문화되어 있음 : 소수정당의 거부권
행정부	단일화됨 (단일정당 다수 행정부)	구분됨 (대연정 구성)
입법부-행정부의 관계	통합	구분됨
입법부의 구조	단원제 (혹은 비대칭적 양원제)	양원제 (소수정당 대표됨)
국가 구조	일원화됨 : 중앙집권적 형태	연방적 : 분권화된 형태
대표 특징	전적으로 대리민주주의	직접민주주의 요소 있음
선거체제	다수결제	비례대표제
정치문화	일차원적	다차원적

2 헝가리 민주주의의 특징

본 장에서 우리는 이 두 모델 중 헝가리 정치체제는 어느 형태와 유사한지 살펴보고자 한다. 다수제와 합의제 민주주의 모델의 골자내에서 헝가리 정치체제의 주요 특징을 요약하고 조사하고자 한다.

▌헌법

헝가리는 권력분립의 원칙이 헌법상으로 명시된 의회공화국이다. 성문화된 헌법은 입법부의 권한을 제한하며, 헌법의 안정성은 소수정당의 거부권으로 보장되어 있다. 이는 합의제 민주주의의 특성이다. 또한 이러한 특징은 헌법상에 규정된 광범위한 권한을 바탕으로 활발한 정치적 활동을 펼치고 있는 헌법재판소에 의해서도 강화되었다. 또 다른 요소는 국가의 형태인데 헝가리헌법은 헝가리를 의회군주국이 아닌 공화국으로 명시하고 있다. 국가의 수반인 대통령은 전임자로부터 공직을 물려받는 것이 아니라 의회에서 간선으로 선출한다. 따라서 대통령은 선출된 정치인이며, 정당정치인이고 정치위에 서 있는 인물이 아니다. 대통령의 정치적 역할은 행정부의 정당·정치 구성이 어떻게 조성되어 있는가에 따라 다르다. 헝가리 사례를 볼 때 첫 의회주의에서 대통령은 행정부다수를 상대로 균형추 역할을 했던 반면, 두 번째 의회주의 회기에서 대통령의 정치적 역할은 좀 더 수동적으로 변모하였다.

중앙행정부의 권력 : 헌정상의 권한과 정치통합의 문제

비록 헝가리에서는 모든 주요정당이 포함된 대연립행정부는 성립하지 않았지만 연립행정부 구성은 일종의 규범처럼 변모하였다. 세 번의 총선 후 행정부를 구성하는 가장 큰 정당이 의회내에서 상대적인 혹은 절대적인 다수의석을 확보한 사실과는 상관없이 연립행정부가 성립하였다(예컨대 1994년 헝가리사회당이 절대적인 다수를 확보했을 때도 조차도 연립행정부는 구성되었다). 더구나 세 번의 총선이 치러진 후 다수를 확보하기 위하여 필요했던 의석비율보다 훨씬 더 광범위한 의석을 확보한 연립정부가 구성되었음은 중요한 사실이다. 이에 따라 중앙행정부는 정치적으로 구분되어 있다. 1990년대 초 당시 야당 출신인 대통령은 행정부의 헌정상 통합을 분열시키려 하였다. 이러한 분열시도는 일시적인 성공을 거두었으나, 결국은 실패하였다. 이러한 실패를 가져온 중요한 원인은 헌법재판소의 결정이었는데 당시 헌법재판소는 대통령의 권한을 제한시켰고, 그 결과 1994년 행정부교체 이후 대통령과 행정부간에는 정치적 조화가 발생하였다. 요컨대 연립행정부 성격과 연립행정부 폭에 따른 행정부의 정치적 구분에 따르면, 헝가리행정부는 다수제 민주주의와 합의제 민주주의 모델 사이에 위치해 있다고 말할 수 있다.

▌입법부와 행정부의 관계 : 헝가리의 이원성

대통령제체제에서는 권력기관 간의 권한이 서로 상호 분리되어 있기 때문에 균형을 특징으로 한다. 의회주의체제에서는 어느 한 방향으로 불균형이 발생하는데, 이는 정치적 분열정도와 정당체제의 특성에 따라 다르다. 예컨대 양당제를 구축한 영국에서는 행정부가 의회를 지배한다. 반면 다당제와 분열된 의회를 구성하고 있는 이탈리아 혹은 프랑스 제4공화국에서는 행정부가 약했던 반면 의회가 지배적이었다. 헝가리 정치는 다당제와 다소 분열된 의회를 구성하고 있는 의원내각제이다. 기본 정치골자는 합의제 민주주의의 특성을 지닌 약하고 불안정한 행정부 면모를 나타내는 반면, 강한 의회의 특성을 나타내기도 한다. 그러나 이러한 기본 골자는 헝가리에서 발견되는 독특한 헌법조항을 반영한 것인데, 이는 상호모순적인 효과가 있다. 한쪽에서는 분열된 의회와 연립행정부 위험을 고려하여 반영된 헌정상의 조항이 있는데, 이 조항은 행정부의 권한을 강화시키며 특히 행정부내에서 의회에 대한 수상의 권한을 강화시킨다. 예컨대 이러한 제도적 조항은 바로 수상의 권한을 강화시키는 건설적 불신임안 제도이고 개개장관에 대하여 의회가 책임을 물을 수 없는 조항을 들 수 있다. 이와는 대조로 다른 헌법조항 예컨대, 특정 법안에 대하여 2/3 찬성안을 요구하는 법안은 행정부에 대하여 의회의 기능을 강화시킨다. 국회의원 2/3 찬성안을 요구하는 법안은 소수정당이 상정된 법안에 대하여 거부권을 행사할 수 있도록 도와주는 제도이며, 이는 의회다수 행정부의 입법안 권한을 상당히 제약할 수 있다. 또한 행정부를 상대로 입법부의 광범위한 권한을 제약하고 제도화시킴으로써 헌정상 의원내각제의 가동성을 제한할 수 있다. 이외에도 행정부를 상대로 의회 권한을 강화시키는 조치는 특정 헌법조항에 명시되어 있는데, 이 조항에 따르면 수상은 의회를 해산할 수 없다. 결과적으로 헝가리헌법 일부 조항은 행정부 혹은 수상에게 특별한 권한을 부여하는 반면, 다른 조항은 의회에 그러한 권한을 부여함으로써 권력기관의 구분과 상호 독립성을 강화시켰다. 이와 관련된 자세한 사항은 헌법과 행정부체제를 분석한 제 9장에서 다루었다. 바로 이러한 행정부와 입법부의 관계를 고려할 때, 헝가리는 다수제 민주주의와 합의제 민주주의 모델 사이에 위치해 있다고 할 수 있다. 그러나 이원적 구조에 따르면 헝가리 경우는 다수제 민주주의라기보다는 합의제 민주주의에 더 근접하다고 하겠다.

▮ 입법부의 구조

헝가리 입법부의 구조는 다수제 민주주의에서 그러하듯이 단원제이다. 그러나 헝가리 단원제의회는 영국의 대치적 국면 의회인 웨스트 미니스터 모델이라기보다는 독일 모델인 입법안의회 모델에 더 가깝다: 강한 위원회체제와 2/3 찬성안을 요구하는 제도로 의회는 행정부를 상대로 개정을 요구할 수 있는 권한이 있다.

▮ 국가의 구조

행정부체제와 국가구조는 일원화되어 있다. 이는 다수제 민주주의 모델과 유사하며 합의제 민주주의 특징을 지니고 있는 연방제도와는 대조가 된다. 그러나 이러한 모델은 다음의 사실에 따라 다른 시각으로도 바라 볼 수 있는데, 헝가리 행정은 특이할 정도로 분권화되어 있으며, 지역평의회는 의사결정 과정에서 상당한 자율성을 지니고 있다는 점이다. 또한 조합주의적 특성을 나타내는 이익조정위원회를 주목할 필요성이 있는데, 이익조정위원회는 특정 노동문제에 있어서 의견을 표명할 수 있는 권한이 있고, 경우에 따라서는 거부권을 행사할 수 있다. 또한 기능적지역자치정부도 연금과 건강보험과 관련해서는 행정부와 대등한 권한을 지니고 있다. 따라서 헝가리 국가의 구조는 일원화되어 있지만, 동시에 현저할 정도로 분권화되어있다. 이러한 관점에서 헝가리 국가 구조의 특성은 다수제 민주주의 모델과 합의제 민주주의 모델 사이에 위치해 있다고 말할 수 있다.

▮ 대의민주주의와 직접민주주의

헝가리 헌정과 행정부체제에서 민주주의 대의기관의 권한은 독점적이지 않다. 의회의 주권은 헌법과 헌법재판소에 의해서 제한받을 뿐만 아니라 직접민주주의 제도에 의해서도 제한받는다. 직접민주주의 원칙은 국민투표 제도로 제도화되었으며, 헝가리에서는 다양한 문제를 대상으로 시민들이 비교적 쉽게 국민투표를 제의할 수 있다(1997년까지는 100,000명의 서명이 있으면 국민투표가 가능하였고, 이후로는 200,000명의 서명이 필요하다). 이는 권력의 헌정상 구분을 더욱 증가시켰다. 그러나 이러한 헌법조항의 정치적 중요성은 헌법재판소의 결정과 의회의 결의안으로 말미암아 줄게되었고, 그 결과 단지 적은수의 국민투표만이 개최되었다. 따라서 국민투표 제도의 중요성은 헌법상이 아닌 실제 정치의 관례로 더욱 제약받았다.

▮ 선거체제

헝가리는 다수결 원칙과 비례대표 제도를 조합한 혼합된 선거체제를 갖추고 있다. 이러한 관점에서 볼 때 헝가리는 다수제 민주주의와 합의제 민주주의 모델 사이에 위치에 있다고 볼 수 있다. 의회내 386 의석가운데 176의석은 소선거구 제도로 채워지며, 대략 120석은 행정단위 정당명부 체재에서 비율적으로 배분된다. 나머지 90석은 전국 정당명부의 기반 하에 보상제도 형태로 배분된다.

▮ 정당체제

정당체제에 대해서 말하자면 헝가리에 성립된 정당체제는 다수제 민주주의 특성에 부합한 양당제가 아니며, 합의제 민주주의 특징을 지닌 다당제 체제의 면모를 갖추고 있다: 지금껏 치러진 세 번의 총선에서 6개의 정당 모두 의회내 의석을 확보하였다.

▮ 정치문화

다당제 제도에서 알 수 있듯이 헝가리 정치문화는 다 차원적이다. 정치균열을 다룬 제 4장에서 우리는 헝가리 사회를 구분하는 세 가지 주요 상호교차 균열구조를 살펴보았다. 정치엘리트는 바로 이 균열구조에 따라서 분열되어 있다. 사회는 정치엘리트와 유사하게 일부는 균열에 따라 분열되어 있었으나, 다른 일부 구성원은 정치적으로 비차별적인 대중의 모습을 나타내었다. 헝가리에서 분열되고 다차원적인 특성은 역시 다수제 민주주의 모델이라기보다는 합의제 민주주의 모델에 더 가깝다는 사실을 시사해 준다. 두 민주주의 모델을 구성하는 9개의 요소를 고려한 결과 우리는 한 요소를 제외하고서는 헝가리 민주주의는 합의제 민주주의 특성을 나타내거나, 두 모델 사이에 위치한 혼합된 체제라고 할 수 있다. 요컨대 헝가리 민주주의는 다수제 민주주의 모델보다는 합의제 민주주의 모델에 가깝다고 하겠다.

본 결론은 앞서 주제별 장에서 논의한 특성과도 조화를 이룬다. 정치권력의 분배는 행정부체제에서만 발생하는 것이 아니라, 다양한 정치세력과 정당간에도 발생한다(Körösényi, 1993a, 1993b). 권력기관에 대한 통제와 영향의 구분, 그리고 다양한 정치세력과 행위자간의 행정부 제도는 첫 의회주의 회기에 더욱 증대하였는데, 이는 다양한 정치세력이 중앙행정부와 지역평의회 다수를 통제하고, 대통령은 행정부를 상대로 의회 야당출신의 대통령이었을 때 더욱 그러하였다.

표 결론-2 헝가리 정치체제와 다수제 민주주의 그리고 합의제 민주주의 모델

	다수제	중간의	합의제
1. 헌법			++
2. 행정부		++	
3. 입법부-행정부 관계		+	+
4. 입법부 구조	++		
5. 국가 구조		++	
6. 직접민주주의		+	+
7. 선거체제		++	
8. 정당체제			++
9. 정치문화			++

Note : +표시는 헝가리 정치체제의 다양한 요소들이 그 모델내에 위치하고 있음을 의미한다.

3 헝가리 민주주의는 합의제인가? 엘리트 전략의 역할

레이파트가 제시한 골자내에서 헝가리 정치체제와 현 헝가리 정치가 위치한 상황에 대하여 9개의 요소로 비추어 볼 때, 우리는 헝가리 정치체제는 다수제 민주주의보다는 합의제 민주주의 모델에 더 가깝다는 결론에 도달하였다. 그러나 이러한 결론은 특히 1990년대 전반기에 등장하였던 전형적인 헝가리 정치와는 모순되는 것이었는데, 당시 헝가리 정치에서는 많은 갈등이 발생하였고 이념적으로 분열되어 있었다. 물론 이러한 모습은 과장되어 있을 수도 있지만 전적으로 근거가 없는 이야기도 아니다. 그렇다면 무엇이 이러한 모순을 설명해 주는가? 우리의 판단에 의하면 레이파트 모델을 구성하는 9개의 요소는 아주 중요한 요소 하나를 경시하였기 때문인데, 이는 정치엘리트의 역할과 엘리트 전략에 해당한다. 이 요소는 이른바 다극공존형민주주의에 대한 문헌과 합의제 민주주의 모형에서 다루고 있는데, 여기에 해당하는 기본 가정은 정치엘리트는 협력을 구사한다는 것이다. 즉 다원적 정치문화와 정당체제, 그리고 광범위한 권력이 제도적으로 구분된 정치 의사결정 체제가 성립하였다면 정치엘리트 집단은 경쟁보다는 협력을 추구한다는 것이다. 권력의 제도적 구분과 견제, 그리고 균형 자체가 자동적으로 정치 합의안을 성사시키지 않는다: 오히려 비동의안적인 다수결의사결정 방식의 적용이 의사결정과 통치를 어렵게 만들고, 때로는 불가능하게 만든다. 즉 제도적 권력의 구분과 견제 그리고 균형 체제는 정치·헌정상의 교착상태를 초래할 수 있다.

다수제 민주주의와 합의제 민주주의 모형 가정에 따르면 정치문화가 동질하고 다양한 정당과 엘리트가 제공한 정치대안이 서로 현저하게 다르지 않을 때, 그리고 양당제체제에서 정당의 교체를 포함하여 다수제 민주주의가 당시 행정부 정책을 거부한 야당 혹은 소수에게 심각한 해를 입히지 않을 때 엘리트 간 협력적 태도가 성사된다. 또한 정치문화의 동질성은 경쟁적 엘리트 전략과 정당경쟁이 분열된 행정부 구성을 가져오는 것이 아니라 온건한 행정부 성립을 가져오며, 이는 이른바 '구심민주주의'(centripetal democracy)를 창출한다. 반면 분열된 정치문화의 경우 다수의 의지에 따라서 정책을 운영하고 통치하는 형태의 다수제 민주주의는 소수 정치집단과 야당에 심각한 해를 입힐 수 있다. 규범적인 관점에서 볼 때 그러한 상황은 부당한 것이며, 정치체제의 관점에서도 그러한 상황은 정권의 불안정성을 가져오기 마련이다. 따라서 분열된 정치문화의 경우 다양한 정치세력을 행정부에 참여·통합시키며, 그렇게 권력구분이 제도화된 체제를 갖춘다면, 즉 합의제 성향의 민주주의를 추구한다면 규범적 측면과 제도적 안정이라는 관점에서 모두 적절하다고 판단된다. 그러나 이렇게 되기 위해서는 전제조건이 필요한데, 이는 엘리트가 협력적 전략을 구사한다는 것이다: 엘리트는 합의안을 추구하고 행정부 정책형성 과정에 있어서 그들의 정적을 포함시키며, 일반적으로 합의안을 추구하는 정치적 행동을 구사해야 한다. 합의제 민주주의 개념을 활용하고 있는 헝가리 정치분석가들은 바로 이러한 합의안적 정치태도의 부재를 헝가리 정당엘리트의 문제로 종종 질책한다.

지금부터는 앞서 우리가 제기한 문제에 대해서 이러한 관점을 고려하여 해답을 모색하고자 한다. 분열된 정치문화와 다당제 정당체제, 그리고 권력분배의 원칙에 따른 제도적 체제의 구성으로 합의제 민주주의 모형이 바탕을 두고 있는 여건이 헝가리에서도 출현하였다. 그러나 협력전략을 구사하는 정치엘리트 행동이 체제전환 당시에도 그리고 이후에도 널리 구사되지는 않았다. 이러한 관점에서 1990년대 헝가리 민주주의는 '합의제 민주주의'라고 볼 수 없다(다수제 민주주의라고 볼 수도 없다). 우리는 이러한 역설적 현상을 초래한 원인은 민주 체제전환 과정이라는 요소에서 그 해답을 찾을 수 있다고 생각한다. 엘리트가 비협력적이고 합의안을 추구하는 행동을 모색하지 않는 이유는 무엇보다도 체제전환 과정 초창기에서 발생하는 정치적 과정에서 그 원인을 찾을 수 있다. 다당제와 대중민주주의가 형성되는 시기에 정당엘리트의 주요과제는 서로 배타적이고 갈등적인 정치집단과 그들의 다양한 정치 부속문화를 화합하는데 주목적이 있기보다는, 오히려 정확히 그 반대인 그러한 경쟁집단을 조성하는데 근본적인 목적이 있기 때문이다. 정당의 사회적 내포(social embeddedness) 과정의 발달, 정당조직의 성립, 그리고 당원의 확장 등, 즉 정당의 정치적 기반 형성과정은 정당의 정체성 형성을 요구하며, 이를 위해서 정당은 자신의 이념을 강화하고, 다른 경쟁정당과의 차이점을 강조하며, 경쟁적 정치행위자의 부정적 이미지를 부각시키기도 한다. 정당의 유사성보다는 차이점을 강조하고 공통의 특징보다는 개개의 차이를 강조하는 행위는 대중민주주의 발전을 가져오며, 이는 바로 정치적 동원의 성립에 기여한다. 따라서 정치엘리트의 경쟁적 전략은 다당제 민주주의 세대에 있어서 기능적 요소이다. 또한 대중민주주의 형성에 있어서 정치동원과 정당 지지기반의 발전은 동시에 정치엘리트의 협력전략 구사에도 중요한 한계성을 부여한다.

경쟁적 전략의 기능적 특성과 그러한 전략 그리고 민주 다당제 발전이라는 관계와 함께 우리는 이러한 현상과 같은 정치문화는 다음과 같은 국가에서 발생한다는 사실을 강조하고 싶다: 의회민주주의의 제도적 틀을 수용했음에도 불구하고 정치사고가 전통적으로 정치에 대하여 반감을 지니고 있으며, 정치문화는 비 정치화된 특성을 지닌 국가에서 합의제 형태보다는 경쟁적 형태의 엘리트 전략행동이 발달하기 마련이다. 헝가리 정치사고와 여론을 조사해보면 전문가가 주도하는 '테크노크라트 행정부'(technocratic government), 정당간의 합의, 그리고 연립정부 형성 등의 정치행동이 높게 평가받음을 알 수 있다. 따라서 당파성과 정당이득에 중심을 두는 등의 정당의 경쟁적 전략은 시민이 정당에 대하여 갖는 불신과 반감을 증가시키기 마련이며, 그러한 정치체제의 정통성 부재를 강화시킨다고 할 수 있다.

4 엘리트 전략 : 경쟁과 비 동원적 전략의 조합

헝가리 정당엘리트가 구사한 경쟁적 전략 특성 중 하나는 정치경쟁이 정당의 프로그램과 이념적 차원에서만 주로 발생하였으며, 조직적인 관점에서 볼 때 대중동원 전략은 대중정당의 발달과 관련하여 전혀 연관되어 있지 않거나, 혹은 최소한의 정도만 연관되어 있다는 사실이다. 어느 정당도 대중정당으로 변모하지 않았다. 물론 이러한 현상은 헝가리에서만 발견될 수 있는 독특한 현상은 아니다. 실제로 이러한 현상은 1976-1999년 유럽에서 발견된 일반적인 현상이었다. 현재 정당지지 기반의 세대와 대중동원 조건은 20세기 전환시점과는 사뭇 다르다: 현재는 정당과 유권자간의 가까운 조직성과 당원의 유대관계를 더 이상 요구하지 않는다. 현재 정치동원의 주요 도구는 대중 의사소통이며, 대중정당과 대중조직 구성의 중요성은 하락하였다. 사회·조직의 동원과 정당의 선거동원은 헝가리 엘리트 경쟁에서 거의 중요치 않다. 이러한 현상은 동시대 유럽정치의 일반적인 특성으로 간주할 수 있으나, 우리는 헝가리의 조직적 동원의 부재는 그러한 비 동원 특성이 장기간에 걸쳐 형성된 20세기 헝가리의 정치전통에 부합함을 강조하고 싶다. 대중정당의 부재에도 비동원 전략은 헝가리 정치엘리트가 조직적으로 구사한 행위인데, 이는 종종 의심스러운 헌정·정치상의 주장을 근거로 국민투표 개시에 대한 시도를 무효화시키는 행위로 표출하였다.

또한 비 동원과 비 정치화의 정치는 저 수준의 시민 정치참여 문화와 파편화의 연속성, 그리고 헝가리 정치문화에서 발견할 수 있는 '신민적 상태'(the subject-status)의 사고방식과도 연관되어 있다. 정치의 비 동원상태는 헝가리 시민의 저조한 정치참여도와 시위 그리고, 한편으로는 정당과 정치엘리트의 조직적 관계의 취약성, 그리고 다른 한편으로는 사회에서 유권자간의 조직적 관계의 취약성으로 표출하였다. 이것이 바로 사회에서 시민집단이 정치엘리트와 정치기관을 상대로 압력을 행사하고 요구하는 등의 행위가 취약한 요인이기도 하다. 결과적으로 이는 시민의 감시에서 벗어나 전체 정치엘리트의 자율성과 함께, 그들 정치체제의 자율성을 증가시키기 마련이다. 즉, 우리는 다양한 외부 압력집단이 헝가리 집권 정치엘리트의 역량을 제한하는 것이 아니라, 무엇보다도 정치엘리트, 정당체제, 그리고 행정부체제 내부의 제도적 권력구분이 정치엘리트의 역량을 제한한다고 강조하고 싶다.

정치엘리트와 행정부체제의 자율성 자체가 강한 국가와 강한 행정부를 의미하지 않는다. 많은 정치분석가들은 헝가리 국가의 취약성은 정통성의 부재, 국가에 대하여 양면적인 시민의 태도와 정치문화, 그리고 저수준의 행정부 성과와 행정 효율성의 저조함에 그러한 원인이 있다고 지적한다. 또한 이와 관련된 사항은 마땅히 세금을 지불해야 하는 시민의 의무에 대한 시민의 소극적인 태도와 함께, 시민뿐만 아니라 행정부와 행정기관이 법을 준수하려는 태도 또한 역시 저조하다는 사실이다. 이러한 문제들은 1990년대 발생하였는데 당시 지방행정부와 기능적자치행정부, 그리고 준 국가(semi-state) 공공기관에 힘을 부여하는 등의 조치로 인하여, 국가제도와 행정체제의 비 중앙집권화 와 파편화가 발생한 것이다. 이외에도 법안의 도구화와 함께 전반적인 법적질서 확립에 있어서 입법안자 뿐만 아니라 행정부와 다른 정치 행위자의 참여가 발생하였다.

제1장 정치문화에서 우리는 헝가리 시민이 국가에 대하여 갖는 양면적 태도와 국가에 대한 만족도의 저조함을 살펴보았다. 국가에 대한 권위와 존경심은 그리 높지 않았고, 세금회피는 표준화된 행동이었을 뿐만 아니라–여론조사에 따르면–'용서할만한 범죄'이었다. 정치공동체의 정체성에 대한 시민의식과 헌법상의 애국주의를 강화시킬 수 있었던 다음 요소들에 근거하여 말하건대–예컨대 민주 체제전환 당시 대중참여 역할의 취약성, 혁명 순간의 부재, 신헌법 도입의 실패–헝가리 정치체제의 정통성은 취약하다고 할 수 있다. 저수준의 시위와 정치의 비동원은 정치체제의 안정성을 증가시킬 수 있다. 그러나 1990년대 당시 헝가리 정치의 안정성은 체제 정통성의 강점에서 기인하거나 행정부가 좋은 성과를 이룩해 낸 결과가 아니라, 무엇보다도 헝가리 시민에게 널리 만연된 정치적 무관심에서 비롯된 것이었다.

핵심 참고문헌

- Aberach, J., R, Putnam and B. Rockman (1981) *Bureaucrats and Politicians in Western Democracies,* Harvard University Press.
- Ágh, A. (1994) *The First Steps: The Emergence of East Central European Parliaments*, Budapest: The Hungarian Centre for Democracy Studies.
- Ágh, A. (1998) *Emerging Democracies in East Central Europe and the Balkans,* Cheltenham: Edward Elgar.
- Almond, G., and S, Verba. (1963) *The Civic Culture, Political Attitudes, and Democracy in Five Nations,* Princeton: Princeton University Press.
- Angelusz, R., and Robert, T. (1990) 'Politikai és Kulturális Választóvonalak a Parlamenti Pártok Szavazótáborában', *Társadalmi Kutatás,* No, 3-4.
- Arato, A. (1995) 'Parliamentary Constitution-making in Hungary', *East European Constitutional Review,* Vol.4, No.4.
- Bibó, I. (1991) *Democracy, Revolution, Self-Determination*, Boulder: Social Science Monographs.
- Bihari, M. (1996) *Magyar Politika 1945-1995,* Budapest: Korona Kiado.
- Bozóki, A. (1998) *Intellectuals and Politics in Central Europe*, Budapest: CEU Press.
- Bozóki, A (1994) *Democratic Legitimacy in Post-Communist Societies,* Budapest: T-Twins Publishing House.
- Bozóki, A., Körösényi, A., Schöpflin, G. (1992) *Post-Communist Transition: Emerging Pluralism in Hungary,* London: St. Martin's Press.
- Cox, T,. and Vass, L. (1994) 'Civil Society and Interest Representation in Hungarian Parliament', *The Journal of Communist Studies and Transition Politics,* Vol. 10, No. 3.
- Dahl, R. (1971) *Polyarchy: Participation and Opposition*, New Haven: Yale University Press.
- Elster, J. (1997) *Institutional Design in Post-Communist Societies,* Cambridge: Cambridge University Press.
- Fabian, Z. (1996) 'Szavazói táborok és szavazói hűség', *Századvég,* No, 1.
- Farrell, D. (1997) *Comparing Electoral Systems,* Herts: Prentice Hall.

- Gazsó, F., Tibor, G. (1993) 'Választói magatartás és pártpreferenciák Magyarországon', *Politikai Tudományi Szemle,* No. 11.
- Gombár, C. (1994) *Balance: The Hungarian Government 1990-1994*, Budapest: Korridor.
- Halmai, G. (1995) The Constitutional Court, in Király, B., and Bozóki, A. *(eds.) Lawful Revolution in Hungary, 1989-1994:* Boulder: Social Science Monograph.
- Hankiss, E. (1990) *The East European Alternative,* Oxford: Oxford University Press.
- Helms, L. (1996) 'Executive Leadership in Parliamentary Democracies', *German Politics,* Vol. 5, No. 1.
- Hingley, J., Pakulski, J., Weselowski, W. *(eds.) Post-Communist Elites and Democracy in Eastern Europe,* London and New York: MacMillan Press.
- Howard, D. (1993) *Constitution-Making in Eastern Europe,* Washington: The Woodrow Wilson Centre Press.
- Ilonszki, G., Malcolm P. (1993) 'Pártok és Pártvezetők Magyarországon', *Társadalmi Szemle*, No. 10.
- Kilényi, G. (1990) 'Gondolatok az Alkotmánybírósági Háza Táján', *Magyar Jog,* No.5.
- King, A. (1990) Modes of Executive-Legislative Relations: Great Britain, France, and West Germany, in Norton, P. *(ed.) Legislatures,* Oxford: Oxford University Press.
- Kitschelt, H. (1992) 'The Formation of Party Systems in East Central Europe', *Politics and Society,* No.1.
- Konrád, G., Iván, S. (1992) 'Értelmiség és Dominância a PosztKommunista Társadalmákban', *Politikai Tudományi Szemle,* No.1.
- Korosenyi, A. (1993) 'Stable or Fragile Democracy? Political Cleavages and Party System in Hungary', *Government and Politics,* Vol. 28.
- Korosenyi, A (1999) Cleavages and the Party System in Hungary in Enyedi, Z., and Tóka, G. *(eds.) The 1994 Elections to the Hungarian National Assembly,* Berlin: Sigma.
- Kukorelli, I. (1995) The Government and its Opposition in the New Rules of Order of the House, in Gombár, C. *(ed.) Kérdőjelek: a Magyar Kormány 1994-1995*, Budapest: Korridor.
- Kurtán, S. *et al.* (1991) *Magyarország Politikai Évkönyve 1991,* Budapest: Demokrácia Kutatások Magyar Központja Alapítvány.
- Lijphart, A. (1984) *Democracies: Patterns of Majoritarian and Consensus Government in Twenty-One Centuries*, New Haven: Yale University Press.
- Lijphart, A. (1992) 'Democratisation and Constitutional Choices in Czechoslovakia,

Hungary, and Poland 1989-1991', *Journal of Theoretical Politics*, Vol. 4, No. 2.

- Montgomery, K. (1996) Interest Group Representation in the Hungarian Parliament, in Ágh, A. and Ilonszki, G. *(eds.) The Second Steps, Parliaments and Organised Interests,* Budapest: Hungarian Centre for Democracy Studies.
- Pridham, G., and Paul, L. (1996) *Stabilising Fragile Democracies: New Party Systems in Southern and Eastern Europe,* London and New York: Routledge.
- Rose, R. (1991) 'Prime Ministers in Parliamentary Democracies', W*est European Politics,* Vol. 14, No. 2.
- Sári, J. (1996) *A Kormány,* Budapest: Osiris.
- Sartori, G. (1969) From the Sociology of Politics to Political Sociology, in Lipset, M. *(ed.) Politics and the Social Sciences*, New York: Oxford University Press.
- Szelenyi, I. (1993) *Changing Patterns of Elite Recruitment in Post-Communist transformation: First Results from the Hungarian Study,* Cornell University Press.
- Szoboszlai, G. (1995) An Electoral System and Parliamentarism: The Parliamentary Elections of 1994 in Hungarian Parliamentary Elections 1994, Budapest: Hungarian Centre for Electoral Research.
- Tóka, G. (1996) Parties and Electoral Choices in East Central Europe, in Pridham, G., Lewis, P. *(eds.) Stabilising Fragile Democracies: Comparing New Party Systems in Southern and Eastern Europe,* London and New York: Routledge.
- Tőkés, R. (1996) *Hungary's Negotiated Revolution: Economic Reform, Social Change, and Political Succession, 1957-90,* Cambridge: Cambridge University Press.
- Vecernik, J. (1996) *Markets and People: The Czech Reform Experience in a Comparative Perspective,* Avebury: Aldershot.
- Zavecz, T. (1995) Pártok, Választások, Közvélemény Kutatás, in Kurtán, S. *et al. Magyarország Politikai Évkönyve 1995,* Budapest: Demokrácia Kutatások Magyar Központja Alapítvány.

찾아보기

1차 경선 ... 163
2차 경선 ... 157
d'Hondt 방식 ... 158
legitimacy deficit ... 213

가중다수결 원칙 ... 202
각료사무청 ... 239
각료원칙 ... 192, 218
각료행정부 ... 227, 240
간부정당 ... 95
개인화 ... 39
거부권 ... 280, 330
건설적 불신임안 ... 205
검사 ... 310
검찰총장 ... 309
결사단체 ... 35
경제·분배적 차원 ... 80
경험학 연구 ... 39
계급의 적 ... 29
곰바르 처버 ... 39
공공기관 ... 340
공공선 ... 197
공동결정 ... 210
공산당 ... 25
공산당 계승정당 ... 161
공산주의 유산 ... 47
공익 ... 197
공평한 수익의 재분배 ... 82
공화국 ... 331
관료주의 ... 197
괴르기 집지 ... 75
교차작용 ... 81
구속력 ... 312
구야시 공산주의 ... 32
국가성 ... 22
국립감사원장 ... 309
국립회계감사청 ... 299
국민국가 ... 189
국민성 ... 39
국민주권 ... 37, 188
국민주권론 ... 198, 268
국민통합당 ... 25
국민투표 ... 46, 68, 199, 209, 309, 334
국회의원 ... 25, 113
국회의장 ... 272
군소정당 ... 164
권력분배 ... 190
권위주의 ... 26, 31
권위주의자 ... 82
균열구조 ... 86
균형추 ... 314
극우 ... 69
극우당 ... 25
극좌당 ... 25
근대화 ... 24

기능엘리트 135
기독교민주시민당 74, 86
기독교사회주의 82
긴축재정 81

낙하산 253
내부법령 218
냉소주의 38
네덜란드 329
노동자수호대 95
노동조합 95
노멘클라투라 53, 78, 99, 106
뉴질랜드 329

다극공존형민주주의 199
다당제 28, 41, 332, 334
다수결원칙 193
다수제 민주주의와 328
다원주의 27
다원주의적 체제 176
단순가결 322
단원제 206, 271
단체협약 178
당·국가 174
대법원장 309
대중동원 48
대중민주주의 191
대중정당 54, 59, 338
대중정치 24
대통령 318
대통령제 190
대통령직 318
대표 171
대표민주주의 54
대항마 319
도시성향의 인텔리겐찌아 61
독립성 24
독립소지주당 25
독일 307
독재 306
동독 46

라슬로 스루잔 75
라코시 30, 48
러이요시 81
레짐 42
루마니아 46
루소 322
룩셈부르크 329

문화 인텔리겐찌아 129
물질적 합법성 48
미디어 엘리트 130
미디어 인텔리겐찌아 130
미크로쉬 니메스 319
민족 199
민족적 자유주의 62
민족전선 66
민족주의 195
민족주의자 61
민족주의자 인텔리겐찌아 67
민주야권 66
민주주의 22
민주헌장 69, 199
민중영합주의 73
민중적-민족주의 196

바이마르공화국 ········ 203
반 국가개입 ········ 82
반 정당정서 ········ 47, 52
반공산주의 ········ 97
반공산주의운동 ········ 58
반국가주의 ········ 71
반유대주의 ········ 65
반정치 ········ 198
반체제인사 ········ 67
법치주의 ········ 28, 189, 197
벨기에 ········ 329
변호사 ········ 310
보상방식 차원의 의석 ········ 170
보상제도 ········ 157
보상청 ········ 251
보좌진 ········ 239
보크로시 러이요시 ········ 81
보통선거 ········ 27, 271
보편적시민주의 ········ 67
본 공화국 ········ 206
볼셰빅 자유주의 ········ 63
부 위원회 ········ 273
부다페스트 ········ 67
부분정당 ········ 148
불가리아 ········ 46
불신임안 ········ 205
비 정치화 ········ 29
비 호환성의 원칙 ········ 192
비동원 ········ 48
비례대표제 ········ 171
비밀투표제 ········ 27
비정치화 ········ 48

사고방식 ········ 39
사미져트(Samizdat) ········ 67
사법체제 ········ 306
사전적 추상 규범통제 ········ 309
사회 분열화 ········ 39
사회민주당 ········ 25
사회민주주의 ········ 76, 81, 82
사회적 내포 ········ 337
사회주의 인터내셔널 ········ 76
사회화 ········ 29
상관관계 ········ 94
상사위원회 ········ 272
상시실무집단 ········ 289
상임위원회 ········ 279
상정위원회 ········ 270
상징적 ········ 320
상호연계성 ········ 192
샨도르 레작 ········ 64
선거 유동성 ········ 138
선거결과 ········ 25
선거정당 ········ 59
선거제도 ········ 171
선거참여도 ········ 159
선거체제 ········ 171
세계보편주의 ········ 63
세금회피 ········ 340
세대정당 ········ 148
세속적인 ········ 31
세체니 ········ 40
섹퓨 ········ 40
소선거구 ········ 64, 271
소송사건 ········ 307
소수민족 ········ 195

소수정당 ········ 330
소수집단 ········ 329
소형국회 ········ 280
수상 ········ 218
수상 민주주의 ········ 243
수상민주주의 ········ 201
수위성 ········ 227
스위스 ········ 329
시민 도덕교육 ········ 49
시민 포럼 ········ 57
시민공동체 ········ 199
시민문화 ········ 41
시민사회 ········ 29, 37, 199
시민의 수동성 ········ 48
신 경제 메카니즘 ········ 30
신민적 ········ 49
신민적 상태 ········ 339
신민적 정치문화 ········ 49
십자활당 ········ 25

아렌드 레이파트 ········ 328
아르파트 권츠 ········ 67, 318
아이슬란드 ········ 329
아일랜드 ········ 329
알몬드와 버바 ········ 27
압력단체 ········ 269
야권연대 원탁협상 ········ 202
야당 ········ 24
양당제 ········ 332, 334
양차 세계대전 ········ 25
언털 요제프 ········ 65
엘리트 이론 ········ 104
엘리트 충원 ········ 106
연공서열 ········ 254
연대정신 ········ 39
연립정부 ········ 161, 191, 211
연립정부 조정위원회 ········ 233
연립정책 조정포럼 ········ 260
연립조정위원회 ········ 260
연방제 ········ 209
연서 ········ 320
연합공천 ········ 167
영국 ········ 329
영토수복주의 ········ 26
오스트리아 ········ 23, 312
옴부즈먼 ········ 202
요제프 언털 ········ 323
원탁협상 ········ 124, 202
웨스트미니스터 ········ 269, 328
유권자 ········ 90, 271
유보권한 ········ 320
유한주의 ········ 39
의례적 ········ 318
의사결정 ········ 31, 126
의원내각제 ········ 28, 189, 190, 268
의원정족 ········ 301
의회민주주의 ········ 24
의회위원회 ········ 124, 210, 246, 264
의회정당 ········ 161, 194
의회주의 ········ 23, 188
의회주의 공화국 ········ 206
의회주의자 ········ 194
이념과 문화적 차원 ········ 80
이념적·문화적 ········ 82
이데올로기 ········ 29
이반 서보 ········ 64
이슈트반 추르카 ········ 65

이스트반 추루카 ………… 63
이원적 모델 ………… 268
이원제의 원칙 ………… 190
이익조정위원회 ………… 132, 271
이익집단 ………… 29, 174, 269
이익처분계정 ………… 299
이중사회 ………… 36
이중왕국 ………… 23
이탈리아 ………… 329
이해조정위원회 ………… 180
이해포섭 메카니즘 ………… 31
인격주의 ………… 322
인민전선 ………… 29, 95
인사상수위원회 ………… 279
인텔리겐찌아 ………… 52
일본 ………… 329
임레 미치 ………… 67
임레 포즈거이 ………… 319
임시위원회 ………… 279
입법부 ………… 190, 202
입법안 의회 ………… 207, 245
입법안의회 ………… 269
입헌군주제 ………… 190, 207

자본전환 가정 ………… 133
자유 보수주의 ………… 62
자유-볼세비키주의자 ………… 65
자유·보수 실용주의 ………… 62
자유권한 원칙 ………… 282
자유민주연합 ………… 67, 92
자유주의자 ………… 82
자유진영 ………… 164
자유통화 경제정책 ………… 70
작은 트리오 각료 지도부 ………… 262
재량권 ………… 312
저글러 ………… 240
전국구 ………… 158
전국노동조합협의회 ………… 174
전문화의 원칙 ………… 280
전체주의 ………… 26, 27, 48
전통주의자 ………… 82
정권교체 ………… 25
정당 ………… 54
정당명부 ………… 69, 125
정당선호도 ………… 139
정당원칙 ………… 282
정당의장 ………… 224
정당정치 ………… 83
정당집단 ………… 272
정당체제 ………… 25, 52, 86
정치 관료층 ………… 257
정치경쟁 ………… 25
정치공동체 ………… 34
정치균열 ………… 85
정치논쟁 ………… 24
정치대표 ………… 171
정치리더 ………… 37
정치문화 ………… 22
정치사고 ………… 194
정치엘리트 ………… 25, 90, 194
정치의 사법화 ………… 314
정치이론 ………… 198
정치적 동원 ………… 24
정치적 무관심 ………… 340
정치적 분열 ………… 26
정치적 수동성 ………… 47
정치적 자본 ………… 124

정치적 전통 ········ 22
정치적인 동물 ········ 47
정치진영 ········ 86
정치참여 ········ 339
정치체제 ········ 24, 29, 80
정치통합 ········ 49
정치행위자 ········ 24, 85, 194
정치화 ········ 85
정치화된 ········ 312
정치후견권 제도화 ········ 257
정통성 ········ 321
정통성부재 ········ 213
제 1차 세계대전 ········ 24
제 2차 세계대전 ········ 27
제3의 길 ········ 61
제도주의 ········ 197
제한적 민주주의 ········ 27
제한적 의회주의 ········ 190, 193
조사위원회 ········ 279, 300
조정 민주주의 ········ 243
조합화 ········ 175
존-마리 레 펜 ········ 66
종교개혁 ········ 23
종파정당 ········ 148
좌·우 ········ 80
주권 ········ 24
준 국가 ········ 340
준 대통령제 ········ 190, 319
중도우파 시민연대 ········ 72
중산계급 ········ 99
중앙은행 ········ 210
중앙통계청 ········ 251
중앙행정부 ········ 127
지방행정부 ········ 127
지역구 ········ 157
직업정치인 ········ 241
직접민주주의 ········ 199, 209, 333
진보주의자 ········ 82
집합적 지도부 ········ 224

참여적 ········ 49
참여적 정치문화 ········ 49
참여적민주주의원칙 ········ 200
참정권 ········ 24, 25, 26, 191
청년문화 ········ 70
청년민주연합 ········ 70
청년민주연합 ········ 92
청년민주연합 및 시민정당 ········ 70, 72
청년조직 ········ 29
청문회 ········ 218, 302
체제전환 ········ 37, 135
체코슬로바키아 ········ 46, 66
총회 ········ 278
최종투표 ········ 274
추상적 규범통제 ········ 307

카다르 ········ 37
카다리즘 ········ 77
카톨릭 교회 ········ 74
콘라드 괴르기 ········ 69
쿠르츠 ········ 66

탈 이데올로기화 ········ 31
테크노크라시 ········ 197
테크노크라트 행정부 ········ 338
토론식 의회 ········ 245
토론식의회 ········ 269

통치 171
통치불능 316
통합 25
통화정책 210
트리아농 조약 26, 65

파시스트 69
판사 310
포괄정당 62
포즈거이 68
폴란드 46, 67
프랑스 제 4공화국 329
프랑스 헌정위원회 309
프로하쉬커 40
피더슨 지표 138
피터 보로쉬 64
핀란드 329

하켄바흐-비샵 할당제 158
한계치 158
합리주의-행동주의 49
합스부르크 22, 66
합의제 민주주의 212, 328
행정부 190
향리·신민적 문화 27
향리적 49
향수 77
헌법소원 307
헌법재판소 195, 202, 306
헌법해석 306
헌정국가 195, 306
헌정상 306
헌정제도 28
헌정주의 26, 201
헝가리기독교민주연합 75
헝가리민주포럼 61, 86
헝가리인 삶과 정의당 94
헝가리인의 방식 동아리 운동 65
헝가리인의 삶과 정의당 63
협상혁명 47
호르티 24
호르티 미클로쉬 86
후천적 307

저자 소개

• Prof. **András Körösényi**

원저자 언드라시 꾀뢰시니는 헝가리 학술원(The Hungarian Academy of Science) 정치학부 회장으로서 현재 부다페스트 경제대학(Corvinus University) 정치학과 교수이다. 비교정치 학자로서 Peter Mair 교수와 함께 동유럽 정치의 세계적인 권위자이다.

대표적인 저서로는 Körösényi, András. (2010) Beyond the Happy Consensus about Democratic Elitism, in Heinrich Best, John Higley (eds.) Democratic Elitism: New Theoretical and Comparative Perspectives. Leiden and Boston: Brill Publishers가 있다.

역자 소개

• Dr. **김 대 순**

영국 글라스고 대학교(University of Glasgow) 중 · 동부 유럽학과에서 석 · 박사 취득하였고, 현재 한국외국어대학교 헝가리학과에서 헝가리 정치, 역사, 사회 및 지역학 과목 등을 두루 가르치고 있다.

대표 저서로는 Kim, Dae Soon. (2013) The Transition to Democracy in Hungary: Árpád Göncz and the Post-Communist Presidency, New York and London: Routledge가 있다.

헝가리 현대정치론
전환기의 동유럽 정치 정가 20,000원

인 쇄 2014년 9월 1일 초판 1쇄
발 행 2014년 9월 10일 초판 1쇄
저 자 언드라시 꾀뢰시니
역 자 김대순
발행인 전귀연
발행처 **신광문화사**
경기도 파주시 광인사길 201(문발동, 파주출판도시)
Tel (031)955-4211~6 donghwae@kornet.net
Fax (031)955-4217 www.donghwapub.co.kr
(등록) 1991년 6월 26일/6-130호

ISBN 978-89-7432-742-8 공급처 도서출판 **동화기술**